四川山区公路高边坡及地质灾害典型防治工程案例集

向 波 邬 凯 刘天翔 张 乐 等 编著

人民交通出版社

北京

内 容 提 要

随着交通建设的不断推进,四川省已实现从"蜀道难"到"蜀道通"的历史性跨越。然而,尽管四川公路建设过程中始终贯彻"绕避为主、防治为辅"的设计理念,但顺层边坡、堆积体边坡和危岩崩塌等高边坡及地质灾害问题仍然十分突出,且具有控灾因子多、灾害规模大、处治成本高等典型特征。鉴于此,四川省公路规划勘察设计研究院有限公司精选了39个典型防治工程案例,重点分析了地质条件、施工概况、灾害成因、失稳机理及破坏模式等,系统总结了山区公路高边坡及地质灾害处治的经验和教训,并有针对性地提出了工程设计、施工、监测及运维的全生命周期防治措施。

本书可供公路、铁路、水利水电等边坡地质灾害防治领域的工程设计、施工、科研人员参考使用,并为类似地区的相关工程建设提供借鉴。

图书在版编目(CIP)数据

四川山区公路高边坡及地质灾害典型防治工程案例集 / 向波等编著. — 北京:人民交通出版社股份有限公司, 2025.4. — ISBN 978-7-114-20031-1

Ⅰ. U418.5

中国国家版本馆 CIP 数据核字第 2025J5944T 号

Sichuan Shanqu Gonglu Gaobianpo ji Dizhi Zaihai Dianxing Fangzhi Gongcheng Anliji

书　　　名:	四川山区公路高边坡及地质灾害典型防治工程案例集
著 作 者:	向　波　邬　凯　刘天翔　张　乐　等
责任编辑:	李　沛
责任校对:	赵媛媛　魏佳宁
责任印制:	张　凯
出版发行:	人民交通出版社
地　　　址:	(100011)北京市朝阳区安定门外外馆斜街 3 号
网　　　址:	http://www.ccpcl.com.cn
销售电话:	(010)85285857
总 经 销:	人民交通出版社发行部
经　　　销:	各地新华书店
印　　　刷:	北京市密东印刷有限公司
开　　　本:	787×1092　1/16
印　　　张:	25.25
字　　　数:	608 千
版　　　次:	2025 年 4 月　第 1 版
印　　　次:	2025 年 4 月　第 1 次印刷
书　　　号:	ISBN 978-7-114-20031-1
定　　　价:	128.00 元

(有印刷、装订质量问题的图书,由本社负责调换)

《四川山区公路高边坡及地质灾害典型防治工程案例集》
编 委 会

主　　编：向　波

副 主 编：邬　凯　刘天翔　张　乐

主要编写人员：(按编者贡献排序)

马洪生　李　勇　李　兵　刘自强　程　强　雷　航
顾　涛　向云龙　王　丰　徐鸿彪　李朝阳　陈　沛
刘　鹏　张誉瀚　刘少贵　赵海松　郭沉稳　何光尧
朱崇林　赵如雄　吴君艳　李海亮　严　松　胥　龙
李　翔　伍运霖　李立根　汪晓锋　杨雪莲　肖　昊
邵　江　杜兆萌　周海波　龚　臻　康　宇　李海亮
徐　升　陆　瑞　王　毅　王凌云

前言

四川省地处我国西南部,地形地貌复杂多变,特别是在盆周山区,山高谷深、地势险峻、地质灾害频发,"蜀道难,难于上青天"形象地描绘了四川山地交通的艰难与危险。随着交通基础设施的不断完善,尤其是高等级公路的建设,四川省逐步从交通闭塞的"蜀道难"发展到今天的"蜀道通",实现了历史性的跨越,跃升为交通强省。截至 2023 年底,四川省公路总里程超 40.5 万 km,其中,高速公路通车里程 9179.7km、国省干线约 4.9 万 km、县乡通道约 16.6 万 km。

"七秩匠心著经典,万里坦途作华章",从 20 世纪 50~60 年代成都至阿坝公路、川藏南线东俄洛至义敦公路等,到 20 世纪 90 年代四川第一条高速公路成渝高速公路、21 世纪初的雅西高速公路,再到如今的雅康高速公路、汶马高速公路、乐西高速公路等超级工程,四川省公路规划勘察设计研究院有限公司(简称"四川省公路院")始终是四川公路交通勘察设计的主要技术力量。四川省公路院凭借多年的丰富实践经验,并通过一系列科研项目,对四川山区公路边坡灾变机理及防控技术进行了系统研究,总结了高边坡及地质灾害的破坏机理、防治原则及处治措施,本书正是在此基础上编著而成。

本书精选了 39 个具有代表性的山区公路高边坡工程案例,涵盖了顺层边坡、大型堆积体、危岩崩塌及其他类型高边坡,以成灾特征、演化规律、参数特性、灾变机制、设计方法、防控技术为主线,通过工程地质调查、地质钻探、室内试验、数值模拟等手段,详细描述了各个案例的地质背景、灾害成因、破坏模式,并具体介绍了实际工程处治、防治的措施及效果。

本书共分为 5 章。第 1 章为概述,结合山区公路边坡类型、地质灾害防治实践等,概述了顺层边坡、堆积体边坡、危岩崩塌及其他类型边坡的特点,描述了各类型边坡勘察设计面临的难点,介绍了各类型边坡的防治策略及方法;第 2 章为顺层边坡典型案例,共 13 篇;第 3 章为堆积体边坡典型案例,共 12 篇;第 4 章为危岩崩塌典型案例,共 8 篇;第 5 章为其他类型边坡典型案例,共 6 篇。案例工点涉及京昆(北京—昆明)、纳黔(纳溪—贵州)、达陕(达州—万源)、成雅(成都—雅安)、雅康(雅安—康定)、雅西(雅安—西昌)、汶马(汶川—马尔康)、沐马(沐川—马边)、叙古(叙永—古蔺)、古金(古蔺—金沙)、广巴(广元—巴中)、广南(广元—南充)、棉广(绵阳—广元)等高速公路,以及众多国省干线、县乡通道,基本反映和展示了四川盆周艰险山区公路边坡的灾害特点和防治经验。

本书是集体智慧的结晶,四川省公路院各部门的技术工作者均参加了编著工作。全书由向波统稿,张乐校核,邬凯、刘天翔、马洪生、李勇等审核。

本书的编写得到了交通运输部、四川省交通运输厅等各级领导的关心、帮助和指导,人民交通出版社股份有限公司也为本书的出版提供了大力支持,谨此致谢!

限于作者水平,加之收集和组织材料还不够全面,未能全面反映山区公路高边坡及地质灾害防治的最新发展,书中疏漏和不足之处在所难免,恳请专家、学者、工程技术人员和广大读者批评指正。

作　者
2024 年 8 月

目录

第1章 概 述

一、防治背景 ··· (3)
二、顺层边坡难题及防治方法 ·· (3)
三、堆积体边坡难题及防治方法 ·· (6)
四、危岩崩塌难题及防治方法 ·· (8)
五、其他类型边坡难题及防治方法 ·· (10)

第2章 顺层边坡

叙古高速公路刁林沟顺层滑坡失稳分析及处治
　　·································· 李朝阳　顾　涛　向　波　周志林　赵　凯　蒋瑜阳(15)
沐川至马边高速公路平乐互通 A 匝道长大软岩顺层边坡防护处治
　　··· 刘　鹏　向　波　康　宇　赵海松(21)
古金高速公路古蔺河特大桥金沙岸基岩顺层牵引式古滑坡变形处治
　　··· 向云龙　向　波　汪晓锋　文丽娜　拓　晶(28)
广巴高速公路李家坡滑坡形成机制及处治措施
　　··· 李　兵　何光尧　马洪生　赵如雄(37)
纳黔高速公路顺层高边坡溃曲破坏特征及防护措施
　　··· 张誉瀚　李　兵　向　波　周海波(44)
纳黔高速公路 K44+600～K44+850 段顺层滑坡成因分析及治理措施
　　··· 刘少贵　肖　昊　向　波　李　兵　赵如雄(54)

叙古高速公路集美隧道开挖诱发古滑坡变形及隧道结构强烈变形案例分析
………… 程 强 刘天翔 向 波 杨雪莲 魏安辉(62)
石梁子隧道进口顺层滑坡失稳机制及处治措施
…… 赵海松 向 波 邵 江 魏安辉 邬 凯 周仁强 徐升 柳 松 李世琦(77)
成都天府国际机场高速公路 K17+700~K17+900 段顺层滑坡处治及思考
………………………… 陈 沛 李 勇 徐鸿彪 张 乐 张建永(89)
达陕高速公路王家寨 2 号桥灰岩顺层边坡滑塌处治
………………… 胥 龙 马洪生 张建永 陈 沛 刘 平 徐鸿彪(96)
达陕高速公路 K1240+480~K1240+600 段右侧斜交顺层岩质高边坡滑坡灾害
应急处治工程案例分析
………………… 郭沉稳 刘天翔 杜兆萌 雷 航 王 丰 杨雪莲(105)
成雅高速公路 K1920+416 滑坡处治设计案例分析
………………………………………… 杨雪莲 邬 凯 吴事贵(119)
广南高速公路宋家坡滑坡形成机制及处治设计
………………………… 何光尧 李 兵 赵如雄 刘少贵 周海波(128)

第3章 堆积体边坡

G215 线满洛路 K8+330~K8+720 段堆积体滑坡发育特征及防治措施研究
………………… 朱崇林 汪晓锋 张秋霞 文丽娜 林世伟(137)
古金高速公路马桑湾巨型牵引式滑坡综合处治
………………………… 向云龙 向 波 汪晓锋 文丽娜 拓 晶(151)
纳黔高速公路夭吞滑坡形成机制及处治措施
………………………………… 李 兵 向 波 肖 昊 肖建强 赵如雄(158)
圆截面 h 型桩在汶马高速公路 K54 滑坡处治中的应用
………………………… 赵如雄 李 兵 马洪生 何光尧 周海波(165)
绵广高速公路 K1582+076~K1582+145 段右侧边坡滑移变形灾害处治设计案例分析
………………………… 王 丰 刘天翔 杨雪莲 邬 凯 程 强(174)
京昆高速公路成雅段 K1887+385~K1887+540 段滑坡失稳机制及处治设计
………………………… 吴君艳 邬 凯 张磊梁 苗 孔 滔(187)
汶马高速公路米亚罗 3 号隧道出口滑坡灾害处治
…………
刘自强 马洪生 郑百录 何云勇 龚 臻 张 乐 李 颖 赖远超 张建永(195)
雅康高速公路 K59+092~K59+197.9 段土质高边坡防护设计
………………………… 李海亮 李 勇 马洪生 向 波 贾为易(202)

雅康高速公路 K64+412 新沟右线大桥右侧变形体处治设计案例分析
………………………… 顾 涛 李 勇 蒋瑜阳 李朝阳 赵 凯 张 斌(210)

九寨沟景区道路树正瓶颈路段土质陡斜坡段加宽处治及边坡防护
……………………………………………… 严 松 汪晓锋 向 波 李定坤(221)

雅康高速公路大仁烟大桥23号及24号墩右侧线外高位滑坡毁桥灾害处治设计案例分析
………………………………………… 刘天翔 程 强 雷 航 杨雪莲(230)

雅康高速公路 K50+300～K52+540 段崩坡积体深路堑边坡处治
………………………………………………………… 李 翔 李海亮 李 勇(245)

第4章 危岩崩塌

汶马高速公路薛城1号隧道进口仰坡危岩发育特征及加固处治措施
………………………… 李 兵 徐 升 马洪生 何光尧 苟 黎 赵如雄(253)

雅西高速公路姚河坝1号特大桥右侧山体崩塌毁桥灾害应急抢险处治设计案例分析
……………………… 伍运霖 刘天翔 程 强 王 丰 李 勇(265)

雅西高速公路小堡乡花岗岩开采区危岩灾害处治
………………… 刘自强 王凌云 龚 臻 张建永 陈 沛 赖远超 黄 浩(277)

汶马高速公路桑坪隧道进口危岩落石防治研究
……………………………… 李 兵 何光尧 马洪生 赵如雄(286)

汶马高速公路裕丰岩危岩变形机理及处治措施
………………………… 李 兵 周海波 马洪生 赵如雄 何光尧(294)

汶马高速公路古尔沟隧道出口危岩灾害处治

刘自强 马洪生 龚 臻 郑百录 何云勇 张 乐 李 颖 赖远超 张建永 陈康亮(306)

雅康高速公路两路口隧道进口仰坡高位崩塌灾害链应急抢险处治设计
………………………………… 雷 航 刘天翔 杨雪莲 王 丰(316)

雅康高速公路 K63+500 蓝坝坪左侧高位地灾体综合处治
………………………… 顾 涛 李 勇 李朝阳 蒋瑜阳 赵 凯 张 斌(322)

第5章 其他类型边坡

广甘高速公路 K550+031 上跨桥桥头至管理处路段边坡处治设计案例分析
………………………………… 王 丰 刘天翔 伍运霖 杨雪莲(333)

雅西高速公路瓦厂坪段山体变形地质灾害应急抢险处治设计案例分析
………… 刘天翔　雷　航　王　丰　程　强　杨雪莲　杜兆萌　李　勇　谢勇谋(343)

达陕高速公路铁矿互通B匝道断层带边坡滑塌治理
……………………………………… 徐鸿彪　马洪生　陈　沛　刘自强　胥　龙(357)

雅西高速公路K19+320~K19+520段左侧路堑边坡变形破坏特征及处治设计
………………………………………… 李　兵　何光尧　刘少贵　赵如雄　肖　昊(364)

雅康高速公路K26左侧红线外岩质滑坡抢险处治设计
………………………………………………………………… 李立根　李　勇　李海亮(373)

成雅高速公路金鸡关深挖路堑高边坡开挖长期稳定性分析及支护设计案例分析
………………………… 刘天翔　雷　航　杜兆萌　程　强　杨雪莲　伍运霖(380)

第1章 概　　述

一、防治背景

四川自古就有"蜀道难,难于上青天"的称谓！蜀道之难,缘于蜀山险峻、构造强烈、地灾频发等诸多因素。四川西依青藏高原和横断山脉,北近秦岭,东接湘鄂西山地,南连云贵高原,盆周山区地形总体呈现山高谷深、起伏跌宕、地势险峻的特征。尤其是川西高原山区,位于第二级阶梯(四川盆地西缘)向第一级阶梯(青藏高原)过渡段,短距离内由海拔500余米迅速爬升至4000余米,加之大渡河、雅砻江、金沙江等水系将横断山脉分割成多条平行山脉,使得山岭河谷高低悬殊,地形地貌尤为险峻。

随着印度洋板块向欧亚板块挤压,造成青藏高原快速隆升。四川地块岩石圈根极其稳定,顽强抵抗着青藏高原的向东挤压,迫使向东流动的地壳物质沿高原东缘推积,并向四川地块超覆,形成宽大的南北向挤压构造带,也成为我国乃至全球最活跃的地震带。该区域内全新世活动断裂广泛分布,最为典型的是龙门山断裂带、鲜水河断裂带、安宁河断裂带组成的 Y 字形活动大断裂带。仅近十余年,该 Y 字形断裂带区域先后发生 2008 年汶川地震、2013 年雅安地震、2017 年九寨沟地震、2022 年泸定地震等强震灾害。

受高陡地形、深切河谷、复杂地质条件影响,四川盆周山区崩塌、滑坡、泥石流灾害尤为发育。同时,受强震作用、极端气候等因素影响,使地质灾害发育程度进一步加剧。强震易于触发大量的崩塌、滑坡灾害,同时造成山体震裂松动,为震后坡体时效变形及滑坡、崩塌、泥石流的孕育提供了优势条件。此外,近年来随着全球气候变暖,极端异常气候频发,局地强降雨事件不断发生,大型人类工程活动对地壳浅表层也产生强烈扰动。在上述内外营力的作用下,四川省成为我国地质灾害最严重的省份之一。

蜀道虽难,却在数代人的努力下悄然改变。如今,四川已跃升为交通强省,实现了"蜀道难"到"蜀道通"的历史性转变。在高等级公路由成都平原向盆周艰险山区延伸过程中,受路网规划、控制节点、地形条件等因素制约,公路建设往往难以避开高边坡、地质灾害路段。四川省公路院在总结数十年来山区公路边坡灾害防治经验和教训的基础上,依托交通运输部重点科技项目、四川省交通运输科技项目"复杂地质环境下山区公路高边坡灾变机制及安全防控技术研究"等,对四川山区公路边坡灾变机理及防控技术进行了系统研究,总结了高边坡及地质灾害的破坏机理、防治原则及处治措施。四川省公路院"艰险山区公路地质灾害防治科技创新团队"精选多年来工程处治的 39 个典型案例,涉及岩质边坡、堆积体边坡以及危岩崩塌等类型,具体分为顺层边坡、堆积体边坡、危岩崩塌及其他类型边坡四大类,其中顺层边坡 13 篇、堆积体边坡 12 篇、危岩崩塌 8 篇、其他类型边坡 6 篇,旨在客观呈现勘察设计过程中的地质认知、施工过程中的病害原因动态分析、防治方法及效果。

二、顺层边坡难题及防治方法

岩质边坡结构复杂,形成、演化过程极具特色,在内外营力交织作用下,岩质边坡的改造结果表现为岩块和结构面的变形破裂或扩张贯通,改造效果则与岩体所在的构造环境和历史过程密切相关。按岩体结构划分方式,岩质边坡存在较多类型,如完整岩体边坡、块状边坡、层状边坡、碎裂边坡、散体边坡。由于四川盆周侏罗系、白垩系等红层地层广泛分布,地层物理力学参数差异巨大,斜坡中的硬、软岩互层易出现非协调变形,成为地表水、地下水流动的主要通道,加之岩石膨胀、软化等水理特性,即使传统认知中稳定性好、安全性高的平缓顺层边坡,仍时常发生滑坡现象。鉴于此,本书首先以顺层岩质边坡为侧重点,选取了四川省不同区域、不同岩性组合的顺层边坡案例,客观展示了勘察设计面临的困难及其解决办法。

(一)失稳机理复杂

随着对边坡失稳研究的不断深入,边坡失稳模式与机理描述逐渐得到丰富,类型趋于复杂。按边坡岩体运动方式,边坡失稳细分为圆弧滑动、沿层面滑动、块体滑动、追踪节理面破坏、倾倒变形、溃屈破坏、水平层滑动等。从变形发展内在力学机理出发,也存在蠕滑-压致拉裂、滑移-拉裂、滑移-弯曲、弯曲-拉裂等多种变形破坏模式。沿层面滑动的顺层边坡变形特征和机理也尤为复杂。如案例"纳黔高速公路顺层高边坡溃屈破坏特征及防护措施"中,因顺层清方清除了层状岩层前缘约束岩体,顺层岩体向临空方向发生回弹弯曲变形,岩体鼓胀由外而内产生大量裂缝,发生溃屈破坏;案例"广南高速公路宋家坡滑坡形成机制及处治设计"中,滑坡体受水平层面和节理面共同控制,呈阶梯状沿水平方向平推滑移,可归类为水平层滑动;案例"叙古高速公路集美隧道开挖诱发古滑坡变形及隧道结构强烈变形案例分析"的边坡失稳模式则更为复杂,滑体主要由多级滑面和层状滑体组成,隧道施工切穿岩土界面后出现表象复杂的中后部坡体变形及结构物破坏。

(二)影响因素繁多

岩质边坡的变形、破坏和稳定性受多种因素控制,包括岩体内部结构面分布、发育程度和结构面物理力学性状等内在因素,地质环境因素、水文因素与人工活动等外部因素。

岩性与岩体结构。从岩石种类来看,存在岩浆岩、沉积岩、变质岩三类。其中,沉积岩经搬运、沉积、成岩作用形成于地表,故边坡多由砾岩、砂岩、石灰岩和页岩等沉积岩组成,该类边坡易存在软弱面且稳定性较差。岩体结构受岩体的层理、节理、片理、不整合面和断层的产状及其相互关系影响,包括有无软弱夹层,结构面的发育程度、规模和连通性等都影响着边坡岩体的稳定性。如案例"广巴高速公路李家坡滑坡形成机制及处治措施"中,公路路基范围内的基岩主要为侏罗系上统蓬莱镇组的粉砂质泥岩,夹粉砂岩、细砂岩等;层状岩层岩性差异较大,岩体软硬相间,卸荷裂隙发育严重。

水文因素。长期地质演化过程中,河流的冲刷侵蚀作用导致陡峭山势和深谷地貌,为边坡失稳前缘提供了临空面基础条件。降雨或冰雪融水形成的地表径流会冲刷侵蚀坡面,或通过节理裂隙渗入坡体,导致干湿交替和脉动水压力的变化,降低岩土体力学强度,增加边坡失稳的概率。如案例"古金高速公路古蔺河特大桥金沙岸基岩顺层牵引式古滑坡变形处治"中,受河流切割,古蔺河特大桥顺层边坡前缘形成临空面,降雨和地表水体长期沿节理的渗流过程使得基岩软化,加之持续降雨作用,滑带抗剪强度急剧降低并最终贯通。

地震因素。地震作用会使坡体在竖向和水平地震力的作用下进一步损伤和破坏。地震强度越大,诱发的滑坡数量和规模越大。如案例"沐川至马边高速公路平乐互通A匝道长大软岩顺层边坡防护处治""成都天府国际机场高速公路K17+700~K17+900段顺层滑坡处治及思考"等均考虑了地震因素对岩质边坡稳定性的影响。

人为因素。工程扰动和坡脚开挖会直接导致上部岩土体失去支撑,进而引发滑坡和坍塌等现象。如案例"广南高速公路宋家坡滑坡形成机制及处治设计""达陕高速公路王家寨 2 号桥灰岩顺层边坡滑塌处治"等均涉及了工程开挖的影响分析。

(三)稳定性分析难度大

稳定性分析方法可以分为定性分析和定量分析两类。定性分析方法包括自然历史分析法、诺莫图与赤平投影等图解法、工程类比法、专家系统法等;定量分析方法则包括极限平衡法、数值分析法、可靠度分析法等多种方法。上述方法的具体理论、特点等不再赘述,此处主要围绕但不限于岩质边坡的稳定性计算中所遇到的主要难点。

边坡岩性组合、软弱夹层的科学查明,抗剪强度参数的合理确定,都是顺层边坡防治中的关键环节。经过多年顺层边坡处治工程的实践,总结出边坡勘察应采用双管钻进方式,由此方可鉴别出控制坡体稳定性的软弱夹层。如案例"纳黔高速公路 K44+600~K44+850 段顺层滑坡成因分析及治理措施"中滑坡失稳很大程度是由于普通钻进方法漏失了厚度较小的软弱夹层。原位大剪、不同状态下的室内试验、滑动段反演、邻近工点借鉴等都是确定抗剪强度参数的可行方法,但是具体选用需要因坡而异。如案例"石梁子隧道进口顺层滑坡失稳机制及处治措施"结合试验参数、经验数据及反演分析,将滑坡体参数按下滑段、抗滑段、反压段进行分段取值。

边坡失稳破坏范围的确定。实际现象表明,顺层边坡通常由下而上渐进发生滑动破坏,失稳破坏范围的确定对下滑推力计算至关重要。基于经验统计、模型试验、极限平衡方法、数值计算等,研究人员对岩层的滑面应力集中段长度、首次失稳长度、横向极限长度等均提出了相应的确定方法。如案例"沐川至马边高速公路平乐互通 A 匝道长大软岩顺层边坡防护处治"中顺层边坡长度达数百米,为科学预测滑移失稳破坏范围,防治工程中根据施工开挖、岩土体变形特征和补勘成果,采用有限元计算方法确定了降雨、地震工况下的可能滑移失稳边界。

复杂边界条件下的计算方法选取。在案例"叙古高速公路集美隧道开挖诱发古滑坡变形及隧道结构强烈变形案例分析"中,因为复杂边界条件,传统的不平衡推力法难以直接应用,该工点创新采用了"数值分析+实时监测"进行方案决策,确定了巨型滑坡体防治方法,保障了工程建设与运营安全,并大幅降低了工程造价,可为类似复杂边界条件下顺层边坡或滑坡处治提供借鉴。

(四)防治方法

顺层边坡的防护加固是一个复杂的系统工程。就坡体结构和防治工程而言,一方面由于水、气长期影响下的风化作用导致岩体结构面抗剪强度不断衰减,另一方面防护工程中锚杆、锚索因耐久性原因可能出现长期承载力降低。由此,四川省公路院通过长期实践,总结了顺层路段选线和防护原则:绕避为主、宁刚勿柔、适度超强。"绕避为主",指易失稳的顺层边坡路段,路线布设尽可能绕避顺层路段;"宁刚勿柔",指防护措施选择方面,需优先采用抗滑桩等刚性支挡结构;"适度超强",指稳定性计算分析过程中,考虑到顺层边坡面临的各种复杂条件,安全系数宜适度提高。如案例"叙古高速公路刁林沟顺层滑坡失稳分析及处治""沐川至马边高速公路平乐互通 A 匝道长大软岩顺层边坡防护处治"等复杂顺层边坡防治过程中,均采用了抗滑桩为主的处治方式。

在应急处治方面,快速有效的清方减载、反压回填、临时支护和截排水措施是关键。如案例"石梁子隧道进口顺层滑坡失稳机制及处治措施"为防止继续开挖后致使滑坡处于不稳定状态,结合边坡变形情况,对滑坡体进行了前缘反压,并将滑坡体上所有裂缝采用黏土封闭,设置截水沟,并在洞内支护临时钢架、抗滑桩等。

对于失稳后的坡体,为提供施工处治条件,前缘反压或后缘减载往往是必要的。同时,为保障施工安全,滑移(变形)后的坡体处治,宜尽可能采用机械施工方式。如案例"成雅高速公路K1920+416滑坡处治设计案例分析"中对滑坡采用大直径旋挖钢管桩进行快速治理,效果显著。

当然,边坡的综合防治"因地制宜""千人千面,百人百姓",具体的应急处治、永久防护措施并不限于上述内容。防治措施应根据实际情况和工程经验进行选择和确定,案例仅供读者参考和借鉴。

三、堆积体边坡难题及防治方法

堆积体是由第四纪堆积物构成的地质体,是原始斜坡破坏后的产物,主要由残坡积物、崩滑堆积物、冲洪积物、冰砾物和冰水沉积物等两种或多种混合组成。重力、蠕变变形、开挖卸荷及地质动力等内外因素的影响,大型堆积体边坡仍可能继续变形并发生滑坡。这类问题在四川盆周山区尤为常见,堆积体边坡对公路的安全运行及人民生命财产安全构成了潜在威胁。

鉴于前述顺层边坡与堆积体边坡存在部分共性问题,本节将重点介绍案例中堆积体边坡不同于岩质边坡的特征、难点及治理措施。

(一)物质组成、堆积特征复杂

堆积体边坡物质组成复杂,常包括细颗粒土、粗颗粒土和块石土等,根据粒径组成,可将坡体粗略分为土质边坡、块石堆积体边坡和土石混合体边坡。如案例"京昆高速公路成雅段K1887+385~K1887+540段滑坡失稳机制及处治设计"主要由粉质黏土、粉质砂土、泥砾土组成,属土质边坡;案例"G215线满洛路K8+330~K8+720段堆积体滑坡发育特征及防治措施研究"多为崩坡积碎石、块石,属块石堆积体边坡;案例"棉广高速公路K1582+076~K1582+145段右侧边坡滑移变形灾害处治设计案例分析"则由含块石黏土及碎石土构成,属土石混合体边坡。上述类型坡体存在不同的堆积结构特征,简单来说,随着细颗粒含量减少、粗颗粒含量增多,存在3种土体结构类型:悬浮-密实结构、骨架-密实结构、骨架-孔隙结构,因土体结构类型的不同,其抗剪强度、渗透特性等工程特性会表现出明显差异。另外,冰水、冰碛堆积体边坡的结构特征还包括胶结型,如案例"京昆高速公路成雅段K1887+385~K1887+540段滑坡失稳机制及处治设计"的潜在滑面就处于冰水、冰碛沉积层,堆积物中的粉质黏土存在胶结特性,具有弱膨胀性,且渗透系数极小。

堆积坡体也存在不同的堆积密实度,分为松散型、密实型两类。松散型堆积体边坡颗粒排列混乱,自然坡脚接近休止角,强度低,失稳风险大;密实型堆积体边坡颗粒交错排列,相互作用下土体强度充分发挥,稳定性较好。对于大、巨型堆积体边坡,不同空间位置的土体结构特征可能包括多种类型,导致抗剪强度参数的随机性强、数值差异大。如案例"汶马高速公路米亚罗 3 号隧道出口滑坡灾害处治"中,滑坡体 0~20m 深度范围内块石、碎石土的密实状态由松散逐渐变为密实。

(二)形成时间跨度长

不同堆积体边坡形成时间跨度大,可由近年追溯至第四纪。根据形成时间,可将其分为古堆积体、老堆积体与新堆积体。古堆积体是第四纪以来由古滑坡形成的堆积体,经过漫长的地质作用,通常已固结,具有较好的自稳性。受地质作用、大气降水、地震影响及人工开挖等因素影响,仍有滑坡复活的可能,如案例"古金高速公路马桑湾巨型牵引式滑坡综合处治""绵广高速公路 K1582+076~K1582+145 段右侧边坡滑移变形灾害处治设计案例分析"等均有谈及。老堆积体自全新世以来形成,固结程度和稳定性均稍弱于古堆积体,如案例"圆截面 h 型桩在汶马高速公路 K54 滑坡处治中的应用"中有所提及;新堆积体是近 100 年产生的堆积体,固结程度弱,自稳性差,是工程中加固治理的重点对象,如案例"九寨沟景区道路树正瓶颈路段土质陡斜坡段加宽处治及边坡防护"中有所提及。

(三)滑面形态、贯通机制不一

堆积体边坡滑面形态复杂,可大致分为直线型、圆弧型和折线型等。中、小型堆积体边坡滑面形态较大型堆积体边坡简单,前者直线型、圆弧型滑面常见。小、中型堆积体边坡在案例"汶马高速公路米亚罗 3 号隧道出口滑坡灾害处治""雅康高速公路 K64+412 新沟右线大桥右侧变形体处治设计案例分析"中的潜在主滑面均为圆弧型。而大型堆积体边坡多为折线型或复合型,案例"古金高速公路马桑湾巨型牵引式滑坡综合处治"中的巨型坡体滑体厚度不一,经地表调绘、钻探作业,测得滑体最大厚度约 52m,平均厚约 25m,滑面形态大体由圆弧型与直线型交替组成。沿用工程中常用的堆积体边坡分类方式,将堆积体边坡按照失稳模式划分为牵引式、推移式和复合式,牵引式边坡滑面由坡脚向坡顶渐进贯通、推移式边坡滑面由坡顶向坡脚渐进贯通、复合式边坡滑面同时由坡脚和坡顶向坡体中部贯通。其中,牵引式滑坡在堆积体边坡中较为常见,本书案例也多属该类型。

(四)防治方法

堆积体边坡防治措施与岩质边坡大同小异,同样采用削坡减载、坡脚反压、抗滑桩支护、框架锚杆/锚索加固、设置排水设施、监控量测等一系列方法。大多堆积体边坡案例均涉及上述处治方式。值得一提的是,h 型圆截面抗滑桩作为一种新型支挡措施,其特殊的空间组合结构大大提高了结构整体抗弯刚度,优化了结构内力状态,有效控制了结构的位移,为堆积体滑坡加固处治提供一种新的解决方案。如案例"圆截面 h 型桩在汶马高速公路 K54 滑坡处治中的应用""雅康高速公路 K59+092~K59+197.9 段土质高边坡防护设计"中均采用了该支挡结构。

此外,植物固坡在土质边坡中也被广泛应用,植物固坡不仅可加固边坡,防止水土流失,还可美化周边环境,保持生态平衡。如案例"九寨沟景区道路树正瓶颈路段土质陡斜坡段加宽处治及边坡防护"中,为处治欠稳定土质边坡,在桩-锚组合结构的基础上,还采用了 CBS 植被混凝土进行护坡绿化。

四、危岩崩塌难题及防治方法

崩塌是指陡峭斜坡上的岩土体在重力、地震、降雨等外力作用下,突然以倾倒、滑落、坠落、滚动等形式脱离母体,并在坡脚处形成结构杂乱、大小不一、多孔隙松散堆积体的一种地质现象。陡坡上的岩土体如果存在变形迹象,并具备发生崩塌条件的岩、土块体则称为危岩,是潜在的崩塌体。

崩塌发生前虽有一些征兆,如岩土体掉块、斜坡裂缝等,但由于公路的线性工程特性,崩塌源分布随机且范围较大,同时危岩下部地形复杂多变,危岩的特征、落石轨迹及能量大小等均难以精确量化。因此,山区公路危岩崩塌具有不同于边坡和滑坡的独特特征,也面临特定的难题与防治方法。

(一)破坏模式多

崩塌根据其破坏模式可以分为滑移式、倾倒式、坠落式和滚落式,这几种模式是最常见的崩塌分类。

滑移式崩塌是指距坡脚一定高度的岩体结构面被切割成相对独立的地质体,在重力、地震力、水压力等作用下,沿下伏外倾结构面滑出坡体,向下坠落堆积于坡脚的地质现象。如案例"汶马高速公路桑坪隧道进口危岩落石防治研究""汶马高速公路古尔沟隧道出口危岩灾害处治""汶马高速公路裕丰岩危岩变形机理及处治措施"中,部分崩塌类别为滑移式崩塌。

倾倒式崩塌主要发生在坡体中发育的贯通性竖向结构面,岩土体与后部母岩被切割分离,形成欠稳定或不稳定岩块,当倾覆力矩超过抗倾覆力矩时,岩土体脱离母岩,转动倾倒形成崩塌。如案例"雅康高速公路K63+500蓝坝坪左侧高位地灾体综合处治"的崩塌方式为倾倒式崩塌。

坠落式崩塌是指距坡脚一定高度的岩土体下部存在凹腔,导致上部岩土体出现悬空现象,在外界环境综合影响下,悬挂的岩土体突然脱离母岩而坠落。如案例"雅西高速公路姚河坝1号特大桥右侧山体崩塌毁桥灾害应急抢险处治设计案例分析""雅西高速公路小堡乡花岗岩开采区危岩灾害处治"的崩塌方式就属于坠落式崩塌。

滚落式崩塌是指距坡脚一定高度的地表崩坡积物、残坡积物、坡洪积物岩块和断层破碎带岩块,在外界环境综合作用下,克服外摩擦力后在斜坡表面发生滚动、跳跃的地质现象。如案例"雅康高速公路两路口隧道进口仰坡高位崩塌灾害链应急抢险处治设计"的崩塌方式就属于滚落式崩塌。

滑移式崩塌的稳定性评价可以参考平面滑动破坏的滑坡刚体极限平衡方法,其抗滑移作用主要依赖于滑移面的抗剪强度;倾倒式崩塌的稳定性取决于后壁或底面的抗拉强度,危岩倾倒变形后主要沿后壁破坏时,可视为拉断式破坏;当破坏主要沿底部发生时,则为折断式破坏;坠落式崩塌的稳定性受后壁贯通节理的抗拉强度控制,如果节理充填物较厚,则应根据充填物的强度进行计算。具体稳定性计算方式可参考《崩塌防治工程设计规范(试行)》(T/CAGHP 032—2018)等相关规范进行。如案例"汶马高速公路裕丰岩危岩变形机理及处治措施""汶马高速公路古尔沟隧道出口危岩灾害处治""汶马高速公路薛城1号隧道进口仰坡危岩发育特征及加固处治措施"就对滑移式、倾倒式、坠落式的岩石块体进行了具体的稳定性计算。

(二)危岩识别要求高

由于西南山区地形地质条件复杂、植被茂密等原因,高位危岩发育的隐蔽性较强,应充分利用卫星遥感、三维激光扫描、无人机贴近飞行等技术手段进行有效识别、评价。如案例"雅西高速公路姚河坝1号特大桥右侧山体崩塌毁桥灾害应急抢险处治设计案例分析"在崩塌毁桥发生后,于对岸设置雷达扫描,实时掌握了坡面位移变形情况;案例"汶马高速公路裕丰岩危岩变形机理及处治措施"利用卫星遥感、无人机摄影测量技术等,充分掌握了危岩区的地质构造特征及具体的变形体、裂缝情况等。

如何更为快速、精准地识别高陡边坡危岩,尤其是结构面的组合关系,进而支撑危岩稳定性评价及运动学分析,是危岩识别技术与相应工程勘察设计应用中需要进一步提升、推广的重点和难点。

(三)运动特征评估难

危岩崩塌的运动学特征受多种因素影响,包括危岩体的形状、尺寸、母岩岩性、崩落起点高程、斜坡坡度、地表起伏程度和坡表岩土体的坚硬程度。防治设计一般以运动速度、冲击能量和弹跳高度等指标进行分析、评价。如案例"汶马高速公路古尔沟隧道出口危岩灾害处治""雅康高速公路两路口隧道进口仰坡高位崩塌灾害链应急抢险处治设计"均涉及对落石与斜坡面最大距离、危岩体撞(冲)击能量等的计算、预测。

Rocfall等为代表的运动学软件,可模拟分析危岩崩塌后落石的运动路径、速度、冲击力、冲击能量等。如案例"雅西高速公路小堡乡花岗岩开采区危岩灾害处治""汶马高速公路桑坪隧道进口危岩落石防治研究"均采用该软件进行了具体分析。但需指出的是,基于二维角度的模拟忽略了坡表三维地貌对崩塌运动轨迹的影响,限制了水平向翻滚、跳跃的趋势,崩塌运动特征及影响范围的评估准确性存在缺陷。随着RocPro3D、RAMMS、Rockyfor3D、3DEC、PFC3D等数值计算软件的发展迭代,可基于三维运动学模拟崩塌块体的运动特征,使得危岩崩塌的运动特征评估具有研究拓展性,但若全面考虑危岩体形状、尺寸、岩性等因素影响,则需较大计算量和时间,难以高效应用于工程指导。

(四)防治方法

崩塌灾害防治取决于危岩位置、灾变类型和运动特征。对于公路边坡崩塌,需结合地形地质条件,因地制宜,综合采用防护措施。对于距路线较近,施工作业空间相对可控的崩塌危岩边坡,可采用适度清危、锚杆(索)、主动网等主动防护措施。如案例"雅西高速公路姚河坝1号特大桥右侧山体崩塌毁桥灾害应急抢险处治设计案例分析"采用了垫墩锚索、垫墩锚杆、挂网喷混凝土进行永久加固。对于高陡边坡,清危处治需充分评价对坡体扰动影响,应避免大量清危引发坡体损伤和卸荷带向坡体进一步延伸。同时,值得强调的是,在砂泥岩等差异风化明显地层,对软弱易风化的岩层采用封闭手段是十分关键和必要的。

对于高山峡谷区斜坡高位崩塌,进行危岩体处治的施工作业难度较大,且危岩崩塌后具有一定的运动空间。因此,对于这一类危岩崩塌,应在定性与定量结合评价危岩稳定性和崩塌运动学特征后,设置钢轨网、被动网、拦石墙和棚洞等被动防护措施。如案例"汶马高速公路桑坪隧道进口危岩落石防治研究"设置了防落石的高填明洞;案例"雅康高速公路两路口隧道进口仰坡高位崩塌灾害链应急抢险处治设计"以被动防护网、拦石墙为主进行防护。

此外,多数案例采用主动、被动结合方式进行综合处治,如案例"雅西高速公路小堡乡花岗岩开采区危岩灾害处治"采用主动网与被动网、挂网喷浆、锚杆加固等方式进行防护;案例"汶马高速公路桑坪隧道进口危岩落石防治研究"采取了清危、垫墩锚索、挂网喷混凝土、引导式防护网、被动防护网、拦石墙、柔性钢棚洞、专项监测等综合处治措施。近年来,耗能式棚洞、高能级防护网等新型结构发展很快,防护能级和结构形式都实现了全面拓展,可在具体工程探索应用。

五、其他类型边坡难题及防治方法

山区公路地质灾害处治,病害类型纷繁复杂。除前文述及的三种典型类型外,在第 5 章其他类型边坡部分选择了采空区影响、断层破碎带、千枚岩特殊岩土边坡等 6 个案例。如案例"雅西高速公路瓦厂坪段山体变形地质灾害应急抢险处治设计案例分析"为深埋采空区采动影响导致高陡边坡变形开裂,应急抢险中对变形边坡采取了多排抗滑桩、预应力锚索等多手段综合处治;案例"达陕高速公路铁矿互通 B 匝道断层带边坡滑塌治理"中,路段工点处于断层破碎带,碎裂岩体由钙质页岩、钙质泥岩、泥灰岩等组成,在两年地表水长期下渗的情况下,坡面表层岩体风化加剧,最终在雨季发生滑塌;案例"雅康高速公路 K26 左侧红线外岩质滑坡抢险处治设计"中,路段左侧山体地层为灌口组泥岩、粉砂质泥岩互层,岩体被层面及节理面切割成块状,在持续暴雨导致的裂隙夹层软化作用下,造成多次垮塌。

边坡还存在岩土混合边坡类型,即边坡下部为岩层,上部为土层的二元结构边坡。如案例"雅西高速公路 K19+320~K19+520 段左侧路堑边坡变形破坏特征及处治设计"中,公路路线沿沟谷斜坡展布,斜坡上部为残坡积、滑坡堆积层所覆盖,下部则为泥岩夹泥质粉砂岩,在构造、降雨的综合作用下,边坡岩土体发生了沿基覆界面整体滑移失稳的现象。

碎裂、散体岩质边坡的变形、稳定性既受结构面力学性质控制,又受岩块力学性质控制,对这类边坡的处治必须采取适当的工程措施,才能确保其变形收敛、整体稳定。如案例"成雅高速公路金鸡关深挖路堑高边坡开挖长期稳定性分析及支护设计案例分析"中,在有限差分数值模型稳定性计算中考虑了粉质黏土层、开挖区、泥岩、泥岩节理共四种材料或结构的物理力学参数,确定了坡体潜在的变形范围、深度、应力变化等问题,并在防护处治中采取了固脚(设置抗滑桩)、强腰(框架梁、压力注浆锚杆加固、挂网植草)、排水(仰斜式排水孔),以及长期监测的综合治理方案,可为相应类型边坡处治提供借鉴。

参 考 文 献

[1] 张倬元,王士庆,王兰生.工程地质分析原理[M].北京:地质出版社,1994.
[2] 谷德振.岩体工程地质力学基础[M].北京:科学出版社,1979.
[3] Hoek E,Bray J D. Rock slope engineering[M]. Boca Raton:CRC press,1981.
[4] 孙广忠.岩体结构力学[J].地球科学进展,1992,7(1):87-89.

[5] 黄润秋,张倬元,王士天.高边坡稳定性研究现状及发展展望[J].地球科学进展,1991,6(1):26.

[6] 周家文,戚顺超,李海波,等.岩质边坡稳定评价与安全治理[M].北京:科学出版社,2021.

[7] 邓荣贵,周德培,李安洪,等.顺层岩质边坡不稳定岩层临界长度分析[J].岩土工程学报,2002(2):178-182.

[8] 冯君.顺层岩质边坡开挖稳定性及其支护措施研究[D].成都:西南交通大学,2005.

[9] 胡启军.长大顺层边坡渐进失稳机理及首段滑移长度确定的研究[D].成都:西南交通大学,2008.

[10] 向波.公路应急抢通保通技术手册[M].北京:人民交通出版社股份有限公司,2018.

[11] 曹伯勋.地貌学及第四纪地质学[M].武汉:中国地质大学出版社,1995.

[12] 郭庆国.关于粗粒土工程特性及其分类的探讨[J].水利水电技术,1979,10(6):53-57.

[13] 谭福林,胡新丽,张玉明,等.不同类型滑坡渐进破坏过程与稳定性研究[J].岩土力学,2016,37(S2):597-606.

[14] 成永刚.公路工程斜坡病害防治理论与实践[M].北京:人民交通出版社股份有限公司,2020.

[15] 郑颖人,陈祖煜,王恭先,等.边坡与滑坡工程治理[M].北京:人民交通出版社,2010.

第 2 章 顺层边坡

叙古高速公路刁林沟顺层滑坡失稳分析及处治

李朝阳　顾　涛　向　波　周志林　赵　凯　蒋瑜阳

(四川省公路规划勘察设计研究院有限公司,610000,成都)

摘　要:叙古高速公路 K17+460~K17+600 段右侧为路基和刁林沟中桥过渡段挖方边坡,边坡开挖高度20m左右,表层出露侏罗系沙溪庙组(J_{2s})砂岩夹薄层泥岩,地层产状为27°∠26°,走向与路线走向呈小角度相交,整段路堑边坡为软质岩顺层边坡。2014年底,边坡已开挖至设计高程并完成上部框架梁锚索施工。2015年11月,古蔺岸桥台处临空侧边坡局部崩解垮塌,推移桥台变形3cm,随后一个月边坡出现大范围锚索失效拔出,呈现整体顺层滑移破坏情况。本文分析了该段刁林沟顺层滑坡失稳原因,并根据稳定性计算成果,提出了经济、合理的分区域处治设计方案,保障了叙古高速公路按期安全运营通车,为山区公路顺层边坡处治提供了一定的参考借鉴。

关键词:顺层结构;开挖影响范围;边界临空效应;失稳分析

1　工程概况

叙古高速公路在区域上位于四川盆地南部边缘与云贵高原北部的过渡地带,属构造侵蚀中低山地貌。场地岩层单斜,新构造运动不强烈,未见断裂活动的迹象。场区地震动峰值加速度0.05g,对应地震基本烈度为Ⅵ度。施工图设计顺层挖方边坡统计84处,共计11.2km,占总里程的17%,全线顺层结构边坡处治问题较为突出,一般采用抗滑桩板墙、框架梁锚索、锚杆和顺层清方处理措施。

K17+460~K17+600 段属于路基和刁林沟中桥过渡段,边坡表层覆盖1m左右第四系残坡积层(Q_4^{dl+el})粉质黏土,下伏基岩侏罗系沙溪庙组(J_{2s})砂岩、泥岩互层,地层产状为27°∠26°。该段右侧路堑边坡最大高度20m,坡向约30°,走向与路线走向呈小角度相交,为岩质顺层边坡,如图1所示。施工图设计采用框架锚杆+锚索联合防护。2014年底,边坡已开挖至设计高程并完成上部框架梁锚索施工,坡脚两排锚杆尚未实施。2015年11月,古蔺岸桥台临空侧边坡已施作的锚索失效,边坡局部崩解垮塌,并推移桥台变形3cm,随后一个月边坡出现大范围锚索失效拔出、框格梁断裂,呈现整体顺层滑移破坏情况,边坡上部铁塔发生倒塌,右幅道路中断,严重影响计划通车工期。

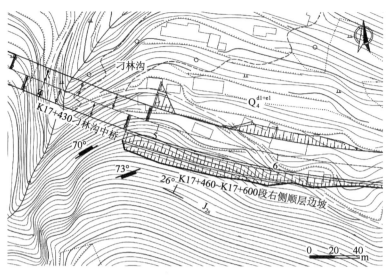

图1 路线方案平面图

2 设计及施工情况

2.1 施工图设计情况

施工图设计时,根据地勘报告确定设计计算参数,天然工况黏聚力 $c=24\text{kPa}$、内摩擦角 $\varphi=20°$,选取最不利断面 K17+510 分析计算。K17+510 断面开挖切层厚度 10.37m,边坡设支挡时顺层松弛区影响范围较不设支挡时缩小约 30%,即按切层厚度 H 的 3~5 倍确定,计算得到开挖影响范围 51.85m。据此按照安全系数 1.25 计算剩余下滑力进行防护设计,K17+510 断面最大剩余下滑力为 2242.19kN/m。对该段顺层边坡采用 3m×3m 框架梁锚杆+锚索联合处治进行防护设计:分两级边坡,两级边坡率均采用 1:0.75,其中一级边坡第 1 和第 2 排采用注浆锚杆,其余均采用 6 束预应力锚索加固,同时要求边坡开挖前,坡口外完成 3 排框架梁锚索预加固,锚杆、锚索布设长度根据控制岩层面确定,典型地质横断面设计图如图 2 所示。

2.2 工程施工情况

2014 年底,路堑边坡已基本开挖完成,并完成了坡面上部防护工程框架梁锚索施作,下部第 1 和第 2 排框架梁注浆锚杆尚未施工,刁林沟中桥古蔺岸桥台已施工完成,如图 3 所示。2015 年 11 月,工程边坡自古蔺岸桥台处临沟一侧开始出现垮塌,随后坡面大范围锚索被拔出失效,发生整体顺层滑移破坏情况(图 4),滑坡于开挖边坡坡脚剪出,沿路线方向展布 115m,剪出口距离滑坡后缘平距约 150m,滑体平均厚度在 11m 左右。为确保施工、居民以及桥梁结构物的安全,业主、设计代表、监理单位、施工单位四方于 2015 年 12 月 10 日紧急制定抢险应急措施:及时疏散斜坡上部居民;对边坡进行反压回填,反压高度 10m,宽度 12m,坡比 1:1.50,并设置观测点进行边坡变形监测。

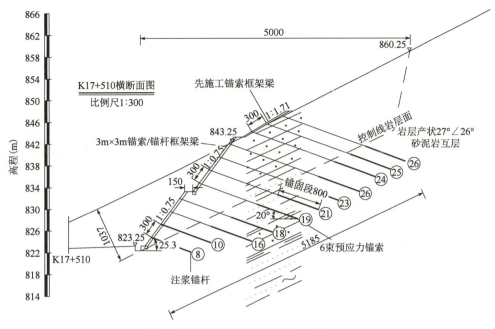

图 2　典型地质横断面设计图(尺寸单位：cm)

图 3　工程边坡完成并已施作框架梁锚索

图 4　锚索失效后边坡顺层滑移破坏

3　变形特征及失稳原因

3.1　变形破坏特征

(1)滑坡后缘机耕道平台拉裂严重,出现多道纵向拉裂槽,并下错严重(图5),坡口外高压电塔已经出现明显倾倒变形现象。

(2)边坡中部大范围已实施的框架梁锚索锚具弹出、钢绞线拔出,框架梁断裂、扭曲,坡脚未出现隆起,边坡整体呈现从坡脚剪出现象,如图4所示。

(3)刁林沟中桥右幅桥台(古蔺岸)上部边坡发生崩解、垮塌,推移右幅桥台变形约3cm,背墙与桥台处护栏已损坏,如图6所示。

图5 边坡后缘平台拉裂槽　　　　　　　　　图6 垮塌岩体推移桥梁

3.2 失稳原因

根据现场情况调查,本段边坡顺层失稳原因有如下几点:

(1)本段边坡地层岩性为侏罗系沙溪庙组砂泥岩互层,岩层产状为27°∠26°,与线路呈小角度(14°)相交。现场调查发现,路基开挖面揭示边坡以泥质粉砂岩和砂岩为主,且坡脚岩体节理裂隙发育。施工图设计开挖松弛区影响范围按切层厚度 H 的 3~5 倍计算确定,实际现场边坡坡脚框架梁锚杆和支撑墩较长时间未施工,受降雨入渗、节理裂隙饱水影响,坡脚岩体物理力学参数急剧降低,边坡处于缓慢变形状态。因坡脚未及时支挡,引起边坡出现局部垮塌变形迹象,开挖影响范围顺层面长度与切层厚度之比演变为 4~7,超出施工图设计计算模型,导致原设计已施作框架梁锚索加固效果不足。

(2)2015年11月,工程边坡古蔺岸桥台处首先出现岩体解体、垮塌情况,补充调查分析发现,本段边坡坡体发育两组节理裂隙,裂隙产状 L1:321°∠65°、L2:160°∠73°,在坡脚基岩开挖后,岩体开始卸荷,当新卸荷裂隙发展到与 L1、L2 裂隙贯通后,岩体发生向临沟一侧崩解、垮塌。

综上所述,本段工程边坡失稳原因是临空侧出现垮塌引发边界效应,加之原设计已施作框架梁锚索加固效果不足,进而导致整个框架锚索体系全部失效,顺层边坡因抗滑力不足而整体滑移。

4 分析计算与稳定性评价

4.1 参数反演计算

选取 K17+510 最危险断面进行参数反演计算。失稳后实测断面如图7所示,开挖切层厚度10.48m,失稳滑移范围约112m,滑动范围与切层厚度之比为 6~10。坡脚反压后变形监测结果显示边坡未再继续变形,滑坡处于基本稳定状态。

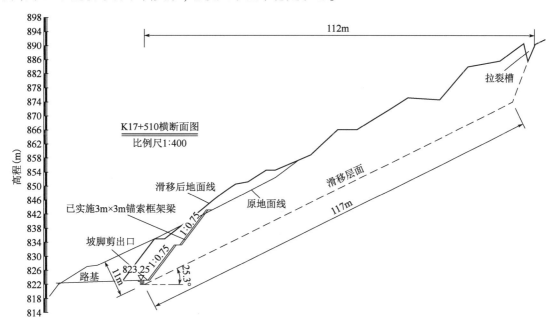

图 7　边坡顺层滑移破坏断面图

坡脚反压体面积为 120m²,反压体重度取 21kN/m³,内摩擦角 φ 取 24°,即 $\tan\varphi = 0.45$,计算得到反压体自重为 2520kN/m,提供的水平抗力为 1134kN/m。

以反压前滑坡临滑工况稳定系数 $K = 1.02$ 进行试算,比较滑坡剪出口下滑力和反压体所提供的水平抗力。滑体重度取 24kN/m³,剪出口水平下滑力为 1146kN/m,与反压体水平抗力基本相当,符合反压后滑坡的现状。此工况下,反演顺层滑移面黏聚力 $c = 22.6$ kPa、内摩擦角 $\varphi = 19.4°$。暴雨工况按 0.9 折减,黏聚力 $c = 20.3$ kPa、内摩擦角 $\varphi = 17.5°$。

4.2　稳定性评价

根据以上反演参数,对滑坡体进行原位处治论证,取天然工况安全系数 $K = 1.25$,最不利断面 K17+510 计算剪出口最终下滑力为 4467kN/m,前缘坡脚增设抗滑支挡工程代价较高,且施工和运营期存在较大安全风险。比选论证后,推荐对边坡上已经解体的岩体进行清除及加固。

另外,本段工程边坡为单向坡,顺层清方处治后还需对后缘拉裂槽以上的顺层山体进行稳定性分析和评价,清方线以外计算模型范围按照设支挡时开挖影响范围是切层厚度 H 的 5 倍计算确定,经计算,剪出口最终下滑力为 1779kN/m,以此作为清方后缘顺层边坡预加固的处治依据。

5　处治工程措施及效果

(1)滑坡后缘陡崖处设置锚索抗滑桩,桩顶以上边坡采用框架梁锚索进行综合处治预加固。

(2)已垮塌顺层边坡,因解体充分,难以支挡防护,采用顺层面清除垮塌松散体。清方后,边坡分段采用框架梁锚杆"束腰防溃"防护。

(3)坡脚设置5m挡墙固脚。另外坡面清方后岩体节理裂隙发育,挡墙顶设置被动网降低落石风险。

以上处治工程于2016年9月实施完毕,该段路基边坡整体稳定,保障了叙古高速公路按期运营通车(图8)。

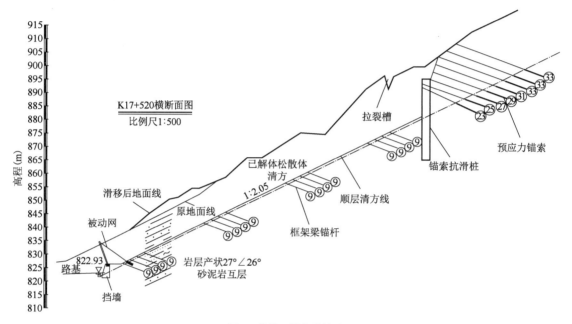

图8 处治工程典型断面

6 工程体会及建议

(1)砂泥岩易滑地层应充分重视地质结构复杂性,边坡稳定性分析和防护设计中,设刚性支挡时开挖松弛区影响范围取切层厚度 H 的3~5倍范围进行评价,柔性防护时开挖影响范围取切层厚度 H 的4~7倍。

(2)推力较大的长大顺层边坡,建议采用设置抗滑桩等刚性支挡措施。若设计安全储备不足,应从整个山体考虑,在原自然坡上布设锚索等预加固措施。

(3)注意侧向沟谷临空引发的边界效应问题,顺层边坡目前遇到的变形情况越来越多,主滑移方向可能并非岩层倾向方向,顺层很可能从侧向临空面等薄弱位置逐个击破整体防护措施。

沐川至马边高速公路平乐互通 A 匝道长大软岩顺层边坡防护处治

刘 鹏 向 波 康 宇 赵海松

(四川省公路规划勘察设计研究院有限公司,610000,成都)

摘 要:沐川至马边高速公路平乐互通 A 匝道顺层高边坡,清方后边坡坡高达 101m,为典型的长大软岩顺层边坡,场地地质条件复杂,存在滑坡、崩坡积体、断层等不良地质问题。在路线无法绕避的情况下,通过研究边坡变形破坏模式,确定了顺层边坡破坏边界;通过岩土体试验及反演分析,确定了软弱结构面抗剪强度参数;结合施工阶段揭露的地质条件和补勘成果对方案进行优化,最终采用清方+抗滑桩+锚索+排水的综合处治方案对边坡进行处治。处治后边坡稳定性良好,可为类似边坡的设计和治理提供借鉴。

关键词:软岩;软弱夹层;顺层边坡;首块滑体;破坏模式

1 工程概况

沐川至马边高速公路平乐互通地处四川盆地南部沐川县平乐乡,互通布设于安家山隧道与平乐隧道之间,两隧道进出口净距 1.39km,受隧道净距、平乐乡场镇位置、连接线高差、结构物规模等因素控制,互通选址受限,A 匝道长大顺层高边坡位于一顺向斜坡上,原斜坡发生过较大范围的滑动(发育解角寺 1 号、2 号滑坡),场地部分覆盖层厚度较大,稳定性较差。

1.1 地形地貌

场区地貌上属构造剥蚀低山地貌区,山体形态呈长垣状,发育大量冲沟、溪沟,水系干流一般走向呈北东向,支流一般呈北西向,测区内最高海拔为东南山顶高 863m,最低处为边坡下 650m 左右的冲沟,海拔约 450m,相对高差约 413m,区内主干山脉延伸方向一般呈北东—南西向,地形受构造和岩性控制明显,一般东南向斜坡坡度较陡,西北向斜坡坡度较缓。

1.2 地层岩性

场地出露及钻探揭露的地层岩性为新生界第四系全新统滑坡堆积层(Q_4^{del})、崩坡积层(Q_4^{c+dl})之(含角砾、碎石、块石)粉质黏土、碎石,覆盖层厚度 6~13.4m,基岩为中生界侏罗系中统沙溪庙组(J_{2sx})之粉砂质泥岩、砂岩,以及断层角砾岩。

如图 1 和图 2 所示,根据钻探及施工开挖情况揭示,岩体内存在一软弱泥化层,厚 15~60cm,以可塑状粉黏粒为主,角砾含量 10%~35%,以次棱角状为主,粒径 0.5~4cm。软弱泥化层上部岩体裂隙发育,较破碎—破碎,部分极破碎,钻孔漏水,结合开挖揭示坡体张拉裂缝发育情况,综合判断泥化层区域上部岩体内可能均存在宽卸荷张拉裂缝。

图 1　节理面充填黏土

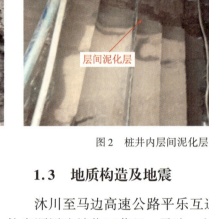

图 2　桩井内层间泥化层

1.3　地质构造及地震

沐川至马边高速公路平乐互通 A 匝道长大软岩顺层边坡位于荥经—马边—盐津断裂带,五指山背斜"L"翼南侧。区内次级断裂发育,如图 3 所示,坡体开挖后,经调查发现平乐互通 AK0 + 270 处发育一条小型断层(图 3),该处断层产状 15°∠75°,破碎带宽约 7m,属于沙溪庙组层间断裂。因此,受地质构造影响严重,岩体构造损伤强烈。

图 3　AK0 + 270 处断层

受岩体构造及沙溪庙组岩相变化影响,岩层倾角变化较大,原地表测量的岩层产状 280°∠19° ~ 20°,桩井开挖揭示的坡体内部岩层优势产状 264° ~ 281.5°∠10.5° ~ 14°,层面结合一般—差,含软弱泥化层,岩层浅表部位夹植物根系。

根据《中国地震动参数区划图》(GB 18306—2015),场地地震动峰值加速度为 0.15g,地震动反应谱特征周期为 0.40s,对应地震基本烈度为Ⅶ度。该地区有记载以来 7 ~ 7.9 级地震发生过 1 次,6 ~ 6.9 级地震发生过 4 次,5 ~ 5.9 级地震发生过 20 次以上,主要位于荥经—峨边—马边—盐津一带,其中马边—盐津一带最为集中,测区岩体受地震影响强烈。

2　设计、施工及边坡变形情况

2.1　施工图设计情况

由于平乐乡附近满足互通布设间距的路段仅为安家山隧道—平乐隧道段(隧道间净距 1.39km),根据互通式立交匝道布设的控制性指标,结合工程地质风险、互通规模、交通组织等因素,综合确定了互通及匝道线位。如图4所示,施工图设计平乐互通A匝道顺层高边坡最大边坡高度55m,边坡采用双排抗滑桩+锚杆、预应力锚索框架梁+顺层清方(按地面测量产状280°∠20°视倾角)+坡顶预加固垫墩锚索或锚杆处治,坡顶浅层覆盖层采用重力式挡墙进行支挡。

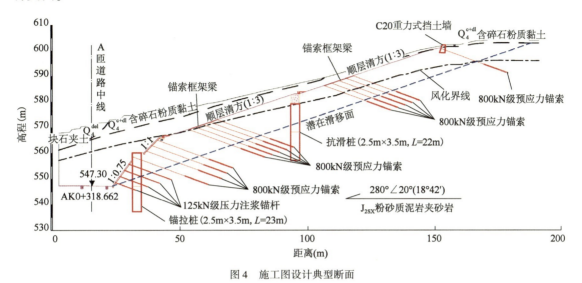

图4 施工图设计典型断面

2.2 边坡地质情况动态核查

该段顺层边坡于2018年7月开始施工,边坡及抗滑桩桩井开挖后,通过开挖面及抗滑桩桩井核实地质条件,发现现场与原施工图勘察设计存在以下区别:

(1) AK0+270处发育一条小型断层,断层产状15°∠75°,破碎带宽约7m,属于沙溪庙组层间断裂。

(2) 已开挖边坡坡面处局部岩体内宽张裂缝分布较密集,将基岩切割成大块状,其中可见裂缝延伸大于20m,宽5~10cm,最大缝宽超过15cm。

(3) 受构造影响,坡体岩层产状变化较大,原地表测量的岩层产状280°∠19°~20°,抗滑桩桩井开挖揭示的边坡坡体内部产状为255°~285°∠13°~14°。

(4) 已开挖的Z91、Z93、Z95、Z97、Z99、Z101抗滑桩(位于边坡顶部)桩井均发现了一层10~25cm厚软弱泥化层,位于各桩桩顶以下9.8~19.35m(各桩不同)处,抗剪强度低。

根据以上情况,立即对该段顺层边坡进行补勘。根据施工开挖及补勘成果,结合边坡岩土体开挖变形情况,研究发现该段顺层边坡基岩内软弱夹层强度低、倾角缓,原设计抗滑桩及锚索的结构尺寸及设计荷载无法起到有效支挡作用,需要对设计方案进行调整,以确保边坡稳定。

3 边坡变形情况及原因分析

2019年1月3日早晨8时48分宜宾市珙县发生5.3级地震。地震发生后9时30分,挖孔工人下孔作业发现平乐互通第二排抗滑桩孔内中上部砂岩岩体有开裂迹象,软弱泥化层有错动现象,施工单位立即停止施工,经现场核实,边坡95号、97号、99号、101号抗滑桩分别于

15.3m、16.3m、17.4m、19.35m 软弱泥化层位置,沿软弱泥化层顺层面向下整体出现位移错动,位移量0.5~1.5cm,抗滑桩护壁至软弱面间砂岩岩体出现裂缝,宽0.5~6mm;91号、93号抗滑桩护壁分别至10m、11.45m 砂岩岩体出现裂缝,宽0.5~5mm;最高一级锚索框架梁沉降缝发生1cm 错位变形。滑坡前缘最下排抗滑桩内未发现错动变形现象。抗滑桩至坡体后缘400m 范围经调查未出现裂缝。

根据场地地质条件及边坡施工情况,经分析,抗滑桩内岩体错动变形的主要原因如下:

(1)受地质构造及坡体自然浅表改造影响,卸荷裂隙发育,岩体破碎,完整性差。

(2)顺层边坡岩性组合差,岩层间存在基本连续的软弱泥化层,厚度10~25cm,呈可塑—硬塑状,地下水渗入时,抗剪强度极低。

(3)边坡开挖施工对原斜坡岩体有一定的卸荷扰动影响。

(4)顺层高边坡施工时,坡顶抗滑桩未施作完成即开挖了部分一级边坡处岩体,形成了局部临空条件。

(5)2019年1月3日早晨8时48分宜宾市珙县发生5.3级地震,挖方边坡距震源距离约138.5km,当地震感强烈,地震力作用进一步降低顺层边坡稳定性。

4 抗剪强度参数及破坏模式

4.1 抗剪强度参数取值

平乐互通 A 匝道顺层边坡抗剪强度参数取值参考软弱泥化层试验成果、参数反演成果进行取值,见表1。

软弱泥化层抗剪强度参数 表1

天然工况		暴雨工况(饱和)	
黏聚力(kPa)	内摩擦角(°)	黏聚力(kPa)	内摩擦角(°)
24.5	10.6	22.5	10

4.2 各工况下顺软弱泥化层破坏边界的确定

根据勘察成果,A 匝道右侧1号软弱面影响区最大范围为路线右侧0~450m、2号软弱面影响区范围为路线右侧90~400m,属长大顺层边坡、斜坡,如按整个软弱层影响区范围考虑破坏边界,则处理范围大,处理措施过于保守。根据施工开挖、岩土体变形情况和补勘成果,AK0+270~AK0+590段右侧顺层高边坡最有能发生的破坏模式为滑移—拉裂模式,主要表现为边坡或斜坡岩体沿软弱泥化层向临空面方向蠕动滑移,随着位移量增加,导致岩体产生滑动变形,在变形区后部滑体被拉裂。如图5所示,边坡破坏前,坡内岩土体受临空面影响产生应力重分配,首先是前部一定范围内软弱泥化层处正应力与剪应力大幅度增加,软弱泥化层处抗剪强度由临空面向后逐渐从抗剪峰值强度过渡到残余强度;同时,软弱泥化层处的抗滑力逐渐降低;当抗滑力小于下滑力时,该段岩土体即沿软弱泥化层产生整体滑动破坏,同时滑体后部将产生新的临空面,受该临空面影响,边坡岩土体应力再次产生应力重分配,并重复上述前段岩土体变形破坏过程。依此类推,逐渐垮塌至软弱泥化层处抗滑力与岩体下滑力相当段后,达到稳定状态。因此,该顺层边坡的防护重点为中前缘强支护,确保斜坡首段岩土体稳定性,把边坡岩土体的应力重分配区域限制在有限范围内。

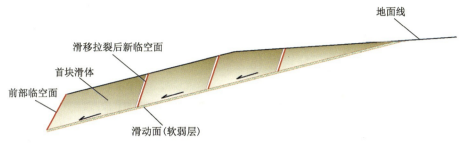

图 5　长大顺层边坡破坏模式

1)天然、暴雨工况下破坏边界

通过有限元分析,可以计算得到不加任何支挡情况下,边坡达到极限状态时坡体的变形分布,从而预测边坡的破坏范围。进行计算分析时,软弱夹层参数采用了饱和参数,开挖后计算整体不收敛,表明边坡已经发生破坏,其位移量值不具备物理意义(最大变形超过 1.5m),但是可以根据位移场的分布特征,分析得到边坡的破坏范围。开挖引起的顺层边坡变形区如图 6 所示,距离坡脚约 262.778m(水平距离)范围内的岩体发生了顺层滑移,这可能也是后缘破裂面与坡脚的水平距离;241.919m(水平距离)范围内的软弱泥化层产生了屈服。

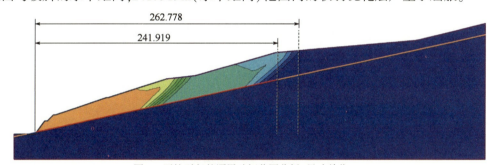

图 6　开挖引起的顺层破坏范围分析(尺寸单位:m)

根据数值分析成果,天然、暴雨工况下 AK0+270～AK0+590 段右侧顺层高边坡顺软弱泥化层的计算边界统一取值为距坡脚水平距离 263m 处。

2)地震工况下的破坏边界

地震工况为极偶然工况,考虑地震力作用持续时间较为短暂,靠近临空面的岩土体应力重分布的范围和时间与天然及持续降雨的情况差距较大,地震加速度放大效应对于降低临空坡体的稳定性的范围有限,故以天然、暴雨工况下的破坏边界作为地震工况下的破坏边界过于保守,处治设计按经验判定法,即坡体平均厚度的 5～7 倍范围作为地震工况下的破坏边界。

5　边坡处治工程措施及效果

根据边坡的破坏模式及软弱层面抗剪强度参数取值情况,对顺层边坡进行稳定性分析及推力计算,根据计算成果,对该处顺层边坡采用 2 级抗滑桩支挡+顺层清方+坡面垫墩及框架锚索+地表截排水+地下仰斜式排水孔进行处治,处治典型剖面如图 7 所示。

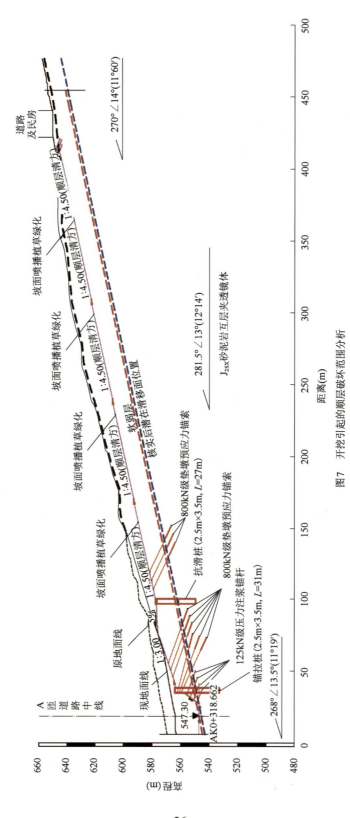

图 7 开挖引起的顺层破坏范围分析

该段顺层边坡于2020年完成施工处治后,支挡结构物运行效果良好,边坡稳定性较好。后续将对该斜坡进行长期的地表位移及深部位移监测,验证支挡结构有效性及可靠性,确保边坡稳定及道路运营安全。

6 工程体会及建议

通过该长大软岩顺层边坡变形破坏模式分析及参数取值研究,认为长大顺层边坡处治宜注意以下几个方面:

(1)长大顺层边坡一旦产生变形破坏,处治难度高、规模大、周期长、影响大,应充分认识其处治风险及难度,宜进行充分的路线方案研究,能避则避。

(2)长大顺层边坡因坡面长、范围广,应加强地勘控制,查明层面尤其是软弱结构面的位置及性状,在施工阶段应加强地质情况的校核,当发现设计方案所依托的基础条件产生变化时,应及时做出调整,以确保支挡结构物布设的有效性。

(3)合理确定长大顺层边坡的潜在破坏边界是确定长大顺层边坡的可处治性、处治工程规模可控性的关键工作,宜结合边坡稳定状态及变形条件,采用类比、数值模拟、定量计算等多种手段进行综合分析,以避免过度处治或处治不到位。

(4)长大顺层边坡应加强施工阶段变形监测工作,以校核边坡稳定性。

古金高速公路古蔺河特大桥金沙岸基岩顺层牵引式古滑坡变形处治

向云龙　向　波　汪晓锋　文丽娜　拓　晶

(四川省公路规划勘察设计研究院有限公司,610000,成都)

摘　要:依托古金高速公路古蔺河特大桥金沙岸 K2+200~K2+500 左侧 20~300m 范围基岩顺层牵引式古滑坡,在充分掌握古滑坡地质条件和宏观变形的基础上,采用 Stamps-MTI 技术对古滑坡进行变形监测,监测结果显示古滑坡无明显变形趋势。分析古滑坡成因、变形机理与发展趋势,结合地质勘察资料和室内试验,对古滑坡滑面抗剪强度参数进行反演分析,稳定性评价结果表明古滑坡在自然状态下处于基本稳定状态。为确保古蔺河特大桥主墩后期的安全运营,选用人工挖孔矩形埋入式抗滑桩对古滑坡进行预加固处治。所得勘察设计经验可为类似大型古滑坡的设计和治理提供经验借鉴。

关键词:顺层岩质古滑坡;稳定性评价;预加固;埋入式抗滑桩

1　工程概况

1.1　地理位置与区域地质背景

工程区位于四川盆地与云贵高原的过渡地带,场区山势陡峻,沟谷纵横,属构造剥蚀中低山地形。古金高速公路古蔺河特大桥位于四川省泸州市古蔺县永乐镇,为跨越古蔺河而设,海拔 400~560m,相对高差约 160m。古蔺河特大桥金沙岸 K2+200~K2+500 左侧 20~300m 范围发育一处古滑坡,滑坡平面位置如图 1 所示。滑坡区天然斜坡自然坡度较缓,地表广泛分布新生界第四系全新统滑坡堆积层,成分以粉质黏土和块石为主;下伏基岩为中生界侏罗系中统沙溪庙组,岩性以粉砂质泥岩和细砂岩为主,细砂岩出露段多形成陡坎,呈碎块状,岩质较软;粉砂质泥岩出露段多形成缓坡平台,呈碎块状,岩质较硬。细砂岩与粉砂质泥岩互层,岩层单斜,优势产状 318°∠18°,区域地质构造如图 2 所示。

图 1　滑坡平面位置

1.2 滑坡工程地质条件

滑坡调查采用地表调绘及地质钻探相结合，布置机械钻孔7个，总深度650m。滑坡表层覆盖层主要为粉质黏土和崩坡积块石土，厚度小于4m，下伏基岩为砂泥岩互层。斜坡自然坡度为15°～25°，滑坡为中层大型基岩顺层牵引式古滑坡，平面形态呈"长舌状"，面积约为55000m²，滑体平均厚约15m，方量约为82.5万m³，主滑方向337°，与岩层倾向和斜坡倾向基本一致。钻探揭示滑面裂

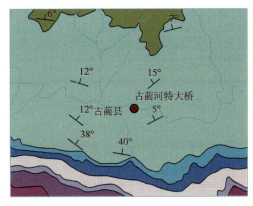

图2 区域地质构造图

隙较为发育，岩性以薄层粉砂质泥岩和粉质黏土夹角砾为主，可见挤压阶步和挤压擦痕，如图3所示。斜坡前缘范围有高4～6m的路堑边坡临空面，为修筑古习路和房屋时形成，最前缘为古蔺河，河流宽约20m，工程地质平面图如图4所示，滑坡典型断面如图5所示。

a) Z7AQ287钻孔9.3m处张拉裂隙内充填角砾

b) Z7AQ287钻孔13m处见挤压擦痕

c) Z7AQ288钻孔14.8m处见挤压阶步和挤压擦痕

d) Z7AQ288钻孔15.5m处见挤压阶步和挤压擦痕

e) Z7AQ289钻孔16.1m处有擦痕，16.1～16.5m为薄层粉砂质泥岩

f) GLHSZK7钻孔9.7～9.9m为粉质黏土夹角砾

图3 钻孔揭示滑面位置及特征

图4 工程地质平面图

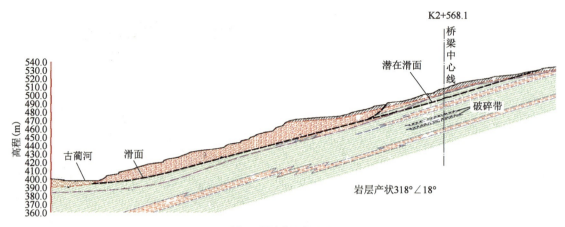

图 5 滑坡典型断面图

2 滑坡变形与滑动机理

2.1 滑坡变形特征

1) 宏观变形特征

古滑坡边界清晰,东西两侧以冲沟为界,后缘平台宽缓,前缘深插古蔺河。滑坡区域地表未见明显变形开裂迹象,房屋无开裂变形,仅在坡表出现"马刀树"现象,如图6和图7所示。

图 6 地表"马刀树"(一)　　　　图 7 地表"马刀树"(二)

2) 变形监测

为定量古滑坡变形量,掌握古滑坡安全状态,采用 Stamps-MTI 技术对滑坡进行监测。为得到更为可靠的监测结果,采用升轨和降轨数据2个观测角度进行监测。降轨数据时间段采用2014年11月至2020年1月,共计52期;选取线路周边点 DESO1 和 DESO2 两点位绘制变形量-时间序列曲线,变形趋势如图8和图9所示。在观测时段内,两点位变形量均在0值附近波动,区域内变形速率较小,最大变形量为16mm,平均变形速率在 $-0.1 \sim 0.1$ mm/年,未见明显变形趋势。

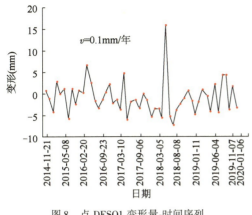
图8 点DES01变形量-时间序列

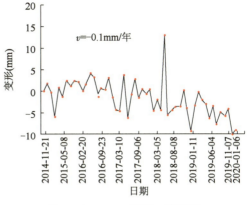
图9 点DES02变形量-时间序列

升轨数据日期从2016年1月起至2020年2月止，共计45期。选取线路周边点ASCO1和ASCO2两点位绘制变形量-时间序列曲线，变形趋势如图10和图11所示。在观测时段内，两点位变形量均在0值附近波动，区域内变形速率较小，最大变形量为31mm，平均变形速率在2~3.3mm/年，未见明显变形趋势。

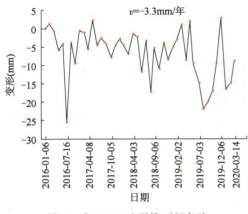
图10 点ASCO1变形量-时间序列

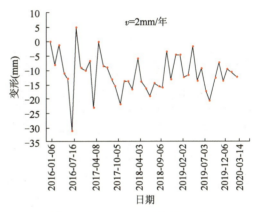
图11 点ASCO2变形量-时间序列

2.2 滑坡成因

古蔺河特大桥古滑坡整体为顺层边坡，岩层倾角18°~26°。在顺层结构和自身重力作用下，岩体中前部存在层间挤压破碎带。古滑坡东西侧均发育一条冲沟，东侧冲沟走向与J1(285°∠82°)节理走向基本一致；西侧冲沟走向与J2(35°∠83°)节理走向基本一致。后缘为宽缓平台，岩体拉裂张开2~15cm，裂隙充填泥质角砾和粉质黏土，见挤压阶步和挤压擦痕。前缘为古蔺河，枯水季节河宽约20m，水深0.8~1.2m，流速约0.1m/s。在暴雨季节，河水最大上涨高度为2~3m，流速急剧增大，河流切割能力迅速增强。受J1、J2主控节理控制，滑坡东、西侧成为相对低洼地带，为降雨及坡面径流的局部汇集和排泄区。大气降雨和地表水体沿节理入渗，顺层面往古蔺河排泄，渗流过程软化基岩，并在破碎带处或砂、泥岩界面处富集，使滑面处抗剪强度急剧降低。加之古蔺河的河流切割，使斜坡前缘形成临空面，临空面的存在不利于斜坡的整体稳定。在暴雨或持续降雨作用下，滑面最终贯通，滑体从前缘剪出，后缘岩体出现张拉裂隙,形成古滑坡。

2.3 滑坡发展趋势分析

古蔺河特大桥金沙岸古滑坡坡体岩层与坡体倾向基本一致,为基岩顺层古滑坡,机械钻孔揭示主滑剖面基岩未完全解体,前缘插入河床中,在不形成新临空面的情况下,滑坡不会往深度方向发展。加之滑坡前缘存在高 4~6m 的路堑边坡,高陡临空面的存在不利于滑坡的整体稳定。最前缘为古蔺河,枯水季节河宽约20m,水深 0.8~1.2m,流速约 0.1m/s。但在暴雨季节,河水上涨最高达 2~3m,流速急剧增大,河流切割能力迅速增强,也不利于滑坡的整体稳定。

3 稳定性计算与评价

3.1 滑坡参数反演计算

钻探揭示古滑坡滑面以破碎—极破碎砂泥岩为主,劈裂裂隙发育,为挤压破碎带,钻探滑坡滑面挤压破碎带岩心如图 12 所示。将未崩解基岩制成标准试样,如图 13 所示,采用室内试验和数据统计相结合的方法测得滑体岩土体物理力学指标,见表 1。

图 12 滑坡滑面挤压破碎带岩心

图 13 未崩解基岩标准试样

滑体岩土体物理参数　　　　　　　　　　　　　　　　　　表1

土体类别	天然重度（kN/m）	饱和重度（kN/m）	考虑裂隙水压力滑体重度（kN/m）
未崩解基岩	25.5	26.0	26.5

采用不平衡推力法计算古滑坡整体稳定性,滑面抗剪强度参数选取根据工程地质类比、经验评估和极限平衡反算评估相结合的综合确定方法,计算天然工况和暴雨工况下的古滑坡稳定系数,计算结果见表2。

稳定性计算结果　　　　　　　　　　　　　　　　　　　　　表2

断面	设计工况	稳定系数	滑面抗剪强度参数	
			黏聚力 c(kPa)	内摩擦角 φ(°)
主滑剖面	天然工况	1.19	5.5	15.5
	非正常工况(暴雨工况)	1.14	5.0	15.0

3.2 稳定性评价

古滑坡前缘路堑临空面较矮,滑坡顺层滑动距离不远,滑坡发生后,内部应力迅速得到重新平衡。仅在滑坡东侧边界附近出现少量"马刀树"现象,坡体地表房屋无开裂变形。采用Stamps-MTI技术对古滑坡进行监测,观测时段内,平均变形速率在0.1~3.3mm/年,未见明显变形趋势,表明古滑坡处于基本稳定状态。在不产生新的临空面和增加工程扰动的情况下,古滑坡将处于基本稳定—稳定状态。新建古蔺河特大桥,将对古滑坡产生施工扰动,根据《公路路基设计规范》(JTG D30—2015)规定,高速公路且滑坡危害程度严重时,稳定安全系数正常工况下限值为1.3,暴雨工况下限值为1.2。根据稳定性计算结果,天然工况和暴雨工况古滑坡稳定系数均小于规范规定的下限值,需采取工程措施对古滑坡进行预加固处治。

4　设计及施工情况

4.1　施工图设计情况

古蔺河特大桥古滑坡位于古金高速公路起点附近,由于古金高速公路、待建泸古高速公路需与已运营的叙古高速公路设置互通立交,仅工程区满足设置互通需求,因此,无法绕避古滑坡。鉴于古滑坡周边地表总体变形速率较小,在观测时段内(2016 年 1 月至 2020 年 2 月)也未见明显变形趋势,结合古滑坡稳定性分析和古蔺河特大桥的重要程度,为提升古滑坡稳定性,采用矩形抗滑桩作为整体稳定控制措施,对桥梁区域及两侧一定范围进行预加固,滑坡中部采用 15 根截面尺寸为 2.0m×3.0m 的 A 型桩,桩长 30m;2 根截面尺寸为 2.0m×3.0m 的 B 型桩,桩长 22m;古滑坡下部靠近桥梁主墩处采用 11 根截面尺寸为 2.5m×3.5m 的 C 型桩,桩长 32m。由于潜在滑面埋深较大,为有效控制桩长,桩体采用埋入式抗滑桩,对桩顶以上 2m 范围进行回填,抗滑桩预加固处治典型断面图如图 14 所示。

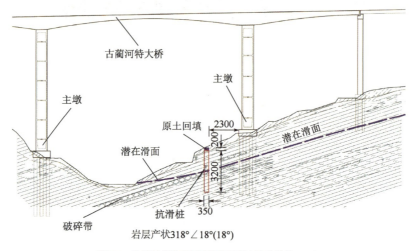

图 14　抗滑桩预加固典型断面图(尺寸单位:cm)

4.2　工程施工情况

工程区域无地下水,滑坡表层崩坡积块石土较密实,下伏基岩以泥岩和砂岩为主,且抗滑桩断面较大,现场采用人工挖孔成桩。开挖过程中对古滑坡、滑坡体上建筑物和前缘路堑边坡等进行宏观观察,及时发现问题并记录、分析变化的数据。2021 年 1 月,古滑坡预加固工程埋入式抗滑桩开挖,开挖前做好桩孔四周的临时排水工作,采取隔孔开挖、先浅后深的开挖原则,成孔后及时浇筑,以避免相互影响及最大限度地防止滑坡体位移;2021 年 12 月完成全部 28 根抗滑桩浇筑。现场浇筑情况如图 15 所示。

图 15　抗滑桩现场浇筑

5 处治工程措施及效果

古蔺河特大桥作为古金高速公路的控制性工程,大桥全长 1540.6m,主跨采用连续刚构跨越古蔺河。桥位金沙岸发育一处中层大型基岩顺层牵引式古滑坡,自然状态下古滑坡处于基本稳定状态。在变形监测和稳定性评价的基础上,采用人工挖孔矩形抗滑桩对古滑坡进行预加固,确保桥梁主墩在后期运营过程中不因滑坡体的移位变形而出现过大位移。抗滑桩施工顺序如下:

(1)施工准备。成孔前完善古滑坡体表截排水措施,防治雨水下渗并导流地表水。

(2)施工监测。建立平面和立面监测控制网,定期监测滑坡体变形数据并及时预警。

(3)人工开挖。开挖前施作锁口护壁,先挖桩芯,后挖四周并做好护壁,及时测量桩孔垂直度和尺寸。岩层开挖采用松动爆破,炸药采用孔内分段毫秒微差爆破。

(4)终孔。开挖到设计高程后,检查孔位截面尺寸、嵌固段深度、竖直度、高度等关键参数。

(5)浇筑混凝土。桩身监测管与钢筋笼一体成型,混凝土浇筑前确保孔内干燥无水,浇筑时连续紧凑、确保一次浇筑完成,同时设置导管防治混凝土离析。

通过抗滑桩预加固后,古金高速公路古蔺河特大桥金沙岸 K2 + 200 ~ K2 + 500 左侧 20 ~ 300m 基岩顺层牵引式古滑坡处于稳定状态。滑坡治理后效果如图 16 所示。

图 16 滑坡治理后效果

6 工程体会及建议

通过本案例的研究表明,高速公路采用桥梁方式穿越古滑坡时,古滑坡的安全和稳定对高速公路后期运营安全有重要影响。工程体会及建议总结如下:

(1)高速公路在选线时,应优化线路平面指标,使路线远离古滑坡,避免工程扰动破坏其既有稳定性。无法绕避古滑坡时尽量以"前缘低填、后缘浅挖"的方式通过,以利于增加古滑坡稳定性为原则。一般采用抗滑桩进行加固和治理,确保高速公路构筑物安全。

(2)采用特大桥梁方式穿越古滑坡时,勘察阶段应充分查明古滑坡体的地质情况,利用变形监测数据合理评估古滑坡安全性能,对古滑坡稳定性进行定量评价。在古滑坡稳定性评价的基础上,设计阶段应充分考虑工程重要程度和滑坡启动后构筑物失事后果,宜采用长期稳定性较好的抗滑桩对古滑坡进行预加固,预留足够安全度,确保高速公路安全运营,提升高速公路运营应急反应能力。

(3)预加固基岩顺层古滑坡,滑体深厚致使抗滑桩过长时,排除滑坡体"越顶"风险后可采用埋置式抗滑桩,充分发挥抗滑桩阻滑性能的同时还能节约工程造价,降低施工风险。

(4)高速公路穿越古滑坡体将不可避免地影响古滑坡长期稳定性,考虑到高速公路的重要性,需要对古滑坡体进行长期监测,以分析其潜在变形与趋势、运行状态的稳定性与危险性,作出实时预报预警,以确保高速公路运营安全。

广巴高速公路李家坡滑坡形成机制及处治措施

李 兵 何光尧 马洪生 赵如雄

(四川省公路规划勘察设计研究院有限公司,610000,成都)

摘 要:卸荷裂隙带具有隐蔽性强的特点,受场地植被及地形影响,勘察时易发生漏判、误判,设计上易忽视卸荷裂隙带产生的危害,从而未对其进行预加固且忽略截排水设施。本文以广巴高速公路李家坡滑坡为例,分析了该类滑坡的变形破坏特征及形成机制,并提出了相应的工程处治措施,实践表明处治措施有效。结合本滑坡勘察及处治分析结果,卸荷裂隙带、软弱破碎带多具有隐蔽性,应综合多种手段提高勘察的精度与深度;边坡后缘宽大卸荷裂隙带充水会形成强大的静、动水压力,联合地下水层面渗流产生的扬压力及泥化夹层性质劣化,导致沿泥化夹层向临空方向的平推式基岩滑坡;该类滑坡处治除支挡锚固措施外,应加强完善截排水措施等。

关键词:卸荷裂隙带;平推式滑坡;形成机制;处治措施

1 工程概况

广元至巴中高速公路 K92 + 135 ~ K92 + 350 路段位于四川省广元市旺苍县普济镇远景村。该段为分离式路基,右线分别为李家坡中桥(K92 + 120 ~ K92 + 220)3 ~ 30m T 梁 + 49m 路基 + 尖包沟大桥(K92 + 271 ~ K92 + 559)9 ~ 30m T 梁;左线分别为路基 + 尖包沟大桥(ZK92 + 294 ~ ZK92 + 454) + 路基。原施工图设计路基挖方边坡采取挂网植草防护,填方边坡采取菱形网格护坡防护。2011 年 7 月 4 日至 6 日,旺苍县境内普降大到暴雨,降雨强度大、范围广、持续时间长,致使旺苍县境内灾情严重。受此次特大暴雨影响,7 月 6 日下午,已建成通车的广巴高速公路 K92 + 135 ~ K92 + 350 段发生滑坡(图1),滑坡变形体沿路线方向宽约 260m,沿滑坡主滑方向长约 90m,滑坡体厚 8 ~ 33m。滑坡导致路基塌陷、挡墙倾斜、滑移,桥梁墩台偏移、开裂等病害,致使交通完全中断(图2 ~ 图5)。

图 1 李家坡滑坡全貌

图 2　路基塌陷、路面开裂(最大缝宽 15cm)

图 3　路肩墙外移开裂、下沉

图 4　桥梁墩柱偏位

图 5　桥台处伸缩缝开裂

2　工程地质条件

场区属中亚热带湿润季风气候,四季分明,雨量充沛,年平均降雨量为 1200mm,年最大降雨量为 2092.4mm。2011 年 7 月 4 日 20 时至 7 月 6 日,旺苍县境内普降大雨到暴雨,许多乡镇雨量超过 100mm,最大降雨出现在旺苍县檬子乡,雨量达 208.6mm。

场地处于旺苍县东西向槽谷带以东,地貌上总体属构造-侵蚀(剥蚀)中切割低中山地貌。高速公路位于清江河北东岸,处于清江河左岸斜坡地带陡缓相接处。岩层倾角 10°～20°,由于层状岩层岩性差异较大,岩体软硬相间,地貌形态随之变化,由陡斜似单面山转至单面丘地貌形态。场区具体构造部位即处于新华向斜北翼与大两会背斜南翼结合部位,构造形迹简单,未发现断层存在,岩层单斜,岩层产状 160°～170°∠10°～14°。

根据地表裂隙统计资料,场地内地层中发育两组裂隙,边坡赤平投影图如图 6 所示,节理产状及特征分别为 L1:340°～350°∠82°～86°,裂面平直,较光滑,间距 2.0～5.0m,以闭合状为主,部分张开宽度为 1～2mm。该组裂隙走向与坡向近于正交,仅见零星发育,可见长度约 2m;L2:260°～275°∠63°～84°,裂面平直,略具弧形弯曲,间距一般为 0.8～2.5m,可见延伸长度大于 10m,为顺坡向外倾裂隙,常沿该组裂隙形成长大的卸荷裂隙,地表普遍张开,深部闭合

(图7)。K92+138~K92+228段右侧挡墙施工时发现该组裂隙张开宽度达1m,充填黏土及岩屑。滑坡发生后,在挡墙外侧可见张开宽度1.2m,半充填黏土,深度大于8m。

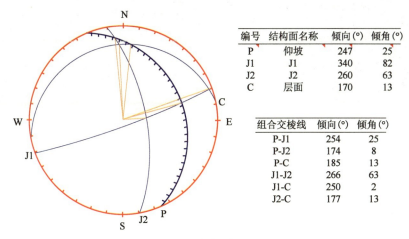

图6 边坡赤平投影图

工程区内挽近构造运动以间隙性抬升为主,区内未发现断裂活动迹象,工程区地震动峰值加速度为0.05g,地震动反应谱特征周期为0.40s,相应地震基本烈度为Ⅵ度,属区域构造稳定区。

公路路基范围及右侧大部分为第四系全新统人工填土、崩坡积块石夹土、含角砾粉质黏土及冲洪积卵砾石土所覆盖,基岩以侏罗系上统蓬莱镇组粉砂质泥岩为主,夹粉砂岩及细砂岩,场区内粉砂质泥岩及粉砂岩、细砂岩在水平方向和垂直方向上,均呈渐变过渡形式,层与层之间变化频繁,大多无明显界线。岩层内发育软弱夹层,其主要为碎块状软弱错动带(定名为层间挤压破碎带),参考《水利水电工程地质勘察规范》(GB 50487—2008)划分标准,均属岩屑夹泥型。原生软岩为粉砂质泥岩,多呈片状劈理带,部分呈鳞片状。鳞片带大多伴有泥化,片理带有一定程度的软化。上下界面可见擦痕或镜面,并形成连续的剪切面。破碎带岩心呈碎石夹泥状,富水性及吸水性强,强度低于上下母岩,易于崩解,遇水软化,附有泥质,厚度0.08~0.65m,延伸长度不等。

区内地下水可分为松散堆积层孔隙水和基岩裂隙水,主要受大气降水补给,沿基岩裂隙或覆盖层孔隙内径流、运移,向河谷、冲沟等负地形地带排泄。场地斜坡中前部岩体中发育一组近于顺坡向的构造裂隙,常沿该组裂隙形成卸荷裂隙,该段卸荷裂隙十分发育,且张开宽度大、延伸长,地表水极易下渗,成为地下水最主要的运移通道。

路线左侧50m范围内斜坡主体岩石为粉砂质泥岩,渗透性低,大气降水补给后主要以地表径流为主。2011年"7·6"特大暴雨时,地表径流沿相对低洼地带汇集和径流,最终在ZK92+200边坡附近集中大量汇水(图8),引起边坡局部垮塌阻塞路基边沟,降雨汇水排泄不畅,从而直接灌入路基,通过卸荷裂隙形成地下径流,并在K92+183右侧6m及K92+200右侧10m处涌出。

图 7　侧斜坡上的卸荷张开裂缝

图 8　ZK92+200 集中汇水引起坍塌堵塞边沟

3　滑坡形成机制分析

在 2011 年"7·6"特大暴雨后,坡面大量集中汇水引起边坡局部垮塌阻塞路基边沟,降雨汇水排泄不畅,从而直接灌入路基。水迅速下渗至大量发育的卸荷裂隙中,因受到横向岩土体及挡墙等建筑物的阻隔作用,排水不畅使后缘多条卸荷裂隙充水饱和,形成强大的静、动水压力。由于岩体内在不同深度发育数条视倾坡外的层间挤压破碎带(泥化夹层),地下水在沿层面的渗流运移过程中,产生沿层面法向的扬压力,同时使得泥化夹层进一步软化泥化,岩体物理力学性质劣化。多种作用共同导致边坡岩体沿泥化夹层向临空方向滑移,为典型的平推式基岩滑坡(图 9),造成了坡面上有关桥梁、挡墙等建筑物损毁。同时,地下水在向边坡外侧排泄时,因水流受阻而沿挤压破碎带和裂隙两侧径流,各处动水压力和地质条件的差异对不同地形、地质体产生不同的破坏效应,路线内各建筑物在不同地段变形方式不尽一致。

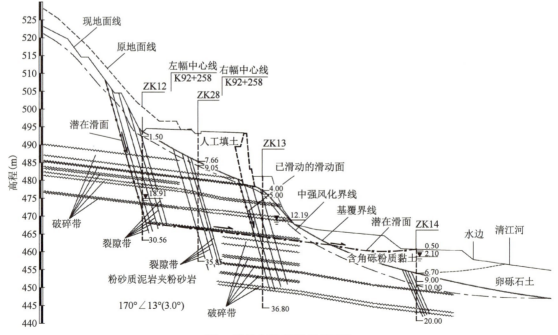
图 9　滑坡典型工程地质剖面图

4 滑坡体分析计算与稳定性评价

4.1 滑面参数的确定

根据钻探揭示成果及施工开挖资料,结合各处地表裂隙的发育规律分析,以及理正软件自动搜索综合确定滑面形态。按其物质成分滑面主要分为三段,分别为前缘覆盖层段、中部基岩泥化夹层段及后缘拉张卸荷段。取地表覆盖层内含角砾粉质黏土、强卸荷带内充填的粉质黏土原状样品进行室内物理力学试验,试验结果见表1。

含角砾粉质黏土抗剪参数　　　　表1

土样定名	含水率 ω (%)	密度 湿密度 ρ (g/cm³)	密度 干密度 ρ_d (g/cm³)	孔隙比 e	液限 ω_L (%)	塑限 ω_p (%)	天然快剪 峰值 c (kPa)	天然快剪 峰值 φ (°)	天然快剪 残余值 c (kPa)	天然快剪 残余值 φ (°)	饱和快剪 峰值 c (kPa)	饱和快剪 峰值 φ (°)	饱和快剪 残余值 c (kPa)	饱和快剪 残余值 φ (°)
含砾黏土	23.7	1.96	1.77	0.76	33.0	20.1	17.04	24.25	12.07	21.13	10.97	17.42	7.75	15.65
粉质黏土	21.6	2.03	1.80	0.67	31.7	18.1	24.87	20.28	17.54	18.42	16.17	16.08	12.23	13.36

由于基岩内的软弱破碎带难以取样,钻孔揭示其以岩屑夹泥型为主,属泥岩类泥化夹层,局部为泥夹岩屑型软弱夹层。根据四川省内在蓬莱镇组地层中大量水电站的原位试验研究成果,结合《公路路基设计规范》(JTG D30—2015),综合推荐泥岩类泥化夹层 c 值为5kPa、φ 值为18°。

4.2 滑坡推力的确定及稳定性评价

根据计算成果得知,场地各剖面在天然状态下剩余下滑力均小于0,说明天然工况下边坡稳定。但在暴雨工况(假设坡面以下大部分均饱水)下剩余下滑推力较大,边坡处于不稳定状态,表明动水压力为控制滑坡稳定的主要控制性因素。针对滑坡的这种特点,采取降低地下水位和支挡相结合的治理措施进行此类滑坡处理最为有效。因此,在考虑了长程泄水孔的作用、后缘截水沟阻截地表水、封闭坡体裂缝及路基压力注浆等影响因素的基础上,设计采用后缘裂缝充水2/3高度地下水位时的滑坡推力作为设计值,剩余下滑推力范围为924~1308kN/m。

5 工程处治措施及效果

5.1 应急处治措施

(1)完善排水系统。

清除左侧边沟内塌方,疏通并加深边沟,采用混凝土将开裂边沟封闭,将边沟水排至桥下沟内。左线路基挖方边坡坡口线外增设截水沟。K92+130~K92+320段右侧设置仰斜式排水孔,按路线方向间距10m布设,向上倾斜6°。左线路肩挡土墙上增设φ50mm PVC排水孔,间距2~3m。

(2)挡墙及桥台加固。

左线ZK92+136~ZK92+232、ZK92+280~ZK92+298段紧靠挡墙外侧,右线K92+232~

K92+280 段紧靠挡土墙外侧设置三排钢管桩,钢管桩间距 1.5m,排距 1.2m,梅花形布置,深度以进入稳定基岩内 6m 为准。钢管桩顶系梁上及设置钢管桩段落对应的挡墙墙身上设置锚索,锚索纵向间距为 5m,墙身锚索采用框架梁连接。对尖包沟左线 0 号桥台基础下悬空部分采用混凝土回填。

(3)路基加固。

采用砂砾石对现有塌陷路面进行回填压实,临时路面采用 30cm 厚的水稳碎石;左线路基宽度右侧 1/3 范围内布置钻孔灌砂、压浆,填充路基内及地基内的孔隙、空洞。右线路基靠近挡墙侧设置一排竖向垂直注浆钻孔,深度进入稳定基岩内 2m,钻孔纵向间距均为 2m,可根据现场压浆情况酌情调整;左侧边坡喷射 5~7cm 厚 M10 砂浆封闭坡面。

(4)清方减载、反压。

清除桥下斜坡上松动、松散堆积土;在右线斜坡下一级平台上反压,反压前先在原地表设置盲沟,以稳定滑坡,为永久处治打下基础。

(5)加强挡墙、桥梁变形情况监测。

5.2 永久处治措施

设计采取在右线桥梁及路基外侧设置抗滑桩,采用两种桩型,A 型抗滑桩桩径 2m×3m,桩间距为 5m;B 型抗滑桩桩径 2.5m×3.5m,桩顶设置 3 根 4ϕ^s15.2mm 预应力锚索,桩间距为 5.5m。在 K92+130~K92+330 段右侧每根抗滑桩之间设置仰斜长程排水孔,按路线方向间距 5.5m 布设;恢复路面及交安设施;并对桥梁移位梁体采取顶推复位,更换支座,对开裂桩柱采取加固措施(图 10)。

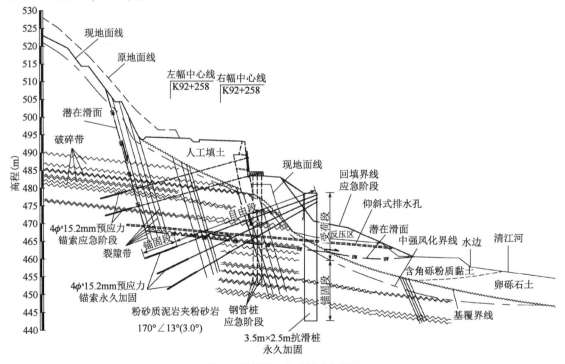

图 10 滑坡处治典型剖面示意图

该滑坡于2011年7月开始进行应急抢险施工,于2012年底修建完成,恢复双向通车,处治工程增加总造价约5000万元。为判断边坡的滑动方向、滑动面深度、滑动范围及其变形发展趋势,同时为动态设计、变更设计方案提供依据,该工点实施了专项监测,共布置6个监测断面,每条断面设4个监测点,其中深孔位移监测点6个。根据监测报告得知,应急措施实施后,各监测点变形速率较小,表明滑坡处于基本稳定状态。永久加固措施实施后,监测点无明显位移,表明滑坡处于稳定状态。处治完成至今,监测及现场巡查显示桥梁、路基边坡稳定,无病害发生,治理效果良好。

6 工程体会及建议

(1)卸荷裂隙带、软弱破碎带具有隐蔽性,受场地植被及地形影响,勘察时易漏判、误判,建议采取综合勘察手段,利用综合遥感、机载 LiDAR、无人机航拍等新技术指导勘察调绘,提高勘察的精度与深度。

(2)边坡后缘宽大卸荷裂隙带充水,会形成强大的静、动水压力。地下水在沿岩体层面的渗流运移过程中,产生沿层面法向的扬压力,同时使得泥化夹层进一步软化泥化,岩体物理力学性质劣化。多种作用共同导致边坡岩体沿泥化夹层向临空方向滑移,形成典型的平推式基岩滑坡,该类滑坡具有突发性。

(3)卸荷裂隙带的处治应引起设计、施工人员的高度重视,施工过程中发现宽大卸荷裂隙带应开展综合评估研判,不能简单地采取回填封堵等措施,应根据评估结论,采取抗滑桩、锚索框架梁等预加固措施,完善截排水设施等,从而根治病害。

参 考 文 献

[1] 许强,唐然.红层及其地质灾害研究[J].岩石力学与工程学报,2023,42(1):28-50.
[2] 范宣梅.平推式滑坡成因机制与防治对策研究[D].成都:成都理工大学,2007.
[3] 赵勇,许模,赵红梅.平推式滑坡后缘启动水头探讨[J].人民长江,2011(17):32-36.
[4] 程强,周永江,黄绍槟.近水平红层开挖边坡变形破坏特征[J].岩土力学,2004(8):1311-1314.
[5] 李勇,李海亮,马洪生.某高速公路典型缓倾顺层滑坡分析与治理研究[J].路基工程,2020(5):195-201.
[6] 中华人民共和国交通运输部.公路路基设计规范:JTG D30—2015[S].北京:人民交通出版社股份有限公司,2015.
[7] 中华人民共和国住房和城乡建设部.水利水电工程地质勘察规范:GB 50487—2008[S].北京:中国计划出版社,2009.

纳黔高速公路顺层高边坡溃曲破坏特征及防护措施

张誉瀚　李　兵　向　波　周海波

(四川省公路规划勘察设计院有限公司,610000,成都)

摘　要：溃曲破坏也称滑移弯曲破坏,是顺层边坡中的一种主要破坏形式,其变形破坏机理较为复杂,隐蔽性较高,尤其是超高顺层边坡一旦失稳,对工程建设危害极大。本文以纳黔高速公路 K1+915～K2+125 超高顺层边坡为例,结合地质环境条件与初始设计开挖影响,对边坡变形破坏特征、演化模式与成灾机理进行研究,并对该边坡的处治技术进行讨论分析。研究表明,初始设计过程中对该边坡地质环境特征分析不足,开挖后形成高陡临空面,导致上部坡体在自重作用下出现强烈拉张变形,主要表现为坡顶拉裂缝、中部岩体挤压破碎。由于原始地形环境中坡体处于应力平衡状态,但在陡倾基覆界面中部存在应力集中现象,初期施工开挖打破地质应力平衡,导致坡体中部、坡脚应力集中加剧,进而在自重作用下开始出现顺层滑移的下错变形。变形发生后经进一步调查研判,分阶段对边坡进行开挖减荷,以控制变形发展。在第一阶段开挖后,坡体中部应力集中加剧,出现开挖岩体持续挤压破碎现象,而第二阶段开挖极大程度地减小了高边坡应力集中,使变形发展速率得到有效控制,最后采用框架锚杆+平台被动网对边坡进行工程处治,"开挖卸荷放缓+加固"的处治方式可以充分保证边坡整体稳定性。

关键词：顺层边坡；溃曲破坏；成灾机理；处治措施

1　工程概况

黔川界至纳溪高速公路 K1+915～K2+125 段边坡位于四川省泸州市境内,路线总体呈东西走向,路线以深挖路堑形式通过斜坡中前部宽缓地带,经原始设计、开挖变形、变更方案、方案进一步优化、处治加固等最终形成六级、超百米顺层高边坡,该高边坡路段高速公路至今安全运营已十余载,表明处治效果良好(图1)。

原设计对该顺层高边坡采用逆作法、自上而下逐级开挖,直至设计高程(图2)。总体上清方后形成三级、最大高度为75m的基岩顺层边坡,坡比依次为1∶0.75、1∶0.75、1∶1.00。边坡平均坡度与岩层倾角近乎一致,据综合 φ 值工程类比法,定性分析判断边坡处于稳定状态,未对边坡采取防护措施加固。2009年12月11日,随着边坡由上至下逐渐开挖至距离路面设计高程约20m处时,当地居民发现坡顶出现大量环形张拉裂缝,宽几厘米至2m不等,局部裂缝已经形成错台。该阶段变形主要位于覆盖层,其基覆界面是潜在滑动面之一,而由于斜坡为顺层结构,不排除存在深层顺层滑动面的可能。经过技术人员对边坡调查分析,认为该边坡顶部变形存在进一步加宽、加深的发展趋势,最终判定其沿前缘开挖临空面剪出而发生整体失稳可能性极大,对工程建设构成巨大潜在威胁。

图 1　边坡现状全貌

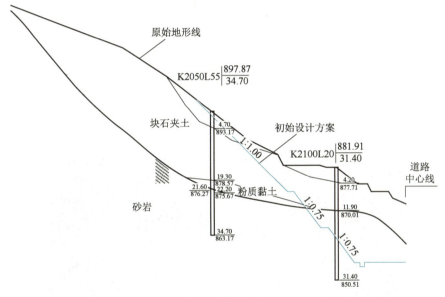

图 2　原设计方案

经综合研究,最终决定对原设计方案进行变更(图3)。变更设计采用清除上覆变形体主滑体,同时进一步加大清方放缓边坡坡比、加强排水的总体思路来保证边坡稳定。边坡坡比采用1∶1.25(与岩层倾角相近),边坡上设置1.5m宽平台,并于二级边坡上设置15m宽平台以期降低坡脚应力集中,同时在该平台处加设被动防护网。最终变更方案共六级边坡,放坡高度分别为10m、6.5m、20m、20m、20m、5.2m,但边坡放缓施工过程中发现最上级边坡(第六级)坡顶出现新的变形开裂现象,随即进一步优化方案,将最顶上一级边坡坡率调整为1∶2.0,并于边坡坡面上补增竖向锚固肋,成功地控制了边坡变形加剧,有效地保证了边坡的稳定。

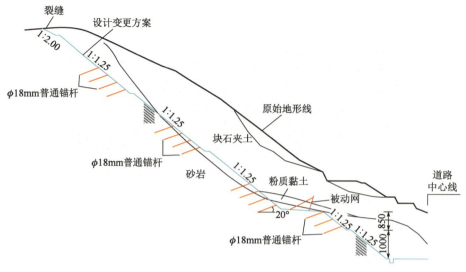

图 3　设计变更方案(尺寸单位:cm)

2　工程地质条件

K1+915~K2+125 超百米顺层高边坡总体上位于四川盆地向云贵高原过渡带,赤水河左岸,属构造剥蚀低山斜坡地貌(图4)。原始斜坡地势上呈北高南低,斜坡坡向约185°,自然斜坡呈上陡下缓形,局部发育陡坎台阶,平均坡度约25°,坡面多为林地及旱地,坡内有多间农房分布,植被较发育,调查期间未见斜坡变形开裂等迹象。斜坡表覆 Q_4^{c+dl} 块碎石土,厚度分布不均,为 0~22m,下伏 T_{3xj} 石英砂岩。

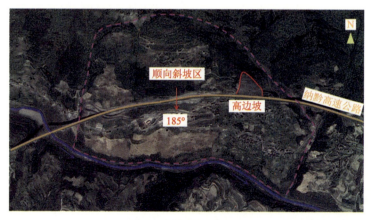

图 4　斜坡区域影像

研究区域总体上处于赤水河向斜北翼近核部,无大型断裂构造通过,受向斜影响岩体呈单斜构造产出,节理裂隙发育,岩体较为破碎(图5)。据现场调查,层面产状 178°~183°∠38°~41°,属于顺层结构斜坡。岩体主要发育 2 组节理裂隙,L1:产状 290°∠84°~87°,闭合,局部微张且有泥质充填物,裂面较粗糙略有起伏,发育间距一般为 1.0~2.0m,延伸长 1.0~2.0m;L2:产状15°∠71°,闭合,裂面较平直,稍有起伏,发育间距一般为1.2～2.0m,延伸长1.0～2.0m,赤平投影分析如图6所示。

图5 开挖所揭示的岩体结构特征

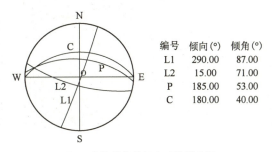

图6 岩体结构特征赤平投影分析

3 溃曲变形特征及成灾模式分析

3.1 变形破坏特征

在边坡工程施工初期,按照原设计方案由上至下逐级开挖。当开挖至距离道路设计高程约20m处时,边坡顶部首先出现大量张拉裂缝,呈环形分布,平行于开挖边坡上边线,其中最远的变形拉裂缝位于坡口线约60m处。此阶段变形体主要为崩坡积块碎石土层,经调查测量,拉裂缝宽0.1～2m,深0.5～3m,局部因下错变形而呈现错台状,错台高1～1.5m(图7)。基于初期变形迹象,以及对边坡稳定性的评价结果,在原有开挖条件基础上进行第一阶段挖方卸荷,在此过程中边坡中前部已发生弯曲—鼓胀变形的岩体被揭露(图8)。在完成第一阶段开挖后,该边坡仍处于持续变形中,新开挖边坡中部再次出现弯曲鼓胀现象,岩体发生明显弯折破碎(图9)。随着第二阶段的挖方卸荷,边坡变形速率逐渐减缓,在未支护的情况下发生突发性失稳破坏的概率减小,为工程处治赢得时间。第二阶段开挖过程中,虽然边坡大变形减弱,但局部应力集中部位仍存在岩体破碎现象(图10),岩体出现新的挤压折断,可见超百米高顺层岩质边坡在无支护条件下难以保持自然稳定,对边坡的及时工程支护也势在必行。

图7 边坡后缘变形开裂、下错

图8 边坡前部鼓胀变形

图9　边坡中部弯曲鼓胀　　　　　　　　　图10　坡脚岩体折断溃曲

3.2　成灾演化过程及模式

从该边坡开挖后的整个变形发展过程来看,原始斜坡结构与大规模工程开挖分别是边坡成灾演化的内外控制因素。在区域构造环境上,边坡处于向斜北西翼,形成外倾近40°的岩层面,线路所穿过边坡具有顺层斜坡结构特征,且基岩上部形成厚层第四系崩坡积堆积物,自然地貌演化形成相对稳定的斜坡环境,工程建设前期未对边坡造成显著影响时,边坡处于稳定状态,如图11a)所示。而在按照原设计方案开挖施工过程中,坡体前缘形成良好临空条件,基覆界面被完整揭露,加之基覆界面上部坡度较大,该崩坡积堆积层在自重作用下开始出现蠕滑变形,进而形成工程建设初期所发现的大量环形拉张裂缝。在此情况下,对已出现强烈变形的边坡进行设计方案变更处治。变更方案分两阶段进行开挖,第一次开挖重点清理处于强变形阶段的崩坡积堆积层,以保证施工安全。然而,完成第一次开挖后,在缺少上覆自重荷载的情况下,原始斜坡环境平衡进一步被打破。在坡体上部自重作用下,顺层岩体沿层面开始发生蠕滑变形,开挖面岩体出现回弹现象并朝临空方向发生弯曲变形[图11b)],变形持续累积进而出现鼓胀裂缝,岩体结构进一步破碎并向深部发展[图11c)],而边坡上部在蠕滑过程中形成新的拉裂缝。

为保障工程安全,对边坡进行第二次开挖放坡,减小边坡上部自重荷载,降低变形区下滑分力,从而控制变形发展速率,此时开挖临空面岩层鼓胀破裂程度极大减弱,在顶部产生的拉裂变形规模也同步减小,如图11d)所示。在第二次开挖基础上,进一步采用锚固肋+平台被动网对边坡进行加固,使整个边坡达到稳定状态。

从边坡变形发展演化过程来看,边坡的顺层结构是开挖失稳破坏的内在条件,工程开挖则是其成灾的诱发因素。在顺层斜坡结构环境中,斜坡自重是构成顺层滑移的驱动力,工程开挖不仅减小了上覆荷载,同时形成的临空面为坡体顺层滑移提供了空间,缺少覆盖层约束的顺层岩体则向临空方向发生回弹弯曲变形,岩体鼓胀将由外而内产生大量裂缝,表现出往深部变形逐渐减弱的变形趋势。在不及时防治的情况下,鼓胀区变形进一步发展将会使上部变形体沿该破碎区剪出,形成顺层边坡溃曲灾害。总体而言,该边坡变形发展是以顺层斜坡结构为基础,工程开挖改变原始斜坡应力环境,最终在自重作用下顺层蠕滑形成顺层滑移—弯曲鼓胀型破坏模式。

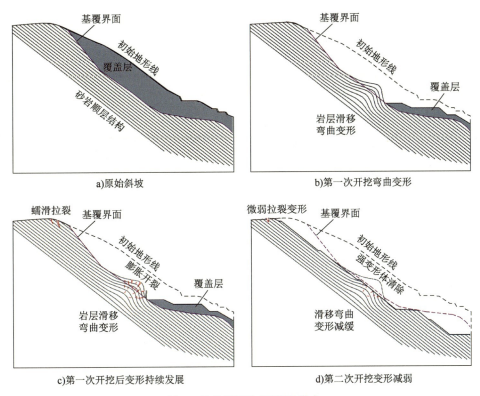

图 11　边坡开挖后成灾演化模式

4　溃曲成灾机理分析

为进一步阐明该边坡变形的内在机理,以图 12 中各阶段演化模式过程为基础进行数值分析。本文采用 Geo-Studio 软件中 Sigma 模块对原始斜坡、第一次开挖与第二次开挖后的斜坡应力、应变环境进行模拟,三阶段模型特征及地形边界情况如图 12 所示,从而查明原始斜坡在工程建设过程中的应力变化特征,结合斜坡结构、岩土体物理力学性质等可进一步对该边坡变形机理进行分析研究。

在三个阶段模拟分析中,原始斜坡模型采用原位分析,第一次开挖与第二次开挖模型均采用应力重分布分析。模型材料根据实际边坡地质条件设定为两层,即块碎石土、砂岩,块碎石土密度取 $2.1 g/cm^3$,泊松比取 0.18,弹性模量取 $30 MPa$;砂岩密度取 $2.5 g/cm^3$,泊松比取 0.26,弹性模量取 $25 GPa$。各模型重点考虑天然工况下工程开挖对边坡的影响。

在原始斜坡环境下坡体处于稳定状态,但由于覆盖层与下伏砂岩性质差异及陡倾的基覆界面,在基覆界面中部形成应力集中区(图 13)。初始条件下,砂岩强度较高,基岩层自稳能力较强,而上覆堆积物力学强度相对较小,自重下滑分力使之沿陡倾的基覆界面具有滑动趋势,剪应力则相对集中,此时的应力环境在未遭受外界扰动的情况下不影响覆盖层稳定性。

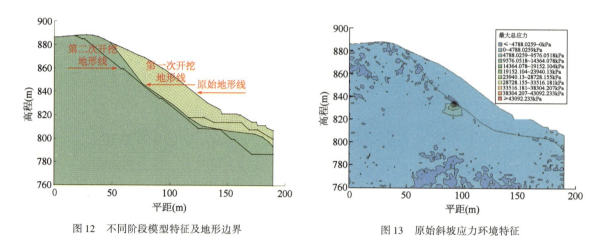

图12 不同阶段模型特征及地形边界　　　　图13 原始斜坡应力环境特征

第一次开挖后,坡体上部覆盖层大部分被清除,导致斜坡应力发生重分布,最大总应力由43MPa增大至76.6MPa,且主要集中于开挖边坡中部(图14)。边坡上部岩体所具有的重力势能提供下滑驱动力,加之开挖后上覆第四系堆积物的重力约束消失,开挖坡体重力下滑分力将驱使岩体发生顺层蠕滑变形,因而在临空面附近压应力集中,这是导致开挖面出现强变形的主要原因;与此同时,坡体顶部在蠕滑过程中岩体将承受拉应力,随之出现拉裂缝变形迹象。在这一阶段,由于边坡上部仍有较大荷载,导致边坡中部应力集中现象仍较为突出,从而出现实际开挖后边坡中部出现的岩体挤压破碎现象。

从力学结构上来看(图15),坡体重力沿层面的下滑分力构成主应力场中的最大主应力σ_1,而垂直岩层面的覆盖层荷载为最小主应力σ_3,原始斜坡环境中处于平衡状态。开挖后,上覆第四系堆积物被清除,导致最小主应力σ_3逐渐减小,近坡表层可视为最小主应力σ_3为零,从而使之失去侧向约束力,而最大主应力σ_1的持续作用使岩层在顺层方向应力集中,并向临空方向发生弯曲变形。最大主应力顺层面的纵向挤压作用使开挖面形成鼓胀变形,岩体开裂形成大量鼓胀裂缝,岩层逐渐剥落的同时抗滑阻力也将进一步降低,进而促使坡度逐渐出现拉张裂缝。

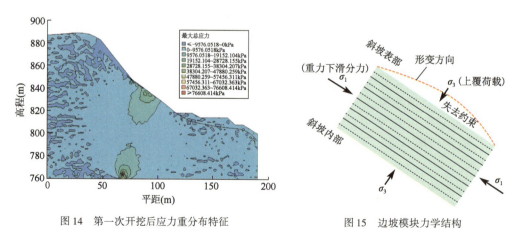

图14 第一次开挖后应力重分布特征　　　　图15 边坡模块力学结构

第二次开挖对边坡上部进行大量清方,减缓坡率,削坡的处治方案形成快速成效(图16)。第二次开挖后,坡体应力环境再次重分布,相比于第一次开挖极为显著的应力集中现象,二次开挖后应力分布相对较为均匀,开挖面中部应力集中程度极大减弱,最大总应力降低至21.5MPa。坡率的降低也促使坡体上部下滑分力减小,即便缺失最小主应力 σ_3,开挖边坡变形幅度、变形速率已经得到有效控制。从第二次开挖模拟结果来看,坡顶仍有低强度应力集中现象,其源于第二次开挖形成的临空边坡高度高达100m,坡体自重分力的影响仍然存在,因而在坡顶仍表现为低强度的拉应力集中现象,这也解释了第二次开挖后坡顶仍然出现的小规模拉张变形迹

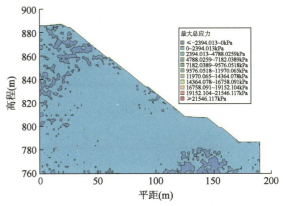

图16 第二次开挖后应力重分布特征

象。可以看出,第二次开挖虽然对整个边坡的变形发展进行有效减缓,但并未完全控制住,因而在第二次开挖后又进行了工程防护,最终使百米边坡达到稳定状态。

图17展示了前后两次开挖产生的应变变化,与应力重分布相对应,第一次开挖后应变主要集中于开挖面中部,而第二次开挖处治后应变消失,仅在坡体顶部存在小范围应变区。由此可见,在顺层斜坡结构环境下,大规模工程开挖对于斜坡应力环境影响极为强烈,第一次开挖形成的陡倾坡体不仅具备较强的下滑分力,同时临空面也为顺层岩体鼓胀变形提供空间,而第二次开挖放坡处治极大减小了上部荷载,降低了下滑分力,因而使变形发展显著减缓。从第二次开挖后的应力分布与应变特征来看,较大规模的减荷已使边坡变形速率降下来,但超百米的顺层岩质边坡仍具有较大的重力势能,在边坡中部及坡脚处仍存在突出的变形,与实际情况也较为符合。因此,在第二次开挖后,在保证边坡不会发生整体失稳的前提下,采用了框架锚杆+平台被动网的措施进行处治,从而保证边坡中部与坡脚应力集中区的整体稳定性。

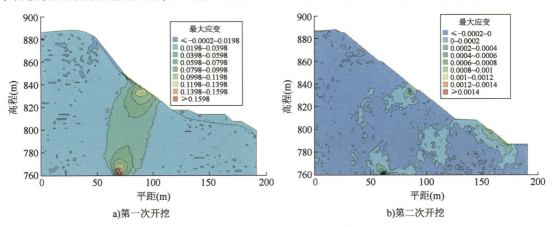

a)第一次开挖　　　　　　　　　　b)第二次开挖

图17 两次开挖引起的边坡应变特征

综合而言,该顺层岩质边坡在开挖条件下受重力势能驱动,随开挖过程应力状态不断变化,最大主应力平行于坡面,最大剪应力与层面夹角越接近于坡面越小,在开挖临空坡脚形成显著的应力集中现象,层状的岩层沿层间挤压带启开,沿层面方向发生轻微差异性层间错动,由于不均匀的层间错动,岩体在裂隙面上的剪应变累积起来,在坡体后缘出现一系列的拉裂缝

和顺层错动。随着重力下滑分力的进一步作用,以及岩层的蠕变在层状结构面较为密集,坡脚处应力集中,滑移弯曲变形进一步加剧,岩层形成类似褶曲的弯曲形态。从岩体破坏力学性质来看,挠曲的最终破坏是受抗拉和抗折强度控制的,一旦折断破坏,岩层将发生突然的剧烈顺层滑动,前缘沿弯折破碎带剪出,形成完整的溃曲破坏。

5 工程体会及建议

通过对纳黔高速公路 K1+915~K2+125 超高顺层边坡各施工阶段变形发展过程的跟踪调查,本文基于边坡开挖动态演化历史,对该顺层边坡变形发展特征、演化模式与成灾机理进行研究,并结合各阶段变形特征阐明变更设计处治原因与条件,得出以下结论:

(1)此超高顺层岩质边坡处于向斜一翼,岩层形成较大倾角,加之山高坡陡,边坡具有极大的势能条件。原设计方案对顺层边坡开挖后发展趋势分析不足,导致开挖后形成较大临空面,上部坡体在自重作用下开始发生下错变形,从而形成大量环形拉裂缝。而顺层岩体结构承受了坡体下滑分力,在坡体中下部应力集中现象突出,逐渐导致岩体发生结构性破碎,且开挖卸荷对边坡原始应力环境造成扰动,原始上覆自重应力的缺失使顺层岩体向开挖临空方向发生弯曲变形。

(2)通过对边坡原始地形及分阶段开挖进行模拟分析,发现原始地形条件下边坡内部因上部自重作用在基覆界面处存在应力集中现象,但处于基本平衡状态。而原设计对这一地质情况认识不足,导致按原设计方案开挖后打破原始应力环境而出现变形,第一阶段开挖极大减小了边坡上部荷载,使变形速率快速下降,但由于开挖面上部自重应力缺失,局部应力集中现象更为突出,因而在第一次开挖后边坡中部出现了持续岩体变形。第二阶段开挖后边坡应力集中得到有效释放,坡脚及平台处应力集中现象不再突出,应变减小,可见第二阶段开挖使边坡变形得到有效控制。

(3)由于原设计方案对地质条件把握不准确,且未设计工程处治措施(仅开挖),导致开挖后出现强烈变形。在充分查明向斜地质环境条件的基础上,变更设计方案中首先采用分阶段开挖的方式控制住边坡变形速率,避免其直接发生整体失稳破坏,而后采用分级放坡+设置长大平台减弱超高顺层边坡应力集中作用,为后期工程施工处治赢得时间。然后采用框架锚杆+平台被动网对边坡进行防护,从而最终保证了边坡的整体稳定性。

(4)在公路路线方案设计阶段,应充分考虑区域地质条件,尤其是地形地貌、斜坡结构。当路线通过顺向斜坡区域时,应合理设计,尽量降低开挖边坡高度、减缓开挖边坡坡度,避免对原始斜坡产生较大的开挖扰动,最大限度降低开挖后边坡灾变风险,减小此类边坡防护技术难度,保证施工安全。

参 考 文 献

[1] 张永安,李峰,陈军.红层泥岩水岩作用特征研究[J].工程地质学报,2008,16(1):22-26.
[2] 杨宗才,张俊云,周德培.红层泥岩边坡快速风化特性研究[J].岩石力学与工程学报,2006,25(2):275-283.
[3] 吴国雄,张斌,杨应信,等.西部红层软岩地质特性及其对路基结构稳定性的影响[J].重庆交通学院学报,2004,23(6):53-58.

[4] 黄洪波.层状岩质边坡的稳定性分析[D].杭州:浙江大学,2003.
[5] 王秋生,张瑞涛,郑宏.Malvern Hills 边坡溃曲破坏分析及数值流形法模拟[J].岩土力学,2022,43(7):1951-1960.
[6] 李斌.陡倾顺层软岩边坡破坏机制及稳定性研究[D].重庆:重庆大学,2021.
[7] 程强,周德培,寇小兵.红层软岩地区公路建设中的主要岩土工程问题[C]//中国岩石力学与工程学会.第八次全国岩石力学与工程学术大会论文集.北京:科学出版社,2004:4.
[8] 冯文凯,胡云鹏,谢吉尊,等.顺层震裂斜坡降雨触发灾变机制及稳定性分析——以三溪村滑坡为例[J].岩石力学与工程学报,2016,35(11):2197-2207.
[9] 沈义东.红层地区变倾角顺层斜坡失稳机理研究[D].成都:成都理工大学,2021.
[10] 李艾浓.缓倾厚层岩质采动斜坡沉陷-溃屈失稳机理研究[D].成都:成都理工大学,2023.
[11] 谭明健.三峡库区侏罗系砂泥岩顺层边坡破坏模式与稳定性研究[D].武汉:武汉工程大学,2023.
[12] 陈达,许强,郑光,等.顺层边坡溃曲变形形成条件及其与层面倾角的关系[J].科学技术与工程,2021,21(7):2616-2625.
[13] 吁燃,刘品,龙森.顺层岩质斜坡溃曲破坏机理的力学分析[J].公路交通技术,2012(4):18-21,31.

纳黔高速公路 K44+600~K44+850 段顺层滑坡成因分析及治理措施

刘少贵 肖昊 向波 李兵 赵如雄

(四川省公路规划勘察设计研究院有限公司,610000,成都)

摘 要:山区高速公路以挖方路堑方式通过含软弱夹层的顺层路段时,极易导致基岩沿顺层滑动,形成基岩顺层滑坡。基岩顺层滑坡突发性强,破坏性大,是危害山区公路及人民生命财产安全的重要灾害类型之一。川黔界至纳溪高速公路 K44+600~K44+850 段左侧边坡为发育软弱夹层的顺层路段,其前缘因施工开挖导致斜坡强变形,形成滑坡。在对滑坡进行补充勘察的基础上,分析了该类工程滑坡的成因、特点,并提出了相应的工程治理措施建议,给类似工程提供设计和治理借鉴。

关键词:基岩顺层滑坡;滑坡成因;软弱夹层;治理措施

图1 滑坡遥感影像

1 工程概况

1.1 地理位置与区域地质背景

纳黔高速公路 K44+600~K44+850 段顺层滑坡位于四川省泸州市叙永县震东乡双井村境内,属于四川盆地东南部构造剥蚀低山区,沟谷切割较深。表层为第四系坡残积层黏土,厚 2~7m,下伏二叠系下统栖霞组灰岩夹沥青质页岩。高速公路以半填半挖路基沿斜坡中下部通过,路线红线范围及左下部为缓斜坡台地,多为旱地,自然斜坡坡角在 25°~30°,局部基岩出露,路线左侧上部坡体为典型溶蚀性地貌,自然斜坡坡角在 30°~40°,基岩多以石芽形式出露,溶沟溶槽极其发育,沟槽内多以黏土充填,植被较为茂盛,右下侧坡脚为冲沟,沟内常年流水(图1)。

1.2 滑坡工程地质条件

根据工程地质报告(图2),下伏基岩产状为 62°∠19°,基岩以灰岩为主,灰岩中夹一层厚

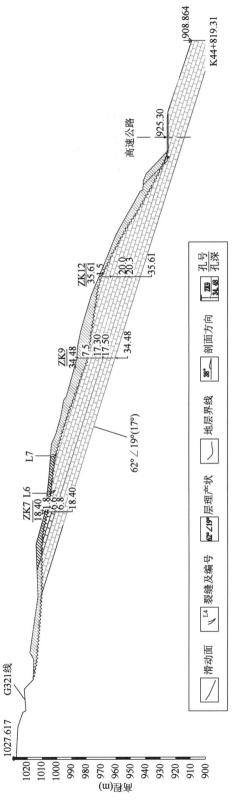

图2 地质剖面图

0.1~0.5m沥青质页岩,沥青质页岩顶部0.05~0.1m已形成具滑腻感的黏性易滑层,岩层结构已破坏,具挤压揉皱现象。根据勘探资料,滑带物质在ZK7钻孔6.60~6.80m、ZK8钻孔17.00~17.40m、ZK9钻孔17.30~17.50m、ZK13钻孔30.0~30.50m范围内有揭露(图3~图6)。滑带物质为沥青质页岩,灰黑色,质软,有揉皱挤压现象,含有少量方解石,砾径为1~10mm,含量占总量的5%~10%,手捻滑腻感较强。

图3　ZK8钻孔15~20m岩心照片

图4　ZK9钻孔15~20m岩心照片

图5　ZK9钻孔揭示滑带物质(一)

图6　ZK9钻孔揭示滑带物质(二)

2　设计及施工情况

2.1　施工图设计情况

原高速公路路线方案为桥梁通过,为优化桥梁规模,采用半填半挖路基设计,左侧路堑边坡设计最大高度约14m,路堑边坡中部为宽度4.5m的乡村道路,路堑边坡采用框架锚杆进行加固防护,右侧填方采用墙高7~12m衡重式路肩挡土墙进行支挡防护。

2.2　工程施工情况

2008年5月开工以来,施工单位首先进行了路基右幅路肩挡土墙施工,再进行左侧路堑开挖,2009年上半年该处路基开挖完成,路堑边坡成型,施工方着手准备进行边坡防护工程施工。

2009年6—8月,叙永地区出现连续降雨天气,左侧路堑边坡以上自然斜坡坡体陆续出现宽1~50cm不等的拉裂缝,局部出现塌陷,斜坡上部民房墙体出现开裂,上方G321线大纳路出现不均匀沉降、路面开裂、防撞护栏错位等病害现象。

2010年3月15日凌晨,连续降雨之后边坡前缘发生局部滑动,形成高约20m的新临空面,滑坡堆积体掩埋在建高速公路;滑坡体中部产生新的裂缝、后缘G321线原裂缝加大,且有加剧迹象。滑坡对下方高速公路、G321线及当地居民的安全构成极大的威胁。

3 滑坡特征及成因机制分析

3.1 滑坡的基本特征及规模

1)滑坡的基本特征

滑坡后缘变形主要集中在G321线上,有明显的地表裂缝及局部错落,G321线路面结构在雨后形成错落坎及裂缝,变形加剧(图7)。

图7 滑坡后缘G321线上裂缝

滑坡左侧后部地形较平缓,地表裂缝清晰可见,发育一条走向约68°的小型冲沟,无常年流水,植被多以矮小灌木为主。滑坡右侧发育一条走向约63°的大型冲沟,宽65m、长326m,地势平缓,黏土覆盖,现开垦为农田,地表变形不明显。

滑坡产生后,K44+730~K44+800段左侧在拉裂处形成坡度约80°的高陡边坡(图8),在滑坡区出露岩层中,垂直裂隙和层间裂隙比较发育,它们将岩体切割成大小不一的"豆腐块"形状,大大降低了岩体的完整性及强度,特别是在边坡岩体中发育的外倾裂隙,对边坡的整体稳定有较大的影响,滑坡前缘高速公路开挖形成临空面,沿易滑层部分已滑塌,滑坡松散堆积物掩埋在建高速公路,同时高速公路挡墙已发生变形(图9)。

图 8 滑坡中部弧形拉裂缝　　　　　　图 9 滑坡前缘挡墙变形

2)滑坡空间形态及规模

滑坡位于山体斜坡的中部,后缘顶部高程 1035m,前缘坡脚高程 924m,高差 111m。坡体呈近扇形分布,轴向长 356m,后缘宽 50m,前缘宽 305m,面积 91747.5m²,滑体平均厚度约 20m,滑坡方向 62°,总体积 183.5 万 m³,为巨型顺层岩质滑坡。

根据变形破坏程度,将滑坡区划分为三个区,斜坡从左到右依次为弱变形 I 区(K44+600～K44+730)、强变形区(K44+730～K44+800)、弱变形 II 区(K44+800～K44+850)。

弱变形 I 区纵长 282m,均宽 170m,面积约 4.79 万 m²,潜在滑体平均厚度约 12m;体积约 57.48 万 m³;强变形区斜坡纵长 356m,均宽 80m,面积约 2.85 万 m²,潜在滑体平均厚度约 20m,体积约为 57 万 m³;弱变形 II 区纵长 267m,均宽 75m,面积约 2.10 万 m²,潜在滑体平均厚度约 16m,体积约 33.6 万 m³。变形区主滑方向均为 62°。

强变形区前缘已发生滑塌,在平面上呈"∩"形,在后壁形成坡度约 80°的高陡边坡,滑坡中后部发生了明显变形,处于变形发展状态。

3.2　滑坡影响因素及形成机制分析

该滑坡为一基岩顺层滑坡,据现场勘察,岩层产状与坡向基本一致,沥青质页岩软弱层面与两组节理形成不利的结构组合。在前缘工程开挖形成临空面、降雨、后部 G321 线行车振动、重压等综合作用下诱发了滑坡前缘牵引式滑动。以下为滑坡的具体成因分析及诱发因素。

1)地层岩性及构造

滑坡地处二叠系灰岩地层,据地表调查,栖霞组(P_{1q})灰岩中夹多层沥青质页岩,其中一夹层有泥化现象,为该滑体的滑带,该滑坡沿层面滑动,滑体物质为栖霞组(P_{1q})灰岩及表层黏土。岩层产状 62°∠19°,同时发育两组不利节理面:J1 产状为 350°∠85°,走向与滑坡方向平行;J2 产状为 255°∠76°,走向与滑坡方向垂直。滑坡体基岩在层面、节理面的综合作用下,被切割成大小不一的块体,坡体具备沿前缘施工所形成的陡坎滑动的条件。

2)人为工程活动

纳黔高速公路的修建对坡脚开挖形成临空面,在前缘给滑坡的形成提供了有利的临空面,也提供了斜坡物质势能转化的有利条件。同时,路基开挖进行大量的爆破作业,爆破次数多,爆破强度大,导致岩溶裂隙填充物振动液化、塑流,降低物理力学强度,同时形成动、静液压力,为滑坡的形成提供动力条件。

3) 大气降雨

该滑坡的活动与降雨关系密切,是导致滑坡活动的主要激发因素。大气降雨经地表径流,一部分向地表低洼处排泄,另一部分渗入土层,不仅使表层土体饱水软化,而且入渗后沿土体裂隙面构成的滑动面径流排泄,降低了滑体与滑床间的摩阻力,土体自重增加,抗剪强度降低,容易引起滑移变形破坏。

4) 滑坡后部 G321 线大纳路加载

滑坡后部 G321 线大纳路载重汽车较多,汽车超载及振动对顺层段稳定性也有一定影响,导致变形加剧。

4 变形体分析计算与稳定性评价

由于滑坡影响范围较大,故在滑坡处治方案设计时考虑将滑坡分为强变形区及弱变形区两个部分进行治理。弱变形区设计时主要考虑该区域目前状态、地质构造、工程活动等因素,采取相应的加固处治措施。

4.1 计算参数选取

1) 滑体重度的取值

根据滑坡体室内试验结果,考虑滑体土质不均,结合工程类比综合确定滑坡滑体的天然重度和饱和重度。滑体天然状态重度取 23.0kN/m³,饱和状态取 24.0kN/m³。

2) 滑带物质物理力学性质

由滑坡地质勘察时对前缘滑面采用槽探取得的原状土样及钻探确定的滑面位置软弱带取得的土样,进行试验获取的物理力学指标,另外由设计时对滑坡变形机理进行反演计算取得的滑面物理力学指标,经过二者综合分析后获得滑坡治理设计需要的滑带土的物理力学计算参数:

(1) 强变形区。已滑动区域滑面黏聚力 $c = 16.5$ kPa,内摩擦角 $\varphi = 13.7°$。拉裂槽上部极限稳定区滑面黏聚力 $c = 16.5$ kPa,内摩擦角 $\varphi = 16.5°$。

(2) 弱变形区。根据不同区域选取两组数据:第一组滑面黏聚力 $c = 20.5$ kPa,内摩擦角 $\varphi = 13.3°$;第二组滑面黏聚力 $c = 17.3$ kPa,内摩擦角 $\varphi = 13.3°$。

4.2 稳定性分析评价

该滑塌区处于极不稳定状态,且滑塌区在平面上呈"∩"形,一旦继续发生滑塌,后面坡体将因形成临空面而产生整体失稳,从而引起较大规模的滑坡,根据滑坡变形破坏程度,滑坡勘察将滑坡区划分为三个区,斜坡从左到右依次为弱变形Ⅰ区、强变形区、弱变形Ⅱ区。因此,设计时按三个区域分别进行计算分析,以下将"弱变形Ⅰ区"及"弱变形Ⅱ区"统称为"弱变形区"。

(1) 强变形区:采用地勘报告结论中的地质剖面作为该区域主滑剖面,结合强变形区域滑动后的变形特征,分前缘已滑动段(以拉裂槽为界)及后缘段极限稳定状态区分别采用不同的滑面参数按基岩顺层滑坡进行推力计算及加固设计。

(2)弱变形区:根据设计思路,对"弱变形区"主要考虑对其进行预加固处治,具体为采用地勘报告提供的资料,按基岩顺层牵引式滑坡破坏模式进行分析,即采用支挡结构物位置后侧5倍滑体厚度的滑移长度进行推力计算及加固设计。

稳定性分析采用参数较符合滑坡现状特征,最终计算结果能有效治理滑坡,滑坡分区处治计算结果见表1。

滑坡处治计算结果汇总表 表1

抗滑桩	滑体饱和重度 (kN/m³)	滑面采用抗剪强度		滑坡推力计算结果 (kN/m)	桩截面尺寸 (m×m)	桩间距 (m)
		c(kPa)	φ(°)			
A型	24	16.5	16.5	1246.79	2.5×3.5	6
B型	24	20.5	16.5	915.05	2.0×3.0	6
C型	24	20.5	16.5	903.73	2.0×3.0	6
D型	24	20.5	13.3	423.81	1.5×2.2	5
E型	24	16.5	13.7	1088.24	2.0×3.0	5
F型	24	17.3	13.3	942.95	2.0×3.0	5

5 处治工程措施及效果

5.1 应急处治措施

为确保滑坡在永久处治施工前期处于暂时稳定状态,设计考虑在滑坡前缘即高速公路挖方路基段范围进行加载反压,防止滑坡体继续变形;G321线大纳路路基下方布设两排钢管混凝土桩对国道进行抢险处治;为确保周边居民生命财产及高速公路施工安全,设置必要的安全警示标志及拦挡设施,迁移滑坡影响范围内的居民至安全区域,对滑坡体派专人巡查管理,对滑坡实施实时监测。

5.2 永久处治方案

该滑坡为巨型滑坡,经验算分析,设计采用分区处治,对于强变形区、弱变形区及G321线分别进行分析计算,确定处治方案。

1)滑坡强变形区处治

由于强变形区滑坡体充分解体,变形较大,风险较高,需要采取部分清方减载、上下进行分级支挡的综合处治措施进行治理。

主要处治措施:对滑坡体中后部采取部分清方减载;滑坡中部设置2.5m×3.5m的A型抗滑桩支挡;滑坡体下部采用对拉裂槽适当回填;滑坡前缘即高速公路左侧边坡口附近设置2.0m×3.0m的E型抗滑桩(桩板墙)支挡。

2)滑坡弱变形区处治

弱变形区主要是受滑坡强变形区牵引的影响,勘察区域内地表未出现明显的变形痕迹,地勘钻孔揭示在岩层内部仍存在贯通的泥化层软弱结构面,虽然目前山体处于稳定状态,经对勘察资料的综合分析,受强变形区在滑动时的影响,后期该区域仍存在失稳的条件,因此,需对此区域采取预加固处治。

主要处治措施:采用设置桩径为 2.0m×3.0m 的 B 型、C 型、F 型及桩径为 1.5m×2.2m 的 D 型单排抗滑桩进行预加固处治。

3)G321 线大纳路路基加固及路面处治

为确保上方 G321 线大纳路的运营安全,对大纳路路基采用了钢管混凝土桩进行抢险处治,由于受滑坡的影响,大纳路存在多处路面开裂、防撞护栏错位、原高填砌石路基边坡出现局部坍塌变形的病害,需进行永久处治,经多种方案比选后最终采用了对原路进行加固的处治方案,处治措施:框架锚索对病害路基边坡进行加固;对原水泥路面局部的纵向及横向裂缝采用 C25 混凝土进行修补。

纳黔高速公路 K44+600~K44+850 段顺层滑坡治理工程充分遵循了"经济可行、技术上合理"的设计原则,对滑坡进行分区治理,最大程度上节省了工程投资,总造价约 2800 万元。该滑坡处治工程于 2011 年完工至今,监测及现场巡查显示边坡稳定,无病害发生,运行良好。

6 工程体会及建议

(1)滑坡区溶沟、溶槽发育,植被茂密,出露厚层状灰岩呈块状,层面露头罕见,工程地质调绘对顺层边坡的识别存在一定的难度,加之该段岩质边坡最大挖方高度仅 14m,勘察设计阶段极易疏忽,造成漏判。区域地质资料揭示该段受断层影响,岩层产状较凌乱,但整体区属背斜东翼这一大的构造单元中,存在顺层的可能较大,应作为重要工点进行勘察,因此,勘察设计前期应加强区域地质的资料分析。原设计勘察时,钻孔未揭示灰岩中分布的沥青质页岩夹层,因此,设计时未考虑软弱夹层的控滑作用,未能对顺层边坡采取足够强的预加固措施。

(2)滑坡处治设计时应充分对地质资料进行分析,并根据滑坡各个区域或部位的不同变形特征做出相应的计算分析,采用合理的处治方式或加固措施,切实遵循"经济可行、技术合理"的设计原则,以节省工程投资。

(3)在项目选线初期,应尽量避免对顺层自然坡体的大开挖,减少对土体的扰动,必须开挖时应做好预加固措施,从根本上预防此类滑坡的发生。

参 考 文 献

[1] 孙磊.含软弱夹层顺层岩质边坡稳定性分析及处治研究[J].铁道勘察,2019(4):53-57.
[2] 马二龙.降雨诱发型岩质滑坡的降雨预警模型研究[D].成都:成都理工大学,2019.
[3] 曹春山,吴树仁,潘懋,等.工程切坡诱发黄土滑坡成因机制研究[J].岩土力学,2016(4):1049-1060.
[4] 张江伟,李小军,迟明杰,等.滑坡灾害的成因机制及其特征分析[J].自然灾害学报,2015(6):42-49.
[5] 方仁印,余红安,刘日圣.某山区高速公路滑坡成因分析及治理措施[J].中外公路,2012(5):54-57.

叙古高速公路集美隧道开挖诱发古滑坡变形及隧道结构强烈变形案例分析

程 强 刘天翔 向 波 杨雪莲 魏安辉

(四川省公路规划勘察设计研究院有限公司,610000,成都)

摘 要:在我国西南山区修建公路隧道时,常常需穿越滑坡等不良地质灾害体,而其中最复杂的组合便是隧道正交穿越滑坡,这一复杂组合耦合了上覆厚度巨大的滑坡体和隧道开挖揭穿滑坡滑面两个不利条件,将会引发滑坡和隧道的强烈相互作用,从而诱发滑坡体和隧道的强烈开裂、变形。本文以叙永高速公路集美隧道为例,详细介绍了滑坡变形历史及隧道结构破坏特征,并通过工程地质调查分析、地质钻探、室内试验、数值模拟等方法,在查明滑坡体结构特征的基础上,分析了滑坡在自然条件(隧洞开挖前)、隧道施工期间(包括无一次衬砌和有一次衬砌)、在降雨渗透条件下的隧洞施工期间、隧洞开挖后(有一次衬砌和永久衬砌)等工况下隧道及斜坡的变形特征,并总结了隧道和滑坡变形成因。应急抢险阶段采取洞内反压和临时支护等措施后,隧道变形明显趋缓;永久加固阶段采取了清方+反压+前缘泄水洞+隧道洞内加固的综合处治措施进行彻底处治后,该隧道得以成功穿越古滑坡体并实现全线通车。这种复杂条件下的隧道-滑坡体系的成功处治案例在国内外也是非常少见的,其设计分析思路和应对措施可供今后类似工程参考和借鉴。

关键词:古滑坡复活;隧道强烈变形;顺层结构;数值分析

1 工程概况

叙永至古蔺高速公路位于四川盆地南部山区,从地质构造上看,属构造复合区,主要由东西向构造和南北向构造组成。研究区域内的山脉走向接近东西走向。集美隧道是叙古高速公路的一条傍山隧道,隧道轴线方向与山脉走向一致。

研究区域为湿润的亚热带季风气候。根据从距集美滑坡9.2km的古林县气象站获得的1980—2015年期间的气象数据,滑坡区的年平均降雨量为752.0mm,2014年记录的最大年降雨量为1066.7mm。2015年的年降雨量为776.9mm,略大于年平均降雨量。

集美隧道为傍山隧道,隧道通过西南走向的山体。隧道进口高程946.3m(叙永侧),隧道出口高程915.8m(古蔺侧)。坡脚的河流高程为820~900m,山脊高程为1217~1326m。边坡基岩为侏罗系中统沙溪庙组第一段,由砂岩和泥岩组成。除滑坡堆积区外,基岩在斜坡上大面积出露。隧道通过山体位于白杨坪向斜东南翼,靠近向斜轴线,为顺层斜坡。斜坡上部的层面倾角范围为28°~32°,在坡脚处逐渐减小至15°,倾向为14°~31°,与坡向大致一致。

斜坡下方发育一大型滑坡体,即集美滑坡。滑坡面积约46万m²。滑坡坡脚靠近古蔺河,高程820~900m,滑坡后缘高程约1130m。滑坡前后缘的高差约为300m,滑坡宽约800m,长约950m。滑坡区的地貌特征为横向沟壑和山脊交替分布,纵向平台和斜坡交替分布;该地貌明显不同于基岩种植区的顺层斜坡地貌。根据地质地貌特征,集美滑坡区可分为两个区,即Ⅰ区和Ⅱ区(图1)。Ⅰ区位于西部,面积25万m²,长950m,宽350m。Ⅱ区位于东部,面积21万m²,长650m,宽430m。Ⅰ区和Ⅱ区的边结构和滑动面特征有明显区别。滑坡区有多级平台,中下部台地被开垦为水田,上部台地仍为旱地。滑坡中部修建有很多房屋,集美小学也修建在滑坡上。对当地居民的访谈和现场调查表明,集美隧道施工前,滑坡区没有变形迹象,集美滑坡在隧道施工前处于稳定状态。

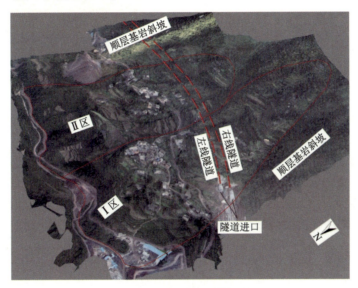

图1 集美滑坡区的三维视图

集美滑坡区有两条小溪,一条在滑坡的左侧,另一条蜿蜒流过滑坡的Ⅱ区。2015年9月1日测得的左侧溪流和蜿蜒溪流流量分别为15L/s和4L/s。雨季流量增加,旱季流量减少。地表水流入地面的坑洞位于滑坡的Ⅱ区;根据对当地居民的采访,这个洞穴已经存在了几十年。此外,滑坡区存在地下水渗出并形成湿地的泉水群。

2 设计及施工情况

集美隧道为双线隧道,左线全长978m(古蔺方向),右线全长1029m(叙永方向),隧道轴线之间的距离从27m到36m不等。每条隧道的跨度为13.02m,高度为10.62m(图2)。隧道最大埋深为65m(左线隧道)和80m(右线隧道)。隧道围岩级别为Ⅳ级和Ⅴ级。初期支护主要由锚杆、钢支撑和喷射混凝土组成,二次衬砌由60cm厚的钢筋混凝土层组成。

集美隧道左右线均从出口侧(古蔺侧)向进口方向(叙永侧)掘进,2014年5月开始进洞开挖。隧道围岩主要由砂岩和泥岩组成,层面倾角为22°~28°。施工开挖揭示集美隧道与集美滑坡的堆积体在两个区域相交(图3)。

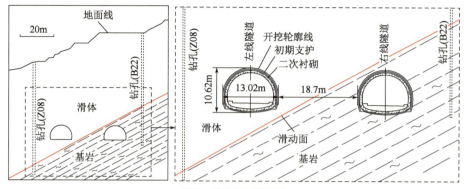

图 2 隧道典型剖面图

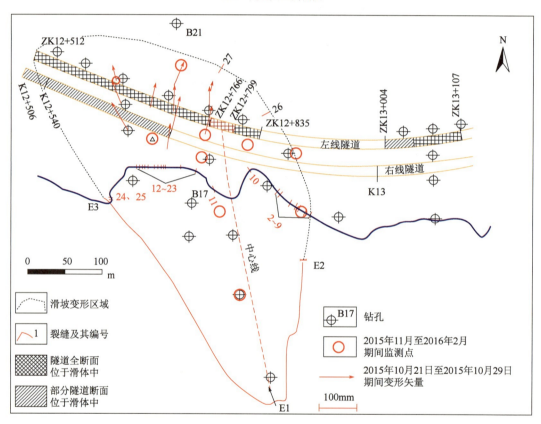

图 3 集美隧道和滑坡的交叉关系

1-拉伸裂缝;2~9、11~25 号-右旋和左旋拉剪裂缝;10-压缩裂缝;26-拉裂缝;27-鼓胀裂缝

(1)第一段为 ZK13+004~ZK13+107(左洞),位于集美滑坡Ⅱ区。2014 年 8 月至 2015 年 1 月,左线隧道通过该段。左洞全断面埋于 ZK13+107~ZK13+042 段滑坡堆积体中,滑坡堆积体出现在 ZK13+042~ZK13+004 段洞面右侧。采用增加钢支撑等加强支护措施通过,后期未发现结构损坏和地表变形。

(2)第二段为 ZK12+512~ZK12+835(左洞)、K12+506~K12+720(右洞),位于集美滑坡Ⅰ区。左洞全断面(ZK12+835~ZK12+512)均埋于滑坡堆积体中,右洞滑坡堆积体出现在右拱顶(K12+506~K12+720)。

3 滑坡工程地质特征及隧道破坏情况

3.1 集美隧道工程地质特征

集美滑坡发生在侏罗系沙溪庙组砂泥岩互层地层。层理面,尤其是剪切软弱泥岩夹层的抗剪强度较低,通常形成顺层滑坡的滑动面。在四川盆地的该地层(侏罗系沙溪庙组)中,顺层滑坡是非常常见的形态特征。集美滑坡是一种典型的顺层滑坡。

2015年发现隧道与滑坡交叉后,对滑坡区进行了先后两次补充勘察。补充勘察共布置33个钻孔,以获得详细的地质信息,并采集试样进行室内物理力学性质试验。补充勘察中使用双管岩心筒获取未扰动岩心样品,以便更准确地确定滑动面和滑体特征。

图4中剖面图 A—A′显示了滑动面在横向上(隧道轴线方向)的起伏,也支持了滑坡两个分区的划分。剖面 B—B′是Ⅰ区的纵断面,主滑动面几乎与层理面平行;滑动面上部坡度为28°,近似呈直线,向下滑倾角逐渐减小,至下部滑动面呈弧状。该滑坡滑动面与层面倾角完全一致,形成与白杨坪向斜东南翼形状一致的弯曲滑动面。滑体主要由多级滑面和层状滑体组成,仍保留层理结构。剖面 C—C′是Ⅱ区的纵断面,其特征与剖面 B—B′相同。

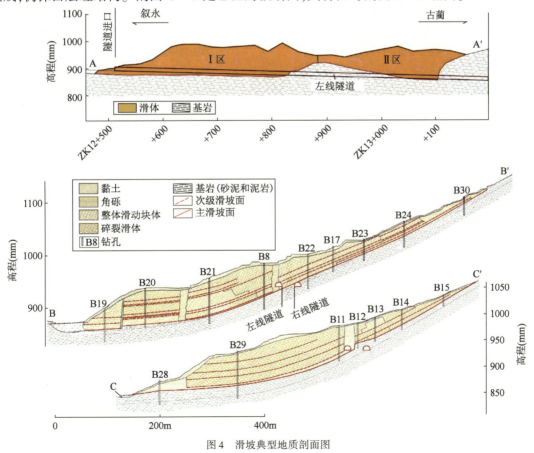

图4 滑坡典型地质剖面图

根据地质特征和工程性质,将滑动体分为滑动面、碎裂滑体、整体式滑块(假基岩)和裂隙充填物,特性如下:

(1)滑动面。

滑坡呈多级滑动特征,除主滑动面外,滑体中还有多个次级滑动面。例如,在 ZK17 钻孔的 35~38.55m 段中,38.2~38.55m 的软弱层由主滑动面组成,在 35.3m、35.7m、36.3m、36.5m、36.8m 和 37.5m 处观察到一个从 28°倾斜至 35°的光滑滑动面。大部分滑动面为光滑表面,带有滑层或薄泥夹层或滑动带,由多层光滑表面夹有碎角砾岩土组成(图5)。滑坡体的滑动导致主滑动面以下 38.55~43.3m 的基岩变形,在 41.2m、41.3m、41.5m、42.3m、43.2m 和 43.3m 处观察到光滑的滑动面。

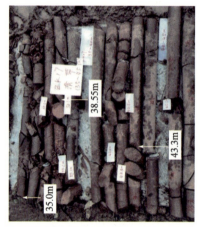  

a)B17钻孔岩心35~43.3m为多级滑面、滑块开裂　　b)B21钻孔岩心40~55.2m为整体式滑块　　c)B21钻孔岩心55.2~60m为开裂滑块

图5　典型岩心照片

(2)碎裂滑体。

岩体在滑动过程中发生剪切,在滑体中形成拉伸断裂和微裂纹。滑体变形特征明显,岩体明显损伤弱化,但仍然保留层状岩体的特征。

(3)整体式滑块(假基岩)。

整体式滑块的特征与基岩相似,故将这些块体称为"假基岩",在地表上发现了几个完整的滑块,其倾角和方向与滑坡区的基岩相同;最大的地表假基岩出露面积约 400m²。钻探揭示一些段落滑体岩心完整,显示出基岩的特征。例如,ZK21 从 55.2m 到 72.6m 的钻孔岩心显示具有多级滑动面的开裂滑块,但从 31.3m 到 55.2m 的部分是柱状和长柱状泥岩,没有任何可见的滑动面和裂缝[图5c)]。

(4)裂隙充填物。

根据地质剖面分析,滑坡滑动面和滑块在局部,这表明相邻滑块之间存在裂缝,且裂缝被充填物填充。裂隙充填物主要为砾石和黏土。

从室内试验中获得的岩石物理力学指标见表1。

岩石的物理力学参数 表1

岩石类型	密度(g/cm³)	单轴极限抗压强度(MPa)	弹性模量(GPa)	泊松比
粉砂质泥岩	2.64	12.6	9.2	0.25
砂岩	2.62	42.1	29.2	0.21

3.2 隧道结构受损及变形情况

隧道通过滑坡Ⅱ区并未诱发滑坡变形和隧道衬砌结构损坏,但隧道通过滑坡Ⅰ区诱发了明显的地表变形和衬砌结构损坏。根据现场调查和监测结果,隧道支护系统破坏及地表变形特征如下:

(1)左线隧道一次衬砌开裂变形分析。

2015年5月30日,掌子面在ZK12+835段进入滑坡堆积体,由于围岩稳定性差,该段施工进展非常缓慢。2015年5月30日至10月15日,在滑坡堆积体(ZK12+532~ZK12+835)段开挖过程中,经常发生拱顶坍塌,围岩持续变形。根据围岩变形特征和施工进度,可划分为五个区段(图6),其中三个区段经历了连续变形,且具有不同的数值和速率。在隧道施工期间,每10m有一个监测点。代表性的监测点变形如图7所示。第一段(ZK12+835~ZK12+799)于2015年5月30日至7月15日开挖,随后完成二次衬砌,控制了围岩变形。第二段(ZK12+799~ZK12+766)变形严重,上台阶分别于2015年7月15日和8月14日开挖至ZK12+799和ZK12+766,主支护在此期间连续变形(图7中的监测断面C)。虽然两次(从2015年8月14—26日和从2015年9月4—10日)添加了补充钢拱架以加强主要支撑,但变形继续增加。2015年10月3日,拱顶沉降在24h内突然增加465.5mm,钢拱架严重变形,初期支护混凝土严重受损(图8)。尽管第二段不断变形,隧道掌子面仍在继续掘进。第三段上台阶(ZK12+766~ZK12+682)于2015年10月15日开挖至ZK12+682,该段初期支护变形继续增大。2015年10月27日,拱顶位移增加至156.0mm(图7中的监测断面B)。为加快施工进度,于2015年7月从进口处开始掘进,即第四段(ZK12+512~ZK12+644),并于2015年10月15日前将上台阶面开挖至K12+648。第四段的初期支护也经历了持续变形,2015年10月27日拱顶位移增加至159.6mm(图7中的监测断面A)。由于变形持续增大,第五段(ZK12+644~ZK12+682)在变形发生后暂时停止开挖。

(2)右线隧道二次衬砌开裂。

2015年8月7日完成右隧道贯通,2015年9月17日完成混凝土二次衬砌。2015年10月13日,右侧隧道二次衬砌开裂,从K12+516延伸至K12+750段(图9),裂缝主要分布在拱顶右侧和左拱腰。隧道拱顶右侧1~6mm宽的纵向裂缝从K12+520延伸至K12+670。左拱腰裂纹主要为宽度小于1mm、长度小于10m的纵向裂纹。右拱腰裂纹分布在K12+625~K12+675,主要是宽度小于0.4mm的斜裂缝。

(3)地面裂缝。

2015年10月15日,滑坡地表发现裂缝,使用全站仪对总共27条裂纹进行了测量(图3)。图3所示的1号裂纹为571m长的拉伸裂纹,形成最大高度为0.4m的陡坎,2~25号裂纹是分布在沟渠上的剪切裂纹(图10)。

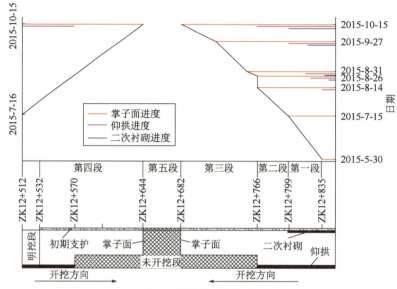

图6 隧道施工进度图

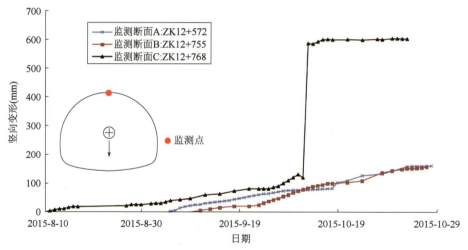

图7 左线隧道典型段落拱顶沉降曲线

图8 ZK12+766~ZK12+799段初期支护破坏

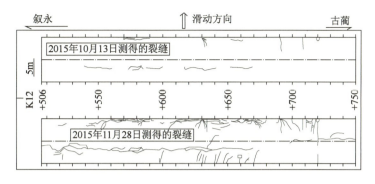

图9 右线隧道二次衬砌上裂缝分布图

a)变形区后缘的陡坎

b)水渠沟上的裂缝

图10 地表裂缝

在纵向上地表变形从后到前逐渐减小,在横向上从左右两侧到中心线逐渐增大。主陡坎的高度为0.4m(图3中的E1点),在1号裂纹末端(图3中的E2点和E3点)逐渐降低至0。ZK12+766～ZK12+799为一次衬砌变形最大的路段,该路段与变形区后方的连线也是横向变形最大的区域。1～9号为右侧拉剪裂纹,11～25号为左侧拉剪裂纹,表明中心线是横向变形最大的区域。

4 数值计算及灾害成因分析

4.1 数值模拟分析

为了研究分析隧道开挖与滑坡变形之间的关系,采用FLAC 3D软件进行二维数值模拟分析。该方法广泛用于滑坡和隧道的实际工程案例分析。本案例中数值模拟按以下顺序(工况)进行:

(1)自然条件(隧洞开挖前);

(2)隧道施工期间,包括无一次衬砌和有一次衬砌;

(3)在降雨渗透条件下的隧洞施工期间;

(4)隧洞开挖后(有一次衬砌和永久衬砌)。

根据滑坡工程地质特征分析,滑坡体主要由碎裂滑体和整体式滑块组成,保留了层状岩体的特征。因此,采用 Hoek-Brown 破坏准则和相关地质强度指数(GSI)估算基岩和滑体参数。隧道衬砌包括初期支护和二次衬砌,通过八节点六面体实体单元对其进行建模,分别模拟钢支撑和衬砌的钢和混凝土特性。共使用 773 个实体单元和 1890 个节点来模拟衬砌结构。考虑到衬砌结构的强度远高于围岩,因此采用了具有较高抗剪强度的摩尔-库仑模型。表 2 中给出了数值模型中相关参数。由上述经验关系确定的岩体参数也列于表 2 和表 3 中。根据 Singh 和 Goel(2002)的研究,结构面法向刚度一般是剪切刚度的 10~30 倍。然而,泥岩层理和节理的室内试验表明,法向刚度为剪切刚度的 7~15 倍。由于无法获取剪切模量的试验数据,因此,剪切刚度参数按照法向刚度的 1/10 取值。

岩体和衬砌结构物理力学参数　　　　　表 2

结构类型	GSI	天然密度(kg/m³)	黏聚力(MPa)	内摩擦角 φ(°)	体积模量(GPa)	剪切模量(GPa)
含砾黏土		1800	0.02	20	0.042	0.011
裂隙充填		2000	0.01	24	0.33	0.11
碎裂滑体	28	2200	0.13	33.6	1.25	0.58
整体式滑块	44	2350	0.19	38.9	2.12	1.09
基岩	47	2400	0.20	39.8	2	1.2
初期支护混凝土		2500	0.5	38	0.058	0.036
二次衬砌		2500	6	40	15.56	11.67
锚杆和钢支撑		7800	—	—	144.44	60

采用 FLAC 3D 对边坡剖面 B—B′进行建模,该模型为平面应变模型,全长 582m,高度 258m。该模型由八个节点六面体单元组成,各边长度为 0.5~1.5m,共有 45332 个节点和 21372 个分区。边界条件是模型周围和底部的位移约束。调查发现,除了主要滑动面外,还存在几个次要滑动面。因此,在数值模型中,滑动面采用无厚度的 Goodman 界面单元进行模拟。此外,滑动块具有明显的分层特征。为了充分反映滑动体的分层特征,选择普遍节理模型作为滑动体的本构模型。其他地层采用摩尔-库仑本构模型。岩体的物理力学参数见表 3。

岩体力学参数　　　　　表 3

参数	法向刚度(GPa/mm)	剪切刚度(GPa/mm)	内摩擦角(°)	黏聚力(kPa)
滑动面	1.0	0.15	15	20

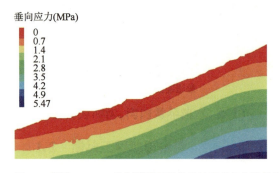

图11 利用 FLAC 3D 绘制隧道开挖前边坡垂直应力等值线

图 11 为利用 FLAC 3D 绘制的开挖隧道前边坡的垂直应力等值线。可以看出,在坡体浅部应力等值线大致平行于坡面,随着深度的增加,应力等值线逐渐接近水平面。因此,模拟应力等值线的特征与一般理论概念一致。根据近似理论计算,模型底部的垂直压应力等于岩石和土体的简单自重应力,约为 5.39MPa,这与数值计算结果 5.47MPa 非常接近。

图12为双线隧道开挖前集美滑坡上部的位移等值线。位移量很小(最大位移小于5.47cm),代表隧道开挖前滑坡的整体稳定性较好。变形较大的区域位于坡体上部和坡下一定深度;在开挖等不利条件下,该区域容易变得不稳定。图12显示了通过抗剪强度折减法得出的集美滑坡最大剪应变增量和安全系数折减量。安全系数为1.20,表明开挖前边坡基本稳定。潜在滑动面位于斜坡中部和上部,与位移结果一致。

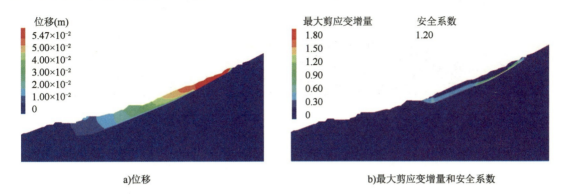

a)位移　　　　　　　　　　　　　b)最大剪应变增量和安全系数

图12　隧道开挖前的边坡位移等值线、最大剪应变增量和边坡安全系数

图13a)为隧道开挖无支护条件下的变形情况,结果表明无支护条件下数值模拟计算结果没有收敛;也就是说,隧道周围的变形无限制地逐渐增加,直到最终发生坍塌。图13b)显示了双线隧道周围的塑性区。左侧隧道周围的塑性区覆盖了大面积区域,表明该隧道内的变形主要来自分层滑动体的滑动和拱顶的沉降。因此,在隧道施工中进行及时和有效的初期支护是非常必要的。

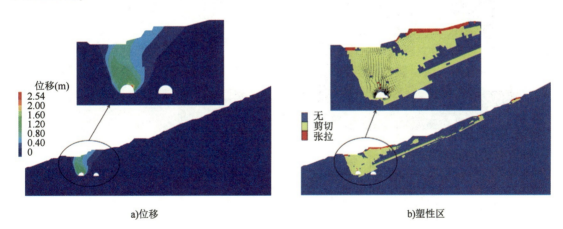

a)位移　　　　　　　　　　　　　b)塑性区

图13　隧道开挖无支护条件下的边坡变形等值线和塑性区图

图14为隧道施工完成设计初期支护条件下的边坡位移和塑性区。初期支护完成后的变形和塑性区明显小于无支护的情况。左线隧道的开挖导致了隧道断面右上方顺层结构岩体的较大变形,最大变形为18cm,与设计预留变形(25cm)相差不大。左洞变形导致上方较大面积滑体的变形,最大变形量为12cm。

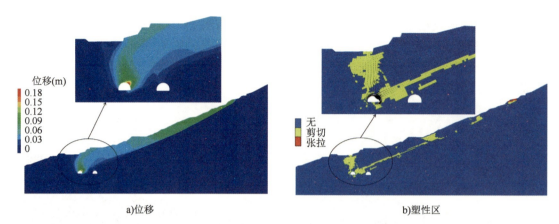

图14 设计初期支护条件下隧道开挖的变形等值线和塑性区图

隧道开挖(尤其是穿越滑体Ⅰ区)在2015年5—10月的雨季进行。钻探和施工开挖没有揭示边坡中统一的地下水位,降雨的主要影响是由于裂缝中的水分流动而增加土体重量、降低抗剪强度。图15为降雨条件下隧道按设计开挖的边坡位移和塑性区图,结果表明斜坡中、后部塑性区的范围在降雨工况下增大。此外,降雨对边坡的弱化作用增加了边坡的变形,尤其是后缘较弱的边坡。根据计算结果,位移量增加到53cm,地表很可能出现裂缝。此外,左侧隧道的拱顶沉降量约为180mm[图15a)],这也与图7中所示的160mm左右的观测结果接近。

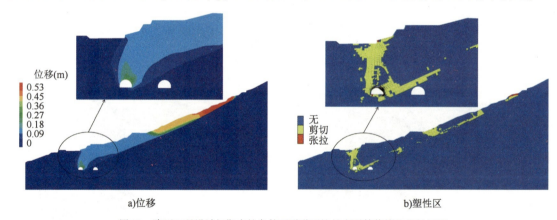

图15 降雨工况设计初期支护条件下隧道开挖的变形等值线和塑性区图

图16为隧道按设计开挖的边坡位移和塑性区图。二次衬砌完成后,边坡变形趋势得到控制,左侧隧道周围塑性区减小,但边坡中仍存在较大的塑性区。如果人为活动再次造成干扰,滑坡可能再次复活。

4.2 集美隧道开挖诱发滑坡局部变形复活原因分析

集美隧道在2015年5月31日至10月15日期间的施工开挖诱发围岩持续变形,进而导致交叉的集美滑坡局部变形复活。变形区地表面积为88070m²,长度和宽度分别为449m和280m,变形体的最大深度约为50m。结合地质分析和数值模拟分析,确定了导致滑坡复活的主要因素如下:

(1)滑坡复活的地质原因。

集美滑坡源于由砂岩和泥岩组成的层状岩体,滑动面追踪层面(图4)。对于此类滑坡,层理面,尤其是剪切软弱泥岩夹层的剪切强度较低,并且倾向于成为滑坡的滑动面。集美滑坡滑动后,滑体仍保持似层状坡体结构,滑体主要由多级滑动面和层状滑动体组成(图4)。滑动面为剪切错动后的光滑面,夹杂有含理土层和泥化层,或为多层光滑面夹有破碎角砾岩土的滑动带。因此,滑动面抗剪强度较低,在开挖扰动下易发生再次滑动。

此外,集美隧道位于坡体的不利位置,隧道上部滑动面倾角大于23°,明显大于滑动面内摩擦角(16°~22°)。此类层状岩体中进行隧道开挖,容易诱发隧道拱顶岩层的弯曲和侧壁的滑动。数值模拟结果分析表明,似层状结构滑体斜坡中上部一定深度的土体在开挖等不利条件下容易变形失稳,隧道的开挖容易诱发拱顶和右边墙部位较大的变形。

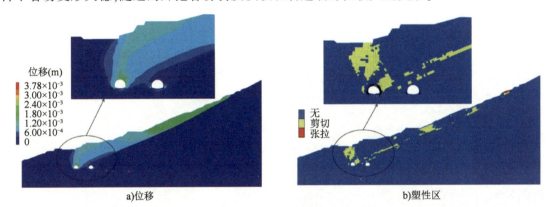

图16 初期支护和二次衬砌完成条件下隧道开挖的变形等值线和塑性区图

(2)降雨的作用。

隧道左线K12+532~K12+835段与滑坡Ⅰ区交叉的部位,施工开挖处于2015年6—9月的雨季。在此期间,根据古林气象站的气象资料,累积降雨量为600mm。隧道上方的斜坡上有许多平台,其中一些平台被开垦作稻田(图2),开裂的滑动体很容易蓄水。集美隧道滑坡为砂泥岩互层结构,泥质岩具有浸水软化的特征,尤其是其中的软弱面和泥岩层面。地下水渗入降低了坡体的抗剪强度,尤其是边坡的滑动面。水分含量的增加也会导致坡体重度增大,从而增加滑动力。隧道开挖揭示部分掌子面在施工期间地下水点滴状、浸润状渗出,隧道围岩更容易发生坍塌和变形。与数值模拟分析结果一致,在降雨条件下(干燥条件下变形18cm,降雨条件下变形53cm),隧道开挖后围岩变形较大。

(3)施工缺陷。

隧道开挖诱发围岩变形,在浅埋隧道中,隧道周围岩石的连续变形很容易导致拱顶坍塌甚至冒顶,因此,应采取及时有效的支护措施。集美隧道通过滑坡Ⅰ区的段落,开挖掘进过程中初期支护措施强度不足,导致周围岩石的变形(ZK12+532~ZK12+835)不断发展,特别是ZK12+766~ZK12+799段最大变形超过60cm。受工期影响,为尽快贯通隧道,在ZK12+766~ZK12+799段变形持续发展的情况下,掌子面仍持续向前开挖掘进,并在进口进一步增加掌子面进行开挖。数值模拟结果表明,隧道内的大变形是导致坡体变形的直接触发因素,尤其是在降雨渗透条件下(最大变形为53cm)。在采取紧急加固措施(左线隧道回填和双隧道使用钢支架)后,监测未显示地表变形进一步发展。因此,隧道开挖引起的变形是层状滑坡体局部变形复活的主要原因。

5 处治工程措施及效果

5.1 应急加固措施

由于左洞初期支护和围岩的持续变形,右洞结构破坏、地表开裂,2015年10月15日隧道开挖暂时停止,未开挖38m(ZK12+644~ZK12+682)。变形段实施了以回填和使用环形和斜形钢支架为主的加固支护措施,以减缓变形(图17)。紧急加固工作于2015年11月15日左右完成。紧急加固后,边坡变形明显停止。此外,2015年12月安装了6个测斜孔,孔内之后未观察到明显变形。因此,可以推断紧急加固措施在抑制隧道变形和滑坡方面发挥了重要作用。

a)左线隧道水平钢支架及回填　　　　b)环向和斜形钢支架在右线隧道

图17　洞内应急加固

在发现斜坡地表裂缝后,安装了10个地表监测点,并在2015年10月21—29日使用全站仪进行了测量。监测结果表明,地表变形由右线隧道向左线隧道逐渐减小,最大变形82mm,最小变形41mm。随后大多数监测点曾被破坏,重新埋设的监测点在2015年11月18日—2016年2月15日进行了测量,观测到的最大变形仅为20.8mm,这表明在隧道紧急加固后,边坡变形明显趋缓。

5.2 永久处治措施

如上所述,集美滑坡地表变形主要是因为隧道开挖后滑坡Ⅰ区隧道围岩持续变形无法控制,诱发地表变形,进而对隧道结构进一步破坏。采取洞内反压回填和临时支撑措施后,变形即趋缓。

考虑到隧道结构开挖,现场施工工艺条件下无法严格控制围岩变形,隧道通过段滑坡体厚度在50m以上,滑坡支挡加固和控制变形难度大,因此,针对该处病害采用清方+反压+泄水洞+洞内加固的综合处治措施,剖面如图18所示。

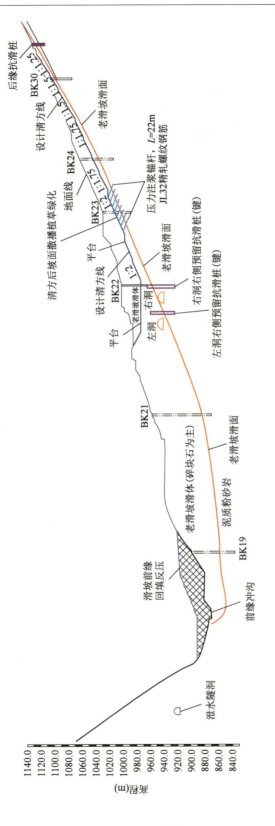

图 18　永久处治措施剖面图

6 工程体会与建议

(1)在顺层结构边坡等不利地质结构路段,傍山隧道应特别注意隧道开挖对斜坡变形的影响,尤其是在发育滑坡等不良地质路段,应充分查明滑坡滑动面空间形态与隧道结构之间的空间关系。

(2)当隧道通过滑坡路段时,应布置滑坡主轴方向勘探剖面和隧道轴线方向的勘探剖面,隧道轴线方向的勘探剖面勘探孔间距不宜大于30m,并应采用物探、钻探相结合的方法查明滑动面空间形态。

(3)滑坡等不良地质体的钻探,应采用双管单动取心工艺,采取原状样品。

(4)隧道通过滑坡等不良地质路段,设计应充分考虑隧道开挖松动区与滑坡滑动面之间的空间关系,预留足够的安全距离。

(5)浅埋隧道和通过不良地质路段的隧道施工应加强监控量测,有效控制各施工环节,严格控制隧道围岩开挖变形量,避免隧道围岩变形诱发坡体变形。

(6)隧道正交穿越滑坡,同时又耦合了厚度巨大的上覆滑坡体和隧道开挖揭穿了滑坡滑面这两个不利条件时,将会引发滑坡和隧道的强烈相互作用。为控制坡体变形,减轻或消除其对隧道的威胁,应准确分析滑坡与隧道的影响关系和相互作用机制。

(7)深厚滑体滑坡正交作用在隧道侧的下滑推力非常大,仅靠抗滑支挡措施来处治是不太经济和合理的。本文通过工程案例的深入分析,深厚不良地质体采用岩土工程支挡加固措施难以处治,应尽量采取绕避措施。深厚的界限应根据具体地质条件确定,例如当抗滑支挡持力层为坚硬完整的基岩或有较好的锚固条件时,可适当加大;当无较好的抗滑支挡持力层时,应适当减小。本文中的案例表明即便有可靠基岩作为持力层,大于40m的覆盖层变形问题也是难以处理的,清方减载+反压应是被优先考虑的简单有效的措施。

(8)数值分析方法可对坡体、隧道的应力、变形等进行详细计算分析,对这种复杂体系作用下的坡体与隧道的相互作用所进行的分析更为合理,并可直接用于最终的滑坡和隧道加固设计,以及相互间的变形协调设计中,所确定的处治方案具有明显技术合理性和经济优势,避免了不必要的工程浪费,取得了很好的经济效益。

石梁子隧道进口顺层滑坡失稳机制及处治措施

赵海松 向波 邵江 魏安辉 邬凯 周仁强 徐升 柳松 李世琦

（四川省公路规划勘察设计研究院有限公司,610000,成都）

摘 要：隧道洞口顺层偏压失稳是一种典型破坏模式，研究其失稳机制及处治措施可以更好地预防此类灾害的发生。本文以石梁子隧道进口顺层失稳滑坡为例，采用工程地质勘察、现场监测、数值模拟等方法，在对滑坡的变形特征、失稳机理等进行分析研究的基础上，对滑坡进行了处治。结果表明，隧道开挖及降雨诱发了2018年4月18日滑坡的发生，随后在泥化层应变软化及饱水软化下，5月17日坡体发生破坏；基于数值模拟计算方法，对滑坡体采用抗滑桩+反压等措施治理后，坡体稳定。通过案例验证了防治方法的可行、可靠，可为后续类似工程勘察设计及治理提供借鉴；同时，隧道洞口顺层偏压易发生变形破坏，选线时宜绕避，否则应对坡体进行预加固。

关键词：顺层偏压；变形特征；失稳机制；处治措施

1 工程概况

1.1 概况

石梁子隧道进口位于四川省南部马边县石梁子乡高峰村4组，仁沐新马边支线石梁子隧道为分离式隧道，右线隧道起止里程LK36+695～LK38+640，全长1945m；左线隧道起止里程LZK36+662～LZK38+624，全长1962m，最大埋深约320m。

2018年4月18日凌晨4时至2018年5月17日上午石梁子隧道进口左洞上方坡体共发生了5次变形，导致左洞发生变形破坏，右洞衬砌发生开裂，整体变形滑移量为0.5～4m，严重影响工程施工。

1.2 场区工程地质条件

场区属构造剥蚀低山及侵蚀堆积地貌。区内最低点为滑坡下部沟底，海拔约679m，最高点为场地北侧山峰，海拔约917m，相对高差约247m，区内主干山脉延伸方向一般呈北东—南西向，地形受构造和岩性控制明显，一般东南向斜坡坡度较陡，西北向斜坡坡度较缓。

场地出露及钻探揭露的地层主要为中生界侏罗系中统沙溪庙组，岩性为粉砂质泥岩夹砂岩。粉砂质泥岩呈紫红、紫灰色夹灰绿色团斑，中厚—厚层状构造为主，局部夹薄层状构造，岩质软，结构不均，局部夹砂岩透镜体，具饱脱水开裂特征。砂岩呈灰褐、浅灰色，薄—中厚层状构造,岩质软—较软,该层岩体结构不均,夹薄层粉砂质泥岩。

场区地质构造发育显著,近南北向主要有五渡—利店断层、志何坝断层、民主断层、中都断层等,近东西向主要有靛兰坝断层、平等断层等;同时,与河流流向近平行或小角度相交L形五指山背斜、马边向斜和利店新凡向斜。受南北向为主、东西向为辅的多期构造作用,软岩层间结合差,局部发育泥化层。受河流侧蚀作用下切形成临空面,流域内发育较多的软岩顺层边坡。

场区为单斜地层,岩层产状330°~340°∠30°~35°,优势产状338°∠32°,层面结合差,局部发育泥化层[图1a]。主要发育两组节理面,J1:40°~70°∠75°~88°,为主控结构面,其延伸、切深均较大,延伸5~10m,切深3~5m,面较平,间距0.4~1m,结合差,裂面微张—张开,可见张开宽2~10mm,充填黏土[图1b],该组节理面倾角较大,部分地带倾向反转;J2:120°~160°∠40°~60°,延伸4~10m,切深2~6m,间距0.3~1m,面较平,结合差,微张—张开,裂隙中充填黏土。

a)局部发育泥化层　　　　　　　　b)节理面充填黏土

图1　场区岩体层面及节理面结合情况

2　工程施工情况

现场施工为进口独头掘进,右线于2018年3月5日开始进洞,左洞于2018年3月15日开始进洞,截至2018年4月17日,左线上台阶累计掘进72m(LZK36+662~LZK36+740),下台阶累计开挖4.8m(LZK36+662~LZK36+706.6);右线上台阶累计掘进61.8m(LK36+705~LK36+766.8),下台阶累计开挖50.4m(LK36+705~LK36+755.4),仰拱初期支护累计40.8m(LK36+705~LK36+745.8),仰拱累计浇筑37.2m(LK36+705~LK36+742.2),二次衬砌已立好模板尚未浇筑混凝土。

3　滑坡特征与失稳机制

3.1　地形地貌及空间形态特征

石梁子隧道轴线方向约245°,隧道LZK36+662~LZK36+758(LK36+687~LK36+747)进口段位于顺层边坡下部。边坡坡向约25°,坡度15°~35°,局部发育陡坎,总体较顺直,顺层边坡下部与隧道进口段夹角约40°。隧道开挖后，前缘隧道进口部位高约8m，近直立，整体上缓下陡，坡表喷混凝土插筋，坡体左上部出露粉砂质泥岩，其余部位出露2～4m厚含块石粉质黏土，从空间上看，坡脚地带厚度相对较大。

滑坡发生后，后缘及两侧壁均基岩裸露，前缘及左侧均为冲沟。地表植被局部较发育，但总体上植被较稀疏，以竹林、桉树、柏树等为主，中部覆盖层较厚的地带以旱地为主，种植玉米。

滑坡前后缘高程为682～770m，相对高差88m。滑坡横向上呈台阶状，左侧高于右侧，台阶高10～25m，台阶间后缘至中部横向上相对较窄，宽约30m，中部横向上宽度变大，中部至下部宽70～90m。

3.2 滑坡变形特征及规模

2018年4月18日凌晨4时隧道进口左洞上方突发较大变形，截至2018年5月17日上午进口左洞上方坡体共发生了5次变形。4月18日裂缝洞口上部约50m处出现较大拉裂槽，宽1～3m，拉裂槽下部岩土体产生滑移，而上部坡体裂缝较小，宽0.1～0.9m，至5月17日早坡体整体产生滑动变形。根据坡体变形时空情况，可将滑坡区分为Ⅰ区（4月18日滑移区域）和Ⅱ区（5月17日整体变形区域），滑体变形情况如图2所示，典型工程地质断面如图3所示。

图2 变形及治理工程布置平面图

Ⅰ区为4月18日滑移区域，长约50m，宽约40m，厚6～11m，主滑方向约8°，方量约1.8万m³。

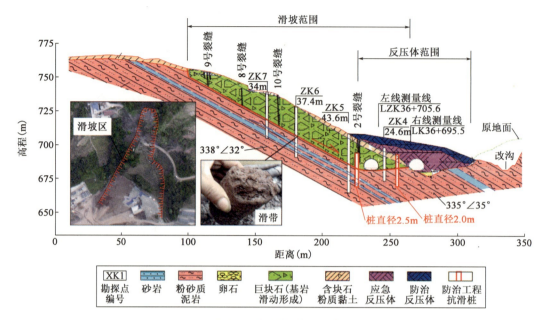

图 3 典型工程地质断面图

Ⅱ区为5月17日整体发生较大变形的区域,长约170m,宽30~90m,表面积约9800m²,根据钻孔揭示平均厚约20m,主滑方向约8°,方量约19.6万 m³。

根据滑坡范围布置的6个监测点数据显示,坡体变形发生后,4月20日至5月16日下午,坡体变形位移曲线如图4所示,可见,坡体呈持续渐进性变形,其间总位移量243~503mm,且坡体下部变形大于上部,边坡呈牵引式蠕滑变形;5月17日滑坡发生失稳破坏,5月21日滑坡逐渐趋稳后,整体总变形量达1866.0~2826.8mm。

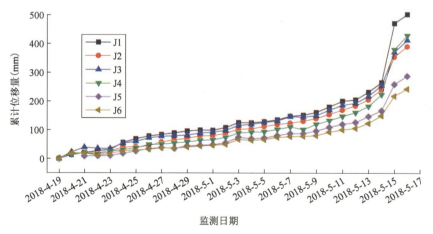

图 4 洞口临滑前变形曲线

3.3 滑坡物质组成及结构特征

1) 滑体特征

根据本次调绘及钻探工程揭示,滑体厚度不均匀,一般为12.7~28.6m,推测最大可达

35m,在纵向上为滑体后部厚度较小,为5~15m,中部至下部厚度较大,且逐渐增加,但变化相对较小,钻孔揭示厚度为20.3~28.6m,前缘从坡脚剪出,厚度逐渐变小,下滑段部分滑体在空间上纵向倾角约28.4°;横向上滑坡右侧厚度相对较小,ZK36+728.7 L58.3揭示为12.7m,左侧较大,XZ2揭示为28.6m,下滑段部分滑体在空间上横向倾角约15.7°,沿同一层面滑动,呈倾斜式倒"⌐"状。下滑段部分滑坡体在纵向及横向上厚度均与岩层顺层滑移极其匹配。

2)滑带特征

本次钻孔均采用单动双管钻探取心,8个钻孔均揭示了变形滑动带,一般特征为滑带范围内挤压错动明显,可见1~3层2~10cm泥化层,以粉黏粒为主,以可塑状为主,局部呈硬塑或软塑状,泥化层一般有大量的角砾和碎石,被粉砂质泥岩包裹,泥化层中均含多层挤压错动光滑面,滑带上下部位0.2~1m段落一般砂质富集。

3)滑床特征

根据钻孔揭露及野外地质测绘,滑坡滑床主要为侏罗系沙溪庙组粉砂质泥岩夹薄层砂岩,粉砂质泥岩为紫红、紫灰色,粉泥质结构,中厚—厚层状,局部夹薄层状,层间结合一般—差,岩体较完整—较破碎,岩质不均,质软,具饱脱水失裂特征;砂岩为灰褐色、浅灰色,中砂粒夹粉泥质结构,薄层—中厚层状,岩体较破碎,质相对较硬。由于滑体挤压错动影响,滑床上部0.3~2m范围内岩体一般较破碎—破碎。岩层优势产状为338°∠32°,滑坡主滑方向8°,倾向与主滑方向夹角30°,钻孔揭示下滑段滑坡沿同一层面滑动,因此,在空间上滑床右侧高、左侧低。

3.4 滑坡失稳机制分析

(1)顺层偏压。该边坡地层岩性以侏罗系沙溪庙组粉砂质泥岩为主,岩层优势产状338°∠32°,隧道轴线方向约245°,斜坡坡向25°,岩层倾向与坡向夹角约47°,隧道轴线与岩层走向夹角约3°,属典型洞口顺层偏压。

(2)岩体结构面劣化。受南北向与东西向构造带作用,岩体节理面、层间结合差—极差,特别是层间局部发育泥化层,为坡体顺层失稳奠定了基础。

(3)隧道开挖。已开挖的LZK36+662~LZK36+740段导致坡脚利空,为边坡岩体的滑移创造了条件。

(4)降雨。石梁乡降雨监测如图5所示。2018年上半年研究区降雨丰富,其中3月初至4月18日降雨量达194.5mm。连续强降雨后地表水沿岩体节理面、层面等裂隙入渗并运移,特别是沿层面入渗后,至Ⅰ区发育的泥化层饱水软化,导致抗剪强度进一步降低。

(5)泥化层应变软化的力学特性。2018年4月18日变形后至5月14日上午,坡体呈持续渐进性变形,随后变形增加,至5月17日发生破坏。可见,石梁子滑坡经历了持续渐近线的变形过程。研究表明,泥化层具有明显的应变软化特征,应变软化即材料达到峰值抗剪强度后,变形持续增加而应力逐渐降低的现象,应变软化模型如图6所示。可见,在Ⅰ区滑动后,变Ⅱ区即产生拉裂变形现象,表明岩体中的软弱面(潜在滑动面)剪应力接近其峰值抗剪强度,在随后的长期剪应力作用下,滑面泥化层材料软化,强度逐步降低,加之降雨入渗,导致变形不断发展,最终破坏。

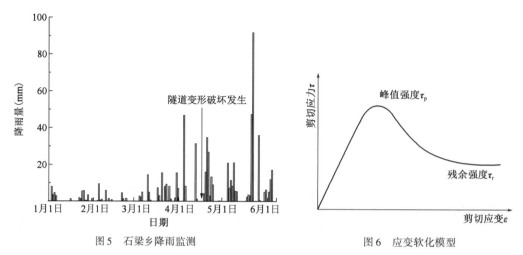

图5 石梁乡降雨监测　　　　　图6 应变软化模型

综上,该隧道洞口顺层偏压,隧道LZK36+662~LZK36+740段开挖为坡体失稳提供空间变形条件;岩体节层间结合差—极差,特别是层间局部发育泥化层,长期降雨入渗下,导致泥化层饱水软化,抗剪强度进一步降低。隧道开挖及降雨诱发了2018年4月18日滑坡的发生,随后在泥化层应变软化及饱水软化下,5月17日坡体发生破坏。

4 滑坡稳定性计算与评价

4.1 滑坡参数选取

(1)测试指标。

在本次勘察中,取3组泥化层样进行饱和直剪,试验结果见表1。

滑带力学统计表　　　　　表1

类型	内摩擦角 φ(°)	黏聚力 c(kPa)
原状样饱和剪切	10.6	39.6

滑坡为顺层失稳,天然状态下重度取 $2.55 g/cm^3$,饱和状态下重度取 $2.62 g/cm^3$。

(2)反演指标。

基本思路:4月18日Ⅰ区整体产生滑移,滑体为Ⅰ区下滑段,其前缘临空,采用该区主滑面反演Ⅰ区的 c、φ 值,其反算结果可与变Ⅱ区的XZ1钻孔取样试验对比,其为同一层面附近泥化层,力学参数相差较小;变Ⅱ区以变形滑移为主,由于受侧向约束及滑坡下部左侧未临空段影响,其反演参数可靠度低,而原状样饱和剪切参考价值大,但整体上泥化层中揭示均含有粗颗粒,其 φ 值应比试验值偏大,而 c 值略有偏小。综合试验值及Ⅰ区参数,得出该区下滑段 c、φ 值,然后再采用滑坡主滑面计算抗滑段 c、φ 值。

反算成果见表2。

反演力学参数表 表2

Ⅰ区主滑面(下滑段)				变Ⅱ区主滑面(抗滑段)			
天然(欠稳定,K=1.05)		暴雨(不稳定,K=0.99)		天然(欠稳定,K=1.05)		暴雨(不稳定,K=0.99)	
φ(°)	c(kPa)	φ(°)	c(kPa)	φ(°)	c(kPa)	φ(°)	c(kPa)
14.5	36.32	14	34.26	20.9	44.6	20.3	43

(3)滑带抗剪强度确定。

结合试验参数、经验数据及反演方法,该滑坡体参数分三段取,下滑段、抗滑桩、反压段,下滑段、抗滑段以反演值为主,反压段采用经验参数,具体见表3。

滑坡抗剪强度参数表 表3

名称	Ⅰ区		变Ⅱ区		抗滑段滑带	
工况	天然	暴雨	天然	暴雨	天然	暴雨
内摩擦角 φ(°)	14.5	14	15.5	15	20.9	20.3
黏聚力 c(kPa)	36	34	39	37	44.6	43

4.2 滑坡稳定性及下滑推力

经对滑坡整体主滑面进行稳定性及推力计算,计算结果见表4。

滑坡稳定性及推力计算表 表4

断面		主滑面(反压前)	
工况		天然	暴雨
稳定性系数		1.046	0.99
剩余推力 (kN/m)	K=1.0	0	21.82
	K=1.05	60.13	1046.12
	K=1.10	1050.02	2070.42
	K=1.15	2039.90	3094.72
	K=1.20	3029.79	4119.02
	K=1.25	4019.67	5143.32

4.3 稳定性评价及发展趋势

计算结果与实际相符,5月17日大规模反压前滑坡天然工况下处于欠稳定—基本稳定状态,暴雨工况下处于不稳定状态。

针对滑坡反压现状及施工现状,左洞未进行开挖,左洞开挖可能出现以下问题:

(1)隧道在滑坡范围内以变形、坍塌后的松散岩、土体为主,开挖拱顶会出现大塌方、冒顶、上部土体沿软弱面滑移失稳等,左侧整体状粉砂质泥岩会出现沿已滑移面大规模滑移失稳,右侧壁有小—大坍塌。

(2)左洞施工开挖后,滑坡下部临空高约8m,滑坡将处于不稳定状态。若对滑坡处置不当或左洞施工时处置不及时,滑坡将会继续变形,致左洞支护结构变形、开裂,甚至在变形加剧的情况下,引起滑坡整体滑移破坏,同时挤压左洞隧道,致其垮塌破坏。

(3)如果左洞开挖引起滑坡整体滑移,左洞垮塌破坏,推力传递至右洞,对右洞左侧形成附加荷载,会再次导致右洞支护结构变形、开裂。

由此,有必要对隧道左洞进行支护后再行开挖。

5 工程处治措施及效果

5.1 应急处治方案

结合边坡变形情况,应急处治措施实施如下:

(1)反压回填。对滑坡进行了大规模的反压,反压体平均高度约696m,高出隧道顶面682m 约7m,反压方量约3.6万 m^3,如图7a)所示。

(2)裂缝封闭。滑坡体上所有裂缝均立即用黏土封闭,并设置截水沟。

(3)右洞增设临时钢架。在5月17日前,右洞二次衬砌里程 LK36+710~LK36+768,其中 LK36+710~LK36+740 发育多条裂缝,LK36+715~LK36+720 出现错台及剪切裂缝。为了保证右洞的安全,在 LK36+695~LK36+729 开裂较严重段落增设临时钢架、横撑及斜撑,如图7b)所示。

a)反压回填

b)增设临时钢架

图7 应急工程施工

(4)左右洞之间增设旋挖桩。左右洞之间已经施作12根埋入式抗滑桩,桩径2m,其中A1-1~A1-3 桩长20m,A2-1~A2-9 桩长24m。

(5)原服务区改为外移。

(6)加强监控量测。应急处治后,坡体稳定,未发生再次变形。

5.2 工程治理方案

1)数值模拟分析

采用传递系数法对滑坡推力进行计算,不能反映隧道开挖临空及拱顶上方土层受力传递情况,因此,采用FLAC 3D软件对1—1典型断面进行数值模拟分析,主要研究抗滑桩和洞顶不同反压埋深厚度相互作用下的滑坡稳定性、抗滑桩及隧道支护受力等情况。

(1) 抗滑桩方案效果分析。

设计初期拟在左线隧道轮廓左侧 8m 顺隧道走向设置埋置式圆形抗滑桩 23 根,桩径 2.5m,桩中心间距 3.5m,桩顶高出开挖轮廓线 4m,桩身锚固段长 11～14m。应急反压后靠山侧隧道平均埋深 12m,通过计算拟定,不加桩开挖和加桩开挖两种工况,分析了滑坡位移、隧道初期支护变形及抗滑桩受力,并以此评价圆桩方案的效果和可行性。计算结果如图 8 所示,从整体变形规律上看,坡体最大变形位置均发生在隧道左侧拱肩,不加桩开挖时最大位移 70mm,加桩开挖时最大位移 42.4mm。桩体承受的最大剪力大致位于桩身与滑带相交处约为 3201kN。此外,最大弯矩为 11300kN·m,桩顶位移 31.7mm。

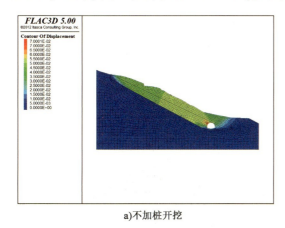

a) 不加桩开挖　　　　　　　　　　b) 加桩开挖

图 8　滑坡位移等值云图

综上,加桩后滑坡体位移、初期支护变形得到有效控制,加桩后支护效果显著。

(2) 继续反压增加隧道埋深分析。

如图 9 所示,绘得靠山侧隧道埋深与变形体最大位移关系。可见,靠山侧隧道埋深在 12～16m 时,反压土体对控制滑坡体变形效果显著,埋设厚度大于 16m 后,效果明显减小。

如图 10 所示,绘得靠山侧隧道埋深与桩身剪力关系。可见,靠山侧隧道埋深在 12～16m 时,反压土体对控制桩身剪力效果显著,埋深大于 16m 后效果明显减小。此外,根据数值模拟结果,增加隧道埋深对减小桩顶位移效果明显,靠山侧隧道埋深 12m 时桩顶位移为 31.7mm,埋深 16m 时桩顶位移降至 13.1mm。

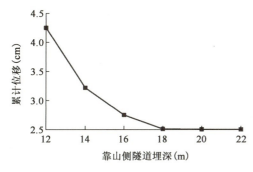 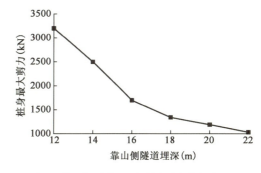

图 9　靠山侧隧道埋深与滑坡累计位移关系图　　图 10　靠山侧隧道埋深与桩身最大剪力关系图

综上,隧道埋深增加至16m时,桩顶位移小,对控制滑坡累计位移、桩身剪力效果显著,当埋深大于16m后效果明显减小,且结合现场征地条件、地形条件等,反压埋深越大,经济性越差。因此,综合拟定在加桩情况下,靠山侧隧道平均埋深由应急反压的12m增加至16m。

(3)圆桩方案+靠山侧隧道埋深16m安全系数。

拟采用圆桩方案+靠山侧隧道埋深16m方案进行设计,其中桩径2.5m,桩间距3.5m,桩设置为埋置式,桩顶高出开挖轮廓线4m。

在圆桩方案+靠山侧隧道埋深16m的基础上,对滑带强度参数进行折减,直至达到边坡的极限平衡状态,此刻折减系数即为边坡安全系数,见表5。从剪力大小及计算的收敛性上看,反压土体增加隧道埋深之后,滑坡的安全系数得到了较大程度的提高,圆桩方案+靠山侧隧道埋深16m后滑坡体安全系数增大至1.3。

桩身剪力随滑带参数折减的变化　　　　　　　表5

滑带折减系数	靠山侧隧道埋深12m 桩身最大剪力(kN)	靠山侧隧道埋深16m 桩身最大剪力(kN)
1.00	3201	1700
1.05	4558	2786
1.10	6996	3960
1.15	计算不收敛	4851
1.20	—	5579
1.25	—	6969
1.30	—	7286
1.35	—	计算不收敛

2)防治措施

根据应急处治方案,结合数值模拟分析结果,浅埋顺层偏压洞口边坡变形滑动形成滑坡后,防治方案如下:

(1)右洞明洞延长,至左洞洞口同断面。为了增加坡体的反压规模,右洞由原设计10m单压明洞延长22m,即洞口桩号由LK36+695调整至LK36+663,与左洞洞口同桩号,明洞背后采用土石回填。

(2)继续反压回填。靠山侧隧道平均埋深由应急反压的12m增加至16m,方量约5万m^3。反压平面范围如图2所示,断面如图3所示。

(3)洞口上边坡抗滑桩支挡。LK36+665~LZK36+742段左线隧道轮廓左侧8m顺隧道走向设置圆形抗滑桩23根,桩径2.5m,桩中心间距3.5m,设置为埋置式,桩顶高出开挖轮廓线4m,桩身锚固段长度11~14m。抗滑桩靠山侧呈120°布置双排HRB₄32钢筋共计78根,桩身混凝土强度等级采用C30。抗滑桩布置平面如图2所示,断面如图3所示,立面如图11所示。

(4)左洞反打出洞,以及坍塌段处理。

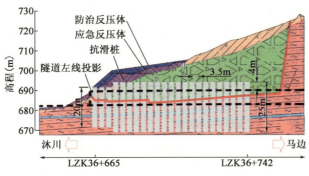

图 11 洞口上边坡抗滑桩立面布置图

5.3 施工工序

隧道洞口为综合处治工程,施工工序对洞口边仰坡的整体稳定性有着决定性的影响,本次洞口处治的施工工序要求如下:

(1)左洞洞口边仰坡反压回填。
(2)右洞明洞接长,至左洞洞口同断面,右洞明洞反压回填。
(3)左洞左侧抗滑桩施工。
(4)右洞恢复施工,左洞超前支护施作。
(5)右洞与左洞间的施工横通道施工,左洞由洞身往洞口施工。
(6)左洞坍塌段处理。

5.4 治理效果评价

按上述工程治理方案处治后,根据监测曲线显示(图12),滑坡体治理后,隧道反打出洞过程中,坡体变形 19.1~26.1mm,此后坡体未发生明显变形。现已通车近 3 年,坡体无变形迹象。

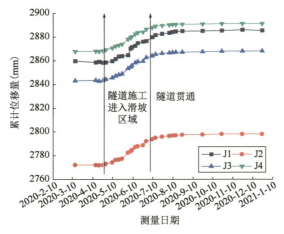

图 12 滑坡体变形曲线

6　工程体会及建议

（1）对于构造发育地区，顺层斜坡内岩体结构面结合差，局部发育泥化层对坡体稳定性影响大。在开挖临空及降雨诱发下，易发生变形破坏。

（2）坡体变形后，滑带泥化层受应变软化及饱水软化影响，坡体多具有渐进式破坏特征，一般而言，在发生线性变形一段时间后，多发生突发性破坏。

（3）石梁子洞口边坡根据变形时空情况，可分为Ⅰ区和Ⅱ区，Ⅰ区为下部局部区域，方量约 1.8 万 m^3；Ⅱ区为整体发生较大变形的区域，方量约 19.6 万 m^3。石梁子隧道失稳机制主要如下：隧道洞口顺层偏压，洞口段开挖临空为坡体失稳提供空间变形条件；岩体层间结合差—极差，特别是层间局部发育泥化层，长期降雨入渗下，导致泥化层饱水软化，抗剪强度进一步降低；隧道开挖及降雨诱发了 2018 年 4 月 18 日滑坡的发生，随后在泥化层应变软化及饱水软化下，5 月 17 日坡体发生破坏。

（4）隧道洞口顺层偏压易发生变形破坏，选线时宜绕避，否则应采取预加固措施进行处治，以减少工程灾害，节约工程投资。

（5）洞口顺层偏压破坏后，抗滑桩刚性强支护及反压等措施是可靠有效的处治措施。

（6）隧道洞口顺层偏压坡体结构受力复杂，传统计算方式无法反应拱顶力的传递，可采用数值模拟对滑坡体变形、受力及稳定性进行计算分析。

成都天府国际机场高速公路 K17 + 700 ~ K17 + 900 段顺层滑坡处治及思考

陈 沛 李 勇 徐鸿彪 张 乐 张建永

（四川省公路规划勘察设计研究院有限公司,610000,成都）

摘 要：以成都天府国际机场高速公路 K17 + 700 ~ K17 + 900 段顺层滑坡为例，总结斜坡顺层滑移特征，从工程地质特征、开挖扰动和降雨入渗多方面分析其成因，分享了设计采用的参数获取和稳定性评价方法。基于该案例，从公路工程地质勘察和设计两方面提出思考与建议：勘察过程中须注重地貌特征识别、区域岩层产状特征、软弱夹层的发育与否、强度参数的合理取值等；设计方面线路调整时应注意顺层等潜在不良地质体，遵循"应绕尽绕，能避则避"的原则；滑坡防治时，在确保安全的首要前提下，应遵从经济原则。

关键词：高速公路；顺层滑坡；勘察设计；成因分析；思考与建议

1 工程概况

1.1 地理位置与区域地质背景

研究区位于四川省成都市双流区太平镇，地处龙泉山脉西侧，区内山包呈驼状，沟谷深切，且汇水于坡脚。自然斜坡坡脚 10° ~ 30°，局部出露砂岩陡坎，粉砂质泥岩出露段有多个缓坡平台，场地相对高差大于 100m，属构造侵蚀浅—中切割低山地貌。

1.2 滑坡工程地质条件

场区地层主要为新生界第四系全新统滑坡堆积层（Q_4^{del}）、坡残积层（Q_4^{dl+el}）及中生界侏罗系上统遂宁组（J_{2sn}）。Q_4^{del} 堆积块石和 J_{2sn} 基岩均为粉砂质泥岩，紫红色，以黏土矿物为主，粉泥质结构，薄层状—中厚层状构造，钙泥质胶结。其结构不均，局部砂质集中，多夹蓝灰色砂质团块。岩层产状为 80°∠18°。

施工线位基本以正交形式穿越龙泉山断层、卧龙寺向斜、龙泉山背斜等地质构造，处龙门山推覆构造前缘，如图 1 所示。受构造左右影响，岩体节理裂隙发育，倾角较陡，裂隙面平整，且具饱脱水风化开裂特征。主要发育 2 组近正交构造节理，J1:240° ~ 270°∠60° ~ 85°，延伸大于 5m，最大可达 8m，裂隙间距 1.0 ~ 1.2m，微张，裂隙面平整光滑；J2:320° ~ 350°∠60° ~ 85°，延伸 3 ~ 5m，裂隙间距 0.6 ~ 1.0m，微张—开口，裂隙面弯曲，无充填。

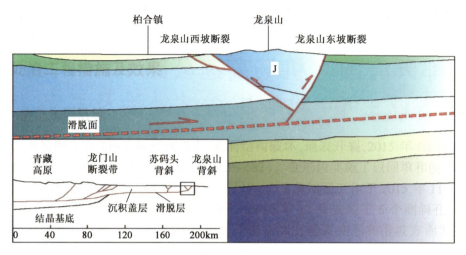

图 1 场区地质构造特征

2 设计、施工情况及变形特征

该段以挖方路堑形式经过斜坡前缘,路线走向 146°。最大边坡高度约 29m,原设计采用框架锚索(锚杆)及抗滑桩防护,边坡采取逐级开挖、逐级防护的方式进行施工。根据现场调查、钻探及开挖揭露,坡体厚 4.1~15.6m,滑动方向 54.9°。其中,坡体前缘厚度 8~15m,中后部厚度 4~7m。

施工期间,K17+700~K17+900 段右侧山体发生滑坡,坡表张开多条裂缝,滑坡前缘处路基框架梁等已变形破坏。滑坡发生后,在坡体前缘采取临时反压的应急处理措施。

该斜坡于 2018 年 9 月 6 日凌晨发生失稳滑移,此时锚索尚未张拉,滑体后缘与坡脚水平距离 180m,后缘拉裂槽深 5m、宽 10m;滑坡长约 180m,前缘最宽约 200m,后缘最宽约 70m,前后缘相对高差达 43m,面积约 29473m²,方量约 20 万 m³,为中型基岩顺层滑坡。前缘在路面设计高程上方 3~4m 处剪出,滑体上电杆倾斜,裂缝密布,解体特征明显,如图 2 所示。滑坡发生后,在滑体前缘采取了临时反压应急措施。

a)前缘剪出口

b)侧壁剪切裂缝

图 2 顺层斜坡滑移破坏

3 灾害性质与机理

该斜坡发生顺层滑移的主要机理可归纳为如下3点：

（1）工程地质特征。

场区地层主要为J_{2sn}地层，岩石饱和单轴抗压强度7.56MPa，强度偏低；岩层产状主要受构造影响，以倾向东为主，一般在80°∠18°~20°，但受断层和岩体中透镜体发育影响，部分段产状异常。边坡坡向为56°，与岩层产状夹角小于30°，属典型顺层边坡。

（2）工程开挖扰动。

该斜坡段路基边坡最大高度29m，设计要求分步开挖，且遵循"边支护边开挖"的原则。然而，实际施工时支护措施并未及时施作，如图3所示。边坡开挖后，为边坡失稳提供了位移空间，且岩土自重应力等随坡高逐渐增加，恶化了岩土应力环境；大量的卸荷裂隙产生，为雨水下渗提供了条件，滑坡不断向后牵引发展，最终距坡脚约180m范围发生顺层滑移，属典型的牵引式滑坡。

（3）强降雨入渗。

场区处双流区与龙泉驿区交界。从龙泉驿区1980—2018年降雨分布特征来看，2018年达到38年来年降雨量峰值，高达1326.9mm，且以7月、8月为主要降水月份。如图4所示，从双流区气象局所公布1981—2017年降雨数据可知，场区年降雨量约881.3mm，具显著的夏秋多、冬春少特征，7—8月降雨量占比高达47.66%。根据现场施工气象记录，场区2018年雨量明显多于往年，2018年6月平均245mm，7月平均263mm，8月平均225mm，9月平均156mm。9月5日凌晨至6日凌晨斜坡失稳滑移前，强降雨持续不断。

图3 失稳滑移时锚索框架

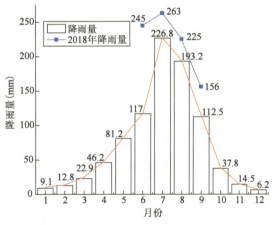

图4 场区月降雨量分布特征

在3个多月频繁强降雨后，坡体内部渗入大量地下水；斜坡岩体中泥岩含量相对较高，具显著的水敏特征，受地下水浸泡后强度大幅降低，潜在滑面处抗剪强度削弱，顺层斜坡不断逼近临界失稳状态，最终诱发顺层滑移破坏。

4 分析计算与稳定性评价

4.1 滑坡参数反演计算

依据《公路路基设计规范》(JTG D30—2015),采用平面滑动面解析法进行参数反算。考虑边坡在暴雨工况下处于整体滑动状态,根据《公路滑坡防治设计规范》(JTG/T 3334—2018),滑坡处于整体滑动状态下参数反算时稳定系数性系数 $F = 0.95 \sim 1.00$。因此,本次反算取 $F = 0.99$(暴雨工况),针对已滑坡体底滑面和斜坡内部潜在滑面进行反算,所得斜坡不同位置强度参数见表1。其中,取通过边沟底的岩层层面为潜在滑面,现地面与潜在滑面间坡体为潜在滑体,计算剖面如图5所示。

斜坡稳定性计算强度参数　　　　表1

位置	工况	黏聚力 c(kPa)	内摩擦角 φ(°)
已滑坡体底滑面	天然	4.5	16
	暴雨	4.6	15
潜在滑面	裂隙充水	5.0	17

4.2 稳定性评价及推力计算

滑坡物质组成主要为粉砂质泥岩,滑面为坡体内部软弱夹层。采用平面滑动面解析法进行稳定性计算,采用基于极限平衡理论的传递系数法进行剩余下滑力计算。滑坡稳定性系数及滑坡推力计算结果见表2、表3。

滑坡处治前稳定性系数 F 计算结果　　　　表2

天然工况	暴雨工况	地震工况
1.04	0.99	0.92

潜在滑体剩余下滑力计算结果　　　　表3

计算工况	安全系数 K	剩余下滑力(kN/m)	
		清方前	清方后
天然	1.25	2121	664
暴雨	1.20	3220	2025
地震	1.10	3445	1341

5 处治措施及效果

斜坡顺层滑移后,表层岩体解体特征显著,推力较大,支护费用高且难以施作。综合比较后,采用顺层清方+支挡防护的方案(图5)。坡脚设置单排2.4m×3.6m×22m埋入式抗滑桩,桩前与坡脚之间的边坡采用1∶0.5放坡,坡面采用框架锚杆、锚索加固;桩顶至滑坡后缘进行顺滑面(16°)清方;清方后在坡面上设置网格型截水沟,做好地表水的截、引、排措施;为防止未滑地层受牵引发生变形,于后缘外稳定地层中设置单排 $2m \times 3m \times 22m$ 埋入式抗滑桩,桩间设框架锚索。

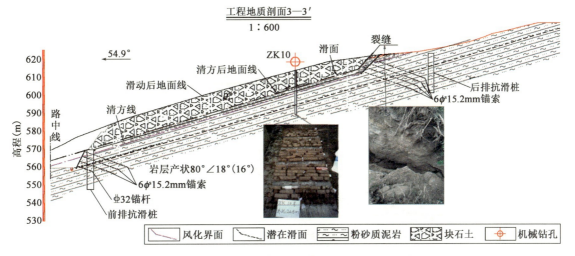

图5　顺层滑坡处治施工图设计

处治后至今该顺层滑坡处于稳定状态,如图6所示。

图6　顺层滑坡处治效果

6　工程体会及建议

结合该斜坡工点的顺层滑移失稳特征及防治设计,从以下方面浅谈体会及建议:

6.1　工程地质勘察反思

1) 地貌特征的准确识别

斜坡西南侧有明显的顺层失稳缺失区,在工程地质勘察时可针对该区域的缺失、失稳特征进行调查分析,尤其是滑面成因、滑带特征等,对降雨、开挖诱发顺层滑坡的失稳防治具有重要意义。

2)岩层产状的区域性判别

现有成果中,斜坡下伏基岩产状为80°∠18°~20°。值得注意的是,斜坡东侧300m处基岩产状为50°∠16°~20°,东侧500m处基岩产状为320°∠16°~20°。短距离范围的岩层产状骤变,应引起勘察设计重视,需排查是否穿越地质构造或不良地质体。

此外,2018年8月斜坡开挖揭露立面的岩层视倾角基本水平,如图7所示。该处路线走向为146°,根据视倾角与真倾角换算关系,可推演真实倾向约56°,即斜坡基岩倾向测量可能存在偏差,其实际倾向基本与滑动方向一致(54.9°),岩层多垂直于等高线倾向坡外。在公路工程地质勘察中,复杂地质区域岩层产状的确定应高度重视,避免判别误差。

图7 2018年8月边坡开挖揭露立面

3)构造发育区软弱夹层的发育识别

斜坡已开挖26m深,但顺层滑移时并未从开挖最低高程处剪出,而是沿软弱夹层滑移;经调查,该斜坡滑面的主要物质为粉砂质泥岩软弱夹层,其黏土矿物(如绿泥石、伊利石等)含量对滑带土的饱水软化影响至关重要,应查清。

同时,这也表明顺层边坡中软弱夹层是潜在不利滑移面,对斜坡稳定性起控制作用。从地质成因上看,该斜坡地处地质构造发育区域,岩层层面受构造挤压揉搓,进而形成软弱夹层;同时,斜坡在龙泉山背斜区,其岩体卸荷裂隙、岩层层面和构造裂隙发育,为地下水入渗提供了优势通道,使得软弱夹层的饱水软化效应更为显著,进而发展为潜在滑面,在降雨或开挖诱因下滑移失稳。

4)滑带强度参数的合理取值

根据《水利水电工程边坡设计规范》(SL 386—2007)的规定,1级边坡宜综合现场试验、室内试验、反演分析和工程地质类比综合确定抗剪强度指标;《边坡工程勘察规范》(YS/T 5230—2019)中规定,采用反算法选取潜在滑动面的抗剪强度指标时,宜根据边坡变形状态所对应的稳定系数进行。

用已滑动岩土体反演层面强度参数是常用方法。然而,其结果用在未滑动层面推力计算存在一定不确定性。因此,对斜坡顺层失稳防治设计,特别是未滑动岩土体的强度参数获取,对于1级边坡现场试验或室内试验是必要的。

5)裂隙水压力和滑面扬压力的影响

雨水、地下水沿陡倾裂隙垂向运移,裂隙表面明显有地下水长期活动的痕迹,与滑坡周界拉裂形成的新鲜岩石陡壁形成鲜明对比,在到达相对隔水层时沿着由原生节理组成的层间裂隙富集,并逐渐转为沿层面近水平方向运移在临空面处排泄,也为滑坡的形成提供力学条件,缓倾角顺层滑坡在暴雨时滑体受到静水推力和扬压力的影响较大,参数反算、推力计算时应予以考虑。

6.2 设计优化建议

(1)地质选线:在总体设计阶段加强地质选线,尽量绕避顺层边坡,当不能完全绕避时,宜尽量减小挖方边坡的高度。

(2)滑坡防治优化建议:抗滑桩设计应根据不同横断面的坡高、坡长分别计算滑坡推力,采用不同桩型或锚索桩进行防治,兼顾安全与经济效益。

参 考 文 献

[1] 高楷祥.成都市双流区近30年降水气候特征分析[J].调查与发现(区域治理),2018:223.
[2] 吴亚泽,肖天贵,高楷祥.1980—2018年龙泉驿区降水的多尺度特征[J].高原山地气象研究,2021,41(3):72-81.
[3] 中华人民共和国交通运输部.公路路基设计规范:JTG D30—2015[S].北京:人民交通出版社股份有限公司,2015.
[4] 中华人民共和国交通运输部.公路滑坡防治设计规范:JTG/T 3334—2018[S].北京:人民交通出版社股份有限公司,2018.
[5] 李勇,李海亮,马洪生.某高速公路典型缓倾顺层滑坡分析与治理研究[J].路基工程,2020(5):195-201.
[6] 许强,唐然.红层及其地质灾害研究[J].岩石力学与工程学报,2023,42(1):28-50.
[7] 中华人民共和国水利部.水利水电工程边坡设计规范:SL 386—2007[S].北京:中国水利水电出版社,2016.
[8] 中华人民共和国工业和信息化部.边坡工程勘察规范:YS/T 5230—2019[S].北京:中国计划出版社,2019.

达陕高速公路王家寨 2 号桥灰岩顺层边坡滑塌处治

胥 龙 马洪生 张建永 陈 沛 刘 平 徐鸿彪

(四川省公路规划勘察设计研究院有限公司,610000,成都)

摘 要:公路桥梁从顺层边坡上通过时,施工便道及平台开挖易诱发顺层边坡失稳变形,影响工程建设及运营安全。达陕高速公路王家寨 2 号桥位于灰岩顺层边坡坡脚处,因施工便道不合理开挖等原因导致桥位区出现较大范围的顺层滑塌。分析其形成过程、特征、机理及发展趋势,反算层面抗剪强度,评价永久边坡稳定性,并针对桥墩及桥跨采取不同的防护措施,进行边坡滑塌治理。本文总结类似边坡设计、治理及现场应急处治经验,可供相近工程参考。

关键词:顺层边坡;灰岩;失稳特征;灾变机制;工程处治

1 工程概况

研究区位于川东北侧大巴山山前过渡区。区内以构造剥蚀溶蚀中低山地貌为主,邻近山峰最高约 1097 m,最低谷底约 655 m,高差约 442 m;河谷两岸崖悬壁陡,沟谷多呈 V 字形,坡面基岩裸露,局部零星上覆第四系坡残积层,植被发育,多为灌木。路线沿河沟右岸中陡斜坡坡脚采用桥梁、路基形式通过。路基及桥梁桩基施工期间于主线 K56+800 右侧发生滑塌。

滑塌区位于河谷右岸,坡体表部零星覆盖第四系坡残积层,厚度小于 0.5 m,下伏中生界三叠系中统巴东组薄—中厚层状灰岩、泥灰岩,厚度大于 100 m;场区岩体呈单斜状产出,岩层产状为 125°∠31°,主要发育 3 组节理,产状分别为 15°∠67°、314°∠40°、265°∠50°,裂隙普遍表现为延伸 3~5 m,切深 2~3 m,张开 1~5 cm,间距多在 0.4~3 m,裂隙面多呈溶蚀状;岩体总体完整性及稳定性较好,基岩弱风化层埋深 2~3 m;区内岩溶弱发育,主要以沿节理发育的裂隙状溶蚀为主,未见漏头、落水洞及暗河等岩溶地貌。场区工程地质条件如图 1 所示。

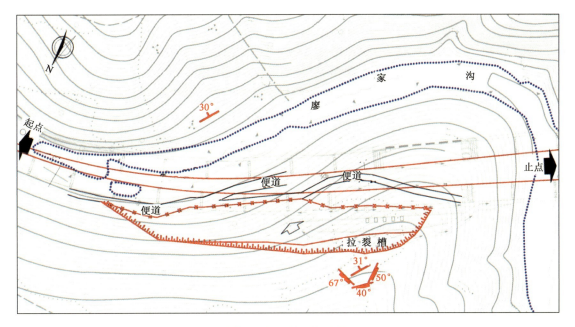

图1　场区工程地质平面图

2　设计及施工情况

2.1　施工图设计情况

由于岩体层面走向为215°,与路线走向237°为小角度相交。为避免因公路建设产生大规模顺层滑塌,施工图阶段对线位进行了调整,主要采用桥梁从天然顺层边坡中下部通过,以尽量减小对边坡产生扰动。根据线形组合,K56+780～K56+950 于前进侧山嘴以挖方形式通过,全长170m,右幅挖方段按1∶0.5、1∶0.75 坡比分3 级放坡,形成单级坡高不超过10m、最大坡高26.5m 的人工顺层挖方边坡。根据详勘提供的层面抗剪强度参数,经计算分析,施工图阶段采用埋入式抗滑桩+框架锚杆锚索进行加固;同时,为确保工程安全,设计阶段还于本段设置了6处地表位移观测桩;该顺层边坡处治立面及典型断面如图2、图3所示。

对于该路段的顺层路段施工组织,桥梁专业没有对桥梁墩柱施工中的防护工作做相应提醒、施工组织设计没有结合特殊路基情况对承包商便道修建做单独要求。

2.2　工程施工情况

2010年6月初,施工方开始进场施作施工便道,同步开展桥梁桩基及路基边坡开挖作业。受沟谷地形、河道影响,施工便道设置条件有限,施工方为施工便利,顺右侧天然边坡坡脚开挖修建施工便道,于桥下形成人工临时边坡,最大坡高达12m。2010 年7月17 日,在原设计路堑抗滑桩及框架锚杆锚索锚固工程尚未实施的情况下、受连续降雨影响,K56+700～K56+880 右侧岩体形成顺层滑塌,滑塌范围沿滑向延伸35m,横向宽180m,平均厚8m,总方量约5 万 m^3;岩体下滑后造成已施工完成的16 号、17 号墩柱损毁,如图4、图5所示。

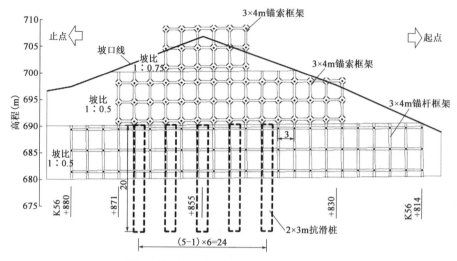

图 2　施工图处治设计立面图(尺寸单位:m)

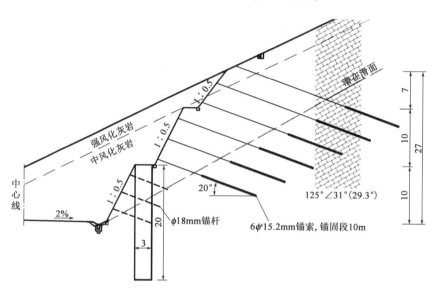

图 3　施工图处治设计典型断面图(尺寸单位:m)

图 4　桥下便道开挖导致临时边坡层面出露

图 5　滑塌下的孤石撞击报废后的桥梁墩柱

灾害发生后,经经济技术比选,工点处治设计方案为:对因便道开挖形成新临空面的13号~17号桥梁桩墩采用长13.0m、6束预应力锚索竖梁加固墩周岩体,具体加固范围为沿路线纵向在每根桥墩前后各防护7.50m,如图6所示。

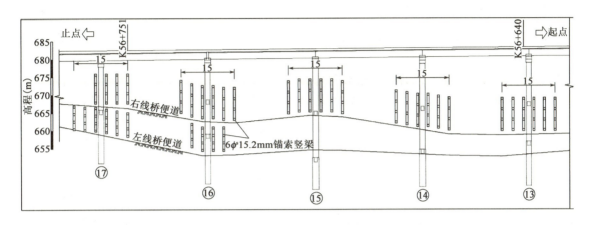

图6 第一次滑动后加固处治方案立面图(尺寸单位:m)

由于施工单位未及时按上述变更方案组织进行桥墩的加固工程施工,也未按原设计完成路基段边坡防护工程的施工,受2011年夏季汛期场区连续强降雨的影响,该处边坡再次发生顺层滑动,如图7所示。滑动范围变为K56+660~K56+890,滑塌范围沿滑向长35m,横向宽230m,滑体平均厚8m,总方量约6.5万m³。本次滑塌后缘沿原节理展布,形成宽1.5~10m、高2.5~8m的拉裂槽,如图8所示。

图7 雨后发生第二次滑动

图8 滑塌后缘顺节理形成拉裂槽

3 灾害性质与机理

3.1 滑塌成因

由前述施工过程描述可知,在未完成路堑抗滑桩及锚固工程施工的前提下,施工方完成了K56+628~K56+900段路堑土石方施工及桥墩对应处边坡坡脚纵向施工便道开挖工作,切割天然顺层边坡坡脚,形成局部临空面,且未按临时边坡进行防护。场区岩体构造节理裂隙经后期地下水溶蚀改造,裂隙多呈上宽下窄的张开状;2010年雨季期间,降雨及坡面汇水汇入张性节理裂隙后,于下部灰岩层面富集、运移,形成水头压力、软化层面抗剪参数,使K56+700～K56+880段斜坡发生第一次局部顺层滑动;在第一次滑塌加固工程未完成施工的情况下、次年当地再次连续强降雨,大量雨水继续沿坡面节理下渗,使K56+660～K56+880段斜坡突然产生更大规模滑移。

由此分析,两次顺层滑塌的主要原因包括:①灰岩节理裂隙经后期溶蚀改造,形成了张性裂缝,利于地表水下渗,对稳定性不利;②顺层边坡坡脚纵向施工便道不合理开挖,且未及时予以加固防护;③原设计路堑边坡支挡工程及第一次滑动后的处治工程未及时施作。

3.2 变形破坏特征

由图1可见滑塌平面上呈条带状,沿滑向长约35m,垂直滑向宽约230m,前后缘高差42m;滑塌后缘基本沿314°∠40°节理裂隙展布,前缘以便道内侧边坡切割的坡脚底部层面为界,底界以灰岩层面为界。根据现场调查揭示边坡变形破坏的程度,由重到轻可分为3个段落。

(1) K56+710～K56+758段:对应桥梁15号～17号墩,为变形较严重区。本段便道边坡坡高约10m,边坡后缘拉裂缝位于便道边坡坡口线外20m,宽高比为2。拉裂槽宽0～4m,深度4m,滑塌区岩体沿滑床平面移动0～4m;滑动面完全顺岩层面发展,节理裂隙起到切割作用,岩体解体后堆积在便道上,影响部分桥墩安全。

(2) K56+758～K56+880段:本段为边坡的大规模变形区,对应桥梁18号墩及19号桥台,以及原设计挖方路堑段。该段前缘人工便道边坡高14m,边坡后缘的拉裂缝位于便道边坡坡口线外42m,宽高比为3。拉裂槽宽4～10m,深度6～10m,如图9所示,滑塌区岩体沿滑床平面移动距离约10m;滑动面完全顺岩层面发展,节理裂隙起到切割作用,岩体解体后堆积在坡脚,掩埋路基和部分桥墩。

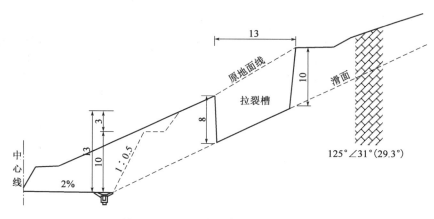

图9 K56+840滑塌后断面(尺寸单位:m)

(3) K56+880～K56+910段:本段边坡对应原设计路堑边坡坡比较缓,坡口线外少许裂缝,未见明显的滑体错动迹象;但坡体后部裂隙与K56+758～K56+880段后缘拉裂缝平交,虽暂时完好,但在暴雨、卸荷、振动等不利因素作用下,综合判断其稳定程度不高,还会继续产生滑动。

3.3 滑塌变形机理与发展趋势

从施工及滑塌发生过程来看,该处工点的两次滑塌均发生在 2010 年和 2011 年雨季,而在两个雨季间的旱季并未发生明显的变形。结合该段边坡岩性及结构组成,可以判定该滑塌的变形破坏机理如下:

(1)自然斜坡经后期构造应力、河谷深切卸荷的影响,于岩体内产生众多压性节理。这些节理裂隙经过地表水、地下水长期渗透溶蚀影响,逐步发展为贯通性较好的张性溶蚀裂缝。

(2)前缘人工开割坡脚后,便道与张性溶蚀裂缝间的岩体失去前缘岩块的支撑,具备了下滑的空间条件。

(3)强降雨期间,坡面面状水流在向河谷汇流过程中,下渗进入张性溶蚀裂缝,于裂缝内形成水头,并沿层面向便道运移,在浸润软化岩体的同时形成水头压力及扬压力,造成岩体失稳,形成滑塌。

从前面的变形机理分析可知,该顺层坡体发生滑塌产生的三个要素包括后缘张性裂缝、前缘临空面,以及降雨与地下水产生的水压力。岩体滑塌后,后部岩体已产生了临空面,由于卸荷裂隙多呈平行状展布,在后期降雨条件下将产生渐近式滑塌,对前缘公路工程结构物将带来极大安全隐患。

4 分析计算与稳定性评价

4.1 滑塌参数反演计算

根据图 9 所示现场实测的剖面反算滑面参数,取天然工况为 1.02,暴雨工况为 0.95(考虑水头压力),可得滑塌体参数情况,见表 1。

滑塌参数反演计算成果 表 1

工况	重度 (kN/m^3)	抗剪强度	
		c(kPa)	φ(°)
天然	25.9	16	21
暴雨	26.4	13	20

4.2 稳定性评价及推力计算

根据表 1 中计算所得的滑面参数,对图 9 剖面剩余滑体进行稳定性及推力计算,结果见表 2。可见,剩余滑体在天然工况下处于临界平衡状态,在暴雨工况下处于不稳定状态,但总体推力较小。

剩余滑体稳定性评价及推力计算 表 2

工况	稳定性系数	安全系数	剩余下滑力(kN/m)
天然	1.063	1.25	216
暴雨	0.814	1.15	238

考虑到拉裂槽后方岩体已失去支撑,滑塌具有向后发展的可能性。以拉裂槽后方 3 倍拉裂槽深进行推力计算,结果见表 3。

拉裂槽后方潜在滑塌体稳定性评价及推力计算　　表 3

工况	稳定性系数	安全系数	剩余下滑力(kN/m)
天然	1.034	1.25	1040
暴雨	0.935	1.15	1130

综上所述,虽然残留滑体推力较小,但若不进行及时治理,工点有产生更大规模滑塌的可能性。

5　处治工程措施及效果

本工点的第 2 次滑坡处治设计可分为应急处治及永久处治两个部分。

5.1　应急处治

滑塌发生后,经现场调查发现,该段滑塌对应的主线桥梁下部结构已基本完成,而路基段只进行了部分土石方作业,滑塌对已完成的桥梁下部结构具有极大的威胁,影响区主要集中于主线 16 号~19 号桥墩;鉴于此,设计采用支撑墙及支撑墩对桥墩之间的便道进行回填加固处理,具体如下。

（1）16 号~17 号墩:该区段范围岩体完整程度较高,对桥墩威胁较小,因此,设计采用支撑墩对桥墩间的便道边坡进行支挡,支撑墩沿路线纵向长度为 3m,顶宽 3~4m,间距 7m;为加强墩体与岩体的整体性,于墩底设置 3 根锚杆、墩体靠山侧设置 2 根锚杆。

（2）17 号~19 号墩:该区段范围岩体完整性较差,对桥墩威胁极大。设计采用整体性更好的支撑墙对桥墩间的便道边坡进行支挡。支撑墙沿路线纵向长度为 26m、顶宽 3~4m;墙体底部和靠山侧设置锚杆以加强连接。

上述措施平面及典型断面如图 10 所示。

上述应急处治措施于 2011 年 8 月 20 日完成施作,经监测边坡变形趋于稳定,为后序永久处治工程争取了时间。

5.2　永久处治

由 4.2 节的分析可见,由于拉裂槽产生后,后方岩体将失去支撑,在暴雨工况下极可能产生更大规模的滑塌;鉴于前缘滑塌体仍存在,设计考虑采用以下措施进行处理:

（1）维持第一次处治设计的竖梁锚索防护、加固桥墩处岩体。

（2）清除公路结构物与拉裂槽间的已解体滑体;采用 C15 片石混凝土支撑带对拉裂槽进行回填;支撑带底部设置连接锚杆,将支撑带与下部天然岩体连成整体。

（3）将前进岸 19 号台至 K56+900 段边坡防护纳入边坡防护图中,边坡一级平台处仍维持原设计抗滑桩,桩顶及整个滑塌区坡口外边坡采用竖梁锚索进行处治,锚索根数根据推力大小分别采用 7~14 根。

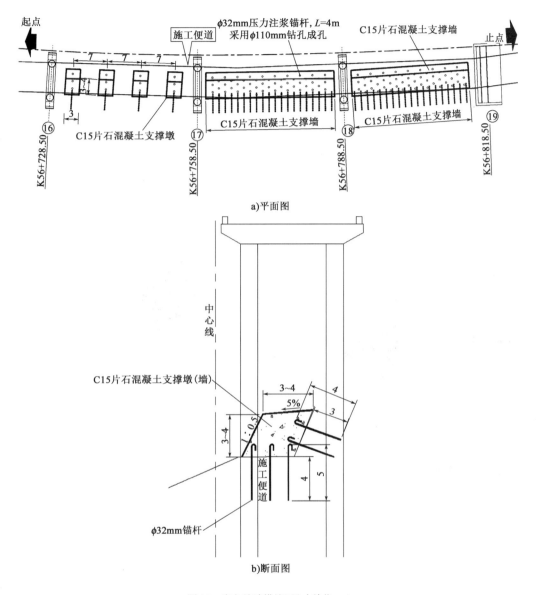

图 10 应急处治措施(尺寸单位:m)

(4)对整个滑塌设置9处监测断面,监测位移以为施工及运营提供指导。施工期间每天监测一次,运营期每7~15d监测一次,直至通车运营后1年。暴雨期间应加强观测次数。

上述永久处治措施立面如图11所示。

永久处治工程于2011年9月5日开始实施,并于2011年11月完成施作。施工完成后的情况如图12所示。该工点自治理完工以来已超过10年,其间未出现新的变形、滑塌病害,治理工程总体效果较好。

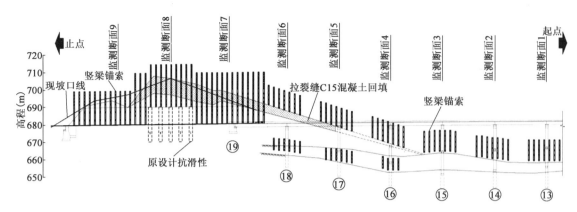

图 11 永久处治工程立面布置

图 12 永久处治工程

6 工程体会及建议

(1)顺层边坡潜在灾害的预加固防治思路应在设计、施工的全过程引起足够重视,并贯彻到工程施工全过程中;应加强设计工作中的"全流程"专业融合,同时将工程项目前期设计思路"毫无保留"地在工程施工、管理及后期技术服务的全过程中得以体现。

(2)顺层边坡灾变受坡体前缘失稳影响严重,设计层面应立足工点实际情况加强施工组织设计工作、引领施工全程;软硬互层顺层边坡极易在雨水下渗产生的水压力作用下沿软硬岩层交界面产生滑动,在设计、施工阶段应引起充分的重视,加强永临结合排水措施,避免雨水下渗浸润软化岩体。

(3)顺层斜坡段桥梁的施工便道及平台宜采用栈桥或填方路基形式;若因地形原因必须采取挖方便道时,建议采用半填半挖方案、分段实施,并对路堑边坡计列足够的预加固支挡工程。

(4)顺层边坡在应急抢险阶段若无法采用反压措施进行处治,可于滑体前缘采用片石混凝土支撑墩、支撑墙实现力学平衡,并辅以强排水措施以提高坡体稳定性;顺层边坡易发生渐进式破坏,即从坡体前缘开始变形失稳并不断向后缘拓展牵引,施工时应引起足够的重视,及时进行边坡预加固或支挡。

(5)对于因施工便道开挖形成的桥址区顺层滑坡,桥墩处前后一定范围可采用锚固工程加强防护;对于桥跨区可采用片石混凝土支撑墩进行支护。

达陕高速公路 K1240+480~K1240+600 段右侧斜交顺层岩质高边坡滑坡灾害应急处治工程案例分析

郭沉稳　刘天翔　杜兆萌　雷　航　王　丰　杨雪莲

(四川省公路规划勘察设计研究院有限公司,610000,成都)

摘　要：四川山区公路边坡工程数量众多,而层状岩质高边坡的稳定性历来是研究热点,随着公路运营时间的增加,边坡的长期稳定性问题愈加凸显。通过现场调研、机制分析和数值模拟等方法,分析了斜交顺层岩质边坡的时效变形机制和破坏特征,模拟了不同步数下斜交顺层边坡的变形发展过程,并结合经验提出相关控制措施。该斜交顺层边坡自建成以来8年间未出现明显变形,但近3年坡体突然出现变形加剧趋势,最终受强降雨影响发生整体垮塌。数值模拟表明,随着计算步数的增大,边坡塑性变形区范围逐渐扩大、结构面逐渐扩张,边坡岩体从时效变形阶段进入破坏发展阶段,说明斜交顺层边坡岩体经过长期时效变形,边坡内部应力应变场的改变导致软弱结构面的密集发育,陡倾裂隙切割岩体形成近似"积木状"块体特征,且抗剪强度趋于残余强度,在大桩号侧边坡稳定块体的阻挡作用和强降雨驱动作用下,发生沿视倾角方向(即临空向)的滑动,最终出现与顺层边坡类似的沿层面滑动变形。在进行工程处治时,应充分考虑施工中存在的安全风险,严格按设计要求尽快完成施工作业,并加强施工期边坡监测,避免因不合理施工导致二次灾害的发生。本文研究成果可为斜交顺层结构的公路边坡长期稳定性设计提供一定的参考和借鉴。

关键词：斜交顺层;时效变形;长期稳定性;视向滑动;数值模拟

1　工程概况

达陕高速公路 K1240+480~K1240+600 段右侧边坡位于四川省达州市万源市石塘镇(图1),地处构造侵蚀低山丘陵区;四川盆地的东北缘,北有秦岭、大巴山的屏障,属亚热带温暖、湿润、季风气候区,具有雨量充沛、冬暖、春早、夏热、秋凉、多雾少霜等特点。多年平均气温在16.6℃左右,最高气温为38℃,年平均相对湿度为75%左右,多年平均蒸发量为1000mm左右。多年平均降雨量1137.3mm,年最大降水量1155.7mm,年最小降水量500mm,月最大降水量209.9mm,月最小降水量3.4mm,日最大暴雨强度45mm。降水多集中在夏季,春冬少雨。

边坡坡体为三叠系上统须家河组砂泥岩互层,中—厚层状,边坡坡向135°,岩层产状为193°∠43°,岩体表层风化严重,主要发育两组节理裂隙,分别为J1:69°∠63°,呈微张状,延伸长度5~7m;J2:330°∠67°,呈微张状,延伸长度6~8m,裂隙中有泥质填充,附近无活动断层。根据赤平投影图及现场调查,该边坡岩体为斜交顺层结构,坡向与岩层倾向夹角58°,且表层风化严重,岩体破碎,易发生失稳破坏。

图1 研究边坡工点位置

2 设计、施工情况及变形特征

2.1 施工图设计情况

在建设期挖方高度为30~40m,分四级开挖,每级边坡开挖高度10m,其中一级、二级边坡开挖坡比为1∶0.75,三级边坡为1∶1,四级边坡为1∶2,原设计在一级、二级边坡采用框架锚杆防护,横/竖梁间距均为3m,锚杆长度为6~8m。

2.2 边坡变形历程及特征

该边坡历史上共发生过3次较明显的变形,具体如下:

第一次失稳变形发生于2015年8月,养护人员在日常养护工作中发现边坡中上部框架梁局部出现变形开裂、局部剪断迹象,由于此次变形较微弱,对坡脚外侧的高速公路影响相对较小,因此,后期养护仅对存在损伤的框架梁进行修复,并未对边坡进一步加固补强。

第二次失稳变形发生于2020年8月24日,该边坡中上部坡体突然发生垮塌(图2),垮塌土石部分堆积于坡脚机耕道,方量为150~170m³,边坡中上部建设阶段修建的框架梁+锚杆全部被剪断、滑移,完全失去防护效果,部分滑塌大块石滚入高速公路右侧波形护栏外的蝶形排水管盖板上,对高速公路安全运营产生了一定的威胁。随后,养护人员在清除机耕道上的堆积物后,在边坡中上部垮塌位置采用框架梁和9~12m锚杆进行修复,但由于处治措施并不能保证在暴雨等不利工况下边坡的长期安全稳定,也为边坡的后续大面积滑移失稳留下了隐患。

第三次失稳变形发生于2021年7月10日凌晨,受强降雨影响,养护人员发现该边坡坡表局部出现裂缝(图3),坡脚地方道路局部发生拱起的现象,至2021年7月11日凌晨坡体滑移变形加剧,于上午10时左右发生整体性滑塌。滑坡后缘高度为35~38m,厚度为7~8m,沿路线方向宽度110m,滑体规模约60000m³,滑动方向约186°,为中型滑坡。该滑坡导致高速公路右侧坡脚处地方道路约70m的水泥路面被剪断损毁,并向上拱起2~3m,坡脚处约140m的排水沟和电缆管线损毁,右幅应急车道路面也出现了不同程度的鼓胀、反翘、隆起现象(图4)。坡顶滑坡后缘处出现长约70m的拉陷槽,最宽处约2m,深度为3~4.5m,滑坡后壁基岩上可见擦痕,滑坡表面发育多条张拉及剪切裂缝,最宽达1.0~1.5m(图5)。原支护措施已完全丧失防护效果。

图2　2020年8月边坡发生垮塌

图3　坡体表面发育的剪裂缝

图4　应急车道路面出现不同程度的鼓胀、反翘、隆起现象

图 5 滑坡后缘的拉陷槽及裂缝

从以上三次变形过程可以看出,前期变形微弱,可能为表层局部变形导致部分结构受损,虽未对边坡进行整体性加固处治,但在之后的 5 年时间内也未再次出现明显变形。第二次变形失稳发生在边坡顶部,为坡体浅表层的全—强风化层垮塌,边坡下部仍处于稳定状态,仅零星落石进入高速公路应急车道,但在 1 年之后,边坡出现了整体性滑动变形破坏,坡脚变形范围已至高速公路主车道。

3 灾害性质与机理

达陕高速公路 K1240 + 480 ~ K1240 + 600 段右侧边坡从 2012 年通车至 2020 年 8 月,虽局部有微小变形,但未出现整体失稳,边坡整体处于稳定状态。但是,近 3 年该边坡呈现变形加剧的趋势,稳定性表现出断崖式下降,其中原因是值得认真分析与思考的。

在公路修建之前,原始自然斜坡未受扰动,未出现临空面,也不存在顺层坡体结构,斜坡处于稳定状态。之后边坡的开挖卸荷作用,导致该顺层边坡开始出现向临空方向的缓慢变形,并在坡体内部逐渐发育大量卸荷裂隙,为地表水入渗提供了有利条件。现场调查发现,该边坡自 2015 年后经历了三次变形,而且变形有逐渐严重的趋势,说明边坡逐渐从等速蠕变进入加速蠕变阶段;同时,边坡经历长期卸荷松弛后节理裂隙非常发育,结构面泥化现象明显,节理裂隙内铁锰质浸润填充,说明泥岩层面处岩体在地下水的长期化学作用下,可溶性盐已随之流出,进行阳离子交换后,留下泥质成分,可见该边坡坡体已长期受地表水下渗和地下水影响,软弱结构面的抗剪能力已处于变形失稳的临界状态(图 6、图 7)。

图 6 结构面泥化现象　　　　　　图 7 裂隙内铁锰质浸润填充

该边坡已处于临滑状态,任何外部诱因都可能触发边坡的滑移变形,而 2021 年 7—8 月川东北地区暴发持续强降雨则成为主要诱因。雨水沿节理裂隙下渗至软弱层面,软弱夹层遇水后抗剪强度进一步大幅度降低,当层面的抗剪强度无法抵抗下滑力时,上覆岩体沿岩层层面发生视倾角方向上的顺层失稳滑动,并在 J1 和 J2 两组节理面的控制下,形成典型的台阶状直线型。同时,地表水沿边坡上部的垂直张性裂隙下渗,在裂隙饱水后产生的静水压力促使边坡变形破坏,边坡后缘张拉裂缝进一步加宽加深,在与底部滑移面连通后,使滑坡产生整体滑动。

岩质边坡的长期稳定性问题实质上是岩体的蠕变和卸荷松弛问题。长期卸荷松弛会劣化边坡岩体质量,加之受到外部环境的长期作用,岩体风化程度加重,软弱结构面的不断扩张,层间软弱夹层抗剪能力的不断弱化,软岩的蠕变在长期积累的情况下,也会导致边坡最终进入加速蠕变阶段;另外,蠕变也会使锚固体中的预应力损失,综合作用下导致边坡的安全系数逐渐降低,最终在某次扰动因素(例如强降雨或地震)的影响下,发生沿软弱结构面或岩层层面的失稳滑动。

殷跃平对重庆武隆鸡尾山滑坡的变形机制进行分析后,总结了斜坡沿视向滑动的 5 个条件:层状块裂结构条件、坡体倾向阻挡条件、临空视向剪出条件、驱动块体下滑条件和关键块体阻滑条件。达陕高速公路 K1240+480~K1240+600 段右侧边坡受竖向陡倾结构面切割,形成了层状"积木状"块体结构特征;同时,失稳区域的大桩号侧(达州方向)边坡完整性好,阻止了滑坡体沿边坡岩层倾向的顺层滑动,而与坡向几乎一致的视倾角方向为滑体滑动提供了临空条件,滑坡启动最关键的驱动力则是该边坡岩体在经历了长期时效变形后,抗剪强度由峰值趋向残余值,最后在连续强降雨作用下滑坡启动。由此可见,达陕高速公路 K1240+480~K1240+600 段右侧边坡满足了沿视倾角滑动的全部 5 个条件,为一典型的沿视倾角滑动的边坡病害案例。

斜交顺层边坡的视向滑动问题在公路边坡勘察设计中关注度较低,其主要原因是在丘陵低山区的公路边坡设计中较少遇到。设计人员关注更多的是岩体完整性差、短期内失稳可能性大的顺层边坡,而对于在岩石力学特性和坡体结构条件均相对较好,边坡短期内不会出现明显变形的情况下,一般会采用较弱的工程处治措施。但是,在公路经历长期运营后,在多重外部因素的干扰下,边坡的长期变形可能导致突然失稳破坏,而且其破坏模式可能不同于以往常见的类型,如该工点出现的沿视向滑动情况,在调查和设计时易产生误判,这个问题在今后的工程修建中应给予足够的重视。

4 分析计算与稳定性评价

4.1 数值模拟分析

为了进一步研究该顺层岩质挖方边坡的长期变形机制,分析该边坡在暴雨工况下,受软弱结构层面控制的失稳破坏模式以及边坡的整体稳定性,对典型地质主断面进行数值模拟分析。对于顺层边坡稳定性有限元分析,应考虑不同情况下选择计算模型。

(1)当边坡倾角大于层面倾角时,一般可按极限平衡法进行顺层路堑边坡稳定性计算,但应根据工点实际情况,充分考虑岩体结构、结构面产状、结构面力学特性以及地下水作用等因素的影响。

（2）当边坡倾角与层面倾角基本一致时,应按弹性梁或弹性板理论进行顺层边坡的滑移-弯曲稳定性分析。

（3）若在滑动过程中岩体发生大面积解体,则对边坡滑移变形过程分析应采用离散元方法,以达到真实模拟滑移过程的目的。

本次数值分析采用离散元分析软件,模拟非连续即离散的变形特征,主要适用于岩土工程中的离散介质,即产生破坏变形后与主体脱离,这与本节的模型变形特征相符。数值仿真模型试验假定土体的塑性行为符合理想弹塑性关系,不产生应变硬化或软化,土体的屈服准则采用摩尔-库仑模型。计算选取概化路基路线中心线纵断面,建立数值模拟计算模型。

由于边坡所在区域为Ⅵ度区,因此,不考虑地震工况对边坡稳定影响,本次计算分为两种工况:

（1）天然工况。在天然状态下,只考虑土体重力产生的下滑分力。

（2）暴雨工况。在暴雨状态下,按不利的情况考虑,土体(岩体)按全饱水计算。

图8为边坡剖面1—1′的FLAC 3DEC 分地层计算模型,该模型为平面应变模型,全长77.83m,高度55.31m,厚度0.5m。该模型由八个节点六面体单元组成,各边长度为0.5～1.5m,共有2594个单元,5440个节点和5个不同材料的分区,不同材料的1～5分区分别对应为块石土、强风化砂岩、强风化泥岩、中风化砂岩和中风化泥岩,不同材料抗剪参数根据实践经验和相关文献中试验成果综合确定。边界条件是模型周围和底部的位移约束,地层均采用摩尔-库仑本构模型。本次模拟采用的岩土体物理力学参数见表1。

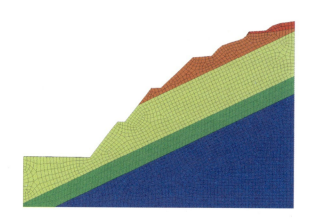

图8　边坡剖面1—1′FLAC 3DEC 分地层计算模型
红色区域-块石土;橙色区域-强风化砂岩;黄色区域-强风化泥岩;绿色区域-中风化砂岩;蓝色区域-中风化泥岩

图9为边坡典型坡面的FLAC 3DEC 切块计算模型。根据该处边坡的岩层及节理裂隙等结构面发育情况,在数值模拟计算模型中建立岩层层面和两组节理裂隙面。边坡上部强风化砂岩岩层厚度取1.5～2.5m,节理裂隙面间距为1.5～4m。强风化粉砂质泥岩厚度取0.5～1.5m,节理裂隙面间距为0.5～2.5m。

岩土体的物理力学参数   表1

序号	区域	弹性模量(MPa)	泊松比	黏聚力(kPa)		内摩擦角(°)		重度(kN·m³)	
				自然状态	暴雨状态	自然状态	暴雨状态	自然状态	暴雨状态
1	块石土	200	0.31	25.00	20.00	35.00	28.00	23.0	23.5
2	强风化砂岩	560	0.30	25.00	20.00	35.00	28.00	24.5	25.0
3	强风化泥岩	530	0.29	24.10	23.10	30.80	19.10	24.5	25.0
4	中风化砂岩	830	0.27	79.50	74.30	43.20	35.10	24.5	25.0
5	中风化泥岩	800	0.28	89.00	85.50	38.00	23.00	24.5	25.0

图10为暴雨工况边坡无支护条件下或加固深度不够、支护强度不足情况下的剪应变增量图,表明顺层岩质挖方边坡中的强烈变形区多集中在软弱结构面处,主要分布于坡体的中上部,深度范围为5~12m,挖方边坡坡脚和坡顶也有小范围的变形。

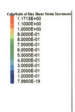

图9 边坡典型坡面的FLAC-3DEC切块计算模型　　图10 边坡暴雨工况剪应变增量图

图11和图12分别为暴雨工况边坡无支护条件下或加固深度不够、支护强度不足情况下的位移图和位移矢量图。结果表明,在无支护条件下或加固深度不够、支护强度不足情况下,数值模拟结果在弹性自然状态阶段不收敛,即在暴雨工况下,如果没有外部约束或外部约束较弱,边坡将出现持续的蠕滑变形,直到最终发生滑移破坏。

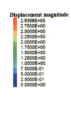

图11 边坡暴雨工况计算10万步位移图　　图12 边坡暴雨工况位移矢量图

为进一步分析该边坡在无支护或弱支护条件下的长期时效变形过程,将计算步数设置至25万步。在弹性自然状态阶段计算10万步时,得到的最大位移量出在位移图红色区域内,说明该区域为最易产生滑移变形,且位移方向为向临空面方向。

图13~图15分别为15万步、20万步和25万步的位移图,表明边坡在无支护或弱支护的情况下,边坡滑移变形体的变形过程。随着时间增加,边坡变形加剧,边坡表面产生多条张拉

裂缝和剪切裂缝,边坡后缘出现拉陷槽,进入加速蠕变阶段,最终导致破坏;同时,由于岩体完整性较差,坡体在滑动后发生解体。

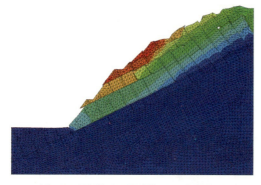
图 13　边坡暴雨工况计算 15 万步位移图

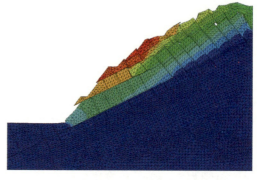
图 14　边坡暴雨工况计算 20 万步位移图

图 16 显示了暴雨工况边坡的塑性区范围和分布特征,边坡坡体的中上部和浅表层范围内的剪切和张拉塑性变形区更加集中,边坡开挖后边坡中上部和浅表层受长期的蠕变和卸荷松弛作用影响最大,也是最容易出现破坏的区域,各级边坡坡脚平台已向临空面滑移鼓出,坡脚应力集中、整体反翘,这与最终的变形破坏迹象也基本相符。

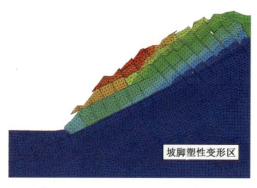
图 15　边坡暴雨工况计算 25 万步位移图

图 16　边坡暴雨工况下塑性区图

数值模拟结果揭示出,随着时间的增加,岩体工程性质逐渐劣化,岩质边坡从时效变形阶段演化到破坏发展阶段的过程。这说明在该边坡岩体经过长期劣化后,边坡中部和上部应力已完全释放,各种时效变形迹象已充分发育和展现,在外部因素触发下极易失稳破坏;同时,密集的节理裂隙面也为地表水下渗提供了良好的过水通道,在降雨的诱发下,岩体极易沿软弱面发生大规模滑移,并最终导致各级边坡坡脚平台向临空面滑移鼓出,坡脚应力集中、整体反翘,整体往高速公路临空面方向滑移、部分解体等整体性失稳。数值模拟结果证实了该边坡的失稳滑移与边坡的长期蠕变松弛、长期稳定性密切相关。

4.2　稳定性计算结果

在 2021 年 7 月 11 日该段边坡发生第三次变形并导致边坡整体失稳之后,由于原防护措施已完全失效,需重新对该边坡进行防护设计,设计前采用传递系数法计算推力。应急阶段在坡脚采用回填反压措施以减缓边坡的持续变形。本次滑坡稳定性计算采用"三段式",即对牵引段、抗滑段滑动面(带)及主滑段,根据滑带的实际情况对抗滑段及主滑段采用不同的抗剪强度参数值进行滑坡整体稳定性计算,其中抗滑段及牵引段抗剪强度参数均采用综合 φ 值。滑带抗剪参数是通过对暴雨工况稳定性反算得到的,各参数见表2,滑坡滑体剩余下滑推力计算结果见表3。

滑面参数反算及稳定性计算　　　　　表2

设计工况	反算稳定系数	计算稳定系数	所采用的主滑段抗剪强度参数	反算得到的主滑段抗剪强度参数	抗滑段抗剪强度参数
天然工况	—	1.046	$c=25.4\text{kPa}$、$\varphi=21.0°$	—	$c=0\text{kPa}$、$\varphi=22.5°$
暴雨工况	0.95	—	—	$c=23.1\text{kPa}$、$\varphi=19.1°$	

滑坡滑体剩余下滑推力计算结果　　　　　表3

设计工况	安全系数	剩余下滑力 (kN/m)	剩余下滑力角度 (°)	水平方向剩余下滑力 (kN/m)
天然工况	1.25	1103.828	26.637	986.673
暴雨工况	1.15	1150.418	26.637	1028.318

5　处治工程措施及效果

根据边坡病害情况,对达陕高速公路 K1240+480~K1240+600 段右侧边坡滑移变形灾害进行处治设计,处治措施分为应急抢险处治措施和永久处治措施两个阶段。

5.1　应急抢险处治措施

(1)立即封闭高速公路右幅道路,做好该段高速公路交通管控渠化措施。

(2)分别对边坡进行地表位移和裂缝的监测:①为监测地表位移变化情况,分三个断面共设置12个地表位移监测点进行位移监测;②共设置6个裂缝监测点,可在监测位置用砂浆抹块或采用打简易监测桩的方法定期监测裂缝的水平位移和竖向位移,以确定其是否在进一步地变形或在加速变形。地表位移监测和裂缝监测均按1次/d进行,雨天加密监测,共监测4个月。随时监测边坡坡体裂缝的发展变化情况,一旦再次发生变形明显加速迹象,应立即采取安全应急措施,撤离现场施工人员,封闭该段高速公路左右幅双向道路。

(3)回填反压:立即采用吨袋装砂对 K1240+480~K1240+600 段右侧边坡坡脚进行回填反压,回填反压体顶宽9.5m,高度为8m,占用应急车道1.5m,回填反压坡比1:0.75,紧靠边坡进行回填反压,两侧采用锥坡的形式收边,反压应从变形体中心桩号往两侧进行。

(4)清除坡脚滑坡堆积体:清除占用高速路面范围内的滑坡堆积体。

5.2　永久处治措施

采用以"抗滑桩+压力注浆锚杆+挂网喷混凝土"为主的方式,具体措施如下:

(1) 根据滑坡的稳定性计算结果,拟在 K1240+480~K1240+600 段右侧坡脚地方道路外侧设置一排圆形旋挖抗滑桩进行支挡。

A 型抗滑桩:采用圆形抗滑桩,按"K"法计算,采用机械旋挖成孔,桩径 2m,桩长 18m,锚固段为 9.5m,桩间距 4m,共 27 根(表 4)。

圆形抗滑桩结构计算结果　　　　　　　　　　　　　　　表 4

桩型	桩间距 (m)	桩长/受荷段 (m)	圆桩直径 (m)	受拉区主筋直径 (HRB400 螺纹钢筋)/ 根数(mm/根)	纵向构造钢筋 (HRB400 螺纹钢筋)/ 根数(mm/根)	箍筋直径/ 最小间距 (mm/cm/肢)
A 型	4.0	18.0/8.5	2.0	$\Phi32/41$ ($\phi^T32/20+$ $\Phi32/10$)	$\Phi32/8$	$\Phi16/30/2$

施工抗滑桩时,应从两侧逐渐拆除反压体后及时施作,抗滑桩桩后与边坡之间的空隙应立模一起浇注,使之成为整体,促使坡体变形快速收敛,也可避免桩后直接回填,回填体压实度无法保证,存在对加固坡体变形效果不佳的不利影响。

(2) 桩间外挂挡土板:抗滑桩开挖后在桩间外挂现浇挡土板(图 17),采用 C30 混凝土浇筑;挡土板下设 0.5m×0.5m 的基座,采用 C30 混凝土。

图 17　坡脚进行抗滑桩+外挂挡土板施工作业

(3) 桩后回填反压:挡土板背后回填碎石土至桩顶高程,顶部采用 C20 混凝土封闭,厚 10cm。

(4) 坡面清方:总体施工顺序按从上往下、从两侧向中间的方向进行。首先应拆除坡面损坏的框架梁,然后 K1240+516~K1240+572 段边坡按一级和二级边坡坡比 1:1、三级边坡坡比 1:1.2 进行清方;K1240+482~K1240+502 段边坡按一级和二级边坡坡比 1:0.75、三级边坡坡比 1:1 进行清方;K1240+502~K1240+516、K1240+572~K1240+586 段为清方过渡段,按一级和二级边坡坡比 1:0.75~1:1、三级边坡坡比 1:1~1:1.2 进行清方。一级平台宽均为 2.0m,二级平台宽均为 2.5m,平台采用 10cm 厚 C20 小石子混凝土进行封闭。整个清方应逐层向下开挖,每层开挖厚度不应超过 0.5m,清方至抗滑桩桩顶高程。

清方从上到下清除到抗滑桩桩顶高程后,须按拆除一桩位的反压体或清除一桩位的滑坡堆积体,再施工一抗滑桩的步骤循环进行,也可从桩位桩顶高程处滑坡堆积体顶部或反压体顶部开始往下旋挖成孔施作,并待桩身强度全部达到设计要求后方能清除坡脚滑坡堆积体或拆除吨袋反压体,严禁将坡脚反压体或滑坡堆积体大范围清除后再施工抗滑桩。

(5)压力注浆锚杆+挂网喷混凝土:采用的锚杆长度为14~20m,倾角20°,锚杆沿水平方向间距为3.0m,竖向垂直间距为3.0m,所有锚杆均采用⌀32普通HRB400螺纹钢筋。坡面采用挂钢筋网喷混凝土防护,喷浆采用C20小石子混凝土,要求平均厚度为12cm,钢筋网采用⌀8钢筋。在竖直方向的长锚杆之间加设⌀16加强钢筋。在喷混凝土层上设泄水孔,泄水孔长0.4m,伸入坡体内不小于0.2m,纵横间距均为3.0m,以梅花形布置,仰斜式采用φ110mm钻孔,上倾6°,内插φ75mm PVC管,进口包裹渗水土工布。

(6)增设仰斜式排水孔:在一级边坡设置一排仰斜式排水孔,距抗滑桩桩顶的竖向距离1.0m,仰斜式排水孔长度为12~16m,水平间距为9m,所有仰斜式排水孔上倾6°,采用φ110钻孔,内插φ100mm软式透水管(图18)。

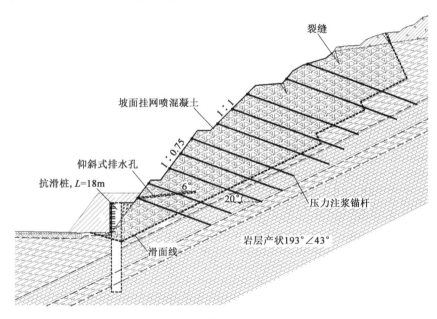

图18 处治设计典型横断面图(岩层视倾角26°)

(7)回填拉陷槽:在滑坡后缘拉陷槽中回填黏土。

(8)恢复边坡坡脚地方道路和排水沟等设施:地方道路采用C20混凝土铺筑,长150m、宽3.5m;排水沟采用C20混凝土重修,长140m,水沟宽0.35m、高0.25m;恢复波形护栏及隔离网,长度均为140m。

(9)恢复重建路面:铣刨并重铺K1240+556~K1240+586段应急车道的路面结构层,刨除K1240+480~K1240+556和K1240+586~K1240+620段应急车道及主车道、K1240+556~K1240+586段主车道的上面层,并重新铺筑。

(10)加强后期监(观)测。

5.3 施工情况及工后效果

在坡脚采取反压处治后,坡表未再次出现新裂缝,且既有裂缝未继续发展扩大,坡体变形逐渐停止,说明应急处治措施防护效果非常明显(图19、图20)。

图19　应急阶段采用吨袋在坡脚处反压

图20　边坡坡表清方施工作业(自上而下)

由于施工期正值汛期,受连续强降雨影响,大量雨水顺松散滑塌体下渗至软弱结构层,导致 K1240+510～K1240+550 段桩顶以上已变形并使位移边坡再次向高速公路方向滑动 5m 左右,发生了二次滑坡(图21)。随后进行了及时清理,并顺利完成全部设计支护措施,该工点于 2021 年 11 月完成全部施工,至今边坡未再出现变形,防护加固效果良好(图22)。

图21　K1240+510～K1240+550 段桩顶以上已变形边坡再次发生滑塌

图 22 施工完成后边坡全貌

6 工程体会及建议

(1)岩土体的时效变形是公路高边坡长期稳定性的重要影响因素,本质上是开挖坡体长期受外部各种物理化学作用和坡体内部应力场环境变化导致局部岩体抗剪能力不断下降的结果。不仅达陕高速公路存在边坡岩体的时效变形导致的变形失稳,根据对四川境内高速公路通车运营出现大规模变形时间的统计结果,多条高速公路均存在这类问题,且大规模边坡变形的时间多在建成通车后的 6~10 年(表5)。

四川境内高速公路边坡出现大规模变形的时间 表5

高速公路名称	通车时间	边坡出现大规模变形时间	至今边坡变形及处治数量(个)
成雅高速公路	2000 年	2010 年	32
成南高速公路	2002 年	2009 年	37
广邻高速公路	2000 年	2010 年	15
绵广高速公路	2002 年	2008 年	46

该斜交顺层边坡工点自2015年起至今发生了3次变形,并表现出变形规模和破坏性逐渐增大的特点,同时,数值模拟结果也证实了在经历长期蠕变、应力松弛、软化破坏等复杂作用后,坡体内部岩体力学性质劣化明显,抗剪强度衰减幅度大,整体已进入破坏发展阶段。在受到外部扰动的情况下,岩土体的时效变形会导致斜交顺层边坡发生破坏性变形失稳,严重影响公路高边坡工程的长期安全。

(2)对于公路斜交顺层基岩边坡,应特别重视对边坡的野外调查工作。控制斜交顺层岩质边坡稳定性的主要因素包括:岩层结构面与临空面的组合关系、软弱结构面的强度、地下水的赋存情况、岩体的完整性等,需查明边坡岩体各类结构面的基本特征、地下水发育情况等,对于存在软弱岩层相间或存在软弱夹层的边坡,应特别注意对岩体结构面、软弱夹层的勘察、分析和研究。分析顺层边坡可能存在的失稳变形机制,应特别重视在经历长时间运营后,斜交顺层边坡可能出现的沿视倾角方向的滑动,并结合滑体的实际滑动特征,采用极限平衡法或合理的数值分析方法进行模拟计算,最后再综合考虑工点的具体情况进行防护设计处治。

（3）对于斜交顺层边坡,处治设计时应充分研究边坡的地质结构和变形机制,以长期稳定性的角度来重新考虑看似不会滑移的斜交顺层坡体结构,加固设计时需要预留足够的安全储备,宁强勿弱、宁刚勿柔,锚固结构一定要锚固于潜在滑移面以下,防止边坡的长期时效变形导致既有支护措施失效和整体失稳。

（4）对于高边坡工程,为了防止其岩土体性质的长期劣化导致边坡突发性变形破坏,应建立一套完善的边坡长期健康监测系统,宜采用自动监测的方式进行长期监测,以边坡锚固结构拉力、地表及深部位移为主要指标,以地下水和降雨量等为次要指标进行监测。在条件适宜的情况下,可采用遥感技术手段,如InSAR技术、无人机LiDAR技术、倾斜摄影测量技术,对边坡进行经济、高效的观测。

成雅高速公路 K1920+416 滑坡处治设计案例分析

杨雪莲　邬　凯　吴事贵

(四川省公路规划勘察设计研究院有限公司,610000,成都)

摘　要:2011 年 8 月 23 日,成雅高速公路 K1920+416 处发生大型滑坡灾害,导致成雅高速公路断道约 15d,该滑坡为"软弱基座式"压致拉裂型滑坡。为加快抢险施工进度,在国内首次采用大直径旋挖钢管桩进行滑坡应急处治。通过三维有限元数值模拟优化钢管桩滑坡加固处治方案,并结合工后滑坡地表位移监测验证了滑坡应急处治工程的有效性,为滑坡应急整治提供了一种高效工程治理措施。

关键词:滑坡;抢险处治;大直径钢管桩;数值模拟;变形监测

1　工程概况

四川成雅高速公路 K1920+416 路段为挖方高边坡,最大高度约 28m。高速公路上方建有乡村公路跨线桥,桥型为单跨 50m 的钢筋混凝土肋拱桥,桥宽 7m,桥台高约 19m,桥面距主线高度为 28m。在建设期间为提高边坡稳定性,防止粉砂质泥岩风化碎落,保护桥台,在 K1920+380~K1920+439 段挖方边坡左侧坡脚设有仰斜式路堑挡墙防护,挡墙面坡为 1:0.3,挡墙高度 4~10m,墙顶宽 2.8~4m,长度 59m。该路段于 1998 年建成通车,至滑坡发生时已安全运营约 13 年。

2011 年 6—8 月四川省雅安地区持续干旱,气温明显高于往年情况,从 8 月 13 日以来开始间断性降雨,而 8 月 19—20 日出现连续性强降雨。受此天气影响,2011 年 8 月 21 日成雅高速公路 K1920+416 跨线桥出现错缝,局部边沟遭受挤压变形,左侧上边坡路堑墙出现鼓胀,矮护面墙墙顶帽石发生了垮塌,且坡顶出现裂缝,长度达 100 余米。2011 年 8 月 23 日上午七时左侧路堑突然发生快速滑移,致使桥梁垮塌,滑坡体掩埋高速公路,掩埋长度 170m,掩埋最大厚度约 7m(图 1、图 2)。由于在 8 月 21 日已对该路段实现应急交通管制措施,因此,滑坡未造成人员伤亡。

图 1　滑坡形成陡峭后壁

图 2　滑坡前缘掩埋公路

2 变形特征及失稳原因

2.1 滑坡区工程地质条件

该段公路左侧(滑动侧)坡体呈岩土二元结构,上部坡体为雅安期冰水堆积泥砾土质边坡,其坡度比约为1∶2,土体中的高岭土成分含量较高,厚度为12~16m;其下部高度为10~16m,坡度比约为2∶1,为古近纪、新近纪名山群软质粉砂质泥岩,呈近水平微倾边坡外,岩层产状为283°∠3°~5°。在2008年5.12汶川地震发生时,所在区域地震震感强烈,地震基本烈度为Ⅶ度,对边坡体结构造成一定的影响。

2.2 滑坡变形破坏特征

1)滑坡形态特征

滑坡平面形态整体呈圈椅状,滑坡总体表现为近水平—缓倾岩质边坡顺层滑动,局部存在切层。滑坡体主滑方向为346°,前缘位于左侧坡脚,后缘位于公路左侧山坡顶部,滑坡体主轴长约90m,顺高速公路方向宽约200m,平均厚度为10~16m,总体积约为32万 m³。

2)滑坡体结构特征

滑坡体厚度为10~16m,上部土体为雅安期冰水堆积泥砾质,下部土体则为古近系、新近系粉砂质泥岩,滑坡工程地质剖面如图3所示。

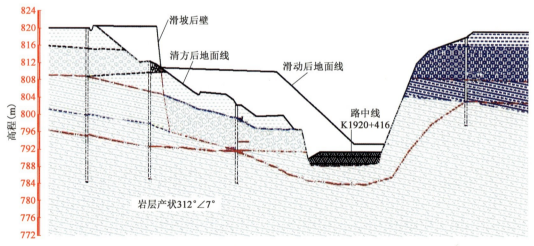

图3 滑坡工程地质剖面图

3)滑面与滑床特征

滑坡体滑面为薄层泥质软化夹层,该夹层是由古近系、新近系泥岩软化而来,倾角为3°~5°,岩层产状近水平倾向坡外,从而有利于水体向路堑边坡部位进行汇集,水体下渗后沿层面渗出堑坡,在长期作用下易导致泥岩发生软化,从而形成软化夹层。滑床前缘坡度比较缓,为3°~5°,与岩层产状基本一致。后壁高陡,坡度为50°~60°,高度为10~12m。

4)变形特征

滑坡体后壁为土质陡坎,高度为10~12m,后壁以外15m处发育着一条牵引型裂缝,裂缝宽度为 1～2mm,近平行于滑坡后缘边界,前缘剪出口的位置处于公路左侧边坡底部。滑裂槽宽度近 30m,滑坡体表面坡度为 5°～30°,滑坡后缘处于山坡顶部位置,前缘隆起且最低点为公路路面,前后高差近 30m。滑坡前缘物质堆积于公路路面上,掩埋高速公路双向车道,掩埋厚度 0～7m,掩埋长度约 170m。根据调查访问,该边坡发生变形起始于 2006 年,最初仅呈现出坡脚挡墙处渗水,局部出现外鼓、砌缝开裂、砌石被剪断等现象,后期采取增设仰斜泄水孔排水、框架锚杆加固后边坡趋于稳定。2011 年该段挡墙再次出现了变形情况,并最终导致基岩滑坡的发生。

2.3 变形原因分析

从滑坡变形迹象分析,该边坡变形模式主要为岩体"软弱基座式"压致拉裂型变形破坏模式,此类型边坡变形破坏过程主要经历三个阶段:卸荷回弹阶段、压致拉裂面自下而上扩展阶段和滑移面贯通阶段。

调查发现该段边坡从第一阶段过渡到第二阶段,持续了将近 10 年时间,而从第二阶段演化到第三阶段滑坡的快速滑动,其时间仅用 2d,这说明滑坡的发生不仅与边坡特殊的岩土结构有关,也和汶川地震扰动坡体以及当地的气候等条件相关。滑坡发生的主要原因从以下几个方面进行分析。

1) 岩土结构因素

该滑坡体上部土体为雅安期冰水堆积泥砾质,土体成分中含有大量高岭土,俗称"白鳝泥",为过湿土,含水率较高,当有排水不畅情况发生时,土体达到饱和后会呈流塑状;下部岩体则为古近系、新近系粉砂质泥岩,其强度较低,具有脱水后开裂、饱水后崩解的特性。加上雅安地区降雨量充沛,所以滑坡体上部土体长期处于饱和状态,其中水体受重力作用不断下渗,再加上岩层倾向坡外,利于水体向边坡汇集排泄,受水的影响,泥岩被逐渐软化,并在应力集中区域发生破坏,致使挡墙发生开裂。特殊的岩土结构,不仅加快了变形第一阶段的发展,而且也促使岩体内逐渐形成软弱夹层并加速滑面形成。

2) 地震因素

2008 年 5.12 汶川地震,地震波所造成的动力效应(包括岩-土界面效应、临空面效应等)致使坡体内产生新的细微裂缝,不仅为降雨及地表水下渗提供了条件,也为持续软化下部基岩提供了便利条件,同时也加快了变形第二阶段的发生。

3) 气候因素

滑坡区位于成都平原西南边缘与龙门山的交界处,属于构造侵蚀单斜低山与侵蚀堆积三级台地(名邛高地)的过渡地带。属亚热带湿润气候区,多年平均降雨量 952.5～1805.4mm,因此,雅安有雨城之说,其年最大降雨量高达 2367.2mm。每年 4—10 月降雨量可占到全年降雨量的 80%,尤其 7—9 月这 3 个月,降雨量最为集中。2011 年 8 月中旬之前因川西地区连续性干旱天气,造成边坡上部玉米地严重干旱,上部土体缺水后产生了深宽裂缝。加上 2011 年 8 月 18—21 日连续 4 天暴雨,大量雨水顺沿裂缝流入土体中下部岩石裂缝中,降低了岩体的抗剪强度。岩体中的水体沿着岩层面向堑坡处汇集并渗出,这就导致已软化的岩层面抗剪强度急剧降低,加上由于下渗并汇聚于土-岩裂隙中的地下水因排泄不畅,造成超高裂隙水压力,从而导致边坡变形快速发展,最终致使滑坡的发生。

3 设计及施工情况

成雅高速公路是川西进出成都的重要道路,通过对该滑坡成因机制分析,并结合抢险阶段工期要求和施工可行性等进行综合性分析,决定对滑坡抢险处治采取清方减载、大直径旋挖钢管桩支挡、坡面防护及截排水等综合措施进行应急处置。具体措施如下:

(1)清方减载。按照从上到下进行清方,结合滑坡滑动后坡面形态,将边坡划分为四级进行削坡,每级边坡高度为 8～10m(图4)。

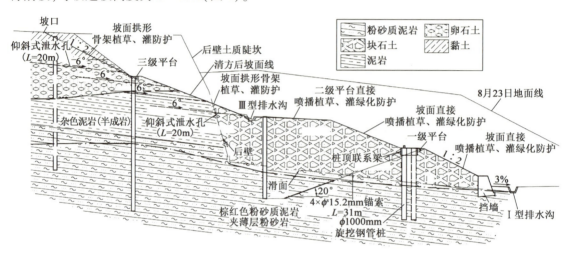

图4 滑坡处治设计典型横断面图

(2)大直径旋挖钢管桩支挡。考虑到大直径旋挖钢管桩具有施工速度快,抗滑能力强,对坡体扰动小的特点,决定在滑坡前缘第一级平台处设置大直径旋挖钢管桩,桩径1m,共两排,梅花形布置(图5)。

图5 滑坡大直径旋挖钢管桩施工

(3)坡面防护。清方后边坡将采用骨架植草、植灌木进行防护。
(4)截排水系统。清方边界外及各级平台内侧将设置截水沟进行排水。

4 分析计算与稳定性评价

由于大直径旋挖钢管桩设置在清方后的滑坡一级平台处,为了校核钢管桩所承受的剩余下滑力,选取了 K1920+496 作为代表性断面对清方后滑坡进行推力计算。

根据该滑坡体滑动特征,计算过程主要按照天然工况、暴雨工况及地震工况三种工况进行。根据查阅资料,该地区地震基本烈度值为Ⅶ度,地震动峰值加速度为 $0.1g$,地震综合作用系数为 0.25。

根据现场勘察资料,取滑坡体的综合天然重度为 $2.1 \times 10^4 \text{N/m}^3$,饱和重度为 $2.2 \times 10^4 \text{N/m}^3$,粉砂质泥岩天然重度为 $2.4 \times 10^4 \text{N/m}^3$,饱和重度为 $2.45 \times 10^4 \text{N/m}^3$。

选取主滑断面 K1920+496 作为代表性横断面,并根据滑坡体的稳定性,通过参数的反演,综合确定滑带的抗剪强度,详见表 1。

滑带土参数反算　　　　　　　表1

断面	设计工况	稳定系数	滑带土抗剪强度参数
K1920+496 横断面	暴雨工况	0.95	$c = 5.33 \text{kPa}, \varphi = 4°$
	天然工况	1.02	$c = 6.90 \text{kPa}, \varphi = 4.1°$

根据《公路路基设计规范》(JTG D30—2015),对于高速公路,天然工况、暴雨工况及地震工况对应的滑坡推力安全系数分别取为 1.20、1.15、1.05,由此计算出设支挡处剩余下滑力,计算结果详见表 2。

清方后设支挡位置滑坡推力　　　　　　　表2

设计工况	稳定系数	下滑力角度(°)	支挡位置处剩余下滑力(kN/m)
天然工况	1.20	6.43	347.40
暴雨工况	1.15	6.43	459.03
地震工况	1.05	6.43	403.98

由于本工程案例是国内首次采用大直径旋挖钢管桩进行滑坡抢险处治,对大直径旋挖钢管桩作用机制、变形特点缺乏研究,为此,本项目采用有限元方法对其桩顶不同约束条件下结构性能进行优化设计。

4.1 加固方案与计算参数

主要考虑了三种加固方案进行优化比选:
(1)方案一,钢管桩端部自由;
(2)方案二,钢管桩端部采用钢筋混凝土梁;
(3)方案三,钢管桩端部混凝土梁约束,同时增设预应力锚索。

材料计算参数:钢管采用 Q345 号钢,密度为 $7.8 \times 10^3 \text{kg/m}^3$,泊松比为 0.3,弹性模量为 206GPa,屈服极限为 0.345GPa。钢管内部混凝土为 C60 混凝土,并采用混凝土损伤塑性模型,其泊松比为 0.3,弹性模量为 36GPa,密度为 2.5g/cm^3。其他基岩和混凝土采用 C30 混凝土材料参数,同样也采用损伤塑性模型,其泊松比为0.167,弹性模量为26.5GPa,密度为2.4g/cm³。土体采用弹性模型,并把土体看成弹性材料,其泊松比为0.3,弹性模量为39MPa,密度为2g/cm³。

4.2 有限元模型构建

用Abaqus有限元软件建立大直径钢管桩有限元模型,模型中桩长为15m,锚固深度为7.5m。图6所示为计算采取的整体实体模型。

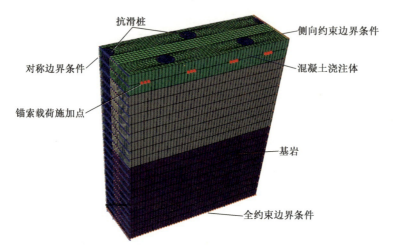

图6 大直径旋挖钢管桩有限元实体结构模型

钢管采用S4R壳单元进行离散,用来给壳面赋予钢管的厚度值。基岩、土体和混凝土采用C3D8R 8节点六面体实体单元离散。土体和桩之间的相互作用采用接触算法来处理,土体和桩之间的摩擦系数设定为0.2,并采用罚函数接触算法。

4.3 边界条件及载荷条件

计算过程采取的位移约束条件为:块体的右侧采用侧向约束边界条件,模拟无限延伸边坡情况,块体左侧采用对称边界条件,基岩基底采用全约束边界条件。土层和桩之间施加接触边界条件,采用罚函数接触算法计算土层和桩之间的相互作用,并设计推力随桩深度呈均匀分布形态(矩形分布),每根锚索的拉力为350kN,倾斜角度为10°。

4.4 数值计算结果分析

三种加固方案下桩身最大剪力、弯矩和位移及基岩最大主应力计算结果见表3。通过方案一和理论解对比可以看出,最大剪力和弯矩计算结果比较接近,分别相差5.3%和6.9%,从而证实了采用数值计算过程和结果是可行的。

通过比较三种加固方案下桩顶部最大位移可以看出,方案三最能有效降低钢管桩顶部位移。从桩身最大剪力计算结果看:方案一与方案二并没有显著差别,说明了方案二对减少桩身剪力并没有明显作用,但方案三则大幅度降低了桩身最大剪力,高达50%。从桩身最大弯矩计算结果看:方案二对降低桩身最大弯矩是有显著作用的,可以降低桩身最大弯矩近40%;方案三的效果则更为显著,可以大幅度降低桩身最大弯矩近80%。另外,通过比较三种加固方案条件下锚固段基岩最大主应力,从计算结果中可以看出,与方案一相比,方案二能降低最大压应力30%,方案三能降低基岩压应力达70%。

不同计算工况计算结果比较 表3

方案	最大剪力(kN)	最大弯矩(kN·m)	最大位移(cm)	基岩最大主应力(MPa)
方案一	696.1	2525	2.09	6.18
方案二	704.0	1579	0.93	4.51
方案三	338.2	467.8	0.185	1.90

图7~图9为三种加固方案下钢管桩桩身剪力、弯矩及位移图。从图7中可以看出,方案一计算结果与理论解比较接近。而方案三条件下钢管桩承受的剪力则明显降低。从图8中可以看出,方案二对减少桩身剪力并没有作用,方案三大幅度降低桩身最大剪力达50%。从图9中可以看出,方案二可以降低桩身最大弯矩近40%;方案三可以大幅度降低桩身最大弯矩达80%,从而能使钢管桩桩身变形明显变小。通过数值计算结果综合对比分析,方案三受力效果最好,因此,该滑坡最终采取了增加桩顶锚索的加固措施。

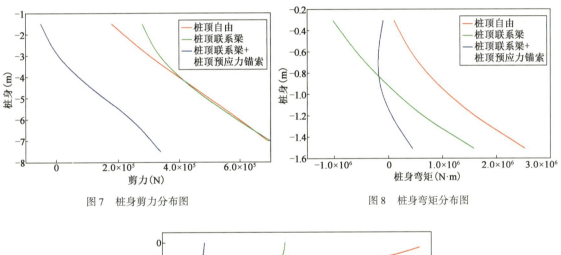

图7 桩身剪力分布图　　　　图8 桩身弯矩分布图

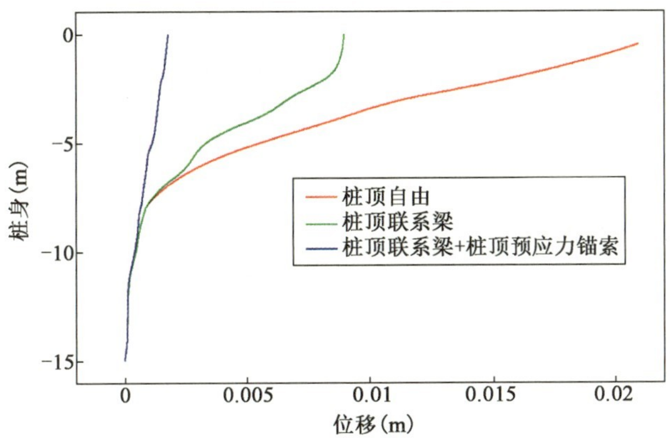

图9 钢管桩桩身位移分布图

5 处治工程工后效果

为验证滑坡首次采用大直径旋挖钢管桩处治的效果,对滑坡地表位移进行了远程实时监测。以地表位移和降雨量作为监测变量,基于 GPRS 网络,建立了以容栅式雨量计和触发式位移计为主要监测单元、多通道采集器为数据采集单元、短距离传讯器为多测点组网的短距离无线传输单元、GPRS 模块为远程数据传输单元、太阳能系统为供电单元的滑坡远程监测硬件系统。在该滑坡上共安装了 6 台地表位移计、1 台雨量计、1 套数据采集传输系统和供电系统。滑坡远程监测系统平面布置图如图 10 所示,现场仪器安装如图 11 所示。

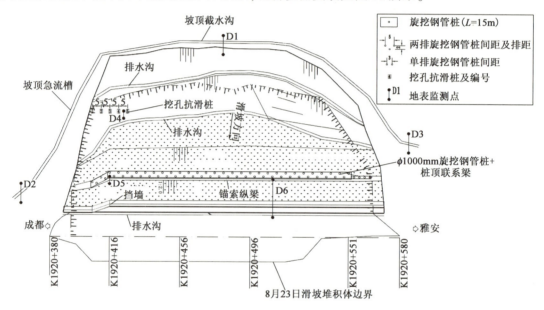

图 10 远程监测系统平面布置图(尺寸单位:m)

图 11 滑坡远程监测系统

根据监测信息的综合分析和现场调查情况,在整个监测周期中,如图 12 所示,仅 6 号位移计最大位移 12mm,其余监测点位移均小于 10mm,各监测点位移在监测周期内变化总体不大。

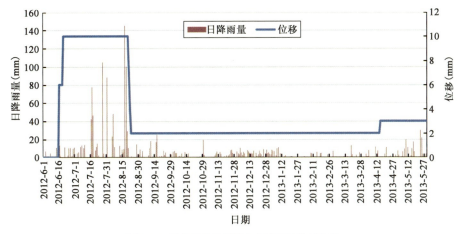

图 12　6 号位移计监测值与日降雨量关系曲线

综合监测数据分析判断,在监测周期内处治后的滑坡在完善的排水系统和支挡结构作用下已经受住强降雨、地震等不利工况的检验,工程处治效果已经显现,坡体整体处于稳定状态(图 13)。

图 13　滑坡处治效果

6　工程体会及建议

(1)成雅高速公路 K1920+416 滑坡变形破坏模式主要为岩体"软弱基座式"压致拉裂型变形破坏模式,该段边坡从卸荷回弹阶段发展到压致拉裂面自下而上扩展阶段,持续了将近 10 年时间,而从扩展阶段演变到滑移面贯通阶段,其时间仅 2d。

(2)采用大直径旋挖钢管桩可极大提高滑坡抢险施工进度,通过数值计算分析,对大直径钢管桩采用桩顶联系梁+预应力锚索的约束方案受力效果最好。

(3)通过地表位移远程监测数据分析,处治后的滑坡在完善的排水系统和支挡结构作用下已经受住强降雨、地震等不利工况的检验,工程处治效果已经显现,坡体整体处于稳定状态。

广南高速公路宋家坡滑坡形成机制及处治设计

何光尧 李 兵 赵如雄 刘少贵 周海波

(四川省公路规划勘察设计研究院有限公司,610000,成都)

摘 要:平推式滑坡是一种典型的近水平顺层岩质滑坡破坏模式,在四川红层地区广泛分布,具有强隐蔽性等特点,在勘察设计阶段极易漏识。本文以广南高速公路宋家坡滑坡为例,基于滑坡工程地质条件及变形破坏特征分析,研究了滑坡变形破坏机理及发展趋势,并结合稳定性分析提出合理的处治设计方案。研究表明,该滑坡周界受近水平层面(软弱泥化夹层)和节理面共同控制,具有多级次牵引滑动的特点,滑面呈典型阶梯状,为复合平推式滑坡;路堑开挖引起的强烈卸荷作用导致陡倾节理张开,为降雨入渗致后缘裂隙充水提供了条件,泥化夹层为控制边坡稳定性的关键界面;缓倾顺层挖方边坡的高度大且存在软弱结构面时,宜采用预加固措施,采取动态设计、信息化施工,严格开挖一级支护一级,同步实施截排水工程,减小边坡开挖卸荷及水的影响。

关键词:红层软岩;平推式滑坡;软弱夹层;形成机理;处治设计

1 工程概况

宋家坡滑坡位于广南高速公路 K19+480~K19+580 段右侧,高速公路以路堑形式通过该段,当路基开挖至约 405m(路基设计高程约为 400m)时,于路堑右侧形成了约 25m 高的边坡。原设计为三级边坡,坡率为 1∶0.75~1∶1.00,最大边坡高度约 28m,边坡平台宽 2~4m。第一和第二级边坡采用护面墙防护,第三级坡面采用土工格栅植草防护,边坡平台设置排水沟,边坡顶坡口线外设截水沟。

2002 年 9 月 24 日至 10 月 1 日,该侧路堑边坡开挖后,由前向后发生了三次规模不等的滑坡,滑坡主滑方向与高速公路交角呈 75°左右。滑坡面积约 5600m²,总方量约 6.5 万 m³,整个滑坡体由粉砂质泥岩、泥质粉砂岩及细砂岩组成,为中型岩质滑坡,如图 1 所示。

图 1 宋家坡滑坡全貌

2 工程地质条件

该滑坡位于热带湿润区，多年平均降水量为 980~1150mm，雨季主要集中在 5—9 月。滑坡区为构造剥蚀低丘地貌区，路基挖方横穿一马鞍形丘梁的鞍部，丘脊线走向近东西向，东西两端地形比鞍部高约 20m，丘脊单薄，两侧自然边坡 15°~25°，相对高差 50m。滑坡区植被稀少，多为旱地或荒坡。整个丘梁多数地段出露侏罗系中统沙溪庙组（J_{2s}）泥质粉砂岩、粉砂质泥岩及细砂岩互层，丘脊两侧的低洼地段有少量第四系全新统坡残积（Q_4^{dl+el}）低液限黏土覆盖（图 2）。场区属宽缓褶皱构造区，无断裂通过，地质构造条件简单。岩层产状近水平，岩层优势产状为 263°∠5°。岩层中发育有两组节理，优势产状为 L1：152°~177°∠73°~79°，L2：265°∠75°。节理一般闭合—微张，节理面附方解石细脉或泥膜，个别宽张节理间为软塑状黏土充填，节理面粗糙不平，延伸一般不大于 2m，发育间距 0.6~2m。岩体在节理及层面的共同切割下，岩体成大块状，边坡结构面赤平投影如图 3 所示。

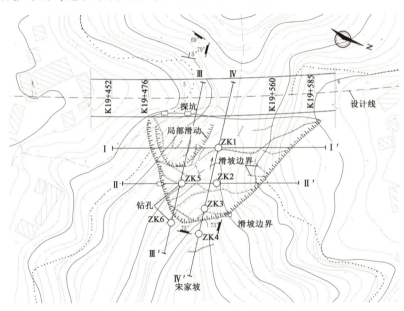

图 2 滑坡区工程地质平面图

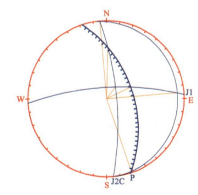

编号	结构面名称	倾向（°）	倾角（°）
P	仰坡	252	52
J1	J1	177	73
J2	J2	265	75
C	层面	263	5

组合交棱线	倾向（°）	倾角（°）
P-J1	244	52
P-J2	182	23
P-C	341	1
J1-J2	217	68
J1-C	265	5
J2-C	175	0

图 3 边坡结构面赤平投影

区内地下水主要有松散层上层滞水,基岩裂隙水。前者赋存于第四系松散土层中,接受大气降水、地表水的补给,厚度小、透水性差、水量少。后者主要赋存于基岩裂隙中,接受大气降水、地表水或上层滞水的侧向补给,一般于岩质斜坡坡面、沿裂隙或岩层面呈浸润状流出。因滑坡处丘脊单薄,汇水面积小,地表水下渗量少,地下水的补给有限,加之岩石中裂隙不甚发育,地下水的径流短、排泄快,水量较小,地下水较为贫乏。

新构造运动属间歇性面状抬升性质,根据《中国地震动峰值加速度区划图》和《中国地震动反应谱特征周期区划图》查得,测区地震动峰值加速度小于 0.05g,地震动反应谱特征周期为 0.4s,地震基本烈度小于Ⅵ度。

3 灾害性质与机理

3.1 变形破坏特征

该滑坡纵向长 75m,横向宽 30~110m,平面上呈扇形。滑坡后缘高程 445m,前缘剪出口高程 407m,前后缘高差为 38m,滑坡两侧及后壁以裂缝为界。滑坡主轴方向 263°。滑坡体大致呈三级平台,第一和第二级平台宽 3~8m,平台后的边坡坡度为 55°,第三级平台清方后,形成了长约 35m、坡度为 5°~8°的缓坡。滑坡体沿丘脊切割岩层,滑体内裂缝发育,周界主裂缝宽张,张开宽度在 0.5~1.8m,在滑坡后缘张开宽度约 1.5m,深达 10m 以上(图4、图5)。第二级平台后缘及第三级平台后缘中部的拉裂缝横向贯通整个滑坡,张开宽度 0.1~1.2m,深达 15m 以上,节理面粗糙,裂缝一般直立。其中,滑坡最后缘处裂缝长约 8m,宽 0.5~3.0cm。在滑坡左侧前缘处,滑体岩石解体严重,呈碎石或碎块状堆积于坡体,如图6和图7所示。滑坡体内小型裂缝十分发育,张开宽度一般为 2~30cm。

图4 滑坡周界宽张拉裂

图5 前缘剪出口鼓胀变形

图6 滑坡左前缘解体(正面)

图7 滑坡左前缘解体(俯视)

据补勘钻孔揭露,整个滑坡体由粉砂质泥岩、泥质粉砂岩及细砂岩组成。滑体厚度最大的部位为滑坡中部,最厚可达15.4m,平均厚度11.5m,滑坡面积约5600m²,总方量约65000m³,为中型岩质滑坡。该滑坡范围受岩体层面及节理面共同控制,滑面为岩体层间近水平软弱泥化夹层带,滑面形态由前至后呈阶梯状,滑坡后缘及侧壁边界受J1、J2陡倾节理控制,滑坡工程地质剖面如图8所示。

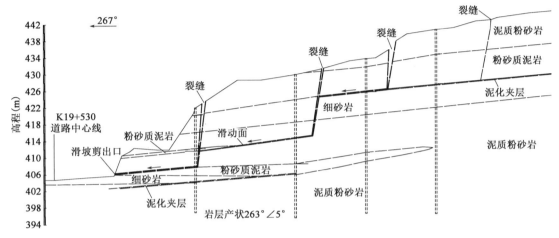

图8 滑坡工程地质剖面图

3.2 滑坡变形机理与发展趋势

滑坡区自然岩体边坡整体稳定性较好,由于高速公路施工开挖,形成高达约25m的顺向堑坡,致使坡面临空。组成边坡的岩体岩性软弱,坡体内存在多层泥化(软弱)夹层,泥化夹层即为潜在的滑移面。随着路堑开挖高度增加,侧向卸荷强烈,斜坡应力状态改变并重分布,使陡倾节理张开,加之大气降雨下渗,导致后缘张拉裂隙充水,坡体内的泥化夹层饱水软化,力学参数快速降低。在岩体自重、泥化夹层力学性质劣化及动、静水压力(后缘裂隙充水形成静水压力、沿底滑面产生扬压力)的联合作用下,充水裂隙前缘临坡岩体与后侧岩体脱离并产生滑动。当前一级滑坡产生后,又为后壁岩体提供新的临空条件,继而往后产生新的裂缝及次级滑动面,依次逐渐滑动形成现在的阶梯式滑面形态。

该滑坡为一平推式滑坡,具有多级次牵引滑动的特点。其滑动模式为前一级滑动后,后壁岩体又形成临空面,产生新的裂缝及滑动面,依次逐级滑动。在勘察期间,滑坡体后缘外15m处又产生长约8m、宽0.5~3.0cm的新裂缝,说明滑坡仍在向后发展。因此,在施工扰动及地表水、地下水等因素影响下,不仅原来的滑体有进一步滑动的可能,而且整个滑坡范围及深度也极有可能进一步发展。

4 分析计算与稳定性评价

滑带土为泥化夹层低液限黏土,呈褐黄色,软塑—流塑状,薄层状产出,厚度一般为0.2~15cm。在滑面(带)处,该土层擦痕及镜面特征明显,揉搓严重。根据滑带土的土工试验,该滑坡的滑面参数为:滑带低液限黏土的天然含水率为31.3%,天然密度为1.898g/cm³,孔隙比为

0.96,塑性指数为 20.32,液性指数为 0.19～1.03,天然快剪 c 值为 11.4kPa,φ 值为 8.86°,重塑土快剪 c 值为 11.17kPa,φ 值为 7.88°。结合土工试验及滑面参数反演(取暴雨工况下 $K=0.95$),综合选取 $c=11.2$kPa、$\varphi=7°$ 作为滑带土的计算参数,滑体的重度为 2.44～2.49g/cm³。

经现场调绘及稳定性验算得知,该滑坡稳定性较差,滑坡稳定性不满足相关规范要求,需采取工程措施进行处治。滑坡推力计算依据《公路路基设计规范》(JTG D30—2015)采用平面滑动面解析法计算,暴雨工况下,后缘裂隙充水高度取裂隙深度的 1/3,滑面扬压力作用范围取滑面全长,当滑坡安全系数取 1.05～1.25 时,其剩余下滑力可达 228.9～766.9kN/m。

5 处治工程措施及效果

根据滑坡稳定性计算分析和工程地质类比法,结合滑坡地形条件及变形特征等,设计采用清方减载 + 抗滑桩(挡墙) + 坡面防护 + 截排水等措施进行滑坡处治,如图 9 和图 10 所示。

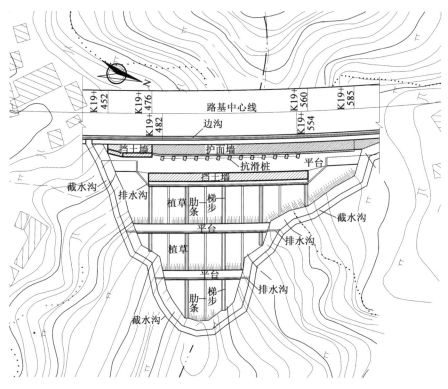

图 9 处治设计平面

(1)在 K19 + 452～K19 + 476 段坡脚设置挡土墙,在 K19 + 476～K19 + 585 段第一级边坡坡面设置护面墙。第一级边坡平台处设置埋置式抗滑桩,桩截面尺寸为 1.8m × 2.7m、1.5m × 2.2m,桩间距 4m,抗滑桩轴线与滑坡主轴方向一致。

(2)对滑坡剪出口以上部分采取的综合处治措施如下:

①第二级边坡坡脚设置 9.0m 高的抗滑挡墙。

②第二级以上路堑边坡均按 10m 进行分级,以 1∶2.0～1∶2.5 的坡率放坡,达到清方减载的目的。

③第一级边坡平台宽度为9.75m,以上边坡平台宽度不小于5m,横坡3%~5%。

④为拦截地表水和坡面水,于挖方坡口外适当位置贯通设置环形截水沟,于每级边坡平台上设置纵向截水沟。

⑤为减少坡面水对边坡的冲刷,于抗滑挡墙以上的每级边坡上铺挂土工格栅后进行植草生态防护;按纵向每隔10m增设M7.5浆砌片石肋条(肋条宽1.0m、深1.0~1.5m),以便使大面积的坡面轻型防护变为大框架内防护。

⑥为便于后期养护,按纵向每隔20m置人行梯步。

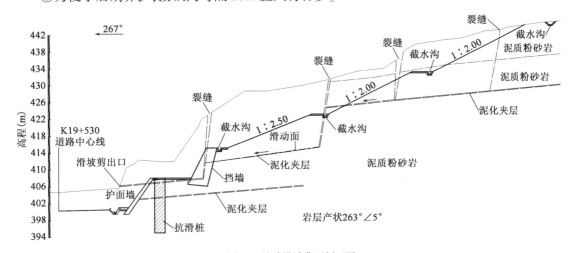

图10 处治设计典型剖面图

该滑坡处治新增工程费用约300万元,于2003年施工完成,至今约20年边坡处于稳定状态,未发生明显变形破坏,表明处治措施有效,总体处治效果较好。

6 工程体会及建议

(1)四川地区广泛分布侏罗系、白垩系地层,其岩性主要为砂泥岩互层,岩性较软弱。砂岩透水性较好,而泥岩透水性差,砂泥岩交界层面多成为地下水渗流活跃带,使得岩体性质不断劣化,导致坡体内发育多层泥化(软弱)夹层。另外,由于泥岩内部可能夹薄层石膏等极软弱层,泥岩内部也能发育泥化夹层。泥化夹层即成为控制边坡稳定性的潜在滑面。一方面,泥化夹层分布具有隐蔽性,勘察布孔时易漏判;另一方面泥化夹层性质差,厚度薄,岩心取样的完整性取决于钻孔工艺及质量,勘察钻心取样时易漏识。二者共同导致了泥化夹层在前期勘察设计阶段不易查明。建议采用动态设计、信息化施工,及时根据现场实际地质情况综合研判后优化设计。

(2)平推式滑坡常发育于砂泥岩互层的缓倾顺层坡体结构中,其岩体中含泥化软弱夹层,岩体竖向节理较为发育而坡体完整性相对较好,坡体具有较好临空条件,暴雨导致后缘张拉裂隙充水在短时间内形成了较大的静水压力,同时裂隙水在滑面上渗流形成扬压力,滑面岩土体力学性质劣化,最终导致滑坡整体失稳。本案例平推式滑坡具有多级牵引滑动的特点,其滑动模式为:在施工扰动联合降雨的诱发作用下,最前缘一级岩体沿下伏泥化夹层产生滑动,从而为后壁岩体提供新的临空条件,卸荷作用产生新的裂缝及滑动面,并依次逐级向后发展,最终产生多级滑动,并形成了独特的阶梯状滑面形态。

(3)平推式滑坡岩层倾角近水平(本案例中宋家坡滑坡岩层倾角仅为5°),甚至个别平推式滑坡工点岩层产状为反倾。由于该类滑坡的特殊性,工程活动是否会导致平推式滑坡的预判难度增大,前期勘察设计阶段对该类边坡预加固的必要性及加固措施需要进一步研究。同时,传统意义上平推式滑坡的启动与后缘裂隙的静水压力及滑面扬压力有关,这就需要滑坡后缘有较大的汇水面积。而本案例中宋家坡滑坡处丘脊单薄,汇水面积小,自然状态下地下水的补给有限,自然边坡整体稳定性较好。本滑坡形成的前置条件是路堑开挖临空导致强烈卸荷,斜坡应力状态改变并重分布,使陡倾节理张开,为降雨下渗致后缘节理充水提供了条件。建议路堑边坡施工中严格按设计要求执行,开挖一级支护一级,同步实施截排水措施,减少边坡开挖的卸荷作用及水的软化效应。

(4)缓倾顺层挖方边坡的高度大且存在软弱结构面时,若先大面积开挖再防护往往易导致滑坡。一旦发生滑移后层面强度会大幅降低,滑坡推力成倍增加,使处治费用和治理难度大幅提高,因此,宜采用以抗滑桩为主的预加固+部分开挖的综合防护方式。平推式滑坡处治中应突出"排水优先"的设计理念,可采用截排水+清方减载+抗滑桩(挡墙)等综合处治方案。

参 考 文 献

[1] 范宣梅.平推式滑坡成因机制与防治对策研究[D].成都:成都理工大学,2007.
[2] 范宣梅,许强,张倬元,等.平推式滑坡成因机制研究[J].岩石力学与工程学报,2008(S2):3753-3759.
[3] 王治华,杜明亮,郭兆成,等.缓倾滑坡地质力学模型研究——以冯店滑坡为例[J].地质力学学报,2012(2):97-109,186.
[4] 赵权利,孙红月,王智磊,等.承压水对平推式滑坡的作用分析[J].岩石力学与工程学报,2012(4):762-769.
[5] 赵勇,许模,赵红梅.平推式滑坡后缘启动水头探讨[J].人民长江,2011(17):32-36.
[6] 中华人民共和国交通运输部.公路路基设计规范:JTG D30—2015[S].北京:人民交通出版社股份有限公司,2015.
[7] 李勇,李海亮,马洪生.某高速公路典型缓倾顺层滑坡分析与治理研究[J].路基工程,2020(5):195-201.

第3章 堆积体边坡

G215 线满洛路 K8+330～K8+720 段堆积体滑坡发育特征及防治措施研究

朱崇林　汪晓锋　张秋霞　文丽娜　林世伟

(四川省公路规划勘察设计研究院有限公司,610000,成都)

摘　要:本文选取 G215 线满洛路 K8+330～K8+720 段深层巨型牵引式堆积体滑坡作为研究对象,综合现场调查及地质钻孔等基础资料,对滑坡的形态规模、破坏特征及灾变机理等进行研究分析。通过建立主滑面地质剖面模型,将滑坡以公路为界,划分为上、下段两个区域,并开展稳定性评价。稳定性计算结果表明:路线左侧上边坡、右侧下边坡的现状分别为欠稳定、基本稳定状态,在降雨等外部因素影响下分别为不稳定、欠稳定状态。考虑现场情况,结合稳定性分析及评价结果,对该路段采取分区域分段落处治设计,即 K8+400～K8+500 段上边坡采用锚杆框架梁+矮墙方式固坡,K8+390～K8+720 段下边坡采用方桩抗滑支挡。经现场反馈,设计方案成功地治理了该滑坡,为处治高山峡谷地貌区堆积体滑坡提供了有效借鉴。

关键词:堆积体滑坡;变形破坏特征;形成机理;稳定性评价;工程措施

1　工程概况

1.1　地理位置与区域地质背景

滑坡区地处四川省甘孜藏族自治州石渠县奔达乡境内,位于金沙江左岸一凹面斜坡的中下部,G215 线满洛路从该滑坡中后部通过。区内受青藏高原持续隆升、新构造运动及河流侵蚀切割作用的影响,金沙江流域深切成谷,形成高山峡谷地貌区,总体地势北东高、南西低,海拔 3400～4100m。滑坡区地表广泛分布第四系人工填土层及崩坡积层,为工程弃土及碎石土层,厚度 5～40m,区域附近有三叠系曲嘎寺组地层出露,岩性以板岩为主。滑坡前缘(金沙江边)有甘孜—玉树断裂发育,该断裂为左旋走滑断裂,总体走向约 295°,根据《中国地震动参数区划图》(GB 18306—2015),场地地震动峰值加速度为 0.15g,地震动反应谱特征周期为 0.45s,对应地震基本烈度为Ⅶ度。

1.2　滑坡体形态与规模

滑坡发育于斜坡中下部,后部坡度较大,为 40°～50°,中前部坡度较缓,为 10°～30°,整体呈"圈椅状"地形。在滑坡北西侧发育一条较大冲沟,沟长约 1km,为滑坡右侧边界;滑坡体内发育数条"扇形"小冲沟,对坡面形成一定的冲刷破坏;滑坡南侧仍以一条东西向的冲沟为界,形成 3～4 条东西走向的阶梯状下挫平台地形;滑坡南西侧(即前缘)毗邻金沙江,受江水常年冲刷、垮塌形成陡峭岸坡地形,坡度50°~70°。滑坡区地貌如图1所示。

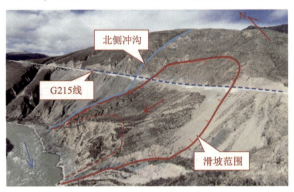

图1 滑坡区地貌图

滑坡平面形态整体呈"圈椅形"(图2),后缘高程约3670m,前缘高程约3410m,高差260m。主滑方向约232°,沿主滑方向纵向长约390m,横向平均宽约320m,平均厚约20m,总方量约240万m^3,属于深层巨型牵引式土质滑坡。

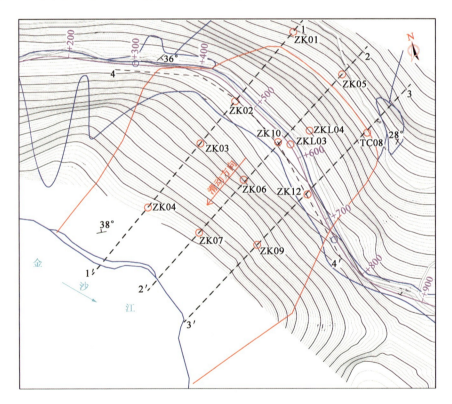

图2 滑坡平面图

1.3 滑坡边界

滑坡位于一凹面斜坡中下部,边界较明显,在北侧以一条深切"V"形冲沟为界,冲沟长约1km,深5~15m,路面上的横向贯通裂缝延伸到冲沟边消失(图3);南侧以一条东西向的冲沟及山脊内侧为界,冲沟与 G215 线间形成斜向的贯通裂缝(图4);后缘地形较陡,见零星浅表溜滑及阶梯状下错(图5),且下错为多年前发生;前缘位于金沙江岸边,剪出口北西高、南东低(图6)。滑坡体内呈"扇形",发育数条小冲沟,沟长一般在 100~300m,沟深 0.5~1.0m,坡面有一定的冲刷破坏现象。

图3　滑坡北侧冲沟及裂缝

图4　滑坡南侧冲沟及斜向贯穿裂缝

图5　滑坡后缘阶梯状下错　　　　　　　　图6　滑坡前缘剪出口

1.4 滑坡体物质组成及结构特征

1)滑体特征

据地质调查及钻探揭露,该滑坡滑体物质主要由崩坡积碎石、块石组成(图7),公路沿线有少量人工填土层分布,钻孔揭露滑体总厚度 3~38m,后缘薄、前缘厚,平均厚约20m。

图7 滑体物质组成

碎石为黄灰色,局部为深灰色,石质成分以板岩、千枚岩为主,呈棱角—次棱角状,分选性较差。一般粒径组成中,200~20mm 约占50%~60%,20~2mm 约占20%,其余为粉黏粒充填。稍密状,稍湿—干燥,透水性较好。

2)滑带(面)特征

钻孔均未揭露明显滑带(面),在ZK06、ZK10钻孔岩土界面附近,见有一层含碎石粉质黏土(图8),呈深灰、黄灰色,以粉黏粒为主,硬塑状,含碎石、角砾15%~25%,石质以板岩、千枚岩为主,呈次棱角状。该层土质较紧实,细粒土含量明显高于上部土层,但未见擦痕及镜面,推测为潜在滑带,厚0.7~1m,在前缘钻孔ZK07未见此层。

此外,在滑坡前缘(金沙江边)见到滑体与基岩间有一层较明显滑带土,厚1.5~2m,为深灰色夹灰白色含碎石粉质黏土,调查时为硬塑状,干强度较高,含碎石10%~30%,呈次圆状。前缘略见反翘,滑带雨季有水渗出痕迹,呈软—流塑状(图9、图10)。

据钻探及调绘资料,路线左侧(上边坡)滑体及岩土界面附近未见软弱层,均为碎石土。

3)滑床特征

根据钻探揭露资料,滑床以中生界三叠系上统曲嘎寺组板岩、千枚岩为主,为切向坡,岩质较软,其中含炭千枚岩遇水易软化,均为相对隔水层。根据剖面分析,滑床整体特征为后缘陡(约46°)、前缘缓(约18°),金沙江边又有所变陡(约30°)。

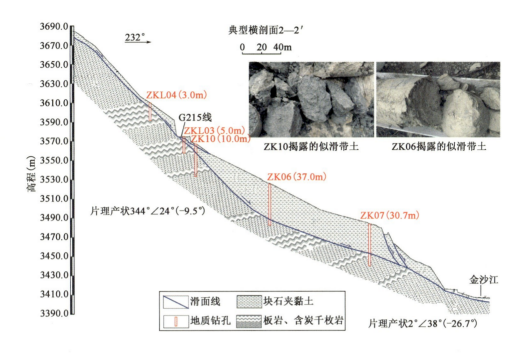

图 8 典型横断面图

图 9 滑坡前缘岩土界面的滑带土

图 10 滑坡前缘岩土界面的滑带土

2 设计及施工情况

2.1 施工图设计及工程施工情况

K8+330~K8+720段长度为390m,利用原路改建扩修而成,左侧为傍山挖方路堑,最深处开挖约7.3m,右侧为填方路堤加宽,最大填高约4.5m,原设计考虑挡墙处覆盖层为碎石土,层厚4~6m,因此,采用设置衡重式路肩墙+锚杆的形式进行支挡(图11)。

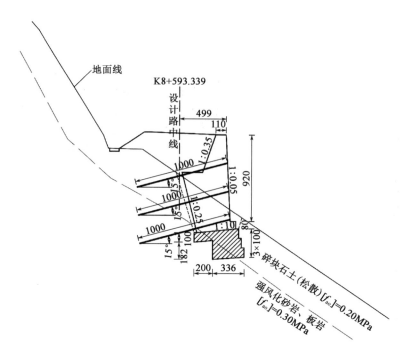

图 11 原施工图支挡设计(衡重式挡墙+锚杆)(尺寸单位:cm)

2.2 变形特征

1) 宏观变形特征

K8+330~K8+720 段为半挖半填路基段,左侧多为一级路堑边坡开挖,设有主动防护网;右侧路肩处设有连续路肩墙,墙基多置于块、碎石层内。该边坡于 2018 年进行开挖,2020 年 1 月 14 日完成交工验收,同年 7 月出现部分上边坡垮塌,路肩墙及路面出现下挫、沉降开裂现象(图 12)。

目前,滑坡的变形破坏主要集中在 4 个区域,特征分述如下。

(1) 滑坡后缘变形区域:变形主要表现为浅表溜滑及阶梯状下错,其中,3—3′剖面后缘附近主要表现为阶梯状下错,发生于多年前,错台高 0.4~1.3m,走向约 339°,错台上部为小路,小路内侧见基岩出露(图 13);2—2′剖面以北主要表现为浅表滑塌,为新近发生,滑塌后壁高度为 1.5~2.0m,后壁依稀可见板岩出露。该段以牵引式破坏为主。

(2) 路线左侧上边坡变形区域:变形主要表现为左侧路堑边坡表土滑塌及变形(图 13),滑体由碎、块石组成,厚 2~5m,其剪出口位于现路面,方量分别约为 2000m³、1000m³,为牵引式破坏,其变形范围或将继续向后缘扩散。

(3) 路面贯通裂缝:主要沿路面及内侧边沟开裂、沉降,裂缝宽 3~10cm,最宽处达 30~50cm,最深可见 1.5m,外侧路面下错或下沉 10~30cm,裂缝延伸长达 380 余米,贯通整个滑体,两端斜向延伸至冲沟后消失。主要受滑坡前缘牵引滑塌的影响,造成应力向后扩散,形成拉裂现象,后期将会继续发展(图 14)。

图 12　滑坡体变形情况

图 13　左侧上边坡滑塌

图 14　路面、边沟裂缝

(4)滑坡前缘变形区域:主要表现为滑坡南侧金沙江及冲沟岸坡牵引滑塌、下错破坏。其中,滑坡前缘1号剖面以南区域,受金沙江顶冲岸冲刷的影响,顺金沙江形成牵引式滑塌后退(图15),滑塌体呈阶梯状逐级下错,支离破碎,后壁陡立且清晰,高约5m,走向约332°,其前缘见明显剪出并叠于冲洪积层之上,每年雨季均有变形,现状不稳定。在滑坡南侧3剖面附近,明显发育有4级土体逐级下错,错坎高2~3m(图16)。

图15 滑坡前缘滑塌后退　　　　　图16 南侧的东西向错台

2)变形监测曲线

该边坡于2018年进行开挖,2020年7月出现部分上边坡垮塌,路肩墙及路面出现下挫、沉降开裂现象。K8+330~K8+720段边坡出现变形后,共设8条监测断面(A~H),每个断面6个点(编号如A1~A6),断面布置及各断面上监测点分布如图17所示。即1、2号点位于公路左侧上边坡,3、4号点位于公路边缘,5、6号点位于下边坡人工弃土之外。

 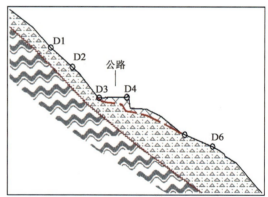

a)断面布置情况　　　　　b)D—D′断面上各监测点分布(其余断面类似)

图17 全站仪监测点布置示意图

每两天进行一次监测,据连续监测数据显示,10月3日至10月18日期间最大水平位移量为37.9cm,最大垂直下挫量为10.0cm。根据对监测数据的分析(以D—D′断面为例),各断面1、2号点的水平位移和垂直下沉量一般为最大,该段为新开挖形成堑坡,地形较陡,具明显重力变形特征;3、4号点水平位移量较大,垂直变形量不明显,以向外滑移变形为主;5、6号点水平和垂直位移量均不明显(图18)。

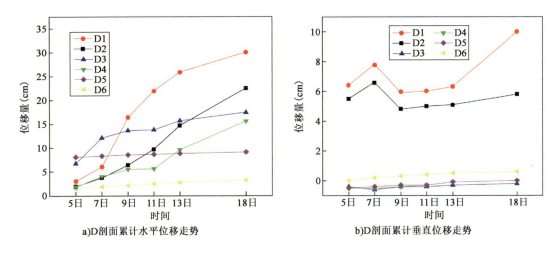

图18 D—D′断面监测点累计位移走势图

3 灾害性质与机理

3.1 滑坡成因

该段公路在改建前已出现局部段落开裂、沉降现象,改建施工对坡体具有一定的开挖破坏和加载作用,施工过程中,局部段路面水稳层出现开裂,后进行了固结注浆处理。2020年7月(雨季)出现上边坡垮塌,路肩墙、路面及边沟均出现下错、沉降开裂现象。

根据访问、调绘及钻探成果综合分析,滑坡形成因素包含基本因素(地层岩性、地形地貌、水文气象等)和诱发因素(降雨、工程活动、地震等)。

(1)基本因素:①滑坡位于金沙江流域的高山峡谷地貌区,地形切割剧烈,同时区域内断裂发育,岩体破碎,河床的快速下切、剥蚀和断裂构造等作用下易形成大型碎块石堆积体,为滑坡的孕育提供了物质来源。②滑坡后部为一凹面坡地形,上陡下缓,利于降水汇集和崩、滑塌物质的积累,长久的水体汇集使得缓坡滑床段的土体抗剪强度降低,不利于堆积体的整体稳定。③区内含炭千枚岩遇水易软化、泥化,为滑坡的孕育创造了潜在软弱滑动层。④斜坡上发育的深切"V"字形冲沟和金沙江冲刷为滑坡提供了良好的边界和前缘临空条件。

(2)诱发因素:①日常降雨及融化后的雪水渗流至堆积体内,加之千枚岩遇水易泥化,岩土界面的土体抗剪强度降低,造成边坡的蠕滑。②2020年7月连续强降雨作用下,一方面雨水大量下渗降低滑带土体的抗剪强度,并快速增加滑体重度;另一方面引起金沙江及支沟水位上涨,冲刷岸坡,形成后退式滑塌破坏或阶梯状下错,加剧边坡的牵引式滑动变形。③工程活动影响主要表现为开挖失稳和加载,就本滑坡而言,公路左侧开挖和右侧弃方加载均降低了边坡的稳定性。④甘孜—玉树断裂从滑坡前缘(金沙江边)通过,晚新生代以来,具长期活动史,2010年玉树发生了7.1级地震,为该滑坡的潜在诱发因素。

3.2 滑坡变形机理与发展趋势

1）变形机理

根据现场调查情况,该堆积体滑坡经历原始斜坡→前缘滑塌后退阶段→整体缓慢蠕滑变形阶段→后缘急剧变形阶段。①原始斜坡:因场地内岩层为板岩,受长期的构造作用及风化作用的影响,岩体风化强度高,节理裂隙发育,在降雨及地震作用下,斜坡后缘岩体逐渐崩落堆积至斜坡下部,形成最大厚度约40m的堆积体;②前缘滑塌后退阶段:堆积体受江水冲刷及水位变化影响,发生牵引式滑塌后退现象;③整体缓慢蠕滑变形阶段:前缘滑塌体继续发生牵引变形,同时受降雨及坡体内地下水影响,基覆界面岩土体物理力学性能下降,斜坡堆积体整体逐渐产生缓慢蠕滑现象;④后缘急剧变形阶段:因G215线满洛路工程开挖后,堆积体上部土体临空,导致后缘土体产生垮塌滑移现象。该堆积体滑坡演变过程如图19所示。

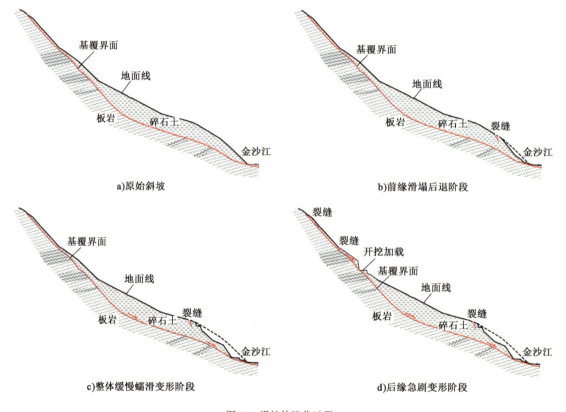

图19 滑坡体演化过程

2）现状及发展趋势

（1）路线左侧上边坡:其变形由路堑开挖诱发,具明显重力变形特征,其潜在剪出口位于现路面,主要表现为多段孤立的表土滑塌及变形,易再次出现滑塌破坏,现状欠稳定,雨季不稳定,如不加治理,其变形范围或将继续向后缘扩散,该段滑塌将造成公路断道,影响通行,并对路线右侧下边坡滑体加载,引起更大范围的滑坡。

（2）路线右侧下边坡:在公路改建前已有路基沉降现象,改建后的公路路面开裂、下挫明显,已形成横向贯通裂缝,裂缝多位于左侧路堑坡脚,分析主要受滑坡前缘牵引滑塌的影响,造成应力向后扩散而形成,但在路线外侧未见明显鼓胀、剪出痕迹,经定性与定量综合分析,该区现状欠稳定,雨季不稳定,已处于蠕滑变形阶段。后续遇极端暴雨或其他不利因素的综合作用,发生整体或局部滑动加剧的可能性较大,将造成断道,且断道后治理难度大,应及时进行治理。

(3)滑坡前缘临河段:为牵引式滑塌破坏,主要受江水冲刷影响,滑体呈阶梯状逐级下挫、解体,变形明显而强烈,后续仍将继续变形发展,现状欠稳定、雨季不稳定。

4 分析计算与稳定性评价

4.1 滑坡参数反演计算

综上所述,该滑坡整体属巨型深层牵引式土质滑坡,潜在滑面位于岩土界面处,滑带土为一层细粒土含量较高的含碎石粉质黏土。本次采用主滑线处的2—2′剖面作为计算剖面,由上至下可分为上边坡段(上段)、下边坡段(中段、下段)分别进行稳定性分析。

结合滑带土试验结果、反算验证结果及以往区域工程资料,滑带土的物理力学参数综合取值为:上边坡段碎石类滑带土天然状态抗剪强度:$c=17.10$kPa、$\varphi=39°$;饱和状态抗剪强度:$c=15.87$kPa、$\varphi=38°$;下边坡段含碎石粉质黏土类滑带土天然状态抗剪强度:$c=25.63$kPa、$\varphi=23°$;饱和状态抗剪强度:$c=21.10$kPa、$\varphi=22.6°$。

G215线为三级公路标准,滑坡稳定安全系数(F_s)根据《公路滑坡防治设计规范》(JTG/T 3334—2018)及《公路路基设计规范》(JTG D30—2015),该点防治安全等级取Ⅲ级,设计稳定安全系数(K_s)天然工况取1.15,暴雨和地震工况取1.10。考虑到公路滑坡治理可能的支挡位置,故计算路线左侧坡脚处、路线右侧挡墙处及滑坡剪出口处的滑坡推力,结果见表1。

推力计算成果　　表1

滑面及断面	工况	稳定系数(F_s)	剩余推力(kN/m)					
			$K_s=1.00$	$K_s=1.05$	$K_s=1.10$	$K_s=1.15$	$K_s=1.20$	$K_s=1.25$
上边坡 (2—2′剖面) (路线左侧坡脚处)	天然	1.02	0	105.20	278.49	451.76	625.05	798.34
	暴雨	0.96	146.01	328.17	510.34	692.51	874.66	1056.83
	地震	0.98	36.72	212.89	389.06	565.24	741.42	917.60
下边坡 (2—2′剖面) (右侧挡墙处)	天然	—	341.66	431.74	521.82	611.90	701.98	792.07
	暴雨	—	533.23	628.04	722.83	817.64	912.43	1007.24
	地震	—	387.15	478.84	570.51	662.19	753.88	845.55
下边坡 (2—2′剖面) (滑坡剪出口)	天然	1.05	0	22.03	2802.64	5583.21	8363.81	11144.4
	暴雨	1.00	19.93	2947.19	5874.44	8801.73	11728.99	14656.25
	地震	1.02	0	1783.99	4624.30	7464.65	10305.02	13145.33

4.2 稳定性评价

根据《公路滑坡防治设计规范》(JTG/T 3334—2018),边坡稳定性评判结果见表2。

滑坡稳定状态分级 表2

滑坡稳定性系数	$F_s<1.00$	$1.00 \leq F_s<1.05$	$1.05 \leq F_s<K_s$	$F_s \geq K_s$
稳定状态	不稳定	欠稳定	基本稳定	稳定

结合表1及表2可知：

(1)上边坡在天然工况时稳定系数为1.02,处于欠稳定状态;暴雨及地震工况时稳定系数分别为0.96、0.98,处于不稳定状态。

(2)下边坡在天然工况时稳定系数为1.05,处于基本稳定状态;暴雨工况时稳定系数为1.00,处于欠稳定状态;地震工况时稳定系数为1.02,处于欠稳定状态。

5 处治工程措施

K8+400~K8+500段上边坡垮塌较严重,其余段落上边坡情况良好,仅局部出现零星垮落现象;K8+330~K8+390下边坡覆盖层较薄,局部可见基岩出露,岩层较稳定。K8+390~K8+720段下边坡出现明显变形沉降迹象,路面发育有大量的纵向裂缝。同时,由于路线从滑坡后缘通过,将滑坡体切割成两个部分,结合稳定性分析及评价结果,本次将滑坡体分为上边坡(上段)、下边坡(中段)及下边坡(下段)三个区域。综上所述,本次工程处治采取分区域分段落处治,具体措施如下(因下边坡下段离路线较远且处治费用较大,后期可结合变形情况由自然资源部门进行处治)：

5.1 K8+400~K8+500段上边坡锚杆框架梁+矮墙

(1)该段左侧上边坡高度大于50m,坡度在40°~50°,其变形由路堑开挖诱发,具有明显重力变形特征,其潜在剪出口位于现路面,主要表现为多段孤立的表土滑塌及变形,滑体厚度在3~5m,原局部设置有主动网,现已有部分破坏失效情况。因此,可采用表层清危、清覆土+坡面锚杆框架梁+路堑墙的综合措施进行处治。

(2)对K8+400~K8+500区域上边坡自坡脚起30m高范围内边坡采用锚杆框架梁进行加固处治,锚杆长均为10m,入射角均为20°。

(3)在K8+400~K8+500段坡脚处设路堑墙加强护脚,路堑墙墙高5.76m,地面线以上深度4.0m,埋深1.76m,墙顶宽度1.2m。

5.2 K8+390~K8+720段下边坡抗滑桩

(1)路线右侧下边坡为牵引式滑坡,现有路面已有纵向贯通裂缝,现处于蠕滑变形阶段,雨季可能加剧,滑体厚度及推力均较大,整体防治难度大、费用高。结合路线与滑坡的相互关系分析,路线位于滑坡后缘,滑体在路线附近相对较薄(10~15m)。因此,在路中线外10m处位置设置抗滑桩进行治理(图20)。

(2)K8+390~K8+720段下边坡均采用A型抗滑桩进行处治,截面尺寸为1.8m×2.5m,桩长25m,桩间距为6.0m。具体计算结果见表3。

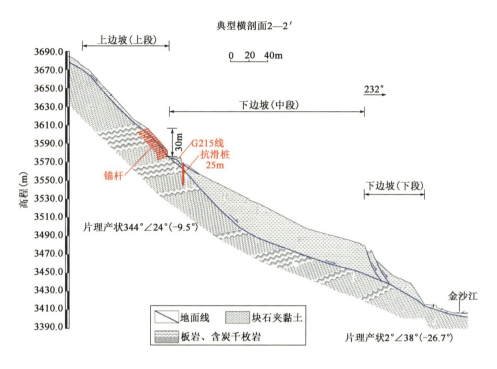

图 20 滑坡处治措施示意图

A 型抗滑桩计算结果 表3

断面	下滑力 (kN/m)	截面尺寸 (m×m)	抗滑桩长度 (m)	桩身间距 (m)	桩体主筋数量
2—2′剖面	423.5	1.8×2.5	25	6	64

6 工程体会及建议

(1)高山峡谷地貌区的大型堆积体,在日常降雨、冰雪融化及河流冲刷的作用下,易整体发生牵引式蠕滑变形;在强降雨、地震等非正常工况下,易沿岩土界面等软弱层发生整体性失稳。外业调查阶段应针对性开展调查。

(2)公路选线时应尽可能避免穿越大型堆积体,若无法避免时建议尽量以"前缘低填、后缘浅挖"的方式通过,避免过大的工程扰动,破坏其既有的整体稳定性。

(3)前期地质勘察阶段,尽量查明堆积体的地质情况,并对其整体及局部稳定性进行评价,应充分评估堆积体滑坡对路线安全的影响,对可能存在安全隐患的段落结合现场情况,采取合理的分段分区域预加固防护措施。

(4)针对大型滑坡体,工程上往往难以根治,在对其进行工程治理时,应结合路线位置,采取以保护对象为重点的加固设计理念。

参 考 文 献

[1] 白永健,王运生,葛华,等.金沙江深切河谷百胜滑坡演化过程及成因机制[J].吉林大学学报:地球科学版,2019,49(6):1680-1688.

[2] 张永双,郭长宝,周能娟.金沙江支流冲江河巨型滑坡及其局部复活机理研究[J].岩土工程学报,2013,35(3):445-453.

[3] 中华人民共和国国家质量监督检验检疫总局,中国国家标准化管理委员会.中国地震动参数区划图:GB 18306—2015[S].北京:中国标准出版社,2016.

[4] 常士骠,张苏民.工程地质手册[M].北京:中国建筑工业出版社,2007.

[5] 中华人民共和国交通运输部.公路滑坡防治设计规范:JTG/T 3334—2018[S].北京:人民交通出版社股份有限公司,2018.

[6] 中华人民共和国交通运输部.公路路基设计规范:JTG D30—2015[S].北京:人民交通出版社股份有限公司,2015.

[7] 中华人民共和国交通运输部.公路工程抗震规范:JTG B02—2013[S].北京:人民交通出版社,2013.

古金高速公路马桑湾巨型牵引式滑坡综合处治

向云龙 向 波 汪晓锋 文丽娜 拓 晶

(四川省公路规划勘察设计研究院有限公司,610000,成都)

摘 要:古金高速公路 K16+080~K16+940 范围内马桑湾滑坡工点,地质勘察揭示马桑湾滑坡为巨型深厚土质牵引式滑坡,高速公路采用桥梁的方式通过该段。本文在充分掌握滑坡地形地质的情况下,对马桑湾滑坡成因、破坏特征、变形机理与发展趋势等进行分析,结合地质勘察资料和工程地质类比经验,对滑面抗剪强度参数进行反演分析,稳定性评价结果表明马桑湾滑坡在自然状态处于基本稳定状态。为确保桥梁后期安全运营,采用前缘沟谷反压+布设引水隧洞对马桑湾滑坡进行综合处治,总结得出宝贵的勘察设计经验,同时为高速公路穿越类似巨型深厚土质滑坡的设计和治理提供借鉴。

关键词:巨型;深厚;土质;牵引式滑坡;反压体;引水隧洞

1 工程概况

1.1 地理位置与区域地质背景

研究区位于四川盆地与云贵高原的过渡地带,场区山势陡峻,沟谷纵横,平坝罕见,属构造剥蚀中低山地形。海拔 790~990 m,相对高差约 200 m。古金高速公路 K16+080~K16+940 范围内发育一处深层巨型土质牵引式滑坡,滑坡平面位置如图1所示。滑坡区天然斜坡自然坡度较陡,坡角为 30°~35°。地表广泛分布新生界第四系全新统滑坡堆积层,成分以粉质黏土、碎石和块石为主,揭示其最大厚度约 52 m。下伏基岩为古生界志留系下统龙马溪组,岩性以泥灰岩和炭质页岩为主,泥灰岩节理裂隙不甚发育,风化后灰岩呈瘤状,且与泥岩呈薄层状互层;炭质页岩岩质较软,层理较为发育,沿层面易开裂。岩层整体单斜,优势产状 29°∠18°。

图1 滑坡平面位置

本项目位于川滇经向构造带和川黔经向构造带之间,南与南岭纬向构造体系西段最北边的复背斜接壤,北同四川盆地毗连,主要由一些大致平行并呈 S 形弯曲的褶皱和断层组成。区内主要构造痕迹以宽缓型背斜及向斜构造为主,并伴随发育一些小型断裂,晚近期构造运动主要以大面积上升为主。项目区处于四川盆地腹部,根据四川活动断裂构造分区示意图,测区属四川盆地弱活动断裂构造区。

1.2 滑坡工程地质条件

滑坡调查采用地表调绘及地质钻探相结合的方式,布置机械钻孔 19 个,总深度 845m。该滑坡平面形态呈"撮箕状",北侧发育一较大斜坡冲沟,南侧发育几条微型冲沟,后缘可见基岩出露,最前缘为一步河,为场区最低侵蚀基准面。最近滑动时间距今超过 30 年,滑坡滑动方向 102°,滑坡面积约为 $37 \times 10^4 m^2$。钻探揭示滑坡体主要为块石土和碎石土,表层滑坡体多次滑动,不断向后缘基岩面牵引,滑体最大厚度约 52m,平均厚约 25m,方量约为 $925 \times 10^4 m^3$,属深层巨型土质牵引式滑坡。滑体内部出现擦痕和光滑镜面等现象,如图 2 所示,典型断面图如图 3 所示。

图 2 滑体内部出现擦痕和光滑镜面

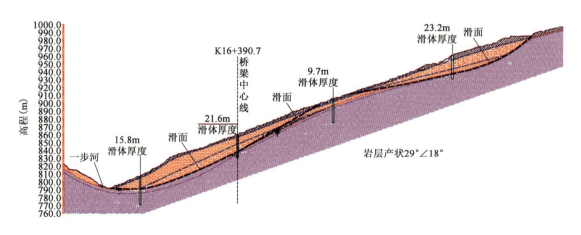

图 3 典型断面图

2 灾害性质与机理

2.1 滑坡成因

根据地质钻探揭示,岩层整体单斜,优势产状 29°∠18°,滑坡北侧区域为顺层斜交结构。滑坡区域北侧冲沟发育,与 J1(310°∠74°)节理走向基本一致。南侧发育微型冲沟,与 J2(213°∠42°)节理走向基本一致。后缘见基岩出露,最前缘为一步河,为场区最低侵蚀基准面。

受 J1(310°∠74°)和 J2(213°∠42°)主控节理控制,在滑坡北、南两侧及滑体上冲沟成为相对低洼地带,为降雨及坡面径流的局部汇集和排泄区。下伏基岩为泥灰岩,易风化,在卸荷裂隙作用下,原地崩解形成堆积体,成为滑体来源。受大气降雨和地表水体沿节理入渗,顺层面或岩土界面往东侧最低点一步河排泄。渗流过程软化基岩,并在破碎带处或岩土界面处富集,导致相应位置抗剪强度急剧降低。在一步河常年的河流切割作用下,导致马桑湾斜坡前缘形成临空面,在极端暴雨天气情况下,导致滑体饱和,同时使滑面破碎带抗剪强度进一步降低,滑面最终贯通从前缘剪出,致使滑体内部出现擦痕和光滑镜面,从而出现滑坡。由于滑坡区域有多次滑动,不断往上牵引,造成滑坡范围、厚度特别巨大。

2.2 变形特征

通过现场访问,滑坡体近 30 年内未见明显变形,滑坡表层土质以碎石土和块石土为主,滑体上未发现地表开裂、房屋破坏、树木倾倒等现象。地质钻探显示在滑体内部可见擦痕和光滑镜面。外业调查现场情况如图 4 所示。

图 4 马桑湾滑坡外业调查实景图

2.3 滑坡变形机理与发展趋势

马桑湾滑坡前缘受一步河常年切割,前缘临空,下伏基岩为泥灰岩,易风化崩解形成深厚堆积,在暴雨和持续降雨作用下,岩土体饱和导致自重增加,滑面最终贯通。根据地勘钻孔揭示主滑剖面,滑体内部土体有固结现象,块、碎石等黏结较好,有一定层间结合力,据此推测最近一次滑动距今较为久远,马桑湾滑坡内部应力得到重新平衡。滑坡前缘受河水切割,枯水季节河流宽约10m,水深0.2～0.5m,流速约0.05m/s。在暴雨季节,河水上涨最高达0.5～1.0m,流速急剧增大,河流切割能力迅速增强,不利于滑坡的整体稳定。

3 分析计算与稳定性评价

3.1 滑坡参数反演计算

根据钻探揭示层面地质特征,采用室内试验测得滑体岩土体物理力学指标,见表1。

滑体岩土体物理参数　　　　表1

土体类别	天然重度（kN/m）	饱和重度（kN/m）
碎、块石	19.9	20.5

在暴雨和持续降雨等极端天气作用下,滑坡滑动后内部应力得到重新调整,通过现场调查访问,滑坡已超过30年未发生滑动,滑坡体未见变形迹象,综合判定马桑湾滑坡处于基本稳定状态。由于滑体主要为碎、块石,抗剪强度参数难以通过试验获得,参数根据《公路路基设计规范》(JTG D30)获取,高速公路滑坡抗剪强度参数选取非正常工况(暴雨工况)下稳定系数 $K=1.10$ 进行反算。设计工况下结合工程地质类比和经验评估,在非正常工况下适当提高。采用不平衡推力法显示及计算马桑湾滑坡整体稳定性,设计工况和暴雨工况下滑面抗剪强度参数和滑坡稳定性计算结果见表2。

滑面抗剪强度参数　　　　表2

断面	设计工况	滑坡整体稳定系数	滑面抗剪强度参数	
			黏聚力 c(kPa)	内摩擦角 φ(°)
主滑剖面 H1	设计工况	1.2	19.3	20.7
	非正常工况(暴雨工况)	1.0	17.8	19.2
主滑剖面 H2	设计工况	1.21	15.0	18.0
	非正常工况(暴雨工况)	1.1	13.5	16.5
主滑剖面 H3	设计工况	1.2	19.5	22.0
	非正常工况(暴雨工况)	1.1	18.0	20.5
主滑剖面 H4	设计工况	1.22	14.3	16.3
	非正常工况(暴雨工况)	1.0	12.8	14.8

3.2 稳定性评价

测区属四川盆地弱活动断裂构造区,区域地质稳定,未发现断层,岩层整体单斜。地震基本烈度为Ⅴ度,属于地质构造稳定区。马桑湾滑坡近30年内未见明显变形,滑坡体物质以粉质黏土、块、碎石为主,黏结较好,有一定层间结合力。滑体上未发现地表开裂、房屋破坏、树木倾倒等现象,在不产生新的临空面和增加工程扰动的情况下,马桑湾滑坡处于基本稳定状态。

根据《公路路基设计规范》(JTG D30)规定,高速公路滑坡危害程度严重时,稳定安全系数正常工况下限值为1.3,暴雨工况下限值为1.2。根据稳定性计算结果,设计工况和暴雨工况马桑湾滑坡稳定系数均小于下限值,需采取工程措施对滑坡进行加固处治。

4 设计及施工情况

4.1 施工图设计情况

古金高速公路采用桥梁的方式通过马桑湾滑坡,由于滑面深厚,方量巨大,难以采用抗滑支挡措施有效处治,为保证高速公路运营安全,采用前缘反压和布设引水隧洞的方式对滑坡进行综合处治。根据马桑湾滑坡稳定性计算结果,若滑坡整体稳定安全系数达到1.3,反压高度为34m,方量为112万m^3;若考虑滑坡附近水落河至朱家山隧道出口弃渣,反压高度为78m,方量为447万m^3;若考虑弃渣与路线高程一致,反压高度为93m,方量为640万m^3。由于场区山势陡峻,沟谷纵横,平坝罕见,弃渣困难。为确保滑坡整体稳定性,尽量消耗弃渣并避免高填方造成反压体失稳和桥梁后期沉降,将水落河至朱家山隧道出口弃渣作为反压体,反压体方案示意如图5所示。

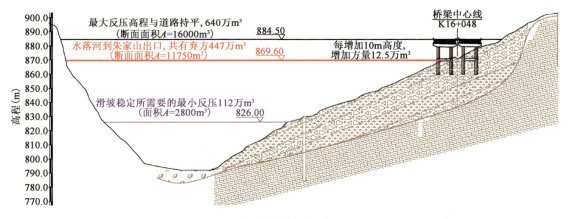

图5 反压体方案示意图

反压体侵占一步河,采用新建泄水隧洞疏浚河水,工程以上流域面积20.2km^2,河道长度7.6km,河道平均比降3.47%。防洪标准为10年一遇洪水重现期($P=10\%$),河段设计洪水最大流量为116m^3/s,隧洞采用城门洞型,水流形态为无压型,隧洞净宽6.0m,净高6.5m,长727m。进口段明洞长13m;出口段为泄槽段、消力池、海墁,其中泄槽段长度为19.5m,消力池长度为45.5m,海墁长度为75m。水工隧洞和反压体平面布置如图6所示。

4.2 工程施工情况

马桑湾滑坡采用前缘反压+布设引水隧洞的方式对滑坡进行综合处治。引水隧洞于2021年4月开挖,2022年10月完成施工。施工顺序如下:

(1)施作进口明洞。K0+00~K0+013段隧洞为明洞,作为一步河水进入暗埋隧洞过渡段。

(2)隧洞开挖。隧洞采用城门洞型,距离较短,断面小,采用进口至出口单边掘进开挖。采用自上而下、分层分梯段开挖的施工方法。

(3)隧洞支护。洞身围岩类型为Ⅳ类和Ⅴ类,Ⅴ类围岩锚杆长3.0m,间排距1.2m,挂钢筋网 $\phi 8mm@0.2m \times 0.2m$,喷射C25混凝土厚0.22m,设置型钢支撑;Ⅳ类围岩锚杆长3.0m,间排距1.5m,挂钢筋网 $\phi 8mm@0.2m \times 0.2m$,喷射C25混凝土厚0.2m。

(4)施作出口泄槽段、消力池、海墁。促使出口下泄急流迅速变为缓流,消耗水流的多余能量,保护下游河床及岸坡。

图6 水工隧洞和反压体平面布置图

引水隧洞施作完成后,即可进行滑坡前缘反压体填筑,目前反压体已施工完成。反压体施工现场情况如图7所示。填筑顺序如下:

(1)场地修整。将填筑范围内的树根、草丛全部挖除;清除换填腐殖土,以不小于30cm为宜,并予以分层压实。

(2)铺设级配砂砾石。确保反压体底部具有良好承载能力、排水性能,防止松动和起沉。

(3)铺设渗水土工布。阻止反压体土石颗粒流失和水分渗漏,防止土壤被冲刷和侵蚀,保持土壤的稳定性和工程结构的安全性。

图7 施工中的反压体

(4)分层碾压填筑。自下而上水平分层,按规定的层厚逐层填筑,逐层压实,确保达到要求的压实度。

5 处治工程措施及效果

马桑湾滑坡为深层巨型土质牵引式滑坡,具有影响范围大、里程长、滑面深的特点。古金高速公路采用桥梁的形式通过马桑湾滑坡。由于滑坡体厚度较厚,无法采用抗滑桩进行支挡,采用前缘反压+布设引水隧洞的方式对滑坡进行综合处治。该处治方式对滑坡前缘进行了有效的反压支挡,同时解决了山区沟谷弃方处理问题,有效降低处治施工难度和工程规模(图8)。处治前,稳定计算结果揭示滑坡处于基本稳定状态,外业调查也未发现明显变形现象;处治后,彻底消除马桑湾滑坡变形和滑动的可能性,滑坡处于稳定状态。

图8 马桑湾滑坡治理效果

6 工程体会及建议

通过本案例的研究表明,高速公路采用桥梁方式穿越深层巨型土质滑坡时,深层巨型滑坡的安全和稳定对高速公路后期运营安全有重要影响。工程体会总结如下:

(1)高速公路在选线时,应优化线路平面指标,平面上应使路线远离滑坡体,避免工程扰动破坏其既有稳定性。无法绕避滑坡时,尽量以"前缘低填、后缘浅挖"的方式通过,以利于增加滑坡稳定性为原则。可采用支挡、削坡减载、前缘反压、防排水等单一或多种方式相结合的综合处治方式进行治理和加固,确保高速公路构筑物安全。

(2)采用桥梁方式穿越深层巨型土质滑坡时,勘察阶段应充分查明滑坡体的地质情况。针对影响范围大、里程长、滑面深厚的巨型土质牵引式滑坡,设计阶段无法采用抗滑桩进行支挡时,若滑坡前缘为"V"形或"U"形沟谷,可优先采用前缘反压的措施对滑坡进行治理。可根据水文计算,采用涵洞、引水隧洞等疏排沟谷水系。

(3)对于深厚巨型土质滑坡,在充分掌握地形地质情况下选择前缘反压治理,不仅可以增加滑坡稳定性,还能在沟谷山区弃渣场选择困难的情况下消耗弃方,给高速公路预留足够的安全度,确保高速公路通车运营中的安全,提升运营应急反应能力。

纳黔高速公路夭吞滑坡形成机制及处治措施

李 兵 向 波 肖 昊 肖建强 赵如雄

(四川省公路规划勘察设计研究院有限公司,610000,成都)

摘 要:山区高速公路以挖方路堑形式通过大型堆积体斜坡前缘,易导致工程滑坡发生。纳黔高速公路 GK7+285～GK7+410 段左侧为最大边坡高度为 31.5m 的土质边坡,在边坡施作过程中,坡体发生了整体蠕滑变形(夭吞滑坡),导致已施作的部分抗滑桩形成了坐船效应。本文对夭吞滑坡的工程地质条件、变形特征、规模、形成机制等进行分析,并对滑坡的稳定性和发展趋势进行了计算分析评价,提出了以锚索框架梁加固为主的工程处治措施和建议,希望给类似工程提供设计和治理借鉴。

关键词:滑坡;变形特征;形成机制;处治措施

1 工程概况

纳黔高速公路夭吞滑坡(GK7+285～GK7+410)位于四川省泸州市叙永县摩尼镇炉坪村六组夭吞,处在沙地坪隧道和羊咩岩隧道之间,路线以挖方路堑通过斜坡体中前部,线路分左右两幅,两幅路基之间间距约 27m。原施工图设计挖方路堑中心挖深 5～15m,左侧路堑边坡最大开挖高度为 31.5m。遥感图像如图 1 所示。

图 1 遥感图像

施工图设计采取在第一级边坡平台(距左线设计线 30.9m)设置 A 型埋置式抗滑桩进行支挡,A 型抗滑桩尺寸为 2.0m×3.0m,桩间距为 5m,共 25 根;边坡按 8m 高度进行分级,边坡坡比 1:1.25～1:1.50,边坡坡面采取菱形骨架,骨架内植草进行防护;顶部采用 B 型抗滑桩（距左线设计线70m）进行支挡，B型抗滑桩尺寸为1.8m×2.5m，桩间距为5m，共15根；在路堑坡脚设置重力式抗滑挡土墙对坡脚进行支挡；坡顶设置截水沟以加强地表排水措施。现场地貌如图2所示。

2011年6月，路堑顶部B型抗滑桩已完成施工，路堑边坡除第一级边坡外均已开挖成型，边坡下部的A型抗滑桩正在进行开挖，已完成约70%施工。受雨季影响，施工尚未完成的路堑边坡上方地表出现开裂，B型抗滑桩前面临近贵州一侧土体出现蠕动变形（图3）。变形裂缝以张开下沉为主，同时桩前土体出现不同程度的土溜现象。A型抗滑桩未完成浇筑部分在桩身约8~10m以上出现不同程度的护壁开裂挤爆现象，导致A型抗滑桩开挖施工异常艰难。截至2011年7月，已施工完成的A型抗滑桩累计最大位移达90cm，B型抗滑桩累计最大位移达116.5cm，形成滑坡地质灾害。设计单位根据现场调查提出补勘申请，依据补勘报告对滑坡进行了加固处治。

图2 现场地貌

图3 B型抗滑桩位移

2 工程地质条件

工程场地位于夭吞沟上游，为两溪沟所夹的斜坡上，场地地形高程1000~1100m，微地貌呈"舌"状，属低中山斜坡及沟谷地貌。线路走向约56°，斜坡总体坡向约145°，线路走向与自然斜坡向近于垂直相交；地形坡度呈中、后部稍缓，总体坡度在10°~15°，多为稻田及旱地，前缘两溪沟交汇部位及两侧边界的溪沟部位稍陡呈土质陡坎状，一般陡坎高3~6m，下部稍缓，斜坡体上有民房分布，植被不发育。斜坡表覆第四系全新统坡洪堆积层，岩性为粉质黏土、碎石土等。下伏基岩上部为二叠系上统龙潭组地层，岩性为泥粉砂质泥岩；下部为二叠系下统茅口组地层，与二叠系上统龙潭组呈整合接触，岩性为灰岩夹泥灰岩。路堑区地质构造较简单，位于赤水河向斜北翼及石坝背斜南翼，基底岩层呈单斜产出，岩层产状略有变化：夭吞沟右岸斜坡岩层产状202°~213°∠31°~35°，优势产状为208°∠30°。工程地质平面图、典型横断面如图4所示。ZK2、ZK3含炭质及煤段泥岩如图5、图6所示。

地表水主要为沟水、大气降水及稻田水（图7）。两沟之间及纳溪岸多为水田，积水深0.1~0.2m，冬季一般无水（图8）。斜坡后部有一土桥大堰（水渠）通过，勘察期间水渠在斜坡段有渗漏情况，坡表有大量自然水流。距离一级边坡顶5~6m有地下水流出，抗滑桩可见地下水位约8m。地下水主要为松散层孔隙水、基岩裂隙水及碳酸盐岩溶水。据调查，溪沟前缘局部有地下水以泉的形式泄出,但流量小,为 0.05~0.2L/s。

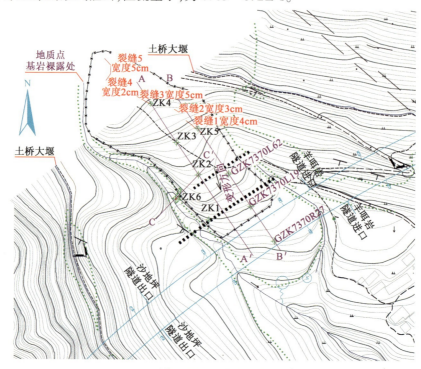

图 4　工程地质平面图

图 5　ZK2 含炭质及煤段泥岩

图 6　ZK3 含炭质及煤段泥岩

图 7　斜坡上的地表明水

图 8　边坡上方水田

3 滑坡形成机制分析

3.1 变形特征及规模

斜坡微地貌呈"舌"状,路堑所在斜坡为岩土混合型边坡,地形坡度呈中、后部稍缓,总体坡度在10°~15°,多为稻田及旱地,前缘两溪沟交汇部位及两侧边界的溪沟部位稍陡,呈土质陡坎状,一般陡坎高约3~6m,下部稍缓,斜坡总体坡度在25°~30°。高速公路路线走向56°,斜坡总体坡向约145°,线路走向与自然斜坡坡向近于垂直相交,下伏岩层优势产状208°∠30°,属斜切坡。平面形态上溪沟与水渠组合后,类似一颗"花生",头部处于沟上游,地表裂缝近似平行于沟方向,变形方向指向沟心。下半部分由于斜坡切坡深度大,裂缝与路线走向基本平行,其变形方向主体指向斜坡方向,但受下覆岩土界面影响,变形方向稍偏西,斜向指向贵州岸方向。其中边坡前缘裂缝平行于路线方向,变形方向垂直路线方向。斜坡变形体长约250m,宽80~100m,其平均厚度约20m,总体方量约40万 m^3。变形带(面)由含炭质及煤层的黏土岩组成。

3.2 滑坡形成机制

(1)地质结构因素:场地冲沟属于龙潭组煤系地层形成的自然剥蚀冲沟,场地汇水条件好。斜坡土层由早期的多次坡洪积碎石及粉质黏土组成,同时基岩也以含煤的泥岩页岩为主。地形地貌、地层结构、地质构造是决定不良地质体发育的主要因素。

(2)地表水及地下水的影响:场地岩层单斜,倾角陡,易于地表水下渗,增加土体的质量,降低了岩土体的抗剪强度,对斜坡的稳定极为不利。土桥大堰的长期渗漏也是产生变形的影响因素,同时雨季及地表水田的长期作用使得该斜坡土体长期处于饱和状态。

(3)人为因素:该路堑斜坡开挖高度大,变形时最大开挖堑坡高度近30m,且开挖范围均为斜坡中下部抗滑段土体,斜坡开挖过程中逐步降低了斜坡自身稳定性。同时斜坡两侧隧道开挖过程中爆破震动对斜坡稳定存在不利因素。边坡上方地表下沉开裂如图9所示。

图9 边坡上方地表下沉开裂

4 分析计算与稳定性评价

4.1 计算参数选取

据钻探揭示,变形带(面)由含炭质及煤层的黏土岩组成。c、φ 值由现场采取土样试验结果,同时结合斜坡土体饱水时处于蠕动变形状态的特征反算求得。滑坡体稳定性计算参数见表1。

滑坡体稳定性计算参数　　　　表1

天然状态				饱和状态			
反算稳定度 K	土体重度 (kN/m³)	内摩擦角 (°)	黏聚力 (kPa)	反算稳定度 K	土体重度 (kN/m³)	内摩擦角 (°)	黏聚力 (kPa)
1.03	21	16.2	10.14	1.00	22	16.0	8.76

4.2 稳定性分析评价

代表剖面为 GZK7+342、GZK7+370、GZK7+383。计算工况为天然状态、饱和状态。安全系数取值,天然状态:$K=1.20$;饱和状态:$K=1.15$。计算结果汇总见表2。

滑坡推力计算成果　　　　表2

代表剖面	计算工况	安全系数(K)	最末块段剩余下滑力(kN/m)
GZK7+342	天然状态	1.20	2110.8
	饱和状态	1.15	1870.4
GZK7+370	天然状态	1.20	1277.1
	饱和状态	1.15	1068.1
GZK7+383	天然状态	1.20	1185.4
	饱和状态	1.15	985.6

根据斜坡现有状态、分布规律及分析计算,斜坡土体长期处于饱水状态,斜坡土体中的潜在滑面正在形成并逐步贯通。根据对坡表的监测资料得知,路堑边坡顶部B型抗滑桩和边坡下部A型抗滑桩桩顶均出现了较大的水平位移,且变形在持续未收敛,斜坡上出现断续的裂缝,均表明斜坡目前已经处于整体蠕动变形状态。目前斜坡还未开挖到设计高程位置,在暴雨及继续切坡等不利因素影响下极有可能产生整体滑移失稳。由于高速公路处于斜坡前缘,斜坡土体厚度较大,斜坡滑移对高速公路的建设存在巨大影响。原有的抗滑措施在新的薄弱面贯通形成后需要进一步加强,因此,需对整个滑坡体进行综合加固。

5 处治工程措施及效果

根据施工单位对抗滑桩的检测分析,抗滑桩没有出现断桩情况,可对原设计抗滑桩进行补强。

处治方案为:边坡坡面设置锚索框架梁 + A型、B型抗滑桩桩顶设置锚索 + 仰斜孔排水等综合处治设计方案,并根据代表剖面剩余下滑力大小,分段分区进行设计(图10)。

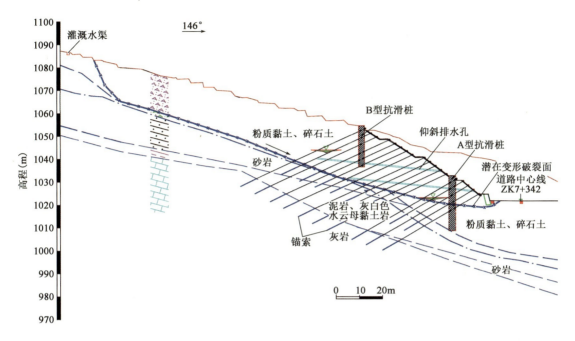

图 10 典型设计剖面示意图

(1)提高抗滑桩支挡能力,采取在 A 型抗滑桩及 B 型抗滑桩顶设置一根 6 束锚索,张拉锁定荷载为 200kN,并对发生位移的抗滑桩进行纠位。

(2)第一级、第二级、第三级边坡坡面布设锚索框架梁。锚索钻孔布设于抗滑桩间,框架梁尺寸采用 2.5m × 3.0m,考虑边坡为碎(砾)石土边坡,经验算框架梁截面尺寸设计为:宽 × 高 = 60cm × 50cm,锚固节点面积也相应进行了加大。

锚索框架梁根据路堑边坡高度进行布设,最高边坡可布设锚索 16 排。为有效消除或减小群锚效应并充分发挥锚索效力,将锚索设置为长短锚索并交错设置,锚索长度 41～61m。长锚索采用 6 束,锚固于灰岩内长度不小于 8m,设计荷载为 800kN;短锚索锚固段为砂岩、泥岩,局部为水云母黏土岩,提供的锚固能力有限,因此,锚索采用 4 束,设计荷载为 500kN。施工时通过现场拉拔试验对设计荷载进行调整。

由于靠近黔川界端(沙地坪隧道)路堑覆盖层较厚、滑面埋置较深、滑坡推力较大(2110.8kN/m),纳溪端(羊呀岩隧道)路堑覆盖层较薄、滑面埋置较浅、滑坡推力较小(1185.4kN/m),因此,考虑由黔川界至纳溪端锚索设置长度逐渐变短,数量逐渐减少,设计荷载逐渐减小至 500kN。

(3)边坡坡面设置仰斜排水孔,提高边坡稳定性。

增加总造价约 1245 万元。该段于 2012 年完工,至今约 12 年,根据监测及现场巡查显示边坡稳定,无病害发生,运行良好。

6 工程体会及建议

(1)原勘察设计时对地表水及地下水对坡体的影响考虑不足,特别是对坡体后部的土桥大堰长期渗漏的影响及地表水田的长期作用不够重视,该斜坡土体长期处于饱和状态,斜坡稳定性持续降低。

（2）总体路线布设时，应充分考虑重大不良地质体的影响，本段路线以挖方路堑在大型不良堆积体前缘通过，形成高达30m土质边坡，大大降低了斜坡稳定性，增加了支挡难度。

（3）原设计设置的两排抗滑桩锚固段大部分在覆盖层里（粉质黏土、碎石土），锚固段条件较差，坡体变形后，导致两排抗滑桩桩顶产生了较大位移，部分抗滑桩形成了坐船效应。后期补强加固时，由于原设计抗滑桩未按锚索抗滑桩进行配筋设计，因此，桩顶锚索根数及预加锁定荷载也适当偏小，支挡效果差。抗滑桩设计时，应充分考虑抗滑桩设置位置、锚固段地层条件及抗滑桩锚固段桩前土体的稳定性，避免抗滑桩坐船。必要时设置锚索桩或锚索框架梁与抗滑桩形成刚柔并济的抗滑桩锚索刚柔组合结构，以分担抗滑桩承受的滑坡推力，提高抗滑桩的适用性及支护作用效果。

（4）该蠕滑变形体规模较大，平均厚约20m，钻孔揭示最大厚度大于30m，地表水、地下水比较丰富，已有抗滑桩部分变形移位，若再以抗滑桩等刚性支挡进行补救加固，规模大、造价高、施工风险高、难度大，采用长锚索为主，充分利用已施作的抗滑桩加固方案安全、经济、合理、可行。但在设计时，应充分考虑松散堆积体内施作锚索成孔困难的情况，建议采取跟管钻进措施；另外，由于变形体坡面松散，承载力小，应适当增加框架梁尺寸，增加坡面抗力；锚索张拉完成后，张拉段不立即剪断，应采取套袋等防腐蚀措施，根据布置在锚索上测力计的监测情况，进行补偿张拉，减少预应力损失；全坡面大吨位锚索，为有效减小群锚效应，应将锚索设置为长短锚索梅花形。

参 考 文 献

[1] 徐颖.强降雨作用下类土质滑坡演化过程及破坏机理研究[D].武汉：中国地质大学，2014.

[2] 郭果，陈筠，李明惠，等.土质滑坡发育概率与坡度间关系研究[J].工程地质学报，2013（4）：607-612.

[3] 林鸿州，于玉贞，李广信，等.降雨特性对土质边坡失稳的影响[J].岩石力学与工程学报，2009（1）：198-204.

[4] 林鸿州.降雨诱发土质边坡失稳的试验与数值分析研究[D].北京：清华大学，2007.

[5] 吕庆.边坡工程灾害防治技术研究[D].杭州：浙江大学，2006.

[6] 丁秀美.西南地区复杂环境下典型堆积（填）体斜坡变形及稳定性研究[D].成都：成都理工大学，2005.

圆截面 h 型桩在汶马高速公路 K54 滑坡处治中的应用

赵如雄 李 兵 马洪生 何光尧 周海波

(四川省公路规划勘察设计研究院有限公司,610000,成都)

摘 要:川西深切峡谷高烈度变质岩地区,广泛分布巨型千枚岩堆积体,处治难度大,严重制约区内基础设施建设。本文以汶马高速公路 K54+487～K54+817 滑坡为例,详细分析了该滑坡变形破坏特征、成因机制及发展趋势,并采用有限元数值方法对圆截面 h 型抗滑桩受力与变形进行了分析。研究表明:该类堆积体内岩块的定向性对稳定性起控制作用;圆截面 h 型抗滑桩作为一种新型支挡措施,其特殊的空间组合结构大大提高了结构整体抗弯刚度,优化了结构内力状态,有效地控制了结构的位移,为巨型滑坡加固处治提供了一种新的解决方案;采用机械成孔的圆形抗滑桩代替成孔困难的传统矩形抗滑桩,使其在复杂地质水文条件下适用性更强,并且具有造价更低和施工工期更短的优势。经实践表明,该滑坡采用 h 型抗滑桩治理方案有效,可为类似边坡的勘察设计提供参考。

关键词:巨型堆积体滑坡;岩块定向性;成因机制;h 型抗滑桩;变形受力特征;工程应用

1 工程概况

汶马高速公路 K54+487～K54+817 处路线以桥梁形式顺杂谷脑河展布,路线左侧斜坡为滑坡堆积体,滑坡体全貌如图 1 所示。该滑坡整体形态呈舌状,剖面形态呈台阶状,滑坡前缘为旧有 G317 线,前缘坡口滑塌严重,后缘见有明显错台陡坎。滑坡纵向长约 815m,顺路线长约 340m,滑坡滑动带位于岩土界面,滑坡前缘揭示厚度为 24.6m,覆于河流冲积卵石层之上,平均厚度约 20m,方量约 554 万 m³,属巨型古滑坡。据现场调查访问,5·12 汶川地震时该滑坡未出现整体失稳现象,滑坡体现状整体基本稳定。旧有 G317 线前缘开挖及杂谷脑河冲刷淘蚀,形成临空,滑坡前缘 200m 范围内坡表凌乱,多处发育裂缝,有明显滑塌痕迹,滑坡体前缘稳定性较差。滑坡体前缘极易失稳,并逐级向上牵引。

图1 汶马高速公路 K54+487～K54+817 段滑坡全貌

该滑坡位于汶川县克枯乡,位于四川盆地与青藏高原东南缘的过渡带上,属构造侵蚀剥蚀高中山峡谷地貌,距龙门山后山断裂(茂汶断裂)约 2km,场区构造活动强烈,地震动峰值加速度为0.20g,地震动反应谱特征值为0.35s,场地对应的地震基本烈度为Ⅷ度。

2 滑坡变形特征及岩土性质

2.1 滑坡区变形特征

该滑坡体坡面斜坡总体坡度约30°,前缘坡度较陡,可达40°~45°,局部为陡坎,中部为缓坡平台,坡度约20°。在斜坡中上部分布有"之"形机耕道,坡表被开垦为台阶状旱地,种植果树,坡体中上部分布有少数民房。据调查访问,斜坡中上部未见明显的变形迹象,但斜坡中下部地形凌乱,斜坡坡脚附近有明显的滑塌迹象,发育多级坡面小范围的拉裂缝,部分裂缝宽张,延伸长度10~20m,多止于台阶状陡坎附近,如图2、图3所示。旧有G317线在滑坡前缘以挖方路基形式通过,在路基内侧每年雨季均出现不同程度的滑塌,泥屑物质滑塌至路面,该段路基路面经常被破坏,杂谷脑河右岸片石混凝土挡墙发生鼓胀破坏,G317线改建时为避绕滑坡,调线至杂谷脑河左岸通过。

图2 滑坡前缘滑塌变形

图3 坡体上的裂缝

2.2 滑坡区滑体及滑带土特征

根据初勘及详勘的钻孔揭示,滑体内物质主要由碎石组成,块石及角砾少量,石质成分以千枚岩为主,变质砂岩少量,结构以松散—稍密状为主,未见明显的软弱夹层或粉、黏粒集中段。滑坡体下伏志留系茂县群第三段绢云母石英千枚岩,岩层产状322°∠55°。根据地勘结果,判断该滑坡具备多层滑坡特性,深层滑动带为岩土界面,现状整体稳定;浅表滑动带位于碎石土内部,由于千枚岩的片状构造,其岩块具有扁平化特征,使得千枚岩堆积体内的片块石有定向性,形成堆积体内部发育以直线或折线形为主的滑面形态(图4),沿旧有G317线及杂谷脑河形成的凌空面坡脚剪出。

据相关研究表明,岩块的定向性会显著降低千枚岩堆积体的抗剪强度。考虑岩块定向时,内摩擦角相比无定向时可降低10%左右,黏聚力c可降低25%左右。加之降雨对千枚岩岩块的力学弱化作用,岩块的定向性会显著降低千枚岩堆积体边坡的稳定性。

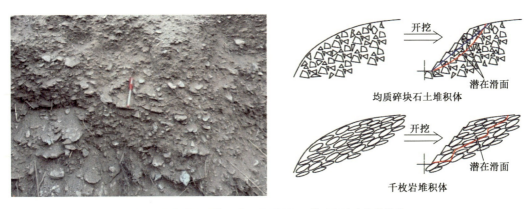

图 4　千枚岩堆积体的定向堆积特征及其对边坡稳定的影响

3 灾害性质与机理

3.1 滑坡成因机制

滑坡的形成和发展是各种自然因素和人类活动叠加的结果,地震、降雨是滑坡活动的激发因素,斜坡坡形及前缘旧有 G317 线开挖形成的临空面为主导因素。

(1) 斜坡松散堆积体为滑坡的发生提供了足够的滑动物质。受区域构造影响,斜坡区分布有崩坡积松散堆积物,为滑坡的形成提供了源物质,岩块的定向性显著降低了堆积体的抗剪强度。

(2) 地形坡度陡为滑坡提供了活动空间。滑坡区坡度较陡,坡度为 30°～50°,上部为陡坎,下部边坡的临空面较大,在地形上为滑坡提供了活动空间。

(3) 地震作用是主要的激发因素。历史上场地附近曾经历多次大地震,场地距龙门山断裂带较近,受地震影响严重,场地内多处发生崩塌及滑坡,该滑坡区域原为崩坡积堆积体,厚度较大,岩土界面陡,在地震及余震作用下,形成逐级牵引式滑塌,并最终形成目前坡体上的多级滑塌错台。

(4) 河流冲刷是古滑坡形成的主要因素之一。场地内杂谷脑河在堆积体前缘通过,雨季洪水位较高,堆积体在河流冲刷作用下形成临空面,并产生牵引式滑坡,并逐级向上部发展。

(5) 降雨是次要的激发因素。滑坡区 5—10 月为雨季,地表水入渗,坡体饱水斜坡加载,降低土体的力学强度,从而诱发目前滑坡发生牵引式滑动。

3.2 发展趋势

该滑坡从地形地貌、钻探揭示剖面形态、调查访问结果综合判断为古滑坡,整体处于基本稳定状态,但在中下部 200m 范围由于旧有 G317 线内侧边坡开挖形成临空面,加之地表水入渗,该段前缘局部稳定性较差,如不处治,滑坡体厚度有进一步加大趋势,滑坡后缘可能继续向后牵引发展。拟建桥梁在杂谷脑河床内以顺河桥形式通过,左幅桥局部位于滑坡体前缘坡脚一带,影响桥梁结构安全。

4 稳定性分析与加固处治设计

现阶段堆积体处于整体稳定状态,浅表性的稳定性稍差。经综合考虑,以碎石土内部浅表滑动面作为控制滑面(图5)。经验算,地震工况下设桩处剩余下滑力为1200kN/m。由于该段抗滑桩紧邻杂谷脑河,地下水位较高,矩形抗滑桩(2.5m×3.5m)成孔困难,人工井下施工存在安全风险。因此,采用圆截面h型抗滑桩板墙对该段滑坡进行处治。前后桩(靠山体一侧的桩为后桩)桩长分别为28.0m和34.0m,圆截面抗滑桩桩径为2.5m,纵向桩间距为6m,前后桩间距为5.5m,前后桩之间采用矩形截面(1.8m×2.2m)系梁连接,抗滑桩系梁方向与滑坡方向一致。

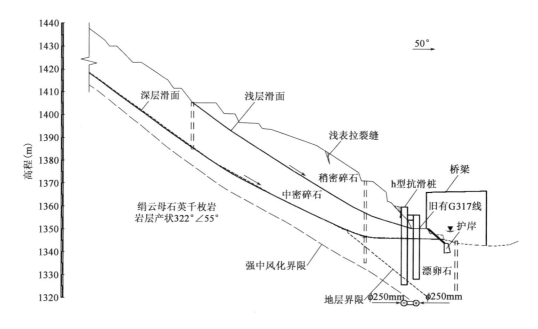

图5 滑坡工程地质剖面及处治设计

5 结构变形受力分析

h型抗滑桩为一种新型支挡结构,通过系梁对前后排桩进行刚性连接,将前、后排抗滑桩作为一个整体系统结构,其属超静定结构体系,受力变形机理复杂,规范中暂无相关的理论计算公式,因此,采用有限元数值软件对结构变形受力特征进行计算分析,以确定工程设计中合理的结构参数。

滑坡推力按三角形分布作用于后桩受荷段上(靠山体边坡侧的桩);锚固段的地基抗力由弹性地基梁法进行计算,通过设置若干独立且连续的受压弹簧与抗滑桩进行连接,使下部锚固段结构在产生挠曲变形后,用弹簧反力模拟桩侧地基水平弹性抗力,桩底按自由端考虑。

5.1 数值模型计算参数

根据设计工点的地勘数据,地基类型为土质地基,可优化分为两层,计算采用 m 法,地基土层参数详见表1。

工点地基土层参数　　　　　　　　　　　表1

工点	土层	类型	厚度(m)	地基土水平抗力系数比例系数 $m(kN/m^4)$
克枯滑坡	1	碎石土	15	7000
	2	卵石土	20	10000

桩体采用 C30 混凝土并配 HRB400 级钢筋。钢筋材料及混凝土参数分别见表2和表3。

普通钢筋参数　　　　　　　　　　　　　表2

普通钢筋	弹性模量(MPa)	重度(kN/m^3)	f_{sk}(MPa)	f_{sd}(MPa)	f_{sd}(MPa)
hRB400	200000	76.98	400	330	330

混凝土参数　　　　　　　　　　　　　　表3

强度等级	弹性模量(MPa)	重度(kN/m^3)	线膨胀系数
C30	30000	25	0.00001
f_{ck}(MPa)	f_{tk}(MPa)	f_{cd}(MPa)	f_{td}(MPa)
20.1	2.01	13.8	1.39

5.2 数值模型的建立

利用 Midas 软件建立梁单元,采用土弹簧模拟桩土作用,通过设置桩土边界条件弹性支撑点的间距及个数,以期尽量模拟锚固段桩土效应的连续性,最大限度地模拟抗滑桩受滑坡推力及地基水平抗力作用下的内力分布情况。工点数值计算模型如图6所示。

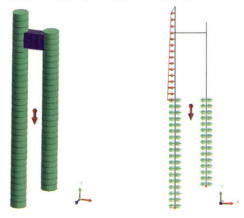

图6　h 型抗滑桩计算模型

经计算得到作用于后桩上的剩余下滑力,按梯形分布作用于后桩,后桩桩长34.0m,其受荷段长13m,三角形分布荷载最大为1200kN/m。前后桩锚固段长度分别为18m和21m,锚固段地基土层为卵石土、千枚岩。模型共建立131个节点、188个单元,模拟桩土作用的土弹簧参数,根据《公路桥涵地基与基础设计规范》(JTG 3363—2019)中的m法计算桩基的土弹簧刚度K:

$$K = A \cdot B_p \cdot m_h \cdot Z \tag{1}$$

式中:A——各土层厚度(m),本计算中取各土层厚度为1m;

B_p——桩的计算宽度(m),本计算中圆桩的计算宽度$B_p = 0.9(d+1) = 3.15$m;

m_h——地基土水平抗力系数的比例系数,本计算中取$m_h = 10000$kN/m^4;

Z——各土层中点距地面的距离(m)。

5.3 计算结果分析

1)结构受力和变形

h型桩结构形式属于超静定结构,前后桩和横梁连接成的空间结构大大提高了组合结构抗弯刚度,优化了结构内力状态,从而使h型桩组合结构可以承受较大的滑坡推力。经结构计算得出工点前、后桩的弯矩、剪力、轴力和位移分布规律,如图7所示。

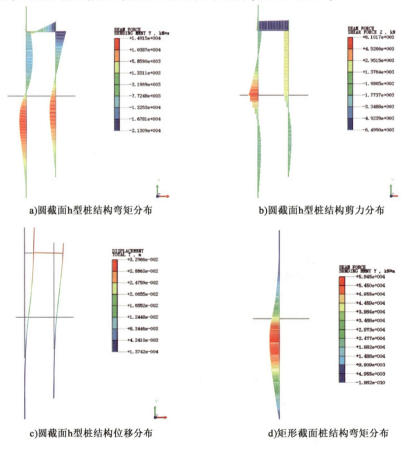

a)圆截面h型桩结构弯矩分布　　　　b)圆截面h型桩结构剪力分布

c)圆截面h型桩结构位移分布　　　　d)矩形截面桩结构弯矩分布

图 7

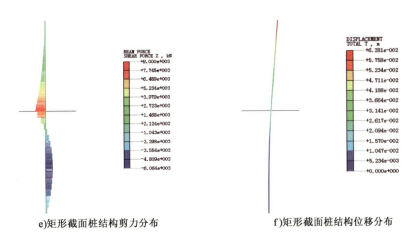

e) 矩形截面桩结构剪力分布　　　　　f) 矩形截面桩结构位移分布

图 7　抗滑桩受力和变形规律

由图 7 可知,相较于单排方桩最大弯矩 89450kN·m,h 型桩结构最大弯矩大大降低,最大弯矩仅为 21309kN·m,且背侧、面侧最大弯矩差异小,前后桩可按照全截面进行均布配筋。同时,h 型桩结构最大剪力同样显著降低,最大剪力仅为 6101.7kN。受滑坡推力及锚固段岩土体抗力作用,抗滑桩桩身产生挠曲变形。

从图 7c)桩身位移云图可以看出,由于横梁的存在,后排桩的变形在很大程度上得到限制,同时协调了前、后排桩的变形,使 h 型桩整体变形更加协调,后桩和前桩最大位移值分别为 33.0mm 和 32.2mm,均发生在桩顶处。

2) 横系梁受力

横系梁将前后排桩连在一起,提高了结构的整体刚度,前后桩之间的滑坡推力得以重新分配。经结构计算得出工点的横系梁的弯矩、剪力分布规律,如图 8 所示。

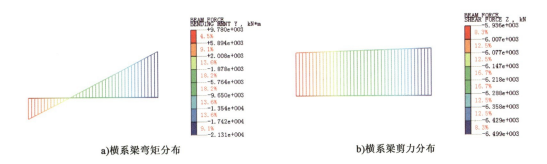

a) 横系梁弯矩分布　　　　　　　　b) 横系梁剪力分布

图 8　横系梁受力分布图

由图 8 可知,在滑坡推力作用下横系梁最大弯矩值为 21310kN·m,位于横系梁与前桩接触处的上部,其次位于横系梁与后桩接触处的下部,其值为 9780kN·m。后桩在滑坡推力作用下在桩身与横系梁接触点位置产生弯矩,由于横系梁与桩为刚性结点,横系梁产生抵抗弯矩,从而产生剪力,其最大值为 6499kN,位于横系梁与前桩的接触位置。滑坡推力通过横系梁进行传递,可以调节前后排桩的桩身受力,即前桩对后桩发挥反压作用。

6 措施比较及处治效果

由于该滑坡工点地质水文的特殊性,人工挖孔桩工艺并不适用,通过采用机械开挖而成的圆截面抗滑桩替代传统人工挖孔而成的矩形抗滑桩加固滑坡堆积体,提高了施工效率,节约了工程造价,该滑坡处治工程费用约 3900 万元。针对本工点,对比桩径 2.5m×3.5m 矩形抗滑桩,在设桩处推力相同的情况下,若采用圆截面 h 型抗滑桩,则桩径可优化为 2.5m 的桩,工程造价可节约 5%以上(未考虑时间成本),此外,在工程规模相当的情况下,还可大大节约工期(表4)。该边坡处治于 2015 年施工完成,根据现场长期观测,目前滑坡体处于稳定状态,处治效果良好,达到预期效果,证明了采用圆截面 h 型抗滑桩组合结构能有效治理本工点滑坡。

处治效果对比　　　　　　　　　　　　　　表4

桩型	最大弯矩(kN/m)	桩顶位移(mm)	C30 混凝土(m^3)	HRB400 钢筋(kg)	施工工艺	备注
方桩(2.5m×3.5m)	89450	98	18664.5	2519700	人工	—
h 型圆桩(2.5m)	21309	33	13793.3	2595003	机械(旋挖)	—

7 工程体会及建议

(1)本滑坡为典型的巨型千枚岩堆积体滑坡,汶马高速公路类似的滑坡较多,其特点是由于千枚岩的片状构造,堆积体内的块碎石具有定向性,形成直线或折线形为主的潜在滑面,其定向性显著降低了堆积体的抗剪强度。该类自然堆积体大多整体稳定性较好,但在人工开挖扰动下提供了新的临空条件,在暴雨或地震工况下易产生工程滑坡。该类滑坡稳定性计算及加固工程设计中,应充分考虑岩块的定向性,不可简单地将其视为一般的均质碎石土堆积体滑坡。

(2)由于地处川西深切峡谷高烈度变质岩地区,古滑坡或崩坡积成因的堆积体往往厚度大、延伸远,规模巨大,按全断面计算的滑坡推力极其巨大,不符合滑坡体的稳定性现状。实际上,该类堆积体在前缘河谷下切或工程扰动等外营力作用下,大多形成逐级后退的牵引式滑坡,若堆积体前缘稳定,则堆积体整体稳定,因此,按坡脚欠稳定堆积体的后缘作为滑坡推力计算的控制边界是合理的。

(3)传统矩形抗滑桩为人工挖孔施工,桩位处岩土性质差或地下水埋深较浅时,挖孔施工风险极高且效率低。而圆截面 h 型抗滑桩作为一种新型支挡措施,采用机械成孔的圆形抗滑桩代替成孔困难的传统矩形抗滑桩,使其在复杂地质水文条件下适用性更强,并且具有造价更低和施工工期更短的优势。其特殊的空间组合结构大大提高了结构整体抗弯刚度,优化了结构内力状态,有效地控制了结构的位移,解决了现有技术中施工更便利的圆形抗滑桩因抗弯能力较差而不能被有效应用的问题。其降低了施工难度,提高了施工效率,节约了施工工期,降低了施工的安全风险,符合当今高速公路设计提倡的"安全、经济、生态、创新"的设计理念,有广泛的推广和应用价值。

参 考 文 献

[1] 赵晓彦,万宇豪,张肖兵.汶马高速公路千枚岩堆积体岩块定向性试验研究[J].岩土力学,2020,41(1):175-184.
[2] 肖世国.边(滑)坡治理中h型组合抗滑桩的分析方法及工程应用[J].岩土力学,2010,31(7):2146-2152.
[3] 中华人民共和国交通运输部.公路路基设计规范:JTG D30—2015[S].北京:人民交通出版社股份有限公司,2015.
[4] 中华人民共和国交通运输部.公路滑坡防治设计规范:JTG/T 3334—2018[S].北京:人民交通出版社股份有限公司,2018.
[5] 中华人民共和国交通运输部.公路桥涵地基与基础设计规范:JTG/T 3363—2019[S].北京:人民交通出版社股份有限公司,2019.
[6] 姚裕春,李安洪,苏谦.陡坡椅式桩板结构受力模式及计算方法分析[J].铁道工程学报,2016,33(8):71-76.
[7] 白皓,杨智翔,梁栋,等.横向荷载下椅式桩板墙模型试验研究[J].工业建筑,2018,48(9):111-116,175.
[8] 罗勇,姜波,李春峰,等.h型抗滑桩滑坡治理中的变形特性及内力研究[J].地下空间与工程学报,2017,13(6):1702-1710.
[9] 刘宝.陡坡路基椅式桩板结构关键设计参数影响性分析[J].路基工程,2016,(3):21-24,35.
[10] 白皓,王武斌,廖知勇,等.软岩陡坡椅式桩支挡结构受力变形模型试验研究[J].岩土力学,2015,36(S2):221-228.
[11] 张健.椅式桩支挡结构离心模型试验研究[D].成都:西南交通大学,2015.
[12] 白皓,苏谦,蔡汶呈,等.土质边坡板椅式桩板挡墙工作机理数值计算分析[J].路基工程,2014,(5):25-29,39.
[13] 杨义奎.h型抗滑桩计算分析及工程应用[D].成都:西南交通大学,2015.

绵广高速公路 K1582+076～K1582+145 段右侧边坡滑移变形灾害处治设计案例分析

王 丰 刘天翔 杨雪莲 邬 凯 程 强

(四川省公路规划勘察设计研究院有限公司,610000,成都)

摘 要:山区高速公路以路基方式穿越古滑坡后易导致其出现局部复活,甚至整体失稳。G5 京昆高速公路(绵广段)K1581+800～K1582+280 段右侧为一巨型深厚古滑坡堆积体,其前缘因边坡开挖导致古滑坡局部复活,形成新的滑移变形体。在充分查明古滑坡堆积体及前缘滑移变形体的地质结构特征的基础上,本文研究了其复活特征及成因机制,并对其稳定性进行了定性和定量评价。在此基础上,采取了以抗滑桩为主的防治对策,并根据古滑坡的地质结构特征,确定了抗滑桩最为合理的支挡位置,以最经济的处治措施对古滑坡进行了防治。处治工程完工后,古滑坡的变形得到有效抑制,是一例以小体量的支挡措施治理大体量古滑坡的成功案例。

关键词:山区高速公路;深厚;古滑坡;变形特征;复活特征机制;防治对策

1 工程概况

1.1 地理位置与区域地质背景

G5 京昆高速公路(绵广段)位于四川省东北部,路线起于绵阳市涪城区磨家镇绵阳南互通立交,止于广元市利州区盘龙镇广元收费站,全长 157km,为双向全立交全封闭四车道高速公路。

G5 京昆高速公路(绵广段)K1582+076～K1582+145 段右侧为挖方边坡,该边坡位于江油市石元乡五指山村,属构造侵蚀低山地貌,场地内为峡谷地形,该段边坡建设时期分为两级开挖,最大高度约 23m,挖方边坡坡顶以上为自然斜坡,修筑有民房,局部已被开垦为旱地(图 1)。

场地位于四川盆地北缘弧形褶皱带,盐店场向斜的北西翼,区域构造线方向为北东向,总体为单斜构造,岩层倾向南东,优势产状 155°∠37°。场地内主要表现有两组裂隙,L1:315°∠70°,微张,无充填,间距 0.50～3.00m;L2:125°∠78°,微张,无充填,间距 1.00～3.00m。未发现断层,新构造运动特征总体表现为以间歇性的上升为主。

研究区属亚热带湿润季风气候区,多年年均降雨量 972.35mm。2017 年降雨量较前几年平均降雨量偏高,其中 6—10 月研究区降雨量分别为 106.84mm、137.86mm、203.81mm、280.4mm、104.91mm,全年累计降雨量达 1050.70mm。

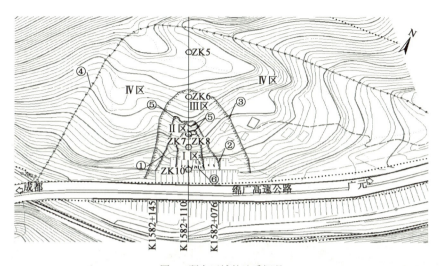

图 1 研究区域的地质概况

①-强烈变形区边界;②-拉裂变形区边界;③-推测牵引变形区边界;④-古滑坡堆积体边界;⑤-鼓胀裂缝;⑥-拉裂缝

G5 京昆高速公路(绵广段) K1581+800~K1582+280 段右侧发育一大型古滑坡堆积体,滑坡平面形态近似扇形,后缘窄、前缘宽。古滑坡前缘位于高速公路左侧溪沟内,该溪沟属嘉陵江水系,沟宽 5~10m,流向由北西向南东。后缘及两侧边界均以沟为界,主轴长约 290m,宽约 370m,斜坡自然坡度 10°~20°,坡表呈台阶状,多已开垦为旱地。除前缘溪沟沟床内有零星基岩出露外,坡表均未见基岩出露。距古滑坡堆积体后缘 100~200m 处存在高 50~200m 的基岩陡壁,基岩岩性多以石英质砾岩为主。该古滑坡形成年代久远,其后缘及两侧植被茂密,均未见明显拉裂缝和其他变形迹象,古滑坡现状整体稳定(图2)。

图 2 高速公路开挖边坡滑移变形体及后部巨型古滑坡堆积体卫星影像图

1.2 边坡工程地质条件

2017 年 7 月,该段边坡滑移变形体的变形已逐步进入加速阶段,对古滑坡堆积体进行了详细的地质勘察,共布设了 15 个钻孔,以获得详细的地质信息,并采集岩土试样进行室内物理力学性质试验。补充勘察中使用双管岩心筒获取未扰动岩心样品,以便更准确地确定滑动面和滑体特征。对于土样,进行物理和直剪试验,以确定含水率(w)、密度(ρ_s)、黏聚力(c)和内摩擦角(φ);对于岩石样品,进行单轴抗压强度试验,以获得岩石物理力学参数。

根据古滑坡堆积体及前缘滑移变形体的变形特征,将整个工程区分为四个区,针对本次变形明显的前缘滑移变形体,分为Ⅰ区(强烈变形区)及Ⅱ区(拉裂变形区),对目前暂未出现明显变形迹象的古滑坡堆积体分为Ⅲ区(潜在牵引变形区)及Ⅳ区(古滑坡基本稳定区),如图3所示。

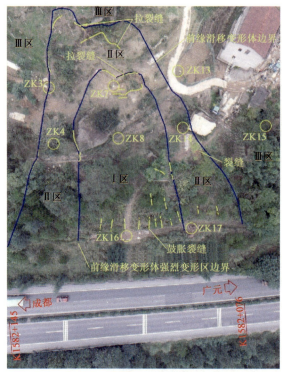

a)前缘滑移变形体及其强烈变形区边界和裂缝发育平面示意图

b)古滑坡堆积体全貌

c)古滑坡堆积体及其后缘基岩陡壁

图3 边坡滑移变形体分区

(1)强烈变形区(Ⅰ区):强烈变形区位于变形体中前部,其前缘剪出口位于二级边坡坡脚位置,部分框架梁已被剪断、梁内钢筋挠曲、锚杆被拔出,地表出现多条鼓胀裂缝。两侧边界有剪裂缝发育,边界处二级边坡坡脚水沟已被剪断。后缘距开挖坡口约35m处已形成了长约25m、宽0.3~0.5m、下错0.8~1.0m的长大贯通性拉裂缝。

(2)拉裂变形区(Ⅱ区):强烈变形区出现滑移变形现象后进一步向两侧及后部发展,牵引至现滑移变形体出现滑移变形迹象,并不断加剧,范围加大,形成拉裂变形区。拉裂变形区前缘位于二级边坡坡脚位置,后缘据坡口约45m,也呈弧形开裂,变形体前后缘纵向延伸约55m,变形区左右两侧以沟为界,横向延伸约45m,左侧沟内可见明显剪裂缝发育,右侧沟内裂缝发育不明显。

(3)潜在牵引变形区(Ⅲ区):古滑坡体前缘的滑移变形体开始变形松动后,向中后部坡体进行牵引变形,会引发中后部的继续变形开裂,往临空面方向蠕变,潜在的滑动范围和滑动深度都会因此而加大,这部分为推测潜在牵引变形体,其滑面较前缘的滑移变形体的滑面更深,据推测,其主轴长约110m,宽约90m,最大厚度约15m,方量超过14万 m^3。

(4)古滑坡基本稳定区(Ⅳ区):古滑坡前缘位于高速公路左侧溪沟内,后缘及两侧边界均以沟为界,主轴长约290m,宽约370m,最大厚度约45m,平均厚度约35m,堆积体方量超过350万 m³,为巨型滑坡堆积体。斜坡自然坡度10°~20°,坡表呈台阶状,多已开垦为旱地。除前缘溪沟沟床内有零星基岩出露外,坡表均未见基岩出露,距古滑坡堆积体后缘100~200m处存在高50~200m的基岩陡壁,基岩岩性多以石英质砾岩为主。

滑坡典型地质剖面图如图4所示。

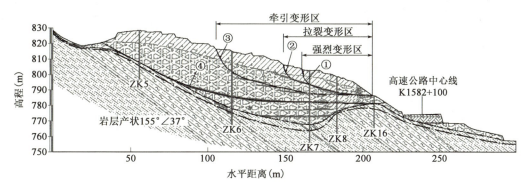

图4 滑坡典型地质剖面图

①-强烈变形区浅层滑面;②-拉裂变形区浅层滑面;③-牵引变形区潜在中层滑面;④-基本稳定区潜在深层滑面

该古滑坡形成年代久远,其后缘及两侧植被茂密,均未见明显拉裂缝和其他变形迹象,古滑坡现状整体稳定。但古滑坡前缘滑移变形体一直处于蠕滑变形阶段,累计变形量已较大,特别是进入2017年雨季以来,强烈变形区变形已进入加速阶段。

根据钻探结果,滑移变形体及古滑坡体主要以砾岩块石、泥岩块石及含碎块石黏土为主。滑移变形体及古滑坡体的滑带及软弱夹层特性如下:

(1)滑移变形体滑带土特征。

滑移变形体多以含碎块石黏土为主,但在块石层部分段落黏土富集,黏性较强,黏土含水率较高,一般呈可塑状,局部呈软塑状。钻孔揭示的部分黏土富集带在断面上形成连续,为前缘滑移变形体的滑带(面),前缘滑移变形体正在沿浅层滑面发生蠕滑变形,随着变形不断增大,甚至有可能发生前缘整体大规模滑移的可能(图5)。

a)ZK8:深度11.8m

b)ZK3:深度13.4m

图5 钻孔揭露的滑移变形体滑带土

(2)古滑坡堆积体原滑带土及软弱夹层特征。

古滑坡堆积体年代久远,滑坡呈多级滑动特征,多个钻孔中均在 25.0m 以下深度的黏土富集带存在搓揉现象,颜色不均。同时,通过钻探揭露,在 ZK2 钻孔 39.0m、ZK3 钻孔 29.4m、ZK6 钻孔 29.6m 处均见滑面,面光滑,具擦痕,推测其为古滑坡堆积体原滑带土(图6)。

图6 钻孔揭露的古滑坡堆积体滑带土(存在光滑镜面及搓揉现象)

因此,古滑坡堆积体原滑带土存在多层连续分布的黏土富集带,且局部存在搓揉、挤压等迹象,说明古滑坡存在过多次滑动,时间上也并非一次完成,具有多期性的特点;另外,古滑坡堆积体中部有一层黏土富集带,受其影响,可能在前缘滑移变形体牵引作用下发生变形或滑移,形成一潜在的牵引变形体;堆积体下部块石中接近原古滑坡体老滑面的位置也存在一连续的黏土富集软弱夹层,若前缘变形体发生滑移,后部巨型古滑坡堆积体将有沿此软弱结构面再次发生滑移变形的可能。

2 设计、施工情况及变形特征

2.1 设计、施工情况

G5 京昆高速公路(绵广段) K1582 + 076 ~ K1582 + 145 段建设时采用路堑边坡的形式从古滑坡堆积体前缘穿越,挖方边坡最大高度约23m,共分为两级边坡,一级边坡高约11m,坡比约1∶1.5,二级边坡高约10m,坡比约1∶1.0,中部留设 2.5m 平台。开挖边坡出露岩土体以含碎块石黏土为主,边坡附近未见基岩出露,原建设阶段在该段边坡坡脚设有护面墙,一、二级边坡坡面上均采用框架锚杆加固。

2.2 变形特征

边坡的开挖为后部坡体的变形提供了临空面和空间,在经历多年运营后,从 2008 年开始该边坡出现了变形迹象,持续变形多年,每年雨季均会出现明显下沉、开裂迹象。2017 年 7 月,在开挖边坡后缘距开挖坡口约35m处已形成了长约25m、宽0.3 ~ 0.5m、下错 0.4 ~ 0.8m 的长大贯通性裂缝,最远的裂缝距坡口约45m,也呈弧形开裂。该段开挖边坡变形体的剪出口位于二级边坡坡脚位置,二级边坡框架梁已出现明显隆起、外鼓变形,K1582 + 095 ~ K1582 +

139 变形最为严重段的二级边坡坡脚位置已整体朝高速公路方向外鼓 0.5~1.0m,部分框架梁被剪断、梁内钢筋挠曲、锚杆被拔出,已形成一前后缘变形边界清晰,长约 55m、宽约 45m、平均厚度 10m 的滑移变形体,该开挖边坡滑移变形体方量约 3 万 m^3,滑动变形方向为 161°,垂直于高速公路方向。

该段开挖边坡一直处于蠕滑变形阶段,累计变形量已较大,特别是进入 2017 年雨季以来,变形已逐步进入加速阶段,2017 年 8—9 月累计变形量已达 0.4~0.5m,呈明显加速的特征。在暴雨等因素的影响下,该段边坡滑移变形体极易产生滑动,且由于该段滑移变形体位于二级平台以上,距高速公路平均高差约 20m,高位滑坡后将对高速公路的正常运营和行车安全造成巨大威胁(图7)。

a) 滑移变形体Ⅰ区前缘原框架梁已被挤碎、梁内钢筋已挠曲

b) 滑移变形体Ⅰ区后缘贯通性拉裂缝及形成的小型拉陷槽

c) 滑移变形体Ⅰ区右侧边界剪裂缝,剪断原截水沟

d) 滑移变形体Ⅱ区边界剪裂缝

图 7 边坡滑移变形体变形情况

受绵广高速公路边坡开挖形成临空面的影响,随着 K1582+076~K1582+145 挖方边坡段滑移变形体蠕滑变形的发展,将为后部巨型古滑坡堆积体的变形提供空间,会产生渐进后退式、逐级牵引的滑移变形,若不立即对前缘滑移变形体进行处治,将诱发后部崩滑堆积体发生更大规模、更大危害的变形开裂,甚至诱发其整体滑动,给绵广高速公路造成极其严重的危害。

3 灾害性质与机理

古滑坡堆积体的形成和发展是地形地质特征及各种自然因素叠加的结果,根据地质勘察成果分析,古滑坡所处场地为单斜岩层形成的单面山地貌,斜坡坡向与岩层倾向基本一致,为顺向坡,易于产生顺层滑动;古滑坡所处斜坡岩性为石英质砾岩、中薄层砂岩、泥岩夹薄煤层,底部以砂泥岩为主,泥岩饱水易软化,降低了层间抗剪强度,形成软弱夹层;在古滑坡形成前,前缘斜坡坡脚的溪沟沟水长期冲刷掏蚀,造成原斜坡形成临空面,揭示出并软化坡脚岩体的软弱结构面,最终共同诱发了斜坡产生顺层滑动。古滑坡滑动后,掩埋原冲沟,致使冲沟改道,形成高速公路左侧现有新冲沟。

古滑坡形成后历经多期次蠕滑变形逐步进入稳定状态,受 G5 京昆高速公路(绵广段)建设影响,K1582+076~K1582+145 段右侧以挖方边坡的形式穿越古滑坡。经过多年运营后,该挖方边坡处的古滑坡堆积体出现了局部复活迹象,变形持续多年,每年雨季均会出现明显下沉、开裂迹象。2017 年 7 月,在开挖边坡后缘已形成了长大贯通性裂缝,呈弧形开裂,古滑坡前缘挖方边坡处已发展形成新的滑移变形体,其变形模式为堆积体蠕滑拉裂,导致古滑坡复活的主要因素如下。

(1)地质原因。滑移变形体位于古滑坡堆积体前缘,坡表多为含碎块石黏土及块石,表土松散,坡表以下 5~10m 处发育有一层连续的黏土富集带,含水率较高,软化后为坡体内的软弱层(滑带土),易发生滑动。

(2)大气降雨及地震作用。2017 年 8—9 月进入雨季后,研究区降雨量明显增大,累积降雨量为 726.98mm,且降雨持续时间长,雨水下渗,地下水补给急增,地下水位上升,致使土体饱和而重度增加。另一方面,降水入渗至软弱带(黏土层)后,使其进一步饱水软化,滑带土抗剪强度降低,在重力作用下发生滑动。研究区处江油市石元乡,地震基本烈度为Ⅶ度,场地地震动峰值加速度为 $0.15g$,受 5·12 汶川地震及其长期余震作用的影响,可能造成岩土体松动变形,有利于地表水下渗。

(3)人为因素。由于高速公路的修建,对古滑坡体前缘进行开挖形成人工边坡,为后部古滑坡体的变形提供了临空面和空间,破坏了以前堆积体的整体完整性和平衡状态。边坡分级开挖后仅在坡面采用了框架锚杆进行防护,施工阶段局部锚杆长度不足,坡体蠕滑变形过程中部分框架梁被剪断、梁内钢筋挠曲、锚杆被拔出,防护措施失效导致坡体进一步加速变形。

4 分析计算与稳定性评价

4.1 定性分析评价

(1)边坡滑移变形体现状稳定性。根据边坡滑移变形体形成机制,该变形体位于古滑坡前缘,为古滑坡堆积体的局部复活,且滑移变形体后缘已形成长大贯通性裂缝,前缘强烈变形区地表出现多条鼓胀裂缝。左侧边界已出现明显剪裂缝。由此可见,该滑移变形体前后缘已基本贯通,整体处于欠稳定状态,今后在暴雨及地震等因素影响下,极易发生滑移失稳破坏,将会对下方高速公路的正常运营及行车安全造成巨大的威胁。

(2)古滑坡堆积体现状稳定性。就目前自然状态而言,滑移变形体后部的推测潜在牵引变形区及古滑坡基本稳定区坡表上均未有裂缝发育,同时,据访问当地村民,该坡体除上述变形体外,其他区域在近60~70年均未出现变形及滑移,农户祖辈居住多年的房屋(土房)稳定性也较好。故该古滑坡堆积体目前处于整体稳定状态,无沿岩土界面产生整体滑动的可能。但前缘滑移变形体不断发展,将会诱发古滑坡复活范围逐步扩大。

4.2 数值模拟分析

为了研究G5京昆高速公路(绵广段)边坡滑移变形体在不同工况下的变形特征和稳定性,本文针对该项目典型主断面进行二维数值模拟分析。本次数值分析计算选取路基路线中心线纵断面进行概化,建立数值模拟计算模型。

本次计算分为三种工况。

(1)天然工况:在天然状态下,只考虑土体重力产生的下滑分力。

(2)暴雨工况:在暴雨状态下,按不利的情况考虑,土体按全饱水计算。

(3)地震工况:在地震作用下岩土体在重力作用下的下滑力,据《中国地震动参数区划图》(GB 18306—2015),场地所处的江油市石元乡地震基本烈度为Ⅶ度,场地地震动峰值加速度为$0.15g$,地震动反应谱特征周期为0.45s。

本文模拟地震的计算方法采用拟静力法。地震波时长为20s,正向即水平向右的最大加速度为$4.58m/s^2$,负向即水平向左的最大加速度为$6.05m/s^2$。在拟静力分析中,采用$0.15g$的水平恒定加速度。

图8为边坡剖面2—2′的FLAC 3D模型,该模型为平面应变模型,全长300.9m,高度83.4m。该模型由八个节点六面体单元组成,各边长度为0.5~1.5m,共有17378个单元和5个不同材料的分区,不同材料的分区分别为含块石黏土、块石、黏土、粉砂岩和粉砂质泥岩。边界条件是模型周围和底部的位移约束,地层均采用摩尔-库仑本构模型。本次模拟采用的岩土体物理力学参数见表1。

图8 计算模型

蓝色区域-含块石黏土;绿色区域-块石;红色区域-黏土;橙色区域-粉砂岩;黄色区域-粉砂质泥岩

岩土体的物理力学参数 表1

区域	弹性模量(MPa)	泊松比	黏聚力(kPa)		内摩擦角(°)		重度(kN/m³)	
			自然状态	暴雨状态	自然状态	暴雨状态	自然状态	暴雨状态
含块石黏土	150	0.32	20.00	16.00	30.00	24.00	22.0	22.5
块石	200	0.29	25.00	20.00	35.00	28.00	23.0	23.5
黏土	130	0.33	14.82	12.10	30.80	13.97	20.8	21.3
粉砂质泥岩	810	0.28	89.00	85.50	38.00	23.00	25.3	25.8
粉砂岩	890	0.28	64.00	60.00	41.00	35.00	25.4	25.9

图 9 和图 10 分别为暴雨工况和地震工况滑移变形体边坡无支护条件下的剪应变增量图，表明了滑移变形体中的强烈变形区范围及潜在最危险滑移面的位置，潜在最危险滑面最大深度为 11.5～12.3m。根据数值模拟结果可以判断，滑移变形体中最易产生破坏的区域位于变形体的中前部，其前缘剪出口位于二级边坡坡脚位置，会对原有的防护产生破坏。

图 9　滑移变形体边坡暴雨工况剪应变增量图

图 10　滑移变形体边坡地震工况剪应变增量图

图 11、图 12 和图 13、图 14 分别为暴雨工况和地震工况滑移变形体边坡无支护条件下的位移图和位移矢量图，表明了滑移变形体边坡的变形情况。结果显示无支护条件下数值模拟在弹性自然状态阶段计算结果不收敛。换句话说，如果没有外部约束，在暴雨和地震工况下的边坡变形将无限制地逐渐增加，直到最终发生滑移破坏。若在弹性自然状态阶段计算六万步（一次计算的最大步数），得到的最大位移量出现在位移图红色区域内，说明该区域为最易产生滑移变形区域，暴雨工况最大位移为 5.731m，地震工况最大位移为 4.365m，且位移方向为向临空面方向。

图 11　滑移变形体边坡暴雨工况位移图

图 12　滑移变形体边坡暴雨工况位移矢量图

图 13　滑移变形体边坡地震工况位移图

图 14　滑移变形体边坡地震工况位移矢量图

图 15 和图 16 显示了暴雨工况和地震工况滑移变形体边坡的塑性区。剪切和张拉塑性变形区主要集中在滑移变形体的中前部,这可能是受到了绵广高速公路边坡开挖形成临空面的影响,有可能导致从边坡表层到深层,从前部到后部的逐级牵引变形。因此,在此处进行及时和有效的支护是非常必要的。

图 15　滑移变形体边坡暴雨工况塑性区图

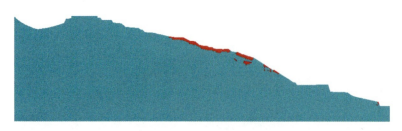

图 16 滑移变形体边坡地震工况塑性区图

总而言之,从数值分析计算结果可以看出,在暴雨和地震工况下的边坡处于欠稳定或不稳定状态,有向临空面方向的位移,最易发生滑移变形的区域集中在边坡的中前部。暴雨和地震这些不利工况将加剧边坡中前部的变形发展,均形成了整体较为贯通的塑性区,潜在滑面塑性区分布与其最大剪应变增量云图结果基本吻合。由此可以判断,边坡中前部的变形为后部滑坡堆积体的变形提供空间,会产生渐进后退式、逐级牵引的滑移变形,在无处治措施的情况下,将诱发后部滑坡堆积体发生更大规模、更大危害的变形,甚至诱发其整体滑动,给绵广高速公路造成极其严重的危害。

4.3 极限平衡法稳定性计算结果

根据前述分析,本次极限平衡法稳定性计算选择Ⅱ区、Ⅲ区及Ⅳ区滑移面作为计算评价控制面。

(1)强烈变形区(Ⅰ区)及拉裂变形区(Ⅱ区)滑面:该层滑面所处古滑坡体的浅层位置,定义为浅层滑面。

(2)潜在牵引变形区(Ⅲ区)滑面:前缘的滑移变形体开始变形松动后,会向中后部坡体进行牵引变形,使其往临空面方向蠕变,潜在的滑动范围和滑动深度都会因此而加大,其滑面较浅层滑面更深,根据钻孔揭示,其主要集中在含碎石黏土中的黏土富集带内,被定义为潜在中层滑面。

(3)古滑坡基本稳定区(Ⅳ区)滑面:根据钻孔揭示,位于古滑坡体深层、接近原古滑坡体老滑面的位置存在一黏土富集的软弱夹层,古滑坡有沿该层发生整体滑移的风险,该层被定义为潜在深层滑面。

根据边坡滑移变形体及古滑坡可能发生滑移失稳的主要影响因素,其稳定性及剩余下滑推力计算主要分为:工况Ⅰ(天然工况)、工况Ⅱ(暴雨工况)、工况Ⅲ(地震工况)。计算参数以勘察试验参数为依据,并结合相关经验参数,取滑体(含块石黏土和块石)天然重度 21.9kN/m³,饱和重度 22.4kN/m³,各层滑面参数见表2。

滑移变形体及古滑坡体滑带土抗剪强度参数取值　　　　表2

滑移面	天然状态		饱和状态	
	黏聚力(kPa)	内摩擦角(°)	黏聚力(kPa)	内摩擦角(°)
浅层滑面(Ⅰ区及Ⅱ区)	20.60	11.41	12.00	10.23
潜在中层滑面(Ⅲ区)	32.00	16.58	15.00	12.65
潜在深层滑面(Ⅳ区)	30.80	14.82	13.97	12.10

根据前缘滑移变形体目前的稳定状况,假定其拉裂变形区在暴雨工况下的稳定性,进行力学参数的反算,并综合室内试验成果得到的参数,最终取 $c = 12\text{kPa}$、$\varphi = 10.23°$ 进行稳定性计算。

选取 K1582+110 断面作为主断面进行计算,计算结果见表3。

三组滑面稳定系数计算结果　　　　　　　　　表3

断面	滑移面	稳定系数		
		工况1	工况2	工况3
2—2′主断面	浅层滑面	1.225	0.961	1.048
	潜在中层滑面	1.943	1.275	1.576
	潜在深层滑面	1.657	1.205	1.325

计算结果表明:浅层滑面在天然工况下处于稳定状态,但在暴雨及地震工况下处于不稳定状态。中层潜在滑移面和深层潜在滑移面在三种工况下均处于稳定状态,故仅需对浅层滑移面进行处治加固,浅层滑移面拟设支挡位置在三种工况下的下滑推力计算见表4。

滑移变形体拟设支挡位置的剩余下滑推力计算结果　　　　　　　　　表4

剖面及滑面位置	设计工况	安全系数	条块下滑倾角(°)	拟设抗滑桩处剩余下滑力(kN/m)
2—2′主断面浅层滑面	天然工况	1.25	5.435	322.757
	暴雨工况	1.15		641.692
	地震工况	1.10		445.303

5　处治工程措施及效果

综合该边坡滑移变形体及古滑坡堆积体的结构特征与稳定性分析、推力计算等,在方案研究阶段,共拟定了以下两个方案对该滑移变形体进行处治,具体如下:

(1)方案一:在右侧边坡滑移变形体前缘设置一排抗滑桩,对该滑移变形体进行支挡加固。

(2)方案二:在右侧二级边坡上设框架锚索予以加固。

从处治工程的工程造价、工程安全性、长期有效性、施工工期、施工可操作性等角度考虑,方案一技术可行、经济合理、安全可靠,综合比较后,采用方案一:在右侧边坡滑移变形体前缘设置一排抗滑桩对该滑移变形体进行支挡加固。通过计算滑移变形体在该位置的潜在下滑推力和土压力,最终确定抗滑桩截面尺寸为1.8m×2.7m,桩长为27m,桩中心间距5m,共12根(图17)。

通过详细的地质调查及钻探资料,在充分查明古滑坡及滑移变形体的地质结构和变形机制的基础上,确定了抗滑桩最为合理的支挡位置,以最经济的处治措施对古滑坡进行了防治,处治工程已完工近4年,度过了四个雨季,古滑坡的变形得到有效抑制,变形范围未再向古滑坡体后部牵引延伸,起到了很好的支挡效果,确保了下方高速公路的运营安全,是一例以小体量的支挡措施治理大体量古滑坡的成功案例。

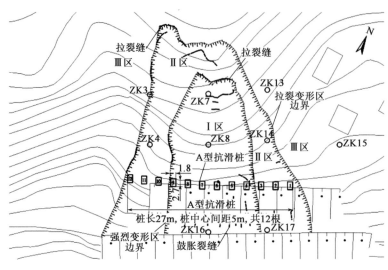

图 17　处治工程平面布置图(尺寸单位:m)

6　工程体会及建议

通过本案例的研究表明,高速公路采用路堑高边坡方式穿越古滑坡时,对古滑坡的安全和稳定有重要的影响。影响边坡长期安全与稳定的因素有以下几点:

(1)高速公路穿越古滑坡时尽量以"前缘低填、后缘浅挖"的方式通过,以利于增加古滑坡稳定性为原则,避免对古滑坡进行过大的扰动,破坏其既有的整体稳定性。

(2)采用高路堑边坡的方式穿越古滑坡时,勘察阶段应充分查明古滑坡体的地质情况,并对古滑坡受开挖扰动后的整体及局部稳定性进行评价,特别是对古滑坡的时效变形应作出合理的评估。设计阶段应充分重视古滑坡前缘开挖扰动形成临空面易导致古滑坡局部复活的风险,宜采用长期稳定性较好的抗滑桩等支挡措施进行加固,避免大范围放坡开挖和耐久性相对较差的锚杆锚固。

(3)在古滑坡堆积体前缘开挖施工过程中应严格按照设计施工,加强监控量测、有效控制各施工环节,严格按照分级开挖、分级支护的原则进行施工,修筑便道等施工过程中禁止对古滑坡进行随意开挖,避免诱发古滑坡体变形。

(4)高速公路在古滑坡体前缘以路堑方式穿越将不可避免地影响古滑坡长期稳定性,考虑到高速公路的重要性,需要对古滑坡体进行长期监测,以分析其潜在变形与趋势、运行状态的稳定性与危险性,作出实时预报预警,以确保高速公路通车后的运营安全。

京昆高速公路成雅段 K1887+385~K1887+540 段滑坡失稳机制及处治设计

吴君艳 邬 凯 张 磊 梁 苗 孔 滔

(四川省公路规划勘察设计研究院有限公司,610000,成都)

摘 要:G5 京昆高速公路(成雅段) K1887+385~K1887+540 段受持续降雨影响发生滑坡灾害,本文通过查明滑坡的地形地貌、地层岩性、岩土体结构特征和水文地质条件,结合工程地质钻探及调查,分析滑坡的形成过程、特征、机理等,并运用传递系数法对滑坡进行稳定性分析计算。最后,根据滑坡推力计算结果,提出采取反压、钢管桩进行临时加固,采用抗滑桩支挡、综合截排水的综合治理措施进行永久加固,并在抗滑桩实施后撤除反压体。治理后滑坡变形得到有效控制,取得了良好的效果,保障了该段高速公路的安全运营,得出了宝贵的经验教训,同时为类似运营高速公路滑坡的设计和治理提供借鉴。

关键词:运营高速公路滑坡;膨胀土;形成机理;应急保通;永久加固

1 工程概况

1.1 滑坡概况

京昆高速公路成都至雅安段 K1887+385~K1887+540 段原设计为土质挖方路堑,最大边坡高度约 18m,坡脚设置挡土墙支挡加固,墙高 6m,墙顶按 1∶1.5 放坡,分级高度 6m,边坡平台宽 2m,坡口以上自然斜坡高度约 32m。受 2019 年 9 月中旬持续降雨影响,9 月 23 日该段发生边坡山体变形。滑坡处于蠕动过程中,变形速率较快,9 月 26 日滑坡后缘已产生大量张拉裂缝、侧壁形成剪切裂缝(图1),并基本贯通,斜坡有整体滑移趋势,严重影响高速公路的运营安全。

K1887+385~K1887+540 滑坡为一新近发生的滑坡,由北向南展布,主滑方向为 17°,垂直于路线轴线方向。滑坡周界裂缝拉张明显,平面上呈"圈椅状"(图2),主轴长约 75m,顺路线宽约 155m,滑体物质主要为第四系中更新统冰水冰碛沉积层的含卵石粉质黏土,厚度多变化在 6~20m,平均厚度约 10m,体积约 16 万 m³。根据《公路工程地质勘察规范》(JTG C20—2011)判断为一中型滑坡。

1.2 滑坡区工程地质条件

研究区位于侵蚀堆积三级台地(名邛高地)与构造侵蚀单斜低山的过渡带。场区地貌类型以浅丘、平坝为主,相对高差不大。区内整体地势南高北低,最低海拔位于公路右侧平坝,约

480m,最高海拔位于公路左侧斜坡坡顶,约548m,成雅高速公路路面海拔约501m。滑坡前缘与后缘最大相对高差约为33m。

图1 滑坡全貌及裂缝分布

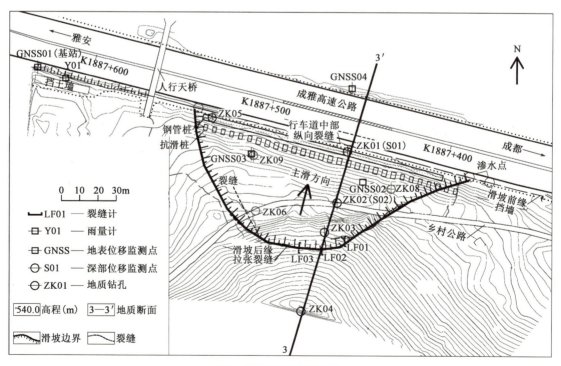

图2 滑坡工程地质平面图

滑坡区地表广泛分布中更新统冰水沉积层,成分以(含卵石)粉质黏土、粉质砂土和泥砾土层为主,厚度 20~63m。冰水沉积层上部以可塑—硬塑状灰黄色含卵砾石粉质黏土为主,磨圆度较好,具有一定分选性,卵砾石直径 2~18cm;中部局部地区以中密—密实状砾卵石、含卵石粉质砂土地层为主,砂砾充填;下部以灰色、灰黄色、灰绿色粉质砂土为主,夹少量圆砾,中密—密实状,其底部为灰色、灰绿色粉质砂土,胶结程度良好,该层属"名-邛砾石层"的组成部分,具有浸水后力学性质大幅度降低的特性;下伏基岩为中白垩统灌口组,岩性以灰绿色、紫红色粉砂岩为主,泥化程度严重,岩层受地质构造影响小,岩层产状近水平。

研究区地下水较丰富,类型以松散堆积层孔隙水为主,孔隙水主要赋存于中更新统冰水沉积层粉质砂土和卵砾石层内,水位线深度 2~19m,挡墙墙背地下水位最小深度约 2.0m,局部挡墙存在渗水现象,流量 10~30mL/s。地下水分布不均,K1887+420~K1887+470 段含水丰富,钢管桩钻进施工过程中大量地下水从钻孔喷出,水柱最大高度约 10m,间断持续时间约 5min。区内地下水主要接受大气降水补给,年平均降雨量 1196.8mm,监测期间日降雨量最大 48.8mm。滑坡区无地表水系发育。

2 灾害性质与机理

2.1 变形破坏特征

现场调查揭示宏观变形迹象主要表现为:行车道中部产生裂缝,延伸长度约 40m(图 3);中央分隔带处波形梁护栏被推移,最大位移约 15cm,影响长度 70m(图 4);局部挡土墙沉降缝发生张拉变形,ZK01 孔附近挡土墙发生明显鼓胀特征,位移量最大,两侧位移逐步减小,挡墙最大位错约 7cm,边沟侧壁鼓胀开裂(图 5);斜坡中部产生贯通性剪切裂缝,最大长度约 20m,宽度 3~5cm;滑坡后缘发育贯通性拉张裂缝(图 6),并向两侧延伸较长,主裂缝最大长度约 60m,张开宽度约 20cm,局部发育横向次生裂缝,长度 3~5m。

图 3 行车道中部裂缝

图 4 中央分隔带处波形梁推移

图5 后缘裂缝　　　　　　　图6 边沟侧壁鼓胀开裂

2.2 滑坡物质结构及成因分析

根据钻探结果,滑坡滑体物质主要为含卵石粉质黏土,下伏含卵石粉质砂土(图7),滑体表层结构松散,深部滑体相对密实,滑体土的结构较均匀,可塑—硬塑状,下伏砂土层中密—密实状,局部呈稍密状。结合深部位移监测资料,该滑坡的潜在滑面在第四系中更新统冰水冰碛沉积层的含卵石粉质砂土地层。细粒土粉质黏土、粉质砂土具有弱膨胀性,根据土工试验数据,土体最大自由膨胀率达到26%。

图7 粉质砂土(半胶结)

土层结构分布不均匀,粉质黏土渗透系数小,为隔水层;粉质砂土渗透系数大,为透水层。在暴雨或连续降雨过程中,大量雨水入渗,地层平顺,排水不畅,导致粉质砂土层水分长期饱和,自由潜水转变为承压水,增加土体动水压力作用,急剧降低两土层接触面抗剪强度。

综上所述,由于长期降雨过程中大量雨水入渗,滑坡上部机耕道排水措施不完善,为地表水下渗也提供了有利条件,地层平顺,排水不畅,导致粉质砂土层含水率长期饱和,降低土体力学性质,增加土体动水压力作用,且坡体前缘临空面高,坡度陡,加之土体具有一定膨胀性,综合导致土体沿饱和的粉质砂土层发育变形滑移,使前缘挡墙墙趾下部首先发生塑性变形,内侧边沟鼓胀变形,造成左幅中央分隔带左侧波形梁护栏被推移,路面和坡体后缘开裂变形。

2.3 滑坡变形机理与发展趋势

对边坡进行受力分析,挡土墙墙趾下部为应力集中处,随着土体抗剪强度的降低,墙趾下部首先发生塑性变形进入极限平衡状态,内侧边沟侧壁将受到水平向挡墙方向的合力影响,发生侧向位移。根据现场调查,K1887+450~K1887+500段内侧边沟鼓胀变形严重,护栏外侧最大开裂宽度约10cm,根据破裂处土体的新鲜程度判断,裂缝的形成已持续一段时间,边沟破损、侧壁裂缝加剧了地表水的下渗。墙趾下部土体塑性破坏,应力调整、土体松弛,地表水渗入软化,该区域首先失稳产生蠕动,挡墙一侧土体发生主动土压破裂、中央分隔带一侧发生被动土压破裂,滑面逐步贯通。滑坡抗滑段位于左幅路基路床区域,受路面结构层竖向荷载的作用反翘,剪出口表现不明显,反翘推力和竖向荷载的共同作用形成中央分隔带一侧的水平推力,造成左幅中央分隔带左侧波形梁护栏被推移。路面结构层按弹性层状板结构进行分析,不平衡受力导致板中心弯矩最大处(即行车道中部)发生纵向开裂。如未采取有效的加固处理,滑坡将进一步发展,路面结构层受力挤压瓦解,产生网状裂缝,抗滑段滑动面逐步前移全部形成和贯通后,滑坡即进入整体滑动阶段。

综上所述,该段滑坡为土质滑坡,破坏模式为蠕滑拉裂,目前处于蠕动阶段。

3 分析计算与稳定性评价

3.1 滑坡参数反演计算

滑带土的抗剪强度指标通过反算,并结合室内试验成果综合获取。

(1)滑面确定:目前滑坡后缘、坡表裂缝已贯通形成,实测后缘裂缝发育范围设为滑坡剪入口;前缘高速公路中央分隔带处已受力变形,该处设定为剪出口。采用简化毕肖普法,搜索最危险滑面,结合地质钻探和深部位移监测成果,推测本滑坡深部主要从粉质黏土与粉质砂土接触面附近滑动,滑面呈圆弧形。滑面深度与深部位移监测突变位置基本一致。

(2)指标计算:根据勘察结论,暴雨工况为最危险工况,取土层饱和状态重度为20.5kN/m^3;按搜索滑面,采用传递系数法,按暴雨工况稳定系数0.99反算滑面力学参数,取值c=5kPa、φ=19.104°,与土工试验统计值接近。

3.2 稳定性评价

根据调查,滑坡滑体已出现下错,后缘裂缝已基本贯通,最大累计张开宽度约20cm。2019年9月26日—10月25日后缘裂缝宽度张开约4cm,滑坡前缘高速公路路基段内侧排水沟发生鼓胀,路面局部见横向裂缝发育,中央分隔带护栏已发生偏移,S02孔深部17~25m存在变形异常,其中18m为推测潜在蠕滑面,10月7日—10月25日潜在蠕滑面发生相对位移约1cm(图8)。截至10月25日,滑坡前缘已完成反压体(9月27日—9月30日)和钢管桩(9月27日—10月25日)施工,变形速率减缓,日平均变形速率约0.08mm/d,滑坡处于欠稳定状态,暴雨工况下处于不稳定状态。

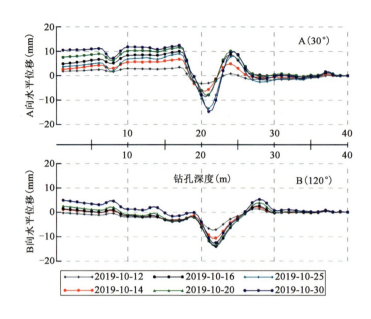

图 8　S02 孔 A、B 方向深部累计位移-深度曲线图

4　处治工程措施及效果

4.1　施工图设计情况

1）临时加固设计

滑坡发生的时间紧邻 70 周年国庆，成雅高速公路将迎来车流量高峰，由于斜坡变形发展速度快，存在加速滑动的可能，为保障该路段国庆假期的行车安全，2019 年 9 月 26 日现场会同咨询专家共同拟定临时加固方案：

（1）采用黏土回填夯实坡体裂缝、完善截排水设施以避免地表水汇集下渗。

（2）封闭左幅车道设置反压，以提高滑坡的稳定性，左侧边沟处预埋设直径 1.0m 的钢波纹管疏通排水路径。

（3）挡墙内侧设置 3 排直径 168mm 钢管桩支挡加固，排间距 1.2m，纵向间距 1.5m，梅花形布设，单根钢管桩长度 21m。

2）永久加固设计

高速公路运营需撤除反压体，为保证滑坡长期稳定性，仍需进一步采取永久加固措施。经计算分析，采用暴雨工况安全系数 1.15 进行控制设计，对各剖面支挡位置处计算剩余下滑力，见表 1。

暴雨工况滑坡支挡位置剩余下滑力计算结果　　　　表1

计算剖面	滑面内摩擦角 φ 值(°)	滑面黏聚力 c 值(kPa)	计算剩余下滑力(kN/m)	水平向剩余下滑力(kN/m)
1—1	19.10	5.0	951.96	891.37
2—2	19.10	5.0	1586.17	1585.46
3—3	19.10	5.0	1271.74	1252.06
4—4	19.10	5.0	985.94	981.17

拟设支挡位置水平向剩余下滑力较大,考虑桩前土体及设置钢管桩提供水平向桩前抗力650kN/m,计算分析采用直径2.5m、桩长30m的圆形抗滑桩进行支挡加固,其中变形迹象明显区域桩间距为4.0m,两侧逐渐增至5.0m,最外侧受力较小处桩间距增至6m,顺路线方向布设,共25根。同时,在坡面设置截排水措施,具体为:在坡面布设两排仰斜式排水孔,共长587m,其中一排布设在坡脚挡墙部位,单根长度44m,一排布设在机耕道上部坡体内,单根长度21m;在机耕道内侧设置排水沟,防止地表水下渗。典型横断面布置如图9所示。

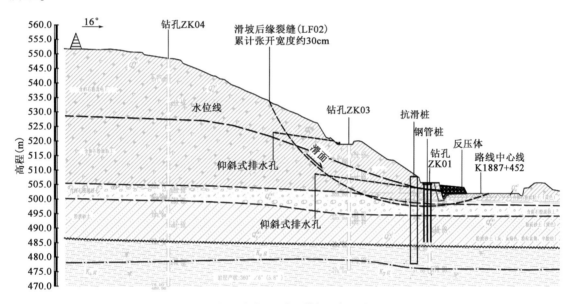

图9　处治工程典型横断面布置图

4.2 工程效果

2019年9月30日反压体基本成型;钢管桩施工相对较慢,截至2019年10月22日,临时加固方案主体工程已基本完成。临时加固方案效果较明显,有效提高了滑坡的稳定系数,减缓了变形发展。

抗滑桩自2019年12月1日开始施工,滑坡综合监测(图10)表明2019年12月中旬抗滑桩施工阶段变形速率轻微增长,施工之后变形速率进一步减缓,裂缝宽度基本稳定,表明钢管桩、抗滑桩加固和地表、地下排水处治工程有效控制了滑坡变形速率,基于长期地表监测数据显示,滑坡变形逐步收敛,滑坡处于基本稳定状态。

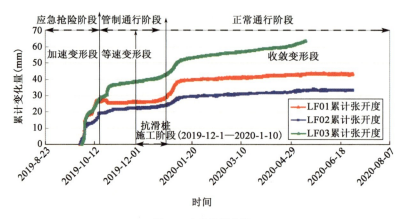

图 10　变形监测曲线

5　工程体会及建议

(1)京昆高速公路成雅段 K1887+385～K1887+540 滑坡属于典型的川西凹陷地区中更新统冰水沉积层牵引式土质滑坡,其滑坡体形态及结构特征受滑坡体形成机制控制,冰水沉积层中粉质砂土层在自然条件下胶结程度良好,浸水后抗剪强度急剧降低,极易诱发山体滑坡灾害。长期降雨是该类滑坡发生的直接诱因,不利的坡体结构是滑坡失稳的重要因素,中更新统冰水沉积层细粒土的膨胀性加剧了滑坡变形,地表水长期渗润最终导致冰水沉积物浅表发生蠕动—拉裂变形。

(2)第四系中更新统冰水冰碛沉积层具膨胀性的土质边坡,由于土体性质相对均一,多呈典型圆弧性滑动,针对该类边坡处治,可采用圆弧形自动搜索最不利滑面进行支挡工程设计。

(3)结合现场监测情况,该类边坡失稳后采用"坡脚反压+坡体中下部钢管桩"方案是应急抢险的快速、经济手段,而后期抗滑桩支挡是保障坡体长期稳定的有效手段。以上处治方法可供类似工程参考借鉴。

参　考　文　献

[1] 中华人民共和国交通运输部.公路工程地质勘察规范:JTG C20—2011[S].北京:人民交通出版社,2011.

[2] 邓丽.四川名山地区第四纪沉积物特征及沉积环境探讨[D].成都:成都理工大学,2009.

[3] 许兴伍.雅安砾石层工程地质特性及工程措施研究[D].成都:西南交通大学,2005.

[4] 崔志强.名山—丹棱地区更新统砾石层沉积环境多元信息分析[D].成都:成都理工大学,2008.

[5] 中华人民共和国交通运输部.公路路基设计规范:JTG D30—2015[S].北京:人民交通出版社股份有限公司,2015.

[6] 中华人民共和国交通运输部.公路滑坡防治设计规范:JTG/T 3334—2018[S].北京:人民交通出版社股份有限公司,2018.

汶马高速公路米亚罗 3 号隧道出口滑坡灾害处治

刘自强　马洪生　郑百录　何云勇　龚　臻　张　乐　李　颖　赖远超　张建永

（四川省公路规划勘察设计研究院有限公司,610000,成都）

摘　要：山高林密隐藏下的滑坡是山区公路工程建设中常见的一种不良地质灾害,其地质情况和几何形态勘察是滑坡体稳定性评价与治理的关键。本文通过物探、钻探等方法对米亚罗 3 号隧道出口滑坡进行综合勘察,查明滑坡堆积体与基岩界面、滑坡范围、滑动带,获取滑坡地质条件,针对性设计综合治理措施,该案例可为西部山区公路及其他类似工程滑坡勘察设计提供参考。

关键词：滑坡;汶马高速公路;米亚罗 3 号隧道;变形特征;处治设计

1　工程概况

1.1　地理位置与区域地质背景

汶马高速公路米亚罗 3 号隧道出口滑坡位于四川省阿坝藏族羌族自治州理县米亚罗镇十八拐村 G317 线右侧。测区处于四川盆地与青藏高原东南缘的过渡带上,场地则位于近北北西向的邛崃山脉北东部,属构造侵蚀剥蚀高山峡谷地貌,河流侵蚀堆积地形仅沿来苏河谷底呈带状展布。测区位于马尔康北西向构造带,该构造带由一系列倒转复背斜、复向斜组成。总体走向 310°~325°,地层主要为三叠系一套变质岩系地层,背斜核部出露杂谷脑组（T_{2z}）地层,两翼为侏倭组（T_{3zh}）与新都桥组（T_{3x}）,向斜核部多为 T_{3x},少数为罗空松多组（T_{3lk}）,两翼为 T_{3zh} 与 T_{2z},场地在小夹壁倒转向斜的北西翼、刷马路口向斜南东翼。测区内区域性米亚罗大断裂于线位北东东侧与路线近距离近平行通过,该断裂位于小金弧形构造的西翼,断裂北起鹪鸪山马塘南侧,向南东经鹪鸪山垭口、山脚坝、二经里、米亚罗、夹壁、大沟、小沟,至木城以南消失,全长约 56km,总体走向 N30°~50°W。受米亚罗断层影响,场区地层产状变化较大,褶皱发育,有扭曲现象;岩石在层面、节理的切割下呈层状镶嵌碎裂结构—裂隙块状结构。

1.2　滑坡工程地质条件

米亚罗 3 号隧道出口边坡陡峻,坡度 35°~60°,植被茂密,滑坡处于茂密植被之中,难以被发现。2018 年 6 月 4 日 17 时 30 分左右,米亚罗 3 号隧道出口滑坡突然发生降雨后的浅表滑塌;2017 年 6 月 6 日下午再次发生滑动垮塌;2017 年 6 月 19 日下午第三次发生滑动垮塌。滑坡摧毁米亚罗 3 号隧道出口洞门并威胁下方 G317 线运营安全。

米亚罗3号隧道滑坡位于山高林密中,且降雨后突发垮塌,为了最大限度降低安全和财产损失,应急要求较高。因此,在选择勘探方法时综合采用了无人机航拍、现场地质调查、物探、钻探等方法,快速、准确和高效勘察清楚滑坡的形态、地质条件,为后续处治设计提供详细、可靠的基础数据资料。通过深入现场调查和简单测绘以及无人机航拍发现,垮塌边坡底部宽约90m,滑塌变形高度约150m,后缘以上边坡地表发育多条拉裂缝,裂缝延伸约5~10m,深度1~2m,后缘错台1~2m,方量4000~5000m³,如图1所示。

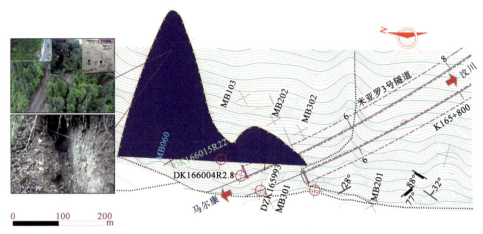

图1 米亚罗3号隧道出口平面

根据米亚罗3号隧道出口滑坡实际地形情况,在可操作、必须探明覆盖层厚度的地方布设地质钻探孔、进行室内岩土测试。在K166+004R2.8、K165+980R5、K166+015R22、ZK165+993四处布设钻孔。从钻孔统计表分析,在0~20.20m范围内为块碎石土,松散—稍密;14.10~2031.80m范围为板岩,岩体破碎、节理裂隙发育,强风化至中风化,如图2所示。

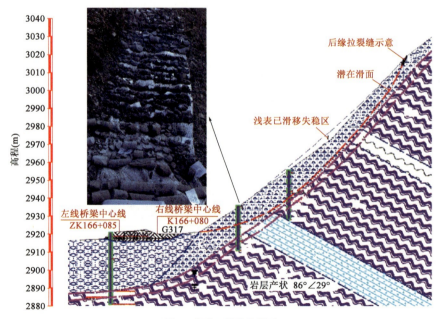

图2 典型工程地质断面

2 灾害性质与机理

2.1 滑坡成因

滑坡的形成和发展是各种自然因素叠加的结果,主要原因分析如下:

(1)斜坡松散堆积体为滑坡的发生提供了足够的滑动物质。米亚罗区域性大断层于边坡区前缘附近通过,边坡区岩体受构造影响强烈,岩体节理裂隙发育,岩体破碎,有利于大型崩坡积堆积体的形成。斜坡区分布大量崩坡积松散堆积物,为滑坡的形成提供了物质源。

(2)地形坡度陡为滑坡提供了活动空间。滑坡区坡度较陡,坡度为 35°~50°,上部为陡坎,下部边坡的临空面较大,在地形上为滑坡提供了活动空间。

(3)降雨是主要的激发因素。边坡区降水量集中在 5—9 月,占全年降水量的 69%,5—9 月是降水高峰期,每年雨季开始和临近结束有两次大的降水过程。2017 年 5 月 25 日起,该区域连续降雨超过 10d,且每天降雨量较大,降雨时段多集中在夜晚。如此大的降雨量使得地表水入渗,加载斜坡,降低土体的力学强度,从而诱发边坡进一步发生牵引式滑塌。

(4)米亚罗 3 号隧道左右洞洞口均位于该段边坡上,为便于隧道进洞施工,在该段边坡前缘修筑了施工便道,施工便道开挖了边坡前缘,使得边坡前缘临空面加大,边坡前缘抗滑段变短,抗滑力降低,从而诱发边坡发生牵引式滑塌。边坡前缘开挖,临空面加大,是造成滑坡的主要原因之一。

2.2 滑坡变形机理

隧道右洞仰坡坡度较陡,边坡浅表层松散堆积体仍然沿右洞洞顶及抗滑桩桩顶滑移剪出破坏,如图 3 所示。滑移破坏高度约 80m,据调查发现,后缘以上边坡地表发育多条拉裂缝,滑动范围有继续向坡体以上以及边坡深部发展的迹象,为牵引式拉裂滑移破坏模式。

图 3 滑体从桩顶剪出

洞口段边坡浅表滑动高度更高,边坡底部宽约 90m,滑塌变形高度约 150m,据无人机拍摄发现,后缘以上边坡地表发育多条拉裂缝,裂缝延伸 5~10m,深度 1~2m,随着拉裂缝下部土体的失稳、滑移,其上部土层临空,滑动范围有继续向坡上以及边坡深部发展的迹象,为牵引式拉裂滑移破坏模式。

2.3 变形特征

根据调绘,米亚罗 3 号隧道出口段边坡 K165+950～K166+130 段已发生浅表层滑坡,自然坡度 35°～50°,植被极为发育,坡表出露为崩坡积碎石土,松散—稍密。已滑塌处后壁明显,形成高 3～5m 错台,侧壁明显,坡表较为凌乱,植被破坏严重,如图 4 所示。

图 4 滑坡后壁及侧壁

3 分析计算与稳定性评价

3.1 滑坡参数反演计算

根据滑坡体上的钻孔及物探面波测试解译成果,滑体内物质主要由碎石土组成,石质成分以板岩及变质砂岩为主,少量千枚岩,结构以松散—稍密状为主。在钻孔内未见明显的软弱夹层,根据地表形态及岩土界面分析,潜在滑坡的滑动带位于碎石土内部,主要受滑体斜坡坡度及临空面的控制,在坡度较陡段产生进一步的牵引式滑移破坏,于坡脚处剪出。

参数取值采用模拟计算值结合 G317 线及其他相邻工点、地区经验值和该段边坡已滑移失稳部分进行反算,并考虑不同深度的密实程度适当调整取值。天然状态下根据堆积体物质成分的组成、粗、巨砾的含量及原岩来源,堆积体综合采用天然状态下的重度取 21kN/m³,暴雨状态下的重度取 22kN/m³,目前边坡浅表层滑坡处于极限平衡状态,稳定性系数取 1.05 进行反算。暴雨工况下的 c、φ 值,利用天然工况反算得到的 c、φ 值进行适当折减,见表 1。

各工况下的岩土体物理力学参数　　　　表 1

安全系数	重度(kN/m³)	黏聚力 c(kPa)	内摩擦角 φ(°)	重度(kN/m³)	黏聚力 c(kPa)	内摩擦角 φ(°)
	天然工况			暴雨工况		
1.05	21.0	35	9	22	34	8

3.2 稳定性分析评价

1) 定性分析

(1) 整体稳定性分析。

根据滑坡体上的钻孔揭示(米亚罗3号隧道改线补勘出口段钻孔),滑体内物质主要由碎石土组成,石质成分以板岩及变质砂岩为主,少量千枚岩,结构以松散—稍密状为主,在钻孔内未见明显的软弱夹层。下伏基岩为中生界三叠系上统侏倭组(T_{3zh})板岩夹变质砂岩及少量千枚岩,岩层产状为86°∠29°,反倾坡内,对边坡整体稳定有利。但由于米亚罗区域大断层于边坡区前缘附近通过,受构造影响强烈,岩体节理裂隙发育,岩体破碎。据钻孔揭露,碎石土最大堆积厚度为20.2m,岩土界面较陡,为40°~45°。由于斜坡陡,岩土界面陡,在一般情况下堆积体斜坡浅层易滑塌,在极端综合不利条件下,局部有沿岩土界面滑移失稳的可能,但该堆积体下部已低于河床高程,无发生沿岩土界面整体滑移的可能性。

(2) 浅层稳定性分析。

由于边坡体多为碎石土,透水性较好,利于地表水下渗,目前正值雨季,集中降雨使得大量地表水下渗,降低了土体的抗剪强度,同时,使得边坡土体达到饱和状态,特别是浅表层,增加了坡体荷载;米亚罗3号隧道出口施工便道的开挖使得边坡前缘临空面加大,降低了抗滑力,从而导致局部段落发生多次浅表层牵引式滑坡。

2) 定量分析

(1) 计算剖面的选取。

滑塌结束后崩坡积堆积体整体稳定,但浅表层稳定性较差,特别是前缘滑塌较为严重,有向深部发展的趋势,经综合分析,前缘是控制滑坡稳定的关键,因此,定量计算重点针对前缘潜在失稳部分,选取不利面对边坡在天然和暴雨工况下进行稳定性验算及推力计算,具体单元划分如图5所示。

(2) 计算方法。

①该边坡潜在滑面为折线形,采用《公路路基设计规范》(JTG D30—2004)推荐的公式对滑坡的稳定性进行计算,因滑坡区没有地下水的赋存条件且区内抗震设防烈度为Ⅶ度,故不考虑地下水的动、静水压力的影响。

②滑坡稳定性计算。

滑坡稳定性系数 K_f 为:

$$K_f = \frac{\sum_{i=1}^{n-1}\left(R_i \prod_{j=i}^{n-1}\psi_i\right) + R_n}{\sum_{i=1}^{n-1}\left((T_i)\prod_{j=i}^{n-1}\psi_i\right) + T_n} \quad (1)$$

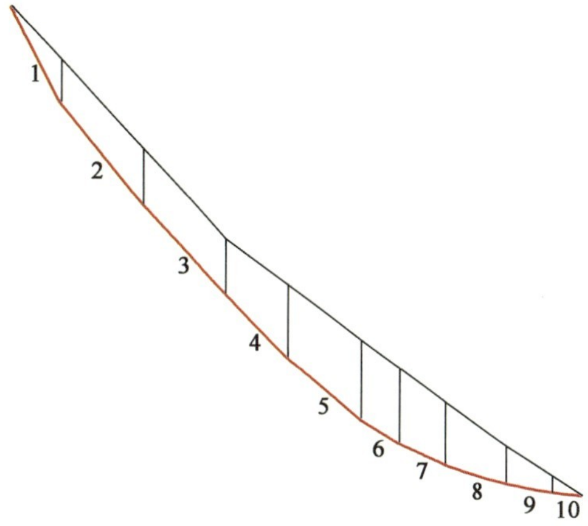

图5 边坡浅层不利计算面

$$R_n = N_n \tan\varphi_n + c_n L_n \quad (2)$$

$$\prod_{j=i}^{n=1}\psi_i = \psi_i\psi_{i+1}\psi_{i+2}\cdots\psi_{n-1} \tag{3}$$

式中：ψ_j——第 i 块段的剩余下滑力传递至第 $i+1$ 块段时的传递系数（$j=i$），即 $\psi_j = \cos(\alpha_i - \alpha_{i+1}) - \sin(\alpha_i - \alpha_{i+1})\tan\varphi_{i+1}$；

c_i——第 i 条块黏聚力（kPa）；

φ_i——第 i 条块内摩擦角（°）；

L_i——第 i 条块滑面长度（m）；

α_i——第 i 条块滑面倾角（°）；

K_f——稳定性系数。

③滑坡剩余下滑力计算。

按传递系数法计算，公式如下：

$$P_i = P_{i-1} \times \psi + K_s \times T_i - R_i \tag{4}$$

式中：P_i——第 i 条块的推力（kN/m）；

P_{i-1}——第 i 条块的剩余下滑力（kN/m）；

T_i——下滑力，$T_i = W_i\sin\alpha_i$；

R_i——抗滑力，$R_i = W_i\cos\alpha_i - N_i\tan\beta_i\sin(\alpha_i - \beta_i)\tan\varphi_i + c_iL_i$；

ψ——传递系数，$\psi = \cos(\alpha_{i-1} - \alpha_i) - \sin(\alpha_{i-1} - \alpha_i)\tan\varphi_i$；

W_i——第 i 条块的重量（kN/m）。

3）稳定性评价

米亚罗3号隧道出口滑坡段为大型崩坡积堆积体，坡体主要由碎石土组成，堆积体整体处于稳定状态，但浅层稳定性差，开挖扰动易失稳。洞口段已发生浅层滑坡，滑坡高度约150m，且有继续向后缘及两侧扩大滑移范围的迹象。边坡破坏模式为牵引式滑移破坏模式，因此，随着前缘土体的滑移，牵引后缘岩土体继续垮塌滑移，整个边坡滑移破坏范围有向后缘、两侧及深部继续发展的迹象，需对该段滑坡体进行永久处治。

4 处治措施及效果

4.1 施工图设计情况

根据前文分析，米亚罗3号隧道出口滑坡影响面积大，且高陡，潜在滑面也较厚，严重影响洞口段的施工安全。从经济合理和技术可行的角度出发，确定综合治理措施，包括接长明洞、滑坡体前缘设抗滑桩、洞顶反压、坡面永临结合被动防护网，辅以后期的监测等。明洞接长段按 M1 型明洞衬砌结构进行设计，采用60cm等厚C30钢筋混凝土，明洞按每12m设置一道沉降缝；滑坡体坡脚设8根圆形抗滑桩，桩长30m，直径2.5m，采用C30混凝土浇筑；在隧道洞口滑坡体中部设永临结合主、被动防护网，为 D0/08/150 钢丝绳网（柱间距10m），网高为5m。治理工程如图6~图8所示。

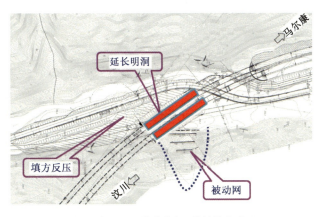

图 6　米亚罗 3 号隧道出口滑坡综合治理

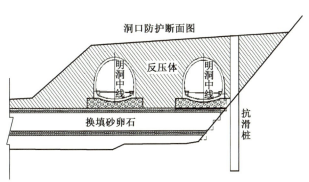

图 7　米亚罗 3 号隧道出口防护断面

图 8　米亚罗 3 号隧道出口防护

4.2　工程施工情况

米亚罗 3 号隧道出口边坡于 2018 年 3 月开始进行防护处治,于 2019 年 1 月施工完毕。通过施工完近半年多时间对滑坡体进行的变形监测和对明洞结构情况进行的跟踪调查,滑坡体未发生变形垮塌威胁明洞施工和下方 G317 线运营,表明米亚罗 3 号隧道出口滑坡体采取综合防护后,治理效果良好。

5　工程体会与建议

(1) 由于地形复杂、山势陡峭、植被茂密,高位滑坡很难被发现,综合应用无人机航拍、现场地质调查、物探、钻探等方法,能快速、准确和高效勘察滑坡的形态、地质条件,为后续处治设计提供详细、可靠的基础数据资料。

(2) 针对类似隧道出口,高位滑坡设计明洞时,接长范围务必大于滑坡影响范围,避免再次遇到极端工况导致滑坡掩埋洞口。

(3) 由于明洞靠山侧受滑坡推力较大,建议明洞内侧根据滑坡推力设置抗滑桩(圆形或方形),以抵抗下滑力,避免毁坏明洞。

雅康高速公路 K59+092～K59+197.9 段土质高边坡防护设计

李海亮　李　勇　马洪生　向　波　贾为易

(四川省公路规划勘察设计研究院有限公司,610000,成都)

摘　要:为解决土质高边坡大推力情况下的边坡稳定,采用了 h 型抗滑桩进行支挡加固。本文提出将前排桩、后排桩(包括悬臂段)和横梁作为一个整体,采用平面刚架计算模型,将横梁和前、后排桩相接部位视为刚接节点,土压力作用在后排桩的悬臂段范围内,嵌固段范围内土体对桩的侧压力作用于前、后两排桩,利用土弹簧进行模拟。通过工程实例表明,本文采用的平面刚架(包括后排桩悬臂段)计算模型和方法较合理,对类似工程复杂地质水文环境中 h 型抗滑桩设计具有指导意义。

关键词:土质高边坡;h 型抗滑桩;平面刚架模型;数值计算;工程应用

1　工程概况

1.1　地理位置与区域地质背景

场区位于青藏高原与四川盆地的过渡地带,区内最高海拔 1145m,斜坡坡脚沟谷处海拔 958m,相对高差 187m,属构造剥蚀低中山地貌(图1)。该段路顺斜坡展布,斜坡自然坡度一般在 25°～35°,近坡脚 G318 线处斜坡度较大,约 55°。土质高边坡位于雅安至康定高速公路 C11 合同段 K59+092～K59+197.9 段,在天全河右侧斜坡上,坡体植被发育,斜坡下方有民房及田地,堆积体厚度较大,路面设计高程 986.97～988.07m。斜坡区地表广泛分布第四系全新统崩坡积层、第四系更新统冲洪积层、元古界花岗岩。

图1　边坡地形地貌影像图

1.2 边坡工程地质条件

1) 地层岩性

根据工程地质测绘及钻孔揭示(图2),边坡堆积体主要由三层不同成分物质组成(图3)。第一层为第四系全新统崩坡积层,分布于线位左、右两侧的坡体上,成分以粉质黏土、碎石、块石为主,石质成分主要为花岗岩,发育厚度16~28m。其中,粉质黏土:黄褐色,软塑状,黏粒为主,粉黏次之,局部含块石、碎石、角砾,占比约10%;碎石:杂色,饱和,中密,块石约占30%,碎石约占50%,20%的黏土及角砾充填,石质成分为强风化花岗岩。

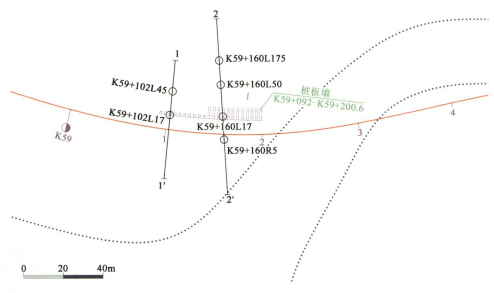

图2 工程地质平面图

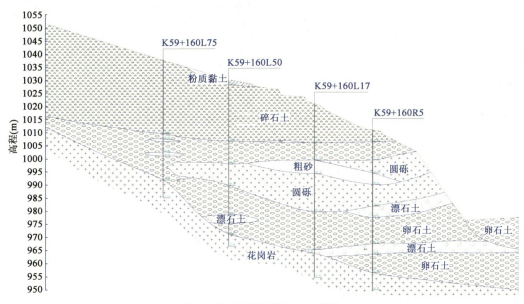

图3 典型地质断面图(2—2′剖面)

崩坡积层下部为第四系更新统冲洪积层,成分以圆砾、卵石为主,含粗砂及漂石,发育厚度18~46m。其中,粗砂:灰色,潮湿,中密,沙粒均匀性差,粗砂约占70%,淤泥约占30%,手捏具有轻微塑性,该层多呈透镜分布;圆砾:杂色,潮湿,中密—密实,磨圆度较好,球度中等,呈次圆—次棱角状,20%的砂及淤泥充填,石质成分主要为花岗岩;卵石:杂色,潮湿,密实,磨圆度好,球度中等,呈圆状、次圆状,少数为球状,30%的砂及圆砾充填,石质成分主要为花岗岩;漂石:杂色,潮湿,密实,磨圆度好,呈圆状、次圆状,10%的砂及圆砾充填,石质成分以花岗岩为主,该层多呈透镜分布。

第三层为元古界花岗岩,细—粗晶结构,块状构造,主要矿物成分为长石、石英,含大量暗色矿物。风化带:岩石较破碎,呈碎块状,锤击易碎;中风化带:岩芯颜色新鲜,完整,呈块状,局部呈短柱状,节长为20~30cm,RQD为60%。

2)地质构造及地震

场区内未见断层、褶皱,地质构造简单,根据《中国地震动参数区划图》(GB 18306—2015),场地地震动峰值加速度为0.20g,地震动反应谱特征周期0.45s,对应的地震基本烈度为Ⅷ度。

3)水文地质条件

调绘区内未见有地表水出露,据钻孔揭露,地下水有松散层孔隙水及基岩裂隙水,地下水位分布:K59+160R5钻孔水位线-23.1m,K59+160L17钻孔水位线-20.3m,K59+160L50钻孔水位线-34.6m,K59+160L75钻孔水位线-32.2m(图4)。根据水样测试,区内环境水对混凝土及钢筋混凝土结构中的钢筋具有微腐蚀性。

图4 K59+160L75岩心

2 分析计算

2.1 土压力计算

选取边坡典型设计断面进行计算,结合室内试验和工程类比,综合确定了表1所示的主要岩土物理力学参数。考虑Ⅷ度地震,地震动峰值加速度取0.2g。按库仑土压力理论计算的主动土压力见表2。

岩土体物理力学参数　　　　　　　　　　　　　　　　表1

地层代号	岩土名称	状态	天然密度（g/cm³）	天然状态黏聚力（kPa）c	天然状态内摩擦角（°）φ
Q_4^{c+dl}	碎石	中密—密实	2.15	8	37
	块石	密实	2.35	10	38
Q_3^{al+pl}	粗砂	中密	2.10	4	29
	圆砾	中密—密实	2.10	5	32
	卵石	密实	2.20	6	36
	漂石	密实	2.25	10	38

主动土压力计算结果　　　　　　　　　　　　　　　　表2

计算断面及工况	自然工况	地震工况
K59+134断面（kN/m）	1545	1655
K59+187断面（kN/m）	2173	2778
K59+197断面（kN/m）	2305	2961

2.2 抗滑桩计算

边（滑）坡防治措施的选择必须综合考虑滑坡推力大小、滑面深度与特征、施工技术水平、工程性质等影响因素。根据滑坡推力或土压力的大小，防治措施的选择可按表3确定。

防治措施　　　　　　　　　　　　　　　　　　　　表3

滑坡推力或土压力（kN/m）	防治措施
300 < T < 1000	普通抗滑桩、锚索抗滑桩
1000 < T < 2000	宜采用预应力锚索抗滑桩
T > 2000	双排抗滑桩、门架式双排抗滑桩、h型抗滑桩及其与锚索的组合结构

对于大型滑坡的治理，特别是针对土质路堑高边坡防治工程，仅靠增加桩体的横截面积来提高支挡能力是有限的，且大截面桩造价高、施工困难，此时可优先采用h型抗滑桩。h型组合抗滑桩是用横梁连接前、后两排桩，外形似h型的可抵抗大推力的支挡结构，与常规抗滑桩相比，h型抗滑桩具有整体刚度大、结构受力合理、抗滑及抗倾覆能力强、收坡快、施工简便等优势，从而在大型滑坡（或边坡）的防治工程中得到广泛应用和推广。针对该工点，若按照坡比1∶1放坡，每级高度10m，总高度将达到55~60m，高度过大，同时结合上述土压力计算结果，拟采用h型抗滑桩进行支挡，h型抗滑桩的悬臂段能降低路堑边坡开挖高度，起到"收坡"的效果，且h型抗滑桩结构具有较大的刚度，抵抗侧向变形能力增强，起到"固脚的效果"。

h型组合抗滑桩受力机理复杂，相关规范并无明确的计算方法，目前对h型抗滑桩的理论研究主要是选取合适的计算模型。通常情况下，往往采用不同的计算模型来分析计算h型抗滑桩桩身受荷段和桩身锚固段的内力分布。主流的计算模型有：①桩、系梁以及桩间的土体视为整体,将桩受到的土抗力简化为弹性支承,提出了桩间土体对前桩的作用模式和作用力计算分析模型,如图 5 所示,并将温克尔弹性地基梁方法和有限元理论相结合,建立求解双排抗滑桩内力的力学模型。②将双排抗滑桩视为桩、梁、岩土共同作用的单层多跨框架结构,如图 6 所示,并考虑桩间的土拱效应、系梁的协同作用,提出双排抗滑桩的结构受力模型。③根据 h 型抗滑桩的受力特征,提出以滑面为界,滑面上部桩身的受荷段可按照横向弹性地基约束的平面刚架模型来分析其结构内力,在考虑桩排间坡体压力作用的基础上,滑面下部锚固段可直接按照弹性地基梁理论计算其结构内力,如图 7 所示。

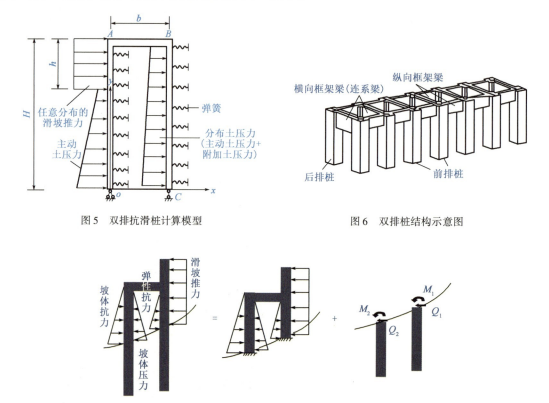

图 5　双排抗滑桩计算模型

图 6　双排桩结构示意图

图 7　h 型抗滑桩计算模型

从 h 型桩抗滑机理来看,由于后排桩与前排桩之间通过横梁连在一起而成为一个整体结构,因而当滑坡推力(或土压力)直接作用于后排桩上时就表现为 h 型桩结构本体直接抵抗滑坡推力。在桩后滑坡推力的作用下,后排桩把力传递到横梁,横梁再传递到前排桩,三者形成受力共同体,实质上可视为平面刚架的作用。也就是说,桩后滑坡推力首先由平面刚架来抵抗,如图 8 所示。在这个平面刚架中,其在滑面以上部分主动抵抗滑坡推力,使前、后桩变形并产生内力,再向下传递到稳定的滑床中,从而使整个结构整体直接抵抗滑坡推力。本次计算将前排桩、后排桩(包括悬臂段)和横梁作为一个整体(图 9),土压力作用在后排桩桩顶至边沟高程的范围内,边沟沟底高程以下作为嵌固段,嵌固段范围内土体对桩的侧压力作用于前、后两排桩,采用土弹簧进行模拟,通过"节点弹性支承"功能施加在模拟桩的梁单元节点上,双排桩和横梁视为平面刚架进行计算。

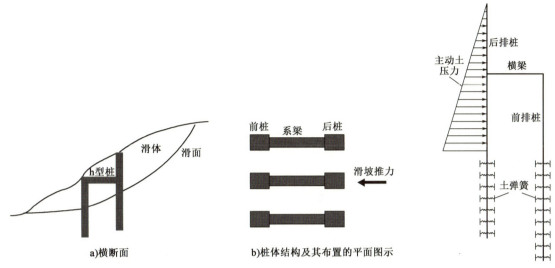

图 8　h 型抗滑桩示意图　　　　图 9　h 型抗滑桩受力分析

本次采用 Midas civil 软件对抗滑桩内力和变形进行计算,计算模型和计算的弯矩、剪力图如图 10 所示。最大的弯矩为 56154kN·m,位于后排桩的中下部范围,前排桩中下部和横梁与前、后排桩相连接部位的弯矩也较大,数值为 32000~45000kN·m;最大的剪力为 12000kN,位于后排桩的中部,后排桩下部范围和横梁剪力也较大,数值为 7500~7800kN;桩体变形由上而下逐渐减小,最大桩顶位移为 53mm。根据上述内力计算结果,对双排桩和横梁按照相关标准的规定进行配筋,其中在前述计算模型中,假定横梁和前排桩、后排桩为刚接节点,故在构造上采取了一定措施,一方面是将前排桩两侧主筋和横梁主筋拉通布设,另一方面在主桩上对应横梁范围内植筋,植筋与横梁主筋进行机械连接。

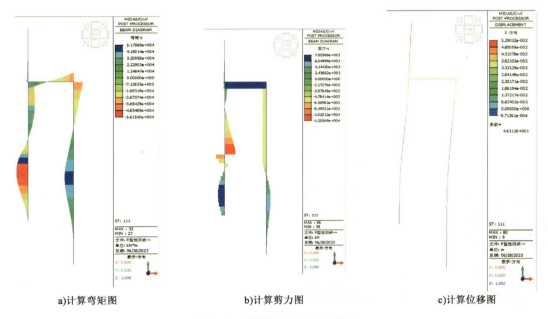

图 10　h 型抗滑桩变形和内力计算

3 处治工程措施及效果

整个边坡处治措施分为三大部分(图11):一是坡脚抗滑桩支挡,确保高边坡整体稳定;二是坡面框架锚杆防护,防止坡表局部浅表滑塌和雨水冲刷;三是采取截排水措施,减少雨水浸入。

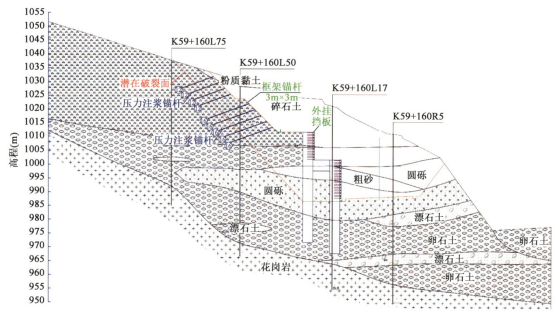

图11 处治设计断面图

(1)边沟平台外侧设置 h 型抗滑桩支挡,前、后两排桩截面尺寸均为 2.4m×3.6m,长40m,横梁截面尺寸为 2.4m×4.0m,长6m,h 型桩桩间距5.4m。后排桩浇筑前应进行植筋,横梁和前排桩应同时浇筑。

(2)桩板墙顶设框架锚杆,锚杆间距为 3m×3m,锚杆采用压力注浆锚杆。D 型桩桩顶范围压力注浆锚杆长度为 12m;E 型桩桩顶一级边坡压力注浆锚杆长 16m,二级边坡压力注浆锚杆长 12m;F 型桩桩顶一级边坡压力注浆锚杆长 16m,二级边坡压力注浆锚杆长 12m。

(3)桩板墙顶 9m 宽平台增设平台截水沟,边坡坡口外 2m 设置截水沟。

滑坡处治工程已于 2016 年初完成,高速公路已通车运营,经历了 8 个雨季,根据监测资料及勘察设计人员现场核查情况,高边坡未出现变形,处于稳定状态,满足高速公路设计的相关要求(图12),这表明,对土质高边坡的地质认识、地质模型建立、力学计算模型的分析是正确的,采取的治理方案是合理的。

图12 处治效果

4 工程体会及建议

通过本案例的分析研究,针对山区高速公路中的土质高边坡路段,体会及建议有以下几点:

(1)有条件情况下应尽量优化线路平、纵面图,尽量降低土质路堑段边坡开挖高度,降低工程风险。

(2)山区公路中的土质高边坡,推力较大时宜优先采用 h 型抗滑桩;在工程设计计算时,可采用文中提出的平面刚架计算模型,通过工程实例证明,计算模型和方法、设计方案较合理。

参 考 文 献

[1] 张永杰,李侑军,曹文贵,等.大型滑坡预应力锚索 h 型抗滑桩处置方法研究[J].水文地质工程地质,2014,41(5):57-63.

[2] 周翠英,刘祚秋,尚伟,等.门架式双排抗滑桩设计计算新模式[J].岩土力学,2005(3):441-444,449.

[3] 钱同辉,唐辉明.双排门式抗滑桩的空间计算模型[J].岩土力学,2009,30(4):1137-1141.

[4] 肖世国.边(滑)坡治理中 h 型组合抗滑桩的分析方法及工程应用[J].岩土力学,2010,31(7):2146-2152.

雅康高速公路 K64+412 新沟右线大桥右侧变形体处治设计案例分析

顾 涛 李 勇 蒋瑜阳 李朝阳 赵 凯 张 斌

(四川省公路规划勘察设计研究院有限公司,610000,成都)

摘 要:雅康高速公路走廊带位于四川盆地与青藏高原过渡带、四川三大断裂带的"Y"字形构造交会部位,面临极其复杂的地形、地质、气候和生态条件,凸显高海拔、高烈度地震区与高速公路建设之间的矛盾,建设环境条件十分恶劣,不良地质病害分布广泛。本文以新沟右线大桥右侧变形体灾害处治为例,对桥梁施工过程中出现的地质病害发展过程、特征、处治措施等进行了分析,分析了病害产生的原因,通过方案比选提出了支挡加固措施,为类似桥位区松散堆积体边坡的设计和治理提供借鉴。

关键词:垮塌;变形体;稳定性评价;区域断裂;降雨;防护措施

1 工程概况

1.1 地理位置与区域地质背景

雅康高速公路起于四川省雅安市草坝镇,止于康定市城边,全长约 135km,其中起点至二郎山隧道进口段位于雅安市境内,植被繁茂,碧装素裹,气候常年湿润,降水十分丰沛,山体层峦叠嶂,路线走廊带位于四川盆地向青藏高原过渡段,由丘陵向中山地貌过渡;二郎山隧道出口至止点段位于泸定、康定境内,植被发育一般,气候干燥少雨,山体巍峨雄壮,路线走廊带位于中山、中高山峡谷段。路线穿越众多大型、区域性褶皱、活动断裂,如尹家村断裂、青龙断裂、三合断裂、保新厂—凰仪断裂、二郎山断裂、泸定断裂等,区域地质极其复杂,地震活动十分频繁,不良地质体十分发育,崩塌、岩堆、危岩等广泛分布,地质环境极其脆弱。新沟右线大桥位于雅安市天全县新沟镇境内,天全河左侧岸坡,地势陡峭,受区域性活动断裂三合断裂带和新沟向斜影响,工点区泥岩、页岩、砂岩等挤压变形明显,岩层产状变化较大,岩体较破碎,堆积体广泛分布,坡体内地下水十分丰富。场区地震动峰值加速度为 0.2g,地震动反应谱特征周期为 0.40s,对应地震基本烈度为Ⅷ度。

1.2 工程地质条件

工点区属中山地貌,海拔 1401~1502m,地形横坡较陡(40°~55°),地质条件、环境条件极其恶劣,气候常年湿润。区域性活动断裂三合断裂从工点区附近通过,且工点位于新沟向斜褶皱影响范围内,受断裂和区域褶皱影响,岩体较破碎,节理发育,崩塌危岩发育,覆盖层分布广泛,以大块石为主,厚度分布不均,钻孔揭露厚度 5~25m,下伏地层为二叠系茅口组、栖霞组白云岩、灰岩、岩溶角砾岩,三叠系须家河组粉砂质泥岩、炭质页岩和粉砂岩,砂泥岩有倾倒变形现象,炭质页岩有挤压弯曲现象,受隐伏性不明断层控制,白云岩与砂泥岩层不整合接触(图1)。

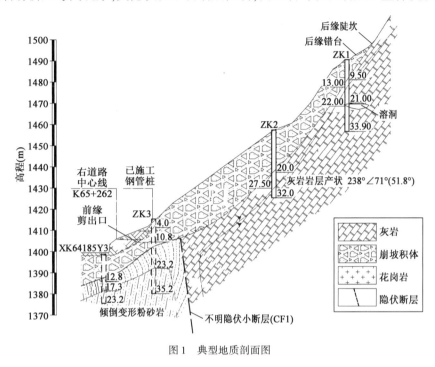

图1 典型地质剖面图

2 设计、施工情况及变形特征

2.1 施工图设计情况

路线以桥梁形式从堆积体坡脚通过,全桥长 625.2m,上部结构采用预应力混凝土简支 T 梁,桥面连续,下部结构桥台采用柱式台,8 号桥墩采用实体制动墩,其余桥墩采用圆柱墩,墩台均采用桩基础,桥址区除坡脚既有村道设有路堑矮墙外,现状边坡未见新变形迹象,无设计支挡措施。

2.2 工程施工情况及变形特征

桥梁施工过程中出现三次边坡变形,根据边坡变形程度、规模不同,采取了不同处理措施,根据不同阶段施工情况对其变形情况分别阐述如下(图2):

(1)第一阶段施工及变形情况:2015 年 2 月现场清理场地,开挖 4 号桥墩桩基作业平台及施工便道,边坡开挖后形成陡峭临空面,由于原地表横坡较陡,加上浅表块石土较为松散,4 号承台基坑边坡开挖后出现局部垮塌、溜滑,纵向长约 19m,横向长约 18m。对 4 号承台基坑边坡采用挂网喷锚 + φ140mm×4.5mm 的钢管桩方案支挡防护,桩长 15m,同时对 5 号、6 号和 7 号墩右侧基坑边坡增加临时预加固挂网喷锚措施。

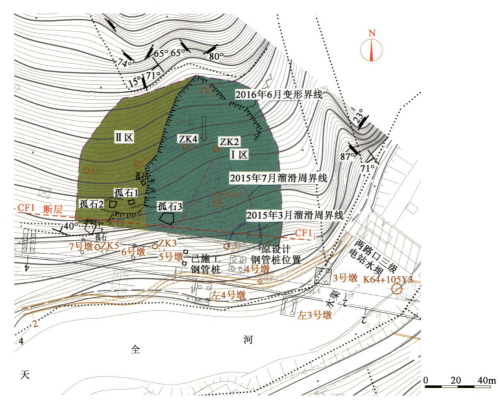

图 2 工点区历次变形演化平面图

（2）第二阶段施工及变形：2015 年 4 月 29 日施工单位开始清理场地，5 月 1 日现场开始对垮塌坡面进行初次喷浆防护。当喷浆至锚杆防护高程时，边坡于 5 月 11 日出现浅表溜滑，7 月 4 日喷浆坡面基本已被全部破坏，坡表裸露大量大块石，溜滑体后缘溜滑 0.5~1m，前缘无明显剪出变形现象，浅表变形溜滑体宽约 72m，纵长约 65m。根据动态施工地质变化和地表形态变化情况，对设计防护范围进行了优化，延长微型桩处治范围至 5 号承台基坑边坡，同时在微型桩桩顶系梁上增加一道拦石墙，将右线 4 号、5 号墩承台埋深分别减小 3m、2.5m，减少基坑边坡开挖对边坡的扰动影响。

（3）第三阶段施工及变形：2016 年 2 月开始施工钢管桩，4—5 月完成钢管桩和拦石墙施工。进入雨季后，项目区降水十分丰富，且降水较往年活动频繁，强降雨持续时间相对较长，使得大量地表水沿破坏的初次喷浆坡面孔隙进入坡体内部，软化了浅表松散土体，加上 6 号~7 号墩之间便道开挖形成 7~14m 高的临空面，在持续频繁强降雨影响下，边坡于 6 月 28 日再次出现垮塌、溜滑，5 号墩后缘钢管桩混凝土挡墙出现竖向裂缝，整个变形范围后缘拉裂缝横向距离路中线约 120m，后缘变形边界距离喷浆坡口约 50m，已经抵近斜坡中部基岩界限，纵向长约 103m。根据现场调查，4 号~5 号墩之间右侧斜坡后缘变形为滑移下错，后缘滑移约 0.4~2.5m，陡坎下错约 2m，未见拉裂槽形成。另外临近的 6 号~7 号墩之间右侧便道边坡坡口出现垮塌，坡口下错约 1.5m，坡口附近沿路线纵向产生约 30m 的拉裂槽，宽约 1m，且有不断加剧变形趋势。5 号~6 号墩之间右侧小冲沟为变形体主要变形侧壁边界，侧壁滑移下错长约

70m，陡坎下错1~2m。坡表多处大块石出现底部松动拉裂现象。此阶段典型变形如图3~图6所示。

图3 第三阶段浅层滑移变形航测全景地貌

图4 4号墩右侧斜坡后缘滑移下错陡坎

图5 7号桥墩坡口后方10m孤石拉裂槽宽约5m

图6 7号桥墩承台坡口垮塌

针对变形情况，设计提出应急处治措施和补充勘察方案，增设北斗监测系统、深部监测、地表裂缝监测系统。设计采用上部清方减载+中部框架梁锚杆/锚索+下部锚索桩板墙+截排水系统联合防护措施。2017年12月桥梁完成施工，为确保桥墩安全，于12月底优先对下部锚索桩和截排水工程进行施工,施工期间加强桥墩和支挡桩桩基变形监测,监测数据反应地表变形不明显。

(4)第四阶段施工及变形:2018 年 8 月抗滑桩施工期间,8 号~12 号抗滑桩上部挂网喷锚边坡及坡表危岩大孤石出现松动迹象,喷锚表部裂缝宽 0.5~1cm,呈弧形,北斗监测数据反映地表累计位移由 8 月 2 日的 2.9cm 加速增加至 8 月 8 日的 8.1cm,沉降变形由 1.53cm 增加至 5.92cm,但前缘未见剪出口迹象。局部桩基内现涌水现象。采取桥墩左侧坡脚临时反压措施,调整仰斜式泄水孔位置穿越桩身突水位置引排,同时井内泵机抽水。2019 年 3 月根据施工反馈桥梁已通车运营,上部清方减载难度大,设计将上部清方减载方案优化为框架梁锚索/锚杆原位加固方案,运营期间北斗监测数据和现场地质调绘表明,桩体施工后,上部边坡变形趋于收敛。

3 灾害性质与机理

3.1 变形原因综合分析

1)内部控制因素

本项目位于丘陵至青藏高原的过渡带,区域构造运动活跃,属高烈度地震区(Ⅷ度),受三合断裂及新沟向斜褶皱影响,地形陡峭,岩体较破碎,致使沿线崩塌危岩发育,表部覆盖层分布广泛,为边坡失稳创造了物质基础条件,钻孔揭露岩土接触面坡度极陡,为 47°~53°,堆积体内孤石存在架空结构,隐伏性断层导致砂泥岩与白云岩不整合接触,断层附近岩体破碎严重,须家河组粉砂岩强度较低,岩体有倾倒外倾变形迹象,岩土体本身复杂的内部结构不利于坡体稳定,复杂的地形地质条件是边坡失稳的主要内在控制因素。

2)外部诱发因素

项目区降水十分丰富,且降雨量较大,尤其是 2016 年汛期降雨较往年活动频繁,降雨持续时间长、强度大。频繁的降水活动使得大量地表水渗入坡体内部,软化了岩土体抗剪强度,有利于诱发崩坡积体产生溜滑、垮塌等地质病害,抗滑桩施工期间,桩基内部大量涌水出现,进一步表明坡体内部丰富的地下水赋存,丰富的降水是边坡失稳的外在诱发因素。

另外,施工期间临时便道及桥墩承台边坡开挖后,形成新的临空面,破坏了原始地表形态和原始应力平衡,由于新临空面无法长时承受上覆土体重力,使得边坡长时临空出现卸荷松弛,出现局部垮塌、蠕变,而汛期持续降雨影响,诱发边坡加剧坡体发生更大范围的牵引式滑移变形。

3.2 变形机理

本段为高陡堆积体边坡,地下水较丰富,路线以桥梁形式通过,桥梁桩基施工过程中,形成了临时贯通便道,同时桥梁墩台形成了临时基坑边坡,临时边坡开挖后,破坏了原始地表应力平衡状态,由于地形横坡中陡,浅表土体在自重荷载作用下,形成向新近临空面缓慢蠕变趋势。工程临时边坡开挖形成于降雨汛期,降水具有持续性强、强度大、降水频率高等特点,施工受降雨影响断断续续,无法短时间内完成坡面防护及桥梁施工,在外界持续地表水作用下,大量地表水沿浅表架空孔隙、蠕滑土体接触面下渗,软化了土体内部抗剪强度指标,同时大量地下水赋存于堆积体内,加重了土体自重,在地下动水压力和静水压力双重作用下,最终形成后缘以裸露的陡倾灰岩层面为后缘拉裂控制面,侧壁以地表冲沟负地形为边界,前缘以临时边坡为剪出口的陡倾滑移拉裂变形。

3.3 斜坡变形体稳定性发展趋势及危害性预测

斜坡变形体现阶段处于蠕动变形阶段,整体处于临界稳定状态。2015—2017年变形历史表明,进入雨季后,受降雨入渗的不断影响,土体变形范围及深度呈进一步发展趋势。进入2018年雨季后,斜坡变形进一步发展,侧壁滑移面陡坎高度明显较前期高约0.5~1m,但根据现场多次地质调绘和北斗监测数据分析,边坡变形主要表现为浅层变形,但若不及时完成下部支挡和上部框架梁锚固措施,持续累计蠕滑变形将增大坡体整体滑移失稳风险,同时坡脚抗滑桩因超负荷运行可能出现潜在失稳风险,对高速公路桥梁安全运营产生严重安全威胁。

4 分析计算与稳定性评价

4.1 边坡失稳参数反演计算

坡表上部斜坡为全新统崩坡积体覆盖层,主要为块石,石质成分主要为二叠系栖霞茅口组白云岩,质硬,呈次棱角状,块石含量>50%,粒径以20~25cm为主,以稍密状为主,潮湿,透水性好。

根据变形程度不同,分别选取变形强烈的Ⅰ区和变形较弱的Ⅱ区典型地质剖面进行计算,根据前述分析,按最不利的沿岩土界面产生的土体牵引式滑动,前缘剪出口为现有临时边坡坡脚,后缘以变形体第三阶段后缘拉裂缝为界,以此进行计算。

(1)Ⅰ区潜在滑面参数的确定:首先根据现阶段开挖后坡体的稳定状态进行反算。坡体局部已经出现开裂变形,后缘陡坎下错明显,地表变形强烈,但斜坡整体处于蠕动变形阶段,结合变形体前缘已经设置钢管桩,选用暴雨状态下1.00进行稳定度反算,且由于滑坡体主要由稍密状块石,呈潮湿状组成,在勘察、试验基础上,设计计算各参数取反演值。

(2)Ⅱ区潜在滑面参数确定:位于小冲沟至7号墩段,右侧边坡除桥墩右侧便道边坡口有垮塌变形外,坡口后缘目前无明显大范围变形迹象,此区域为弱变形区域(Ⅱ区),边坡整体稳定,堆积体后缘未见拉裂变形迹象,反演计算潜在滑面按最不利岩土分界面进行控制,后缘以裸露基岩为界,前缘以开挖临空便道坡脚为剪出口,反演稳定度选用暴雨状态下的取值,取1.02,反演结果见表1。

参数取值　　　　　　　　　　　　　　　　　　　　　　　　　　　　表1

工况	强烈变形区(Ⅰ区)			较弱变形区(Ⅱ区)		
	黏聚力c(kPa)	内摩擦角φ(°)	重度(kN/m)	黏聚力c(kPa)	内摩擦角φ(°)	重度(kN/m)
天然工况	18.5	32	21.5	14.0	38	21.5
暴雨工况	16	31	22	12.0	37	22.0

4.2 稳定性评价

斜坡变形主要由复杂的地质条件、地质构造控制,陡峭的地形使得施工需要对桥梁承台和桥梁桩柱进行基坑边坡和便道边坡开挖,边坡开挖形成新临空面之后,浅表土体无法长时自稳,边坡局部后方覆盖层土体产生牵引式滑动失稳变形,随着时间的推移,在频繁的降雨诱发作用下,失稳变形的范围逐步向斜坡中部发展,并已抵近后缘基岩界限,失稳变形的深度也逐步由浅表覆盖层向深层发育。

现阶段变形的特征主要为:坡表零星大孤石蠕动,挂网喷浆坡面断续出现裂缝,后缘贯通性拉裂缝发育,前缘坡脚已施工抗滑桩,其桩后临空面溜滑及桩体侧壁护壁开裂,变形体处于临界稳定状态。

5 处治工程措施及效果

5.1 应急抢险处治措施

应急抢险措施主要采用临时堆袋码砌反压 + 永临结合仰斜式泄水孔(图7)。

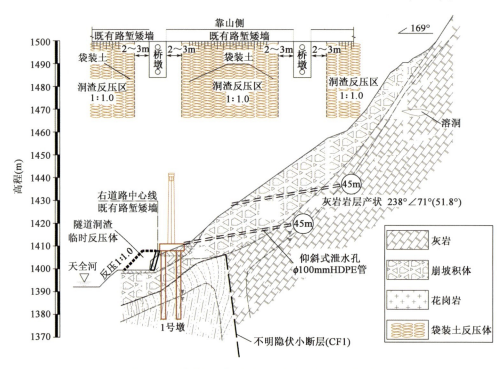

图7 变形体应急抢险处治方案设计典型断面示意图

(1)坡脚临时反压:从既有改赔道路路基高程开始,按1∶1.0进行反压,每级反压高度按8m控制,平台宽8m。反压范围为4号与5号桥墩之间,5号与6号桥墩之间,1号抗滑桩与4号桥墩(5号抗滑桩)之间临空面边坡范围。

(2)桥墩周围采用袋装土堆砌,距离桥墩2~3m,避免斜坡上的反压体侧向溜滑推移桥墩引起桥墩变形。

(3)反压时,应分层填筑并压实,每层厚2m,避免土体过松后续产生沉降拉裂变形,危及反压边坡稳定及桥墩安全。

(4)永临结合仰斜式泄水孔设计:考虑坡体内地下水较丰富,在抢险阶段优先进行地下水疏导排泄,将永久性措施仰斜式泄水孔提前实施。泄水孔采用高密度聚乙烯(HDPE)双壁打孔波纹管,管径 100mm,周围采用双层渗水土工布包裹,长度应至基岩下 3m,钻孔直径110mm,水平间距为 10m,在靠近原地表出水口 60cm 长度范围内用黏性土或止水材料堵塞钻孔与排水管之间的孔隙,排水管内 1~3m 不打孔,波纹管截水段内打孔,在反压体段泄水孔不打孔,避免恶化临时反压坡体。

泄水孔高度为第一级反压平台 1~2m 高度调整,长度 30~45m,水平间距为 10m。

第一排共计 15 根,总长约 575m,第二排泄水孔位于抗滑桩桩后斜坡上,共计 12 根,总长约 471m,距离桥墩承台顶高 5~8m,水平间距为 10m,单根长 25~45m,深度以钻至基岩内 5m 为控制深度。第二排泄水孔与第一排泄水孔应交错布置。

5.2 永久性处治措施

永久性处治措施包括坡体内仰斜式泄水孔,坡面框架梁锚索/锚杆锚固,前缘固脚大尺寸锚索桩板墙支挡(图8),后缘及桩顶被动网拦挡危岩落石,变形周界截排水沟,主要措施如下。

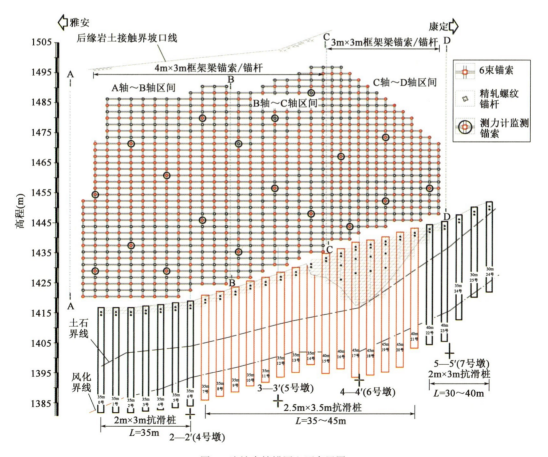

图8 边坡支挡锚固立面布置图

(1)锚索桩工程:锚索桩共计27根,桩中心间距5m,桩前现浇挡土板。其中0号~6号抗滑桩桩截面尺寸为2m×3m,桩长35m,每根桩顶锚索2根,锚索长30m和35m;7号~14号抗滑桩桩截面尺寸为2.5m×3.5m,桩长35m,每根桩顶锚索2根,锚索长32m和35m;15号~21号抗滑桩桩截面尺寸为2.5m×3.5m,桩长40~45m,每根桩顶锚索2~4根,从桩顶至下锚索桩分别为40m、35m、35m和30m;22号~26号抗滑桩桩截面尺寸为2m×3m,桩长30m、35m和40m,每根桩顶锚索2根,锚索长33m。

(2)框架梁预应力锚索/锚杆工程:根据不同典型断面地形、覆盖层厚度和计算结果不同,不同区域锚索(杆)长度分布不同。分成三个区间(A轴~B轴区间、B轴~C轴区间和C轴~D轴区间)。锚索均采用拉力型6束锚索,设计锚固力为750kN,考虑到边坡可能存在局部变形以及预应力损失情况,施工时采用多次张拉,超张拉值约为770kN,锁定荷载值为700kN。单根预应力锚杆设计抗拔力为125kN,锚杆倾角20°。锚杆为JL型C32精轧螺纹预应力锚杆,锚固力为200kN(图9)。

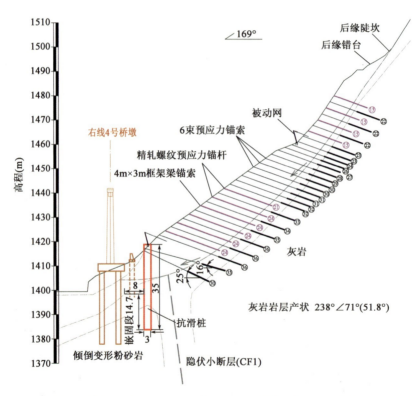

图9 4号桥墩右侧变形体边坡支挡锚固典型断面设计图(尺寸单位:m)

A轴~B轴区间:锚索桩后方中下部斜坡设置32排框架梁预应力锚索/锚杆加固,框格为4m×3m。锚杆与锚索在框架梁中交错布置。

B轴~C轴区间:锚索桩后方中下部斜坡设置30排框架梁预应力锚索/锚杆加固,框格为4m×3m。锚杆与锚索在框架梁中交错布置。

C轴~D轴区间:锚索桩后方中下部斜坡设置28排框架梁预应力锚索/锚杆加固,框格为3m×3m,锚索长22~35m。锚杆与锚索在框架梁中交错布置。

5.3 位移监测结果

深部位移监测时间从 2019 年 1 月至 2019 年 6 月,从时程曲线图可以得知,坡体变形主要集中在浅表,向临空方向滑移的最大位移量约 10mm(SCJC2 号点),约 38m 深度位置,总体上,各深部位移孔揭露变形较小,基本均小于 10mm,尤其是 SCJC4 号点前缘深部位移曲线,没有表现出明显前缘深部剪出变形迹象,表明在抗滑桩施工完毕后,桩体受荷,承担了桩后边坡变形推力,缓解了坡体变形,同时表明现阶段在桩后边坡还未施作框架梁锚固工程情况下,边坡还未形成深部贯通性滑移面,抗滑桩施工后,浅表变形速率趋于稳定(图 10)。

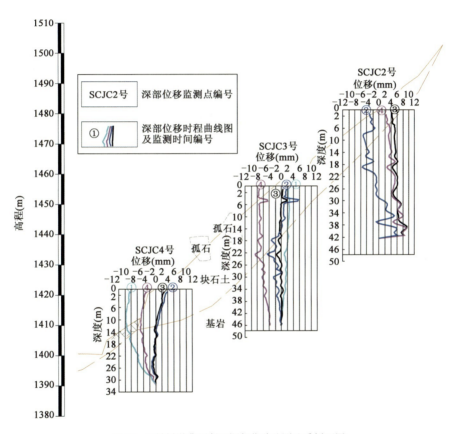

图 10　5 号桥墩典型断面深部位移监测地质剖面图

①-2019 年 4 月 11 日钻孔法向位移监测曲线图;②-2019 年 4 月 28 日钻孔法向位移监测曲线图;③-2019 年 5 月 29 日钻孔法向位移监测曲线图;④-2019 年 6 月 28 日钻孔法向位移监测曲线图

边坡框架锚固工程施工期间,深部位移无法继续监测,工程防护施工破坏了深部监测设备和钻孔,主要采用北斗地表位移监测系统。边坡锚固施工完毕,运营期地表监测和定期现场巡查表明,桥台未发现明显变形迹象,边坡北斗监测位移时程曲线波幅在监测误差范围内,无明显异常变形迹象(图 11)。

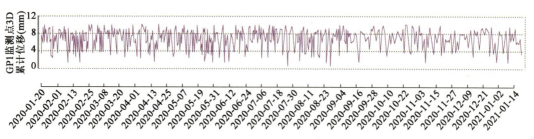

图 11　运营期 2020 年 1 月至 2021 年 1 月 GP1 点累计位移时程曲线图

6　工程体会及建议

（1）同等地形地貌条件下，常年气候湿润多雨山区比常年干燥少雨山区自然边坡稳定性更差，更易发生地质灾害，路线选择和工程处治设计时应重视气候因素对工程建设的影响，加强多雨山区工程处治和排水设计。

（2）高山峡谷区桥梁通过覆盖中厚、深厚的高陡斜坡路段时，在环境控制条件允许的情况下，应尽量选择绕避通过，或从堆积体前缘通过。

（3）设计阶段，应重视桥梁施工组织方案可实施性，应考虑桥位区便道施工可能对覆盖层边坡的扰动破坏，提前采取必要的预加固措施。

（4）桥梁桩基承台基础埋深在覆盖层陡斜坡地区不宜埋置过深，对处于极限平衡状态的边坡承台施工前，应采取预加固措施。

（5）重要工点支挡防护措施施工期间，增加必要的深部位移监测和地表位移监测系统，有利于信息化、科学化指导设计和施工，及时预警预判边坡变形发展趋势，对验证和完善设计方案、合理控制工程造价具有重要意义。

九寨沟景区道路树正瓶颈路段土质陡斜坡段加宽处治及边坡防护

严 松　汪晓锋　向 波　李定坤

(四川省公路规划勘察设计研究院有限公司,610000,成都)

摘　要:山区道路瓶颈路段的改造提升一直是工程设计和施工的难点,本文对九寨沟景区道路树正瓶颈路段的加宽处治和边坡变形进行案例分析,通过对土质路堑边坡的变形分析、参数取值、支护前后边坡稳定性验算,确定土质边坡支护形式,将锚索框架梁、钢花管、桩基托梁、轻质土、CBS植被混凝土护坡绿化等多种综合防护措施应用于欠稳定土质边坡处治中,同时,通过对景点附近的公路工程防护结合生态环保理念,成功治理了瓶颈路段的路基加宽及边坡溜塌,得出了宝贵的经验教训,同时给类似边坡的设计和治理提供借鉴。

关键词:瓶颈路段;堆积体;土质边坡;路基拓宽;形成机理

1　工程概况

1.1　地理位置与区域地质背景

九寨沟景区道路位于四川省阿坝藏族羌族自治州九寨沟县境内,是世界自然遗产九寨沟的主要道路,道路始建于1965年,后续经过多次提升改造。受九寨沟"8·8"地震的影响,该道路出现多处滑塌、崩塌落石、泥石流、滑坡等病害,造成路基路面损坏严重,行车安全面临严峻的挑战,景区形象严重损毁。"树正瓶颈"位于沟口至长海段路线上,是景点树正群海处的一处瓶颈路段(K9+136~K9+484段),原路基宽度仅有5~5.5m,不能满足景区内客运车辆双向通行的需要,常年堵车严重,造成旅客滞留,严重影响旅游服务质量,给景区管理带来了极大的困难。

树正瓶颈路段沿白水河流域树正沟左岸展布(图1),位于青藏高原和四川盆地两大地貌单元的过渡地带,以高寒山地与峡谷为主,区内平均海拔3000m以上,相对高度差达2000m,在震后改造阶段对树正瓶颈路段路基进行了拓宽处理,现按照路基宽度8.5m进行拓宽改造。

树正瓶颈路段位于树正社区南侧,道路左右两侧均为陡斜坡,坡度为40°~50°坡表广泛分布第四系泥石流堆积地层,坡面为块碎石土,结构松散,承载力低,发育厚度为40~50m。2018年5月,该路段右侧边坡在施工单位进场后开挖施工时,因边坡土体松散,且进入雨季雨水较多,边坡出现了垮塌。

图1 树正瓶颈路段遥感影像图

1.2 边坡工程地质条件

根据工程地质测绘及探槽揭示,堆积体主要由泥石流堆积块碎石土组成,覆盖层厚度为30～40m,该段路线位于泥石流堆积体中部陡斜坡处,旧有道路主要采用挖方路基的形式通过,在受到地震影响后,旧有道路路基右侧边坡出现多处浅表层的溜塌。在震后改造阶段,对该路段采用半填半挖拓宽处理,路线左右侧均为土质松散陡斜坡,右侧最大边坡高度约60m,坡度约60°,左侧临河边坡高约20m,坡度约45°(图2、图3)。

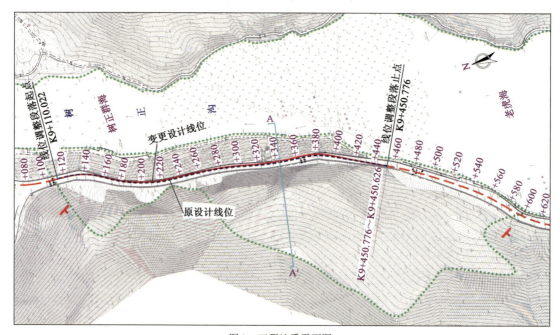

图2 工程地质平面图

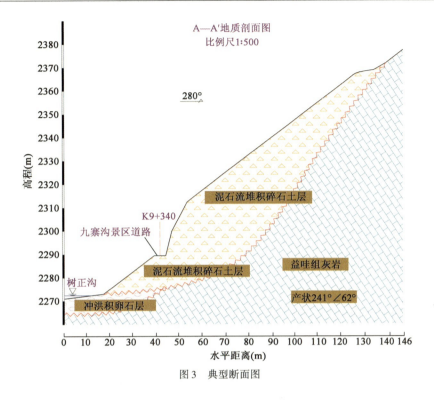

图3 典型断面图

2 设计、施工情况及边坡状况

2.1 施工图设计情况

该段边坡为公路土质边坡,施工图阶段对树正瓶颈路段路基进行了拓宽,其中 K9+133～K9+255 段、K9+275～K9+400 段加宽路基采用在路线左侧进行泡沫轻质土填筑(图4); K9+190～K9+484 段加宽路基采用开挖右侧边坡后用肋板式挡墙进行边坡防护(图5)。

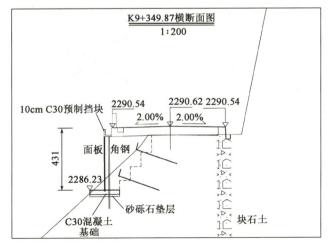

图4 左侧泡沫轻质土填筑加宽(尺寸单位:cm)

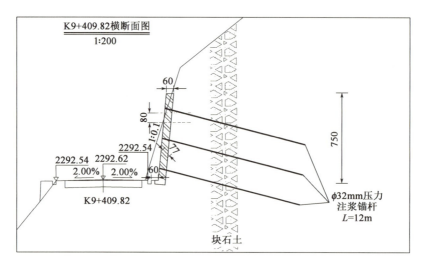

图 5　右侧挖方肋板式挡墙拓宽(尺寸单位:cm)

2.2　工程施工及边坡情况

2018年5月,该路段左、右侧边坡在施工单位进场后开挖施工时,因边坡土体松散,且进入雨季雨水较多,边坡出现了大范围垮塌,最大塌方高度约22m(图6)。该段左侧路基下方边坡在施工泡沫轻质土基础开挖过程中,因路基保通无法开挖台阶,且基础为碎石土、较松散,存在较大安全隐患,须对基础加固处理(图7)。

图 6　右侧边坡垮塌

图 7　左侧边坡陡峻山坳

综合分析该处工点具有以下特点:
(1)该点位于九寨沟著名景点树正瀑布处,不能过多地高填深挖处理。
(2)该处边坡属于震后的欠稳定边坡,处治段落长,工程设计需将工程安全和景观协调统一考虑。
(3)工程区地形陡峻,覆盖层厚度大、结构松散,浅表层土质滑坡范围宽,施工难度大。
(4)场区唯一交通要道,施工过程中需确保道路通畅。

3 灾害性质与机理

3.1 边坡垮塌成因

根据该路段病害特征,该路段的坡表土体失稳破坏为厚大堆积体上的浅表土质滑坡,其失稳变形的主要诱因有三个方面:①地震作用后致使松散堆积体原有的结构发生改变,在地震力的作用下坡体发生位移变形,浅表层发生大规模的垮塌;②坡体在地震作用下垮塌后,坡面裸露、坡体上裂隙发育、物质结构松散,地表水更易入渗坡体导致土体的抗剪强度降低;③坡体前缘临空面高,坡度陡,加之土体前缘人工开挖坡脚,加剧滑坡变形,综合导致土体沿最不利滑动面发生变形滑移。

3.2 变形破坏特征

现场调查揭示变形迹象主要表现为:地表裂缝、已有道路错断(图8)、坡体中上部块石松脱(图9),道路原坡面主动防护网松动掉落。

图8 已有道路错断　　　　　　　　图9 坡体中上部块石松脱

3.3 滑坡变形机理与发展趋势

通过对树正瓶颈路段的滑坡变形破坏分析,此段落的滑坡均为牵引式滑坡,开挖路堑的坡脚是该段牵引式滑坡的主要诱发因素。在自然条件下,松散堆积层组成的斜坡处在基本稳定或略高于极限平衡状态,坡脚是重要的阻滑段,切坡脚后,斜坡临空高度增加,抗滑力减小,导致切坡后的斜坡产生变形,坡面出现裂缝。在施工过程中坡面机械振动和雨水沿坡面裂隙灌入,斜坡产生贯通的滑动面,边坡前部的阻滑段抗力急剧减弱,从而诱发边坡产生整体滑移。通过对典型断面 K9+440.149 进行模拟计算,边坡开挖前安全系数为1.1,处于欠稳定状态,若不及时处治,边坡上部土体将持续发生临边滑塌,进一步牵引坡口以上的土体发生拉裂变形(图10)。

图10 滑坡处治前发生牵引破坏

4 分析计算与稳定性评价

4.1 滑坡参数反演计算

根据现场调查,可以判断该瓶颈路段的滑坡体均为浅表层堆积体滑坡。通过比较边坡在滑坡前后的变化,选取最不利断面K9+440.149进行参数反演计算(图11),块碎石土重度取21kN/m³,采用自动搜索圆弧滑面方法,将滑面结果与实际垮塌情况进行拟合,最终得到原坡面安全系数为0.98的滑面,与实际情况较一致,故得到该处块碎石土的黏聚力为8kPa,内摩擦角为38°。

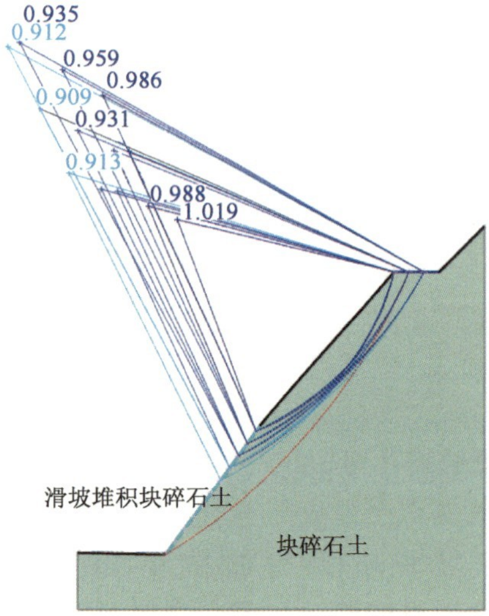

图11 滑坡自动搜索滑面及参数反演模型

4.2 稳定性评价

根据上述结论,模拟坡体开挖后边坡的变形稳定性,对边坡采用相应的支护措施后的稳定性计算分析。按设计线开挖后边坡稳定性系数为0.86,剩余下滑力为115.57kN/m,下滑力角度为40.29°,边坡将失稳破坏;在坡面采用3×3m锚杆加固后,边坡稳定性系数为1.18,满足规范要求,边坡稳定。

5 处治工程措施及效果

边坡在垮塌后根据该段陡斜坡瓶颈路段的边坡破坏特征,并结合实际地形条件对原设计方案进行调整优化处理。处治方案如下:

(1)总体上,路线向左侧进行局部微调,避免道路右侧上边坡过多和过高的开挖(调整路线见图2)。

(2)道路左侧陡斜坡拓宽处治,为保证轻质土基础稳定性,满足瓶颈路段的路基宽度,对左侧欠稳定或已发生溜滑的边坡,采用钢花管/锚索框架梁、桩基托梁等措施加固左侧下方边坡(图12);对 K9+400～K9+484 段右侧已经垮塌的边坡,在适当清理垮塌的边坡后,采用锚杆框架梁进行坡面防护,坡比采用 1∶0.5。

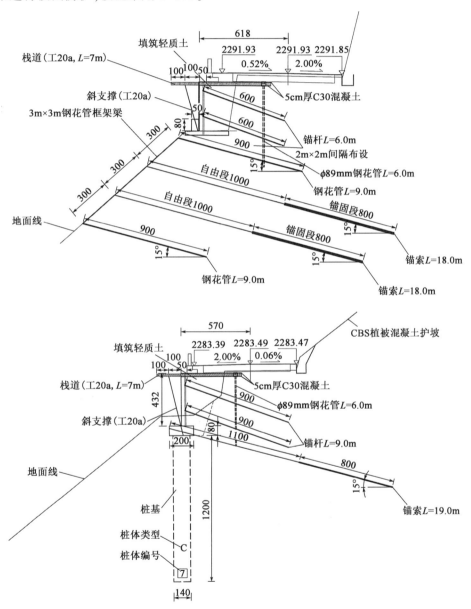

图12 左侧泡沫轻质土填筑和下边坡加固处治(尺寸单位:cm)

(3)道路右侧陡斜坡拓宽处治,因右侧土质挖方边坡,松散堆积体开挖易失稳,传统锚杆、锚索施工无施工条件,锚固作用较小,故在边坡修整拓宽施工前,为保证坡体稳定,根据实际情况采用钢花管防护进行了有效支护。后续再进行坡表挂主动网喷射 CBS 植被混凝土(图13)。

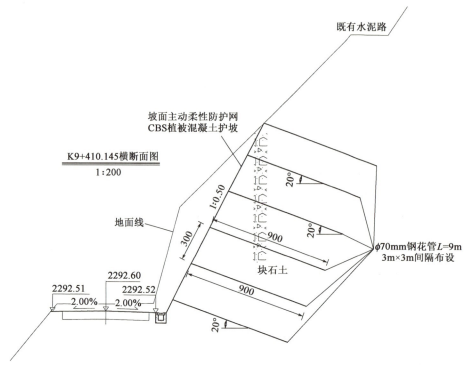

图13 右侧挖方钢花管防护+挂网喷射 CBS 防护(尺寸单位:cm)

施工过程中发现,松散碎石土边坡钻孔较困难,钻孔时机械振动导致坡面松散碎屑物持续松动,施工中存在一定的安全风险,且不易成孔,故在施工时采用先挂铁丝网喷浆封闭坡面,然后进行锚杆或钢花管加固,最后进行主动网安装。

(4)结合道路的特殊性,右侧裸露的边坡采用 CBS 植被混凝土护坡绿化处理(图14、图15)。

图14 树正瓶颈路段 CBS 植被混凝土护坡初期坡面　　图15 树正瓶颈路段 CBS 植被混凝土护坡效果图

CBS 植被混凝土生态防护技术是采用特定混凝土配方和混合植绿种子配方对岩石边坡进行防护和绿化的新技术。植被混凝土根据边坡地理位置、边坡角度、岩石性质、绿化要求等来确定水泥、沙壤土、腐殖质、保水剂、长效肥、混凝土绿化添加剂、混合植绿种子和水的组成比例。混合植绿种子是采用冷季型草种和暖季型草种根据生物生长特性混合优选而成,植被能四季常青、多年生长、自然繁殖。护坡绿化核心技术是混凝土绿化添加剂。混凝土绿化添加剂的应用不但增加护坡强度和抗冲刷能力,而且使植被混凝土层不产生龟裂,又可以改变植被混凝土化学特性,营造较好的植物生长环境(图16)。

图16 处治效果

6 工程体会及建议

通过本案例的研究表明,左右均为陡斜坡的瓶颈路段加宽时,需结合工程特性及时掌握边坡的开挖动态情况,在设计过程中充分考虑施工过程中的边坡稳定性及工程的可施作性。对于土质陡斜坡路段的拓宽和边坡防护有如下体会:

(1)土质陡斜坡路段拓宽或改造时,若原坡体稳定较差,尽量不开挖原始坡面,采用外侧加宽的方式通过,避免内侧坡脚开挖引起上边坡大范围牵引式垮塌。

(2)土质陡斜坡路段拓宽或改造时,土质挖方边坡,松散堆积体开挖易失稳,传统锚杆、锚索施工无施工条件,锚固作用较小,故在边坡修整拓宽施工前,为保证坡体稳定,根据实际情况采取钢花管防护进行了有效支护。若以高路堑边坡的方式通过,勘察阶段应充分查明堆积体的地质情况,并对堆积体边坡受开挖扰动后的整体及局部稳定性进行评价,设计阶段应充分重视堆积体前缘开挖扰动形成临空面易导致施工过程中出现的风险,施工过程中应考虑临时加固和预加固等支挡措施进行加固。松散碎石土边坡钻孔较困难,钻孔时机械振动导致坡面松散碎屑物持续松动,施工中存在一定的安全风险,且不易成孔,故在施工时采用先挂铁丝网喷浆封闭坡面,然后进行锚杆或钢花管加固。

(3)土质陡斜坡路段拓宽或改造时,下边坡的防护不仅要考虑路基范围内防护,还应从整体上对下边坡稳定性进行把控,将锚索框架梁、钢花管、桩基托梁、轻质土、CBS植被混凝土护坡绿化等多种综合防护措施应用于欠稳定土质边坡处治中,保证边坡的长期稳定性。

雅康高速公路大仁烟大桥 23 号及 24 号墩右侧线外高位滑坡毁桥灾害处治设计案例分析

刘天翔 程 强 雷 航 杨雪莲

(四川省公路规划勘察设计研究院有限公司,610000,成都)

摘 要:近年来,随着公路建设逐步向复杂艰险山区延伸,面临的地质问题也越来越复杂。特别是在我国西部山区,深厚堆积体斜坡分布广泛,在开挖、降雨、地震等影响因素作用下的变形和失稳风险较大,对公路工程的建设及运营安全构成极大威胁。本文以雅康高速公路线外深厚堆积体高位滑坡毁桥灾害为例,通过现场调查、分析、研究,揭示了深厚堆积体滑坡的演变过程、变形机理和滑移后的分区特征,并采用数值模拟和极限平衡对比计算分析,综合确定了需要支护的剩余高陡深厚堆积层潜在滑体的范围、厚度、稳定性及推力大小等,以此作为主要依据制定了相应的支护应对措施。支护工程完工后 5 年多来的安全运营和监测结果表明,处治后近 100m 厚的深厚堆积体长期稳定,未再出现变形迹象,确保了下方的高速公路和桥梁的安全运行。这种复杂艰险山区公路近 100m 厚堆积体滑坡的成功处治在国内外都是非常少见的,其设计分析思路和应对措施可供今后类似工程参考和借鉴。

关键词:深厚堆积体;高位滑坡;毁桥灾害;数值模拟;应对措施;长期稳定性

1 工程概况

1.1 地理位置与区域地质背景

雅安至康定高速公路大仁烟大桥位于四川省雅安市天全县大仁烟村,布设于天全河左岸,在斜坡坡脚布线。该段桥梁分左右线布设,其中左线大桥布设于 ZK68 + 180.16 ~ ZK69 + 085.55,全长 924.60m;右线 2 号大桥布设于 K68 + 854.50 ~ K69 + 085.55,全长 231.05m。桥梁设计路面高程为 1125.00 ~ 1127.00m。设计桥面宽度 24.5m[2 × 11.00m(行车道) + 1.50m(中间带) + 2 × 0.50m(防撞护栏)]。全幅为预应力混凝土简支 T 形梁桥,桥墩为柱式墩,雅安岸拟采用重力式扩大基础,康定岸拟采用桩基础。

工程区大地构造上处于扬子地台西缘,龙门山、大巴山台缘断褶带的西南端,西邻康滇地轴,东接四川台坳,西北侧相邻松潘—甘孜地槽褶皱系。构造部位上处于北东向龙门山断裂带和北西向鲜水河断裂带及南北向安宁河断裂带构成的 Y 字形构造交汇部位东侧,龙门山断裂带西南段。

根据现场对桥梁便道开挖边坡、路基开挖边坡的调查,场地岩体受构造影响强烈,岩体结构面发育、岩体破碎、次级断层发育。在18号墩右侧便道边坡上见一次级断层F1,断层带宽10~40cm,断层带内构造透镜体发育,中间有1~5cm碎粉岩带,两侧为角砾岩、碎裂岩带,断层产状为230°∠68°。钻孔ZK1在孔深31.80~51.00m段揭露一次级断层F2,性质不明,岩心以碎粉岩和碎裂岩为主,受此影响,钻孔上下临近岩心裂隙发育,岩心破碎呈角砾状、碎块状;上盘岩性以灰白色花岗闪长岩为主,下盘岩性以肉红色花岗岩为主。临近断层附近钻孔岩心破碎,风化强烈,钻进中漏水严重。根据对滑坡区、开挖便道及路基开挖边坡调查,场地岩体结构面发育。

1.2 滑坡工程地质条件

滑坡位于条状山脊前缘临河侧,山脊呈南东向,为天全河左岸次级沟谷切割的条状山脊。山脊前缘临河侧斜坡高陡,斜坡顶部高程约1270m,河床高程约1090m,高差达280m,山脊前缘临空面呈下宽上窄近似三角形,左右两侧分为两条次级山脊,滑坡所在位置为两条次级山脊之间、河流顶冲内凹部位。

山脊顶部较为狭窄,根据现场地质调绘,山脊顶部最窄处不足10m,两侧均为天全河次级沟谷切割陡坡,山脊顶部延伸长度约400m。

山脊前缘及两侧地面横坡坡度均较陡,除山脊顶部及局部缓坡段外,大部分地面横坡坡度在40°以上。山脊上植被茂密,以大型乔木为主(间杂竹类及灌木),乔木树干挺拔,未见弯曲生长,表明山体稳定性好。山脊顶部见当地居民原祖籍房屋地基,表明以前曾有人居住,后因山高路远且无水源,居民移居河谷地区。

该山体总体呈上部覆盖层、下部基岩的二元结构,岩土界面基本在高速公路路面设计高程上方。

根据现场调查,山体上部土体主要由山体浅表层的崩坡积体和中下部的第四系晚更新统冲洪积层组成,滑坡后壁上总厚度为100~105m。

2 设计施工情况及变形特征

2.1 施工图设计情况

施工图设计该滑坡段线路拟设大仁烟大桥于坡脚通过。该段桥梁分左右线布设,其中左线大桥布设于ZK68+180.16~ZK69+085.55,全长924.60m;右线2号大桥布设于K68+854.50~K69+085.55,全长231.05m。

2.2 工程施工情况

大仁烟大桥23号及24号墩已于2016年4月完成浇筑。2016年7月27日19时左右,大仁烟大桥23号及24号墩右侧突发滑坡(图1),滑坡体由高位向下滑动,剪断左线23号及24号桥墩及右线相应桥墩。

图 1　大仁烟大桥 23 号及 24 号墩右侧突发滑坡后全貌图

2.3　变形特征

该滑坡体横向宽约 110m，纵向长约 175m，滑坡前后缘高差约 150m，滑坡主堆积区面积约 9500m²，估算滑坡方量约 12 万 m³。

该滑坡划分为 3 个大的分区，9 个亚区，具体如下(图 2)。

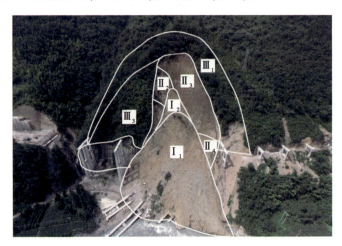

图 2　滑坡工程地质平面图及分区

(1)滑坡堆积区(Ⅰ区)。

位于滑坡中下部，总体形态成三角形，为上部滑体滑动堆积，进一步划分为两个亚区：

I_1 区：为滑坡滑体主堆积区，堆积面积约 9500m²，属于高位岩土体滑动后的堆积区域，岩土体滑动后直接撞击左线 23 号和 24 号墩和右线相应桥墩，造成桥墩剪断倒塌，堆积体表面见大量漂卵石，表明其物质主要来自上方陡坡的冲洪积层。

I_2 区：主要分布于滑坡后壁下方，为主滑体滑动后，滑坡后壁次生滑动、剥落堆积物，其面积和方量均不大。

（2）滑坡后壁区（Ⅱ区）。

主要为滑坡后缘陡壁区，进一步划分为如下四个区域：

Ⅱ$_1$区：位于滑坡上游侧下方，为基岩陡坎，发育外倾结构面，岩体破碎，陡坎高度约25m（竖向）。

Ⅱ$_2$区：位于滑坡上游侧上方，为块石土陡坎，该区后部发育有裂缝，裂缝延伸长度大于20m，并有约1~2m的错台。

Ⅱ$_3$区：为滑坡后部及下游侧陡壁，陡壁最大高度达71m，坡度为55°~60°。陡壁中下部可见成层性良好的冲洪积层，其中有2层较厚的漂卵石层，其余为卵砾石层。冲洪积层顶部，可见崩坡积块、碎石土层。在2016年7月28日15时15分拍摄的照片上（图3~图5），可以明显看出冲洪积层顶部的多处渗水点和冲洪积层中所夹漂卵石层中的局部渗水点。

图3　Ⅱ$_3$区的滑坡后缘陡壁及渗水点

图4　滑坡区下游侧贯通性结构面（J1）

图5　L1、L2、L3地表裂缝

Ⅱ$_4$区：为滑坡下游侧，22号墩右侧基岩出露区，该区出露基岩为贯通性外倾结构面。

（3）拉裂及潜在失稳区（Ⅲ区）。

主要分布于滑坡后壁和侧壁外侧，由于植被茂密且部分区域未见明显变形开裂现象，该区范围为推测，共划分为如下几个区域：

Ⅲ$_1$区：位于滑坡后壁以上及下游侧，该区域下方本次滑坡后壁最大高度达71m，地面横坡坡度在40°以上，在后期降雨等因素作用下，陡壁土体将不断坍塌，会逐步向后失稳破坏，扩大滑坡范围。

Ⅲ₂区:位于滑坡后壁左上方,区域后缘发育有宽张裂缝,该裂缝延伸长度大于20m,裂缝下错1~2m,坡表已经发生滑塌,区内树木东倒西歪倾向坡下,在后期降雨入渗作用下,将会失稳破坏。

Ⅲ₃区:位于滑坡上游侧,该段斜坡横坡坡度为25°~35°,区内发育两条环状拉裂缝,该处环状裂缝主要是由于覆盖层的蠕动变形所致。该区下方路线附近由于施工便道开挖,形成了高20~35m的临时高边坡,岩土界面及外倾不利结构面均在坡面出露,在后期降雨作用下可能发生失稳,从而危害下方桥墩安全。

3 滑坡灾害性质及机理

3.1 滑坡成因及特征分析

雅康高速公路大仁烟大桥23号及24号墩右侧斜坡位于条状山脊前缘,自然横坡陡峻、植被茂密。该边坡底部为元古界花岗岩,中上部为第四系晚更新统冲洪积漂卵/块石、卵砾石层,坡表为第四系崩坡积块碎石层,基岩及冲洪积层零星出露。勘察设计期间对其调查表明,斜坡未见变形开裂现象,斜坡稳定。

2016年7月27日19时左右,大仁烟大桥23号及24号墩右侧突发滑坡,滑坡体由高位向下滑动,剪断左线23号及24号桥墩及右线相应桥墩。调查研究表明,该滑坡为坡体前缘支撑弱化及持续降雨作用下诱发的新滑坡,分析滑坡成因,主要有如下几点:

(1)坡体前缘支撑弱化,导致坡脚应力集中。

该边坡自然横坡较为陡峻,呈下部基岩、上部土层的二元结构,下部基岩中发育有不利外倾结构面。由于坡脚支撑弱化,不利外倾结构面临空。边坡前缘支撑弱化对边坡稳定极为不利,产生了临空面,形成了坡脚应力集中带。

(2)持续强降雨作用,边坡地表水大量下渗,长时间软化土体,增大土体重度。

据统计,从2016年7月7日至7月27日,雅康高速公路C12合同段区域内持续强降雨,大规模降雨达18次,其中7月26日降雨量达180mm,7月20日降雨量达150mm。

持续降雨导致地表水大量下渗,土体饱水重度增大,土体强度降低,并且在土体裂隙中产生水压力,极大增加了斜坡中上部土体重量,极不利于坡体稳定。

综上所述,该边坡呈下部基岩、上部土层的二元结构,边坡基岩中不利外倾结构面发育。持续降雨作用增大了土体重度,降低了岩土体强度,尤其是边坡前缘支撑弱化,导致边坡前缘临空,形成应力集中带。在陡坡岩土体重力作用下,坡脚应力集中带变形失稳,进而诱发边坡上部土体多次逐级向上牵引滑动,形成滑坡灾害。

经调查分析,该滑坡为高位滑坡体,具有滑面陡、滑体位置高、冲击能量大的特点。该滑坡滑面平均坡度达52°,滑源区前后高差约120m,滑源区最高点距离滑坡堆积体前缘高差达150m。滑源区高悬于陡坡之上,高位滑坡下滑后,对下方构造物冲击能量巨大。滑坡失稳区横截面面积2268m²,滑体大致重心位置距离桥墩受滑坡冲击中部水平距离79m,高差76m。土体重度按照22kN/m³计算。每延米不考虑能量损耗的冲击能量约为37921kJ,考虑0.8能量损耗系数,冲击能量为303368kJ,桥墩宽约2.4m,再考虑一定的土拱效应,则单个桥墩承受冲击能量巨大,刚性桥墩受滑坡体冲击,巨大冲击力作用下瞬间被剪断。

3.2 滑坡后缘高陡边坡岩土体结构特征

由滑坡分区可知,滑坡后壁后方及两侧高陡边坡稳定问题(即Ⅱ及Ⅲ分区)对于滑坡后期的治理至关重要。根据调绘及钻探揭示,滑坡后缘高陡边坡岩土体结构特征如下:

岩土界面均在现有滑坡后缘高陡边坡上揭露,边坡上部为第四系土层覆盖,垮塌边坡上揭示沿路线平行方向岩土界面呈波状起伏,界面凹凸不平。

根据地质剖面揭示,垂直路线方向由于下伏基岩出露高程不同,该段斜坡在不同剖面揭示的岩土界面空间组合有所不同。从小桩号向大桩号方向,岩土界面逐渐变陡。其中在Ⅲ₁区下伏岩土界面倾角为5°~10°,前缘岩土界面在施工便道右侧临时边坡上出露;Ⅱ₃区岩土界面倾向坡外,由斜坡中后部的40°~60°逐渐向垮塌前缘变化为5°~15°,前缘岩土界面在垮塌体后缘陡壁上出露;即Ⅲ₃区下伏岩土界面与横坡坡度相似,为25°~35°,前缘岩土界面在施工便道右侧临时边坡上出露,在25号墩附近施工便道内侧施作的主动网局部因为上覆崩坡积层出现溜塌已经撕裂。

3.3 滑坡区稳定性分析评价

该滑坡滑体发生远程滑动,堆积于坡脚,除滑坡堆积体的稳定性外,更为重要的是滑坡后缘形成高陡边坡的稳定性,下文将分滑坡堆积体的稳定性、滑坡后缘高陡边坡稳定性(Ⅱ₃、Ⅲ₁区)、滑坡上游侧稳定性(Ⅱ₁、Ⅱ₂、Ⅱ₂、Ⅲ₃、Ⅲ₄区)等部分评述。

1)滑坡堆积体的稳定性

根据前面的分析,滑坡堆积体为高位土体快速下滑,在斜坡坡脚堆积,因此,下方滑坡堆积体目前处于整体基本稳定状态,但前缘持续受天全河河水冲刷,稳定性将逐步降低,进而影响整个滑坡堆积体的稳定。

2)滑坡后缘高陡边坡稳定性(Ⅱ₃、Ⅲ₁区)

滑体下滑后形成了高陡后壁,后缘最大边坡高度达71m,且上方还有更高自然斜坡,因此,存在高陡边坡稳定问题。

(1)边坡地质结构及岩土特性

根据地质调绘及钻探揭露,该处边坡呈上部覆盖层、下部基岩的二元结构。

滑坡后壁最大高度达71m,其剖面上可以清晰看到上部覆盖土层结构,土层主要为第四系晚更新统冲洪积卵石层(夹漂石及砂砾石),具有明显的成层性,土层上部为厚度不大的崩坡积碎石土层。钻孔揭露土层厚度达84.70m,其中上部崩坡积层10.10m,下部漂卵石层厚74.60m。

钻探揭示漂卵石层石质成分主要为花岗岩,中风化为主、石质坚硬,土层处于密实状态,局部胶结,土层含水率低,透水性差。下部基岩为花岗岩,岩质坚硬,节理裂隙发育,钻探揭示岩体不均一。根据地质钻探结果,主剖面岩土界面呈前缘缓、后缘陡的勺形,如图6所示。

(2)主要潜在失稳破坏模式及稳定性分析评价

根据边坡地质结构及岩土特性,并类比已发生滑移失稳、类似工点失稳破坏现象,分析后缘高陡边坡潜在失稳破坏模式如下。

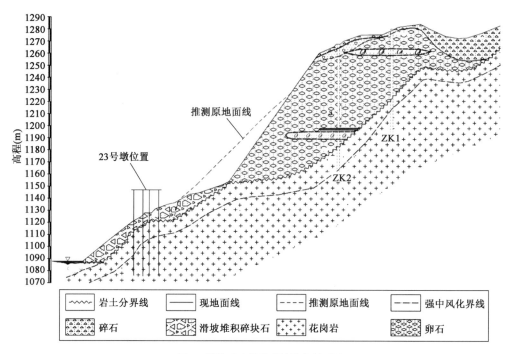

图6 滑坡后边坡地质结构主剖面图

①土层边坡中上部剥蚀及浅层滑移失稳。

由于土层边坡高陡,中上部土体在风化、降雨、地震等因素作用下,将发生剥蚀失稳和浅层土体失稳,其失稳破坏具有逐步向后发展的特征。

②由下向上渐进式失稳破坏。

由于边坡高陡、坡脚应力水平较高,加之坡脚岩体破碎,在坡脚开挖、冲蚀、风化等因素作用下坡脚损伤弱化,将发生自下而上的牵引式失稳破坏。该处已经发生的滑坡,即属于此种破坏模式。因此,在边坡的加固设计中,坡脚的强化和加固对于保障边坡稳定是非常重要的。

③整体滑移失稳。

根据边坡岩体结构分析,岩土界面呈前缓后陡的形态,土层的整体稳定性是需要考虑的问题。根据冲洪积层的堆积特性,其与基岩界面的形态是极为复杂的、起伏不定的,实际岩土界面凹凸不平,不可能完全追踪岩土界面发生的破坏,潜在的失稳将在土体内(部分段落为岩土界面)发生滑移失稳,因此,岩土界面力学参数可采用土层参数。

根据边坡地质结构,若坡脚进一步损伤弱化,将会大大削弱土体的抗滑段,不利于整体稳定,因此,坡脚的加固措施对于保障整体稳定性也是至关重要的。

(3)稳定性发展趋势预测

若边坡不采取处治措施,其稳定发展趋势预测如下。

①坡体中上部土层逐步剥蚀和浅层失稳,失稳破坏范围将逐步扩大。

②坡脚损伤弱化,产生由下至上的渐进式破坏。

③土体抗滑段逐步削弱,土体整体(或大部分)滑移失稳。

3)滑坡上游侧稳定性(Ⅱ$_1$、Ⅱ$_2$、Ⅲ$_2$、Ⅲ$_3$、Ⅲ$_4$区)

(1)边坡地质结构及岩土特性

根据地质调绘及钻探揭露,该处边坡呈上部覆盖层、下部基岩的二元结构。

边坡上部土层主要为崩坡积和冲洪积土层,钻探揭示最大厚度为29.7m,中前缘较薄,后方逐步增大。

下部基岩为花岗岩,岩质坚硬,节理裂隙发育,钻探揭示岩体不均一。

(2)主要潜在失稳破坏模式及稳定性分析

①Ⅱ$_1$、Ⅱ$_2$区。

该区为滑坡滑动后形成陡坡,下部岩体破碎且发育不利结构面,上部为土层,稳定性差。

②Ⅲ$_2$区。

该区后缘发育有宽张裂缝,该裂缝延伸长度大于20m,裂缝下错1~2m,区内土体受滑体下滑作用已产生牵引变形,在后期降雨入渗作用下,将会继续失稳破坏。

③Ⅲ$_3$区。

该区位于陡峻基岩边坡上方,区内发育两条环状拉裂缝,该区斜坡横坡坡度为25°~35°,该段上覆崩坡积土层厚7.00~9.50m,下伏岩土界面倾向坡下,倾角与横坡坡度相似,为25°~35°,且在该区前缘由于施工便道的开挖形成了高20~35m的临时高边坡,岩土界面及外倾不利结构面均在临时边坡上出露,设置的主动防护网顶部已经由于覆盖层的滑塌产生了撕裂,在后期降雨作用下可能发生失稳,从而危害下方桥墩安全。由于该区为再次滑动的高危区域,对25号、26号墩有直接较大危害,且该区上覆崩坡积土层厚度较小,多小于10m。

④Ⅲ$_4$区。

该区为高陡开挖边坡,由于有外倾岩土界面及不利结构面在临时高边坡上出露,因此,需对该段临时高边坡进行加固,防止后期产生基岩内的顺外倾不利结构面滑移。

(3)稳定性发展趋势预测

Ⅱ$_1$、Ⅱ$_2$、Ⅲ$_2$、Ⅲ$_3$区稳定性差,如不处治,将发生失稳破坏,并逐步向后发展。

Ⅲ$_4$区高陡开挖边坡岩体破碎,如不处治将发生边坡岩体失稳,进而诱发后部边坡失稳破坏。

4 数值模拟与极限平衡分析

4.1 计算工况的选取

根据斜坡发生滑移的地质背景和影响因素,高位滑坡下滑后形成了高陡后壁及上方自然斜坡,可能再次发生滑动的主导因素为:滑坡发生后留下了高陡后壁,改变了上部自然斜坡的原始应力状态,再加上降雨下渗会降低潜在滑面力学参数或受地震等诱因影响会降低斜坡的稳定性,故稳定性及剩余下滑推力计算主要分为天然、暴雨、地震工况。地震工况参数取值见表1。

地震工况参数取值   表1

地震动峰值加速度	水平地震力计算综合系数	抗震重要性修正系数
$0.2g$	0.25	1.3

4.2 潜在滑体参数的选取

根据工程地质勘察成果,高位滑坡下滑后形成了高陡后壁及上方自然斜坡,主要为呈上部覆盖层、下部基岩的二元结构,潜在滑体主要为第四系晚更新统冲洪积卵石层(夹漂石及砂砾石),取潜在滑体(卵石层)天然重度22.5kN/m³,饱和重度23.0kN/m³。

4.3 潜在滑面力学参数的选取

高位滑坡下滑后形成的高陡后壁及上方自然斜坡中潜在滑面参数主要依据勘察报告的建议值,并类比相似工点参数(如雅康高速公路大渡河大桥康定岸堆积体剪切试验成果)以及参照经验参数进行综合选取(表2)。

高陡后壁及上方自然斜坡中潜在滑面力学参数选取　　　　表2

断面	设计工况	潜在滑面抗剪强度参数
主断面	天然工况	$c=40$kPa、$\varphi=38.0°$
	暴雨工况	$c=32$kPa、$\varphi=36.0°$

注:地震工况参数与天然工况相同。

4.4 设计荷载安全系数

根据相关规范要求并结合该滑坡工点的实际情况,天然工况下,推力计算安全系数取1.3;暴雨工况下,推力计算安全系数取1.2;地震工况下,推力计算安全系数取1.15。

4.5 现状条件下后壁及上方自然斜坡数值分析计算及潜在滑面搜索

如前文所述,线外高位滑坡下滑后形成了高陡后壁,后缘最大边坡高度达71m,且上方还有更高自然斜坡,因此,存在高陡边坡稳定问题。由于没有出现更大范围的变形、开裂迹象,不能直接确定潜在变形的范围和规模,需通过计算手段来搜索和预测潜在的滑移失稳的范围。下面利用数值分析和极限平衡搜索两种方法对代表性断面进行计算。

1)现状条件下主断面的数值分析计算

由于上方自然斜坡上地表后缘未出现拉裂缝,故潜在变形、滑移的范围还不能准确确定,故可以借助数值计算,有利于分析斜坡上可能出现的塑性变形区、剪切应变区等,以此作为控制变形范围、掌握潜在失稳面位置的依据,用于指导传统的不平衡推力法的计算。

(1)数值分析模型

数值分析模型包括Q_3^{al+pl}块卵石土、Q_4^{c+dl}崩坡积土层、Q_4^{del}滑坡堆积体、Q_4^{al+pl}冲洪积层、γ_{o2}花岗岩等。计算模型采用摩尔-库仑模型,假定每种材料均为各向同性的均质体,强度破坏准则服从摩尔-库仑定律。

各层岩土体及支护结构力学参数见表3。计算工况主要采用暴雨工况来控制。

模型计算参数　　　　表3

岩土体类别	饱和重度(kN/m³)	黏聚力c(kPa)	内摩擦角φ(°)	弹性模量E(Pa)	泊松比μ
Q_3卵石层	23.50	32.0	36.00	100000	0.33
Q_4卵石层	22.50	25.0	35.00	50000	0.32

续上表

岩土体类别	饱和重度(kN/m³)	黏聚力 c(kPa)	内摩擦角 φ(°)	弹性模量 E(Pa)	泊松比 μ
Q_4 崩坡积层	21.00	31.0	25.00	30000	0.34
Q_4 滑坡堆积层	21.50	25.0	20.00	10000	0.35
花岗岩	26.70	8000.0	50.00	6000000	0.26

(2)现状条件下主断面数值分析计算结果

高陡后壁及上方自然斜坡在暴雨工况下的整体稳定数值计算分析结果如图 7、图 8 所示，从数值分析计算结果中得到了滑坡的潜在最不利滑面位置。

图 7　现状条件下(暴雨工况)主断面的最大剪切应变区

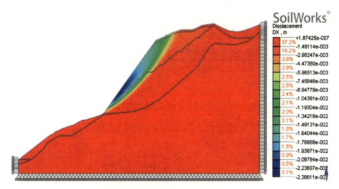

图 8　现状条件下(暴雨工况)主断面的横向位移

2)现状条件下主断面潜在滑面的极限平衡搜索

除了采用数值计算方法对主断面的等效塑性变形区、最大剪切应变区等进行计算分析以外，还采用极限平衡搜索的方法来搜索可能出现的潜在滑面位置，对数值分析结果进行进一步分析和验证。图 9～图 11 为高陡后壁及上方自然斜坡在暴雨工况下的潜在滑面极限平衡搜索结果。

从极限平衡搜索的结果可以看出，极限平衡搜索出的暴雨工况下潜在最不利的滑面位置与数值分析的结果比较接近，但稳定系数 $K=0.7636$ 比数值计算结果略低；稳定系数 $K=1.0$ 左右的潜在滑面位置较深，滑移范围较大，该部分潜在滑体处于极限平衡稳定状态，属于潜在不稳定的范围；稳定系数 $K=1.15$ 左右的潜在滑面位置深、滑移范围大，该部分土体属于要达到规范要求的安全度需进行加固的范围和深度。

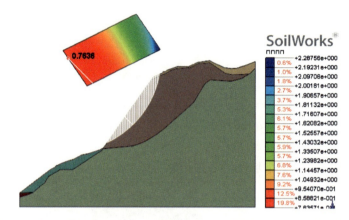

图9 现状条件下(暴雨工况)2—2′断面的极限平衡搜索($K=0.7636$时的滑面)

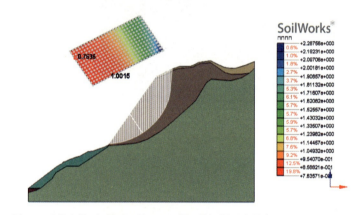

图10 现状条件下(暴雨工况)2—2′断面的极限平衡搜索($K=1.0$时的滑面)

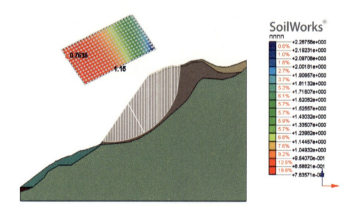

图11 现状条件下(暴雨工况)2—2′断面的极限平衡搜索($K=1.15$时的滑面)

4.6 清方后的后壁及上方自然斜坡数值分析计算及潜在滑面搜索

如前文所述,滑坡高陡后壁和上方自然斜坡存在稳定问题,拟采用适度清方的措施来处治。根据方案处治措施,将清方方案建立到数值计算模型和极限平衡搜索模型中,通过计算来搜索和预测在清方后还可能发生潜在滑移失稳的范围。以下为利用数值分析和极限平衡搜索两种方法对清方后的主断面进行的计算。

1) 清方后主断面的数值分析计算

清方后,高陡后壁及上方自然斜坡在暴雨工况下的整体稳定数值计算分析结果如图12、图13所示。从数值分析计算结果可以看出,数值计算分析得到了清方后的潜在最不利滑面位置,以此为滑面的潜在滑体在最不利的暴雨工况下稳定系数 $K = 1.225$,处于稳定状态,但清方后坡表的横向位移较大,特别是清方后的中下部坡体,故仍需增加支挡和坡面加固措施以确保清方后坡体的稳定,特别是应加强清方后坡脚位置的支挡和加固。

图12　清方后(暴雨工况)主断面的最大剪切应变区

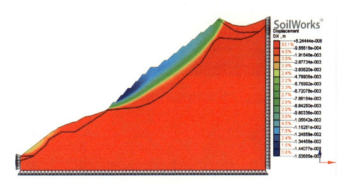

图13　清方后(暴雨工况)主断面的横向位移

2) 清方后主断面潜在滑面的极限平衡搜索

除了采用数值计算方法对清方后主剖面的等效塑性变形区、最大剪切应变区等进行计算分析以外,本文还将采用极限平衡搜索的方法来搜索可能出现的潜在滑面的位置,对数值分析结果进行进一步分析和验证。图14、图15是清方后高陡后壁及上方自然斜坡在暴雨工况下的潜在滑面极限平衡搜索结果。

从极限平衡搜索的结果可以看出,极限平衡搜索出的暴雨工况下潜在最不利滑面位置的稳定系数 $K = 1.0959$,位于清方后的边坡中下部,且未达到规范规定的安全度要求,清方后边坡中上部及整个边坡的整体稳定性较好,故与前述数值分析的结果较为一致,即加强清方后边坡中下部特别是坡脚位置需支挡和加固,边坡中上部以坡面加固措施为主,以确保清方后坡体的稳定。

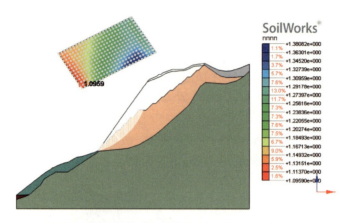

图14 清方后(暴雨工况)主断面的极限平衡搜索($K=1.0959$ 时的滑面)

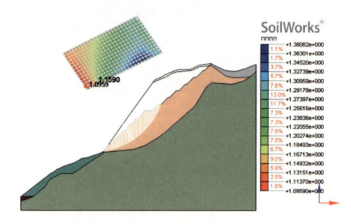

图15 清方后(暴雨工况)主断面的极限平衡搜索[$K=1.159$(>1.15)时的滑面]

5 处治工程措施及效果

根据工程地质勘察结论、数值模拟及极限平衡计算,对该滑坡及其高陡后壁和上方自然斜坡的处治措施(图16)主要为:①清方。在23号及24号墩右侧线外高位滑坡下滑后形成的高陡后壁坡脚设置一排锚索抗滑桩,桩后按 1∶0.75 的坡比清方,每级边坡高 10m,共设 5 级 1∶0.75 的边坡,第 7~14 级边坡按 1∶1 的坡比清方,每级边坡高 10m,共设 7 级 1∶1 的边坡。②边坡锚固 + 坡面封闭。桩后的第 2 级边坡采用预应力锚索加固,预应力锚索长度为 38~50m。在桩后第 3~14 级边坡采用垫墩锚杆加固,并采用挂网喷混凝土进行封闭。第 3~6 级边坡锚杆采用 JL32 精轧螺纹钢筋锚杆,第 7~14 级边坡采用 ϕ32mm 普通 HRB400 螺纹钢筋。第 3~6 级边坡的压力注浆锚杆长度以按极限平衡搜索得到的清方后最不利潜在滑面深度来控制,锚杆长度 16~22m;第 7~14 级边坡的压力注浆锚杆长度以坡面加固为主,锚杆长度 12m。③坡脚支挡、加固。在清方后的第一级平台上设抗滑桩予以支挡。桩长为 26m,抗滑桩尺寸为 2.4m×3.6m,桩中心间距为 5m。

以上永久处治措施在施工完成后,边坡未出现进一步的变形(图17)。

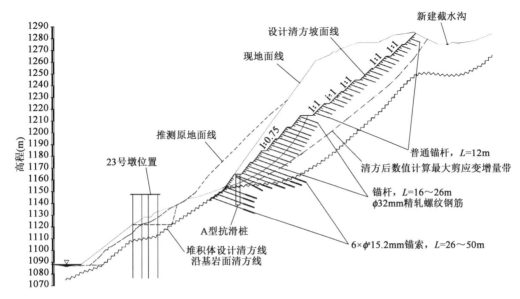

图 16　永久处治措施剖面图

图 17　施工完成后边坡俯瞰全貌图

6　工程体会及建议

（1）当线路以傍山桥梁的形式通过高陡斜坡段时,由于西南地区山区地形地质条件复杂、植被茂密等原因,高位危岩、滑坡、大型堆积体等各种不良地质的隐蔽性较强,前期选线阶段应充分利用 InSAR（干涉雷达）、Lidar（激光雷达）等技术手段进行早期地质灾害识别,充分贯彻地质选线的理念,根据线路穿越段不良地质的分布及时调整、优化路线方案,在选线阶段对潜在重大地质灾害隐患进行有效的规避,并合理设置结构物选型、位置等,避免结构物受到重大地质灾害的威胁。

（2）对地质条件特别复杂的山区公路项目,应适当扩大地质调绘的范围,并采用多种方法、手段对潜在地质灾害隐患进行核查,评估潜在地质灾害的风险和危害,针对潜在地质灾害隐患的成灾机制提出相应的处治和应对措施。

(3)设计阶段:①应充分考虑桥梁桥墩及便道开挖与高陡斜坡之间的空间关系,预留足够的安全距离。对于傍山桥梁桥墩及施工便道的开挖等,特别是针对边坡坡脚进行开挖的情况,应进行便道的专项设计和开挖的预加固设计,避免坡脚开挖致使边坡前缘支撑弱化,导致边坡前缘临空,形成应力集中带,造成变形失稳,进而诱发边坡中上部岩土体多次逐级地向上牵引滑动,形成滑坡灾害。②坡体稳定性分析计算,特别是对于原始稳定状态良好、无既有变形迹象的斜坡,可借助数值分析计算和极限平衡手段,以安全系数和应变、位移控制理论进行稳定性分析计算和预加固设计。③根据本案例的分析,针对深厚堆积体斜坡滑坡的处治,若单纯采用岩土工程支挡加固措施,难以进行处治,清方减载是一项经济性好、施工操作简单、便捷快速、长期稳定性好、安全储备高的处治措施。

(4)施工阶段:①应严格规范便道和斜坡坡脚的开挖,并及时施作支护加固措施,杜绝粗放施工所引发的坡体前缘支撑弱化,进而诱发滑坡的发生。②加强施工安全风险意识,特别是在高陡斜坡旁施工桥梁等切坡工程结构时,应加强施工期监测,加强施工风险的管控及对安全风险源识别,制定有针对性的安全预案,确保施工安全和开挖边坡、自然斜坡的长期稳定和安全。

雅康高速公路 K50+300~K52+540 段崩坡积体深路堑边坡处治

李 翔　李海亮　李 勇

(四川省公路规划勘察设计研究院有限公司,610000,成都)

摘　要:本文对雅康高速公路 K50+300~K52+540 段崩坡积体深挖方边坡采用的锚索桩板墙处治措施进行了详细介绍,锚索桩板墙方案成功处治了该区域崩坡积体深挖方边坡,该方案以其安全稳定性高、施工干扰小、对环境影响小等优点,取得了良好的处治效果,保障了该高速公路的顺利建设和安全运营,可为类似边坡的设计和治理提供借鉴。

关键词:高速公路;崩坡积体挖方边坡;锚索桩板墙;稳定性分析

1　工程概况

雅康高速公路在 K50+300~K52+540 段以路基和桥梁形式通过,坡体多为崩坡积覆盖层,厚度多在 10~20m,最大厚度超过 30m,以碎块石土为主。该段路堑边坡共设置 7 段路堑桩板墙,对路堑边坡采取预加固,成功避免了路堑边坡因不规范开挖导致的边坡失稳等不良现象,路线成功经过厚层崩坡积区。

1.1　地形地貌

崩坡积体深挖方区位于青藏高原与四川盆地的过渡地带,属构造剥蚀中低山地貌。该段线路穿越斜坡,斜坡自然坡度一般在 30°~60°,堆积体规模巨大,长约 770m,最宽约 200m。堆积体由大小不等、形状各异的块碎石、角砾、砂、黏土充填。块石块径由一般几十厘米到 2.00m,最大达 10 多米。石质成分以石灰岩为主,块石间分布有较多的耕地,主要种植蔬菜、玉米等农作物。坡体植被稀疏,主要以人工种植杉树为主,其次为杂树及竹林。部分坡体被茂密的荆棘林及毛草覆盖。坡体坡度变化小,一般在 20°~40°,局部平坦。堆积体厚度大,一般在 10~20m,最大厚度大于 30m。

1.2　地层岩性

据地面调查及钻探揭露,场地内地层主要为新生界第四系全新统崩坡积层(Q_4^{c+dl})块石和碎石,其中块石厚度在 2~7m,碎石厚度在 3~10m,新生界震旦系上统灯影组(Z_{bd})灰岩及元古界辉长岩(图1)。

1.3　地质构造及地震

场地地层优势产状为 135°∠78°;发育二组节理,优势产状为 L1:197°∠73°,面较平整;

L2:237°∠86°,张开 0.2~0.5cm,无充填,二组节理和层面将岩体切割成碎块状。

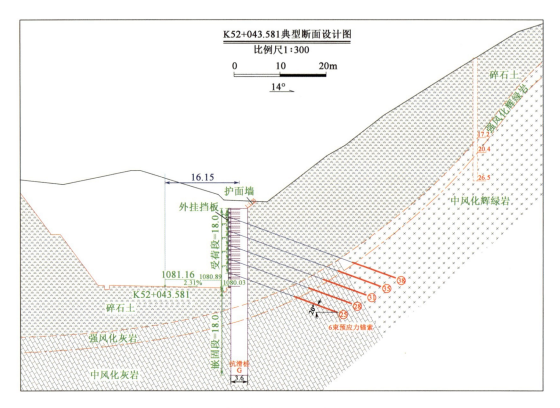

图 1 锚索桩板墙方案(尺寸单位:m)

根据《中国地震动加速度反应谱特征周期区划图》及《中国地震动峰值加速度区划图》,场地地震动峰值加速度为 0.15g,地震动反应谱特征周期 0.40s,对应的地震基本烈度为Ⅶ度。

2 方案比选

高速公路深挖路堑土质高边坡防护工作尤为关键,若边坡防护措施不当,则边坡稳定性难以保证,并且在自然环境因素和其他影响因素下发生破坏,随着边坡结构完整性被破坏,高速公路也会出现坍塌事故,直接危及过往车辆安全,并造成严重的经济损失。山区高速公路深挖路堑土质边坡处治措施,主要有桩板墙、锚索(杆)框架梁、锚喷等措施。锚索桩板墙通过锚索提供的水平方向拉力,与锚固桩共同抵抗土压力。锚索能通过自身与土体的机械互锁作用,有效调节岩土体的自身强度,增强其自稳定能力。目前,桩板墙设计和施工均已成熟,因其结构刚度大、能够提供较大抗力、施工干扰小、加固效果好、养护费用低等特点,已被广泛应用于山区道路建设中。本文针对雅康高速公路 K50+300~K52+540 段深挖路堑土质边坡进行重点分析,以锚索桩板墙与锚索框架梁进行重点对比,见表 1,锚索桩板墙方案如图 1 所示,锚索框架梁方案如图 2 所示。

方案比选对比 表1

对比项目	锚索桩板墙	锚索框架梁	比较结果
占地	占地约10.5亩(约7000m²)	占地约19.9亩(约1.33万m²)	锚索桩板墙优
土石方	挖方约7.8万m³	挖方约12.4万m³	锚索桩板墙优
加固效果	具有预加固效果,且永久性好	具备加固效果,但耐久性低于桩板墙	锚索桩板墙优
施工风险	施工风险小	开挖过程中存在失稳风险	锚索桩板墙优
后期运营	仅需监测桩板墙变形,养护成本低	需长期监测边坡稳定性,养护成本高	锚索桩板墙优
造价	约1867万元	约1486万元	锚索框架梁优
综合推荐	锚索桩板墙		

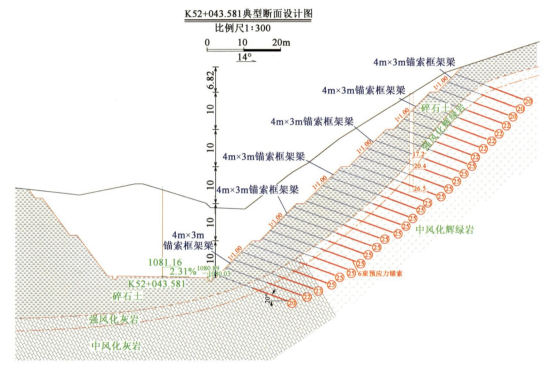

图2 锚索框架梁方案(尺寸单位:m)

通过对比分析,虽然锚索框架梁在工程造价上比锚索桩板墙占一定优势,但锚索框架梁方案将形成高约58.2m的高边坡,极大地增加土地占用和弃方的产生。项目区位于山区峡谷地带,生态植被茂密,采用大方量的开挖将带来极大的弃方量,对环境造成严重破坏。锚索框架梁在理论设计上能保证边坡安全系数满足规范要求,但是在实际施工过程中,往往做不到设计要求的施工工序及注意事项,从而导致边坡失稳。结合项目地质地貌特征、气候环境特征、工程耐久性和后期运营管理等各方面因素,通过综合分析后,对该段土质深挖路堑边坡推荐采用锚索桩板墙进行处治。

3 分析计算与稳定性评价

雅康高速公路在K50+300~K52+540段共设置7段路堑桩板墙,本文以其中K51+980~

K52+120段深挖方路堑边坡进行重点分析,开挖后边坡坡脚揭穿岩土界面,边坡为典型二元结构,上部为土层,下部为花岗岩,基覆界面倾角为20°~25°,形成碎、块石土及花岗岩的混合边坡,坡脚挖高10~25m,开挖后下部基岩较完整,开挖形成的边坡稳定性好;上部土体厚1.0~17.3m,开挖后形成的土质边坡稳定性会降低,易沿基覆界面产生滑移,进而影响整个边坡的稳定性,甚至在雨季产生坡面泥流。

斜坡坡度整体为15°~35°,坡表处土层覆盖,厚度1.0~17.3m,地表调查未见滑动、开裂、变形等不良地质迹象。根据地勘资料,计算得斜坡在未开挖前天然工况下安全系数为1.405,暴雨工况下安全系数为1.28,地震工况下安全系数为1.21。故斜坡坡体于自然条件下整体稳定。

根据《公路路基设计规范》(JTG D30—2015)和《公路工程抗震规范》(JTG B02—2013),在自然工况、暴雨工况、地震工况下分别取安全系数K=1.25、1.15、1.1计算滑坡剩余下滑力,计算结果见表2~表4。

岩土体物理力学参数   表2

地层代号	岩土名称	状态	天然密度 (g/cm³)	天然状态黏聚力 c (kPa)	天然状态内摩擦角 φ (°)
Q_4^{c+dl}	碎石土	稍密	2.05	4	27
	块石	稍密	2.15	5	31

剩余下滑力   表3

设计工况	安全系数	支挡处剩余下滑力	
		下滑角(°)	剩余下滑力(kN/m)
天然工况	1.25	12.97	1596.9
暴雨工况	1.15	12.97	1997.6
地震工况	1.10	12.97	1859.8

土压力   表4

计算工况	抗滑桩类型	主动土压力(kN/m)
天然工况	A	321.3
	B	410.3
	C	677.6
	D	693.4
	E	1698.0
	F	1688.4
	G	1814.3
地震工况	A	460.6
	B	444.5
	C	850.5
	D	751.2
	E	2034.9
	F	1802.2
	G	2192.6

根据计算的主动土压力算得抗滑桩截面尺寸为 2.4m×3.6m 和 2.0m×3.0m,桩间距 5m,桩长 18～36m。

4 处治工程措施及效果

4.1 处治措施

经过计算,采用如下措施进行处治:

(1)K51+980～K52+120 段在路中线右侧设置抗滑桩(锚索抗滑桩)来加固边坡;第 4～21 号锚索抗滑桩(抗滑桩)位于路中线右侧 16.15m,第 1～3 号和 22～29 号锚索抗滑桩(抗滑桩)位于路中线右侧 15.85m;E 型、F 型和 G 型桩体截面尺寸为 2.4m×3.6m,其他类型桩体截面尺寸为 2.0m×3.0m,桩间距 5m。A 型抗滑桩 5 根,长 18m;B 型桩 2 根,长 24m;C 型桩 3 根,长 24m;D 型桩 1 根,长 28m;E 型锚索抗滑桩 4 根,长 28m;F 型锚索抗滑桩 9 根,长 32m;G 型锚索抗滑桩 5 根,长 36m。

(2)K51+980～K52+120 段在桩板墙顶部采用护面墙,坡比为 1∶1.25。

(3)K51+980 侧接路堑挡墙,K52+120 侧接挖方边坡。

4.2 施工工序

(1)先开挖第一级边坡并及时施工护面墙。

(2)当开挖至桩顶高程时,跳槽开挖施工抗滑桩,并预留锚索孔。

(3)所有桩体施工完毕,并达到设计强度的 75% 时,按路基施工技术要求进行桩前路基开挖,一边开挖一边挂板,当路基开挖至锚索设置位置时,施工预应力锚索,施加预应力打到超张拉值后锁定并封锚。

(4)继续进行路基开挖直至路床顶面,并施工桩间挡板。

4.3 处治效果

边坡处治经过多年的观察,至今未出现任何变形或其他不良迹象。这充分说明,对边坡的处治工作取得了预期的效果。在这个过程中,采用了(锚索)抗滑桩预加固的技术,这种方法不仅有效地提高了边坡的稳定性,还大大减少了边坡的开挖程度。

如果采用自然放坡的方式,边坡的开挖最大高度将达到 58.2m。这个高度不仅对植被造成了严重的威胁,甚至可能引发坡面的泥石流,不仅会带走大量的土壤和植被,还会对周边的生态环境造成严重影响。

因此,锚索抗滑桩对土质边坡进行预加固,在提高边坡稳定性的同时,还能最大限度地保护生态环境。这种方法在实践中已经得到了充分的验证,证明其具有良好的效果。

总的来说,边坡处治的工作不仅仅是技术问题,更是对生态环境的保护。只有采取科学、合理的方法,才能在确保工程安全的同时,最大限度地减少对自然环境的破坏。锚索抗滑桩技术的应用,正是在这一领域取得的重要成果。

5 工程体会及建议

(1)堆积体深挖路堑边坡处治措施,在勘察设计和施工中都是一项重点工程。土质深挖方路堑边坡,在勘察设计阶段采取框架梁锚杆(索),理论计算均能满足规范要求,但在实际施工过程中,由于各种因素导致边坡失稳现象常有发生。采用桩板墙对土质深挖路堑边坡进行预加固能达到很好的处治效果。

(2)对于雅康高速公路 K50+300~K52+540 段崩坡积体深挖路堑边坡,设计采用锚索桩板墙的支护形式进行预加固,避免形成过高的土质边坡,锚索桩板墙最大悬臂段达 18m,可为同类公路工程锚索桩板墙设计提供参考和借鉴。

(3)高速公路崩坡积体深挖路堑边坡防护措施,不仅应考虑边坡防护的经济性,更应具体分析高速公路所处地区的地质地貌特征、气候环境特征等要素,考虑建设施工与运行维护管理成本,同时确保高速公路边坡结构可长期保持较高的结构可靠性与安全性,并具备良好的生态环境保护效果。

参 考 文 献

[1] 连晓宏.预应力锚拉桩板墙施工技术在道路高边坡支护中的应用[J].低碳世界,2020,10(2):62-64.

[2] 张光龙.预应力锚索桩板墙在山区公路的应用[J].四川建材,2018,44(1):141-142.

[3] 苏鹏.预应力锚索桩板墙在路堑边坡加固中的应用[J].山西交通科技,2017(6):13-16.

[4] 王勃.高速公路桥梁建设中的人工挖孔桩施工技术综述[J].北方建筑,2020,5(1):70-72.

[5] 李菊芳.锚索桩板墙施工工序类型和技术经济分析[J].甘肃科技,2021,37(9):109-111,155.

[6] 李海光.新型支挡结构设计与工程实例[M].2 版.北京:人民交通出版社,2004.

[7] 李勇,李海亮,马洪生.某高速公路典型缓倾顺层滑坡分析与治理研究[J].路基工程,2020,000(5):195-201.

[8] 胡峰,杨灵平.桩板式挡墙在第比利斯绕城铁路建设中的应用[J].路基工程,2016,186(3):152-156.

[9] 宋明刚,向欣,章广成,等.边坡-锚固结构受力特性与预应力损失研究[J].岩石力学与工程学报,2022,41(S1):2791-2800.

[10] 中华人民共和国交通运输部.公路路基设计规范:JTG D30—2015[S].北京:人民交通出版社股份有限公司,2015.

[11] 中华人民共和国交通运输部.公路工程抗震规范:JTG B02—2013[S].北京:人民交通出版社,2014.

第4章　危岩崩塌

汶马高速公路薛城1号隧道进口仰坡危岩发育特征及加固处治措施

李 兵 徐 升 马洪生 何光尧 苟 黎 赵如雄

(四川省公路规划勘察设计研究院有限公司,610000,成都)

摘 要:汶马高速公路沿线地形地质条件极其复杂,地质灾害频发,高位危岩(重力变形体)是该项目典型地质灾害之一,其勘察识别难度大、危害严重、防治困难,给建设和运营带来较大的安全隐患。本文以薛城1号隧道进口仰坡危岩以例,综合应用无人机测量、三维激光扫描、地质调绘、水平钻孔、数值模拟分析等方法,创新提出强构造区重力变形体的快速判识关键技术,准确判识了变形体强卸荷带的厚度及危岩分布特征、成因机制,并采用了相关计算模型进行稳定性评价,提出了"清危+垫墩锚索+垫墩锚杆+挂网喷混凝土+张口式导石网+拦石墙+柔性钢棚洞+防落石明洞+专项监测"的综合处治措施。另外,针对超高陡边坡施工难度大的问题,创新提出超高陡边坡"分级搭设+锚绳提拉"的脚手架施工关键技术及采用索道方案运输材料的辅助措施。本文研究成果可为西南艰险山区高位危岩处治设计及施工提供经验参考。

关键词:高位危岩;重力变形体;分布特征;处治措施;关键技术

1 工程概况

汶川至马尔康高速公路位于四川省阿坝藏族羌族自治州境内,是国家高速公路网G4217重要组成部分。项目起于汶川,途经理县,止于州府马尔康,路线全长约172km,桥隧比约86.5%。项目地形地质条件十分复杂,滑坡、崩塌、泥石流等不良地质灾害频发。汶马高速公路薛城1号隧道进口段仰坡高陡,边坡高约190m,坡度约70°,局部形成陡崖。边坡岩体片理裂隙极发育,岩体极破碎,同时在长期重力作用下边坡岩体整体变形倾倒形成重力变形体,重力变形体厚度为20~40m。该坡面变形岩体性质软弱,风化剥蚀问题较为突出,坡面沟槽发育,地形极为凌乱。这些被沟槽切割岩体形成的地貌突出和临空部位,卸荷裂隙发育,形成了大量危岩,规模达26800m³,其在重力、降雨、地震作用下极易失稳,对拟建隧道洞口及外接马尔康岸桥梁构成直接威胁(图1、图2)。

原施工图设计为:薛城1号隧道进口仰坡高陡,进洞前采用锚喷防护临时加固边仰坡(防护参数:3.5m长φ22mm砂浆锚杆,按间距1.0m正三角形布置;φ8mm钢筋网,网格30cm×30cm;10cm均厚C20喷射混凝土)。仰坡永久加固设计采用垫墩锚杆+挂网喷混凝土坡面封闭(加固范围为洞顶截水沟上方20m,侧向边界为测量线外侧20m;垫墩锚杆水平间距3.6m,斜距3.6m,矩形布置,锚杆长9m/12m;在垫墩锚杆中穿插布置系统锚杆,系统锚杆水平间距1.8m、斜距1.8m、长3m)。

图1　薛城1号隧道进口仰坡危岩(正面)　　图2　薛城1号隧道进口仰坡危岩(侧面)

2017年1月,四川省公路规划勘察设计研究院有限公司对隧道进口边仰坡危岩进行了专项调查评估,根据相关评估结论,原设计边坡治理工程偏弱,不能较好地满足边坡处治的要求,因此,进行变更设计加强边坡防护,变更设计方案为清危＋挂网喷混凝土＋垫墩锚索(杆)＋开口式导石网＋被动网为主的综合处治措施。

该工点于2017年10月开始施工,2018年6月—2019年3月施工中边坡出现多次变形开裂(图3、图4)。其中,2018年7月坡体出现局部垮塌,塌方体约1000m^3,造成了施工暂停和部分工程及辅材报废。2019年4月,根据现场实际情况,结合各方专家咨询意见,在已有变更设计方案基础上加强了处治措施(清危工程量、锚索数量、锚索长度增加,优化施工工艺及工序)。

图3　③区裂缝　　　　　　　　　　　图4　③区裂缝细节(宽70cm)

2　工程地质条件

边坡区处于青藏高原东南边缘的高山区,属构造侵蚀剥蚀高山峡谷地貌(图5)。边坡区位于近南北向延伸条状山脊南偏东侧前缘,坡脚河谷高程约1570m,边坡区山脊高程1760～2000m,山脊西侧为杂谷脑河次级沟谷,山脊东侧为凹沟,山脊东侧发育有一处大型滑坡。

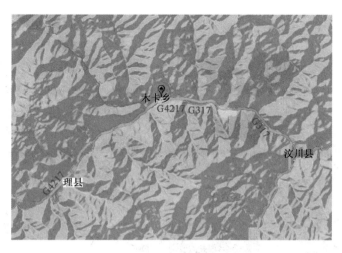

图 5　区域位置及地貌特征

该边坡出露地层为古生界泥盆系危关群,其岩性为千枚岩夹少量变质石英砂岩。据 1975 年茂汶幅 1∶20 万区域地质调查报告,该点位于薛城 S 形构造中总棚子倒转复背斜倾伏端。薛城 S 形构造位于龙溪、薛城及理县一带,由一系列 S 形褶皱和压性断裂组成。总棚子复背斜的轴面是一 S 形扭曲面,背斜两翼又为次级同斜倒转、扇形及尖棱小褶皱复杂化,东段消失于茂县群第五组中,西段由泥盆系—三叠系西康群组成,向西向南延入小金幅。由于地层倒转,岩层片理产状单斜,场地基岩片理优势产状为 355°∠65°,但边坡区为重力变形体,为岩体在长期重力作用下整体变形倾倒所致,片理产状与正常基岩产状有很大不同。

新构造运动主要表现为大面积抬升运动和地震活动。区内经历了多次构造运动,河谷下切表现明显,分布多级阶地,古河床高出现有河床数十米,说明场地区有强烈上升。场地地震动峰值加速度为 0.15g,地震动反应谱特征周期为 0.40s,场地对应地震基本烈度为Ⅶ度。场区内滑坡、重力变形体、泥石流、崩塌落石等不良地质广泛发育。

3　边坡稳定性分析评价

本文综合应用无人机测量、三维激光扫描、地质调绘、水平钻孔、孔内电视、数值模拟分析等方法,提出强构造区重力变形体的快速判识关键技术,准确地判识了变形体强卸荷带的厚度及危岩分布特征、成因机制,并采用相关计算模型进行稳定性评价,为处治方案的确定提供了科学支撑。

3.1　岩体结构及整体稳定性分析

除片理面外,边坡区还发育有多组节理面,受重力变形影响,节理产状变化较大,钻孔揭示边坡岩体节理裂隙发育情况如图 6、图 7 所示。主要有:①外倾结构面,产状 133°～150°∠70°～80°、131°∠52°、147°∠44°,属构造节理,面较平直,延伸一般小于 10m;②近于正交结构面,产状 33°∠70°、26°∠46°,属构造节理,面较平直,延伸一般小于 10m;③斜交结构面,产状 183°∠42°、198°∠56°,属构造节理,面较平直,延伸一般小于 5m。根据片理面与临空面关系分析,边坡片理产状为320°~350°∠10°~30°,边坡临空面方向为130°,虽局部受变形影响产状有所变化,但总体片理面与边坡临空面呈反倾斜交结构。边坡岩体赤平投影如图8所示。

图6 ZK2 钻孔岩心照片(0~15m)

图7 ZK2 钻孔岩心照片(15~30m)

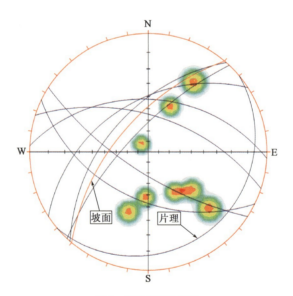

图8 边坡赤平投影图

根据薛城1号隧道洞内开挖资料揭示,距离洞口约20m范围内岩体非常破碎,20m以后则岩体完整性变好,由此分析边坡在洞口附近高程重力变形体及破碎带厚度约20m。同时,结合水平钻孔及锚索试验孔分析,卸荷带厚度向上逐渐加厚可达30~40m(图9)。

从边坡岩体结构来讲,片理面不构成边坡整体滑移的边界面,其他节理面延伸长度有限,也不构成边坡岩体整体滑移的边界面,因此,该边坡岩体整体处于稳定状态。根据现场调查访问,该边坡除临近临空面部位,未见边坡整体变形的地表开裂迹象,在5·12汶川地震等强震作用下也未诱发边坡整体变形失稳。然而由于该边坡为变形岩体,节理裂隙发育,加之岩性软弱,坡面受风化剥蚀、地表水冲蚀等因素影响,坡面形成多条沟槽,坡表岩体被切割成零散块状,地形极为凌乱。这些被沟槽切割岩体,形成地貌突出部位和临空部位,在重力、降雨、地震作用下极易发生崩塌,会对隧道洞口及桥梁构成危害。

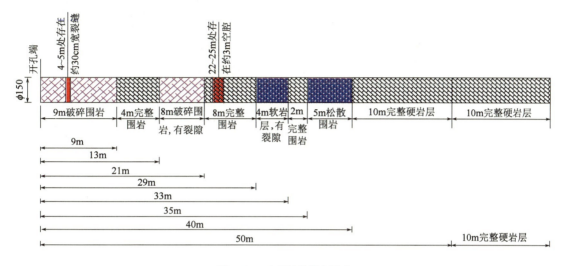

图9　60m水平钻孔岩心示意

3.2　各潜在失稳区特征及稳定性评价

根据地表调查分析,该边坡潜在失稳区共划分为8个区域,如图10所示,典型危岩照片如图11~图13所示,分区评价见表1。

图10　边坡变形体分区图

图11　①区危岩(坠落式)

图 12 ②、③区危岩(坠落式、倾倒式)　　　图 13 ①区危岩崩塌失稳

各潜在失稳区特征及危害分析　　　　表 1

分区	位置及特征	失稳破坏模式及稳定性	危害
①区	右洞进口正上方,上部为相对缓坡,下部为近直立边坡,坡顶距隧道洞口约26m	陡坡顶部发育有拉裂变形岩体及孤立悬空岩体,施工中发生失稳破坏,如图13所示,主要破坏模式为坠落式	失稳后直接危害桥梁及隧道洞口
②区	右洞进口正上方,上部为相对缓坡,下部为近直立边坡,坡顶距离隧道洞口约93m	陡坡面岩体拉裂变形及近期失稳迹象明显,见孤立悬空岩体。主要失稳破坏模式为坠落、倾倒	失稳后直接危害桥梁及隧道洞口
③区	右洞进口右上方,上部为相对缓坡,下部为近直立边坡,坡顶距离隧道洞口约99m	陡坡面岩体拉裂变形及近期失稳迹象明显,主要失稳破坏模式为坠落、倾倒	失稳后沿沟槽下泻,不构成直接危害
④区	左洞左上方,坡面上一孤立凸起,顶部距离隧道洞口高约40m	临空侧岩体失稳迹象明显,整个突出岩体周边可见裂缝,该岩体整体稳定性不高,在降雨、地震作用下有整体滑移失稳趋势	失稳后直接危害桥梁及隧道洞口
⑤区	位于左洞左上方,坡面上突出部位,顶部距离隧道洞口高约60m	中下部有失稳迹象明显,呈坠落失稳特征,在重力、降雨、地震作用下失稳区逐步向后扩大	失稳后直接危害桥梁及隧道洞口
⑥区	坡面上突出部位,其下右侧边界距左洞口约20m	结构面切割岩体失稳,坠落式失稳	对左线桥梁有一定危害
⑦区	临近上游侧为杂谷脑河次级冲沟左岸陡坡,该危岩体下右侧边界距左洞洞口在坡面走向上约60m	临近陡坡侧危岩体发育,呈坠落式失稳	失稳主要危害下方工棚及支洞进口
⑧区	该区域坡面上呈近似三角形,横向宽度约66m,高约40m。最高点距隧道洞口高差约135m	结构面切割岩体,坠落、倾倒式失稳	失稳后对左右线洞口及桥梁构成一定危害

3.3　典型潜在失稳岩体稳定性计算

各潜在失稳区均存在一定规模的拉裂变形岩体,这些拉裂变形岩体在重力、降雨及地震作用下稳定性差,会产生坠落、倾倒为主的失稳灾害。选取典型岩体(①号失稳区的拉裂变形岩体)进行稳定性分析,其已失稳区后壁,坡面产状133°∠80°。根据薛城1号隧道岩样力学试验,中风化绢云千枚岩岩石饱和密度为2.71g/cm³,内摩擦角试验值为35.7°~42.9°,平均值为38.32°,黏聚力试验值为0.94~5.58MPa,平均值为2.73MPa。考虑潜在失稳岩体位于地

表,岩体受风化影响强度降低,天然状态取内摩擦角 $\varphi=35°$,黏聚力 $c=250\mathrm{kPa}$;降雨饱水状态下内摩擦角 $\varphi=34°$,黏聚力 $c=200\mathrm{kPa}$。

潜在失稳岩体形态和范围根据现场调查及测量确定,后壁失稳区及剪切错断面角度根据右侧已失稳区确定,潜在失稳区图示如图14所示。该岩体后缘追踪结构面拉裂破坏,前缘剪断岩体可按照滑移失稳模式进行稳定性分析。

$$F_s = \frac{[W\cos\beta - (P+Q)\sin\beta]\tan\varphi + cL}{W\sin\beta + (P+Q)\cos\beta + T}$$

式中:Q——考虑速度水头的裂隙水压力;
   P——地震力;
   W——岩体重力;
   φ——滑移面内摩擦角;
   c——黏聚力;
   β——滑移面倾角;
   L——滑移面长度;
   T——动水压力对裂隙壁的总拖曳力。

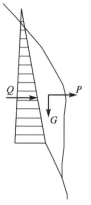

图14 拉裂岩体稳定性分析简图

计算得天然状态下拉裂岩体稳定系数为1.89;降雨后缘裂隙充水一半时,稳定系数为1.24;降雨后缘裂隙充满水并形成坡面水流条件下,拉裂岩体稳定系数为0.57;地震作用下稳定系数为1.86。后期施工过程中该区岩体发生崩塌失稳,也验证了稳定性计算结果。根据分析可知,降雨对拉裂岩体稳定性影响较大,同时岩体下方抗剪段对整个岩体稳定起至关重要的作用。由于千枚岩易风化,下方的抗剪段"关键块体"在风化以及上方岩体重力、裂隙水渗流作用下强度不断削弱,前缘抗力逐渐降低,其稳定系数会逐步降低,最终导致仅重力和少量裂隙充水工况下也会使岩体失稳。

4 处治工程措施及效果

原施工图设计边坡治理工程偏弱,不能较好地满足边坡处治的要求,结合施工过程中的实际情况,进行全坡面加强防护变更设计。由于洞口边坡变形严重,为保证施工作业安全,采取应急处治+整体处治分阶段实施。

4.1 应急处治措施

应急处治主要包括以下内容:

(1)对整个①区、②区上部1/4、③区上部1/3和⑧区上部1/3高度范围内增设 $\phi32\mathrm{mm}$ 自进式锚杆,单根锚杆长度9.0m,间距3.0m×3.0m,采用人工吊绳方式施工。为方便施工,$\phi32\mathrm{mm}$ 自进式锚杆分节长度为50cm,分节间采用连接套连接。

(2)对②、③区域坡面空洞采用C25喷射混凝土封闭,原则上喷射混凝土后的坡面与原坡面基本齐平,防止山体沿空洞变形、坍塌。

4.2 整体处治措施

整体加固采取清危+垫墩锚索+垫墩锚杆+挂网喷混凝土+张口式导石网+拦石墙+柔性

钢棚洞+防落石明洞+专项监测等综合处治方案。治理工程平面及典型剖面如图15、图16所示。

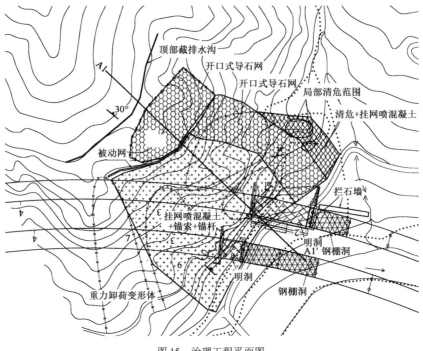

图15 治理工程平面图

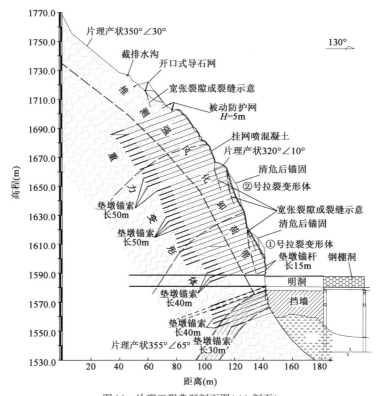

图16 治理工程典型剖面图（A1剖面）

(1) 人工清除边坡上方威胁洞口及桥梁范围内的坡面松动及悬空的危岩,尤其根据开裂特征和节理发育情况对①区、②区、隧道右洞右侧危岩进行部分清危。清危采用人工吊绳打眼、实施静态爆破后,再人工吊绳配以风镐及空压机进行人工清危。

(2) 隧道右洞右侧危石清危后,对坡面进行挂网喷混凝土+9m长自进式锚杆。其余坡面清危后采用挂网喷混凝土(8cm)+3m短锚杆进行封闭,保证后续施工安全,锚杆间距3.0m×3.0m。边坡喷护采取由上而下人工吊绳喷护。

(3) 对隧道洞口坡面分区设置垫墩锚索及垫墩锚杆,间距4.0m×3.0m,锚索长30~50m。在垫墩锚索+垫墩锚杆施作完成后进行挂网喷混凝土(8cm)封闭。

(4) 对③区、⑧区危岩采用开口式导石网覆盖,引导落石滚落至洞口西侧沟槽内。

(5) 为拦截坡体顶部坡面滚落的危石,在挂网喷混凝土顶部设置被动网,网高5.0m,长70m。边坡顶部设置截排水沟,长度约130m。

(6) 在隧道口右侧设置拦石墙,墙高5m,长50m,以保护桥梁。

(7) 右线接长隧道明洞40m,桥梁上设置柔性钢棚洞27m;左线桥梁上设置柔性钢棚洞54m。

(8) 为及时掌握边坡、危岩的变形动态,评价各种支护结构的适宜形式,以及边坡施工及其运营期边坡的稳定性,并作出有关预测预报,为边坡支护工程的维护和动态设计提供依据,设计采用了基于北斗无线传输数据的自动采集、分析和预警系统,坡体设置了GNSS监测器(地表位移)、深部位移、裂缝计、锚索测力计及雨量计等监测设备,实施三维智能监测。

治理总预算超过1亿元,于2020年完工,根据监测(图17)及现场巡查显示,边坡稳定(图18),无病害发生,治理效果明显。

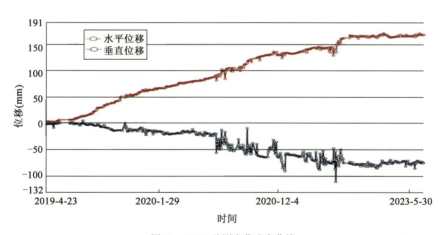

图17 GNSS监测变化速率曲线

图 18　施工完毕通车后的边坡

5　主要施工辅助措施

由于该隧道进口边坡高陡,受地形地貌的限制及处治工程的特殊性,施工难度极大。一方面,该高边坡无人力、机械和骡马运输道路,材料运输极其困难,因此,采用了索道运输方案。另外,本边坡高度较大,所需脚手架总高度150m,宽度约150m,远高于《建筑施工扣件式钢管脚手架安全技术规范》(JGJ 130—2011)规定的50m常规搭架高度,须采取特殊措施。

5.1　索道工程

考虑工期要求和施工方便,拟设3处斜向架空索道,用于地面向山坡的材料、设备运输,实现材料的垂直运输,其中:1号架空索道连接G317线一侧和处治区右侧半坡,索道水平长180m;2号架空索道连接既有永久桥梁侧和处治区坡顶,索道水平长290m;3号架空索道连接处治区左侧坡脚和半坡,索道水平长170m。索道下方设材料堆场,坡顶设中转场,如图19所示。

架空索道用承载索选择6×37-1570钢丝绳,直径54mm,自重11.1kg/m,最小破断拉力1510kN,牵引绳采用直径14mm钢丝绳,最大起吊质量不超过1t。索道架设完成后,在索道正下方的支架上设置接料平台,通过索道运输材料到接料平台,然后人工水平转运。

5.2　脚手架工程

本工程脚手架宽度约150m,总高150m,远高于规范要求的常规搭架高度。根据现场条件,采用以下设计措施:①充分利用坡面平台,尽量实现上下分段搭设,为增加脚手架的稳定性,坡面设置竖向、横向φ25mm锚杆与脚手架立杆和横杆相连,锚杆长3m,外露30cm;②山下落地脚手架采用双钢管立杆,并对陡立坡面按每不超过12m一级用一排钢丝锚绳提拉架体,实现减载;③对于落脚于山坡的脚手架,为减轻其架体重量,采用单根脚手架钢管作为立杆,并按每不超过12m一级用一排钢丝锚绳提拉架体。总的来说,该超高脚手架工程正是通过利用地形分段搭设、锚绳提拉使得架体重量分散于坡面,提高了脚手架抗倾覆能力及竖向承载力,典型坡面如图20所示。为评价该脚手架工程设计方案可行性,采用了Midas软件进行强度及稳定性验算,其结果满足规范要求。

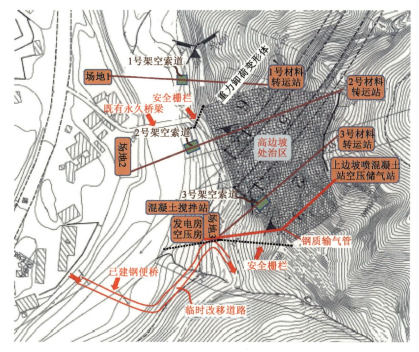

图 19 施工总平面布置图

图 20 高边坡搭架方案

6 工程体会及建议

汶马高速公路具有"极其复杂的地形、极其复杂的地质、极其复杂的气候、极其复杂的生态、极其复杂艰巨的建设"等特点，具有"高山、高原、高速"的三高特性，沿线滑坡、崩塌、泥石流等不良地质灾害频发。高位崩塌危岩（重力变形体）是该项目主要地质灾害之一，勘察识别难度大,危害严重,防治困难,给建设施工和运营造成较大的安全隐患。通过薛城1号隧道进口危岩变形特征及处治措施分析,得到以下几点认识:

(1)强构造区重力变形体高位危岩具有高位隐蔽特征,勘察识别难度较大。对于此种边坡,建议结合边坡特点,综合应用无人机数码摄影测量、三维激光扫描、地质调绘、水平钻孔、孔内电视、数值模拟等综合勘察方法,快速准确地勘察判识不良地质体,结合相应的失稳破坏模式进行稳定性评价,为处治方案确定提供技术支撑。

(2)强构造区危岩体灾害往往规模巨大,单一的工程处治措施或局部治理难度大,效果差,采用主动加固与被动防护相结合加专项监测的综合处治措施是必要且有效的。

(3)西南艰险山区超高陡边坡,受地形、地貌等地质条件限制及处治措施的特殊性,处治工程施工难度极大。一方面,无人力、机械和骡马运输道路,材料运输极其困难,采用索道运输是一种行之有效的方案。另外高陡边坡脚手架远超规范上常规搭架高度,须采取特殊设计。充分利用边坡地形分担架体的重力,实现分段搭设,并对陡坡段架体采用钢丝绳锚绳提拉架体,实现减载和抗倾覆,采用有限元软件进行强度及稳定性验算,校核搭设方案可行性,为科学、快速、安全、经济施工提供有利的技术支撑。

参 考 文 献

[1] 刘自强,马洪生,牟云娟.古尔沟隧道出口崩塌危岩体稳定性分析与治理措施[J].路基工程,2020,(2):216-221.

[2] 安晓凡,李宁.岩质高边坡弯曲倾倒变形分析和破坏机理研究[J].水力发电学报,2020,(6):83-98.

[3] 张亮华,谢良甫,李兴明.反倾层状岩质边坡倾倒变形时空演化特征研究[J].长江科学院院报,2017,(11):112-115,120.

[4] 刘成清,陈林雅,陈驰,等.柔性钢棚洞结构在落石灾害防治中的应用研究[J].西南交通大学学报,2015,(1):110-117.

[5] 何思明,沈均,吴永.滚石冲击荷载下棚洞结构动力响应[J].岩土力学,2011,(3):781-788.

[6] 中华人民共和国交通运输部.公路路基设计规范:JTG D30—2015[S].北京:人民交通出版社股份有限公司,2015.

[7] 中华人民共和国住房和城乡建设部.建筑施工扣件式钢管脚手架安全技术规范:JGJ 130—2011[S].北京:中国建筑工业出版社,2011.

雅西高速公路姚河坝1号特大桥右侧山体崩塌毁桥灾害应急抢险处治设计案例分析

伍运霖　刘天翔　程　强　王　丰　李　勇

(四川省公路规划勘察设计研究院有限公司,610000,成都)

摘　要:2020年9月20日11时52分,雅西高速公路姚河坝1号特大桥右侧山体发生了大规模崩塌灾害,约 $1.8 \times 10^4 \mathrm{m}^3$ 崩塌体直接剪断高速公路右线两跨约80m桥梁梁体及墩柱,掩埋了沿坡脚通过的G108线,造成雅西高速公路右幅及G108线全部中断,成为多年来罕见的崩塌灾害直接造成运营期高速公路桥梁断裂的灾难性事件,并迅速占据了各大新闻媒体和网络平台首页,在国内外造成了巨大影响。同时,短时间内抢通并确保雅西高速公路左幅道路的双向通行又成为恢复攀西地区唯一大通道大动脉、决战凉山彝族自治州贫困山区脱贫攻坚的重要影响因素。在对灾害现场和崩塌危岩进行大量翔实地质调查分析的基础上,完成了三维倾斜摄影测量模型,揭示了本次高位花岗岩错断式崩塌的成因机制,在此基础上,最短时间内制定了抢通保通方案,并在边坡上构建了坡面危岩实时雷达扫描监测系统,在监控量测的保障下6d时间内完成了抢险排危,实现了雅西高速公路左幅道路的双向通行,恢复了成都到攀西地区的交通,为恢复下方桥梁的施工作业安全提供了有效保证。随后又制定了整个边坡及危岩主动锚固体系的永久加固措施,为桥梁长期安全和高速公路后期正常运营提供了保障。本文介绍了雅西高速公路姚河坝1号特大桥高位山体崩塌灾害的回溯性成因机制分析、应急监控量测以及成功的抢险保通经验,为今后山区桥梁的崩塌灾害预防、预测、预警、预加固和防治工作提供了重要的借鉴和参考价值。

关键词:高速公路;山体崩塌;毁桥灾害;应急抢险

1　工程概况

雅西高速公路姚河坝1号特大桥位于四川省雅安市石棉县栗子坪彝族乡境内南桠河左岸,为分离式预应力混凝土简支T梁,右线桥梁采用三跨40.6m T梁,先后跨越南桠河、G108线,路线与G108线交角34.6°,与南桠河交角39°,桥面距G108线路面高约16m。右线桥梁右侧紧邻山体,山体下部为横坡大于70°的陡立岩壁,上部是15°~30°自然斜坡(图1)。

场地位于青藏高原横断山脉东部、大渡河中游,属构造侵蚀高中山地貌,姚河坝1号特大桥两岸边坡早震旦系花岗岩基岩大面积出露,顶部缓坡及坡脚覆盖层以第四系崩坡积层块碎石土为主。在地质构造上,场地位于川滇南北向构造带(康滇地轴)北段,构造体系上以北西向南北为主、北东向次之,位于小相岭构造带中,距离最近的断裂为安顺场经擦罗至公益海断裂,其为鲜水河断裂带南延段,断层从本次山体崩塌东侧约1.4km处沿北北西—南南东向延伸,产状 N15°~30°W/倾向不定,倾角陡至∠70°~80°,依据《北京至昆明高速公路四川境雅安至泸沽项目地震安全性评估报告》分析,该断层平均水平滑动速率为3~5mm/年,估计其最大潜在地震能力为7.5级,受地质构造强烈作用,岩体中主要发育4组主控构造裂隙,受不利节理裂隙组合切割,岩体呈碎裂状—镶嵌破碎结构(图2)。岩土结构面发育情况见表1。

图1 研究区地形卫星图

图2 岩体裂隙面发育示意图

岩土结构面发育情况　　　　　表1

编号	名称	倾向(°)	倾角(°)	间距	延伸长度	充填情况
P	坡面	90	85	—	—	—
J1	裂隙1	55	75	4~6m/条	>10m	黏土
J2	裂隙2	140	85	3~4m/条	>10m	无
J3	裂隙3	245	25	0.5~2m/条	2~6m	少量黏土
J4	裂隙4	30	45	0.5~1m/条	0.5~2m	黏土

2 崩塌毁桥灾害特征

2020年9月20日11时52分,雅西高速公路姚河坝1号大桥K2084+573~K2084+639段右侧山体突发崩塌灾害,约$1.8 \times 10^4 m^3$,崩塌体直接剪断右线桥梁1号墩,致使右线桥0号桥台~2号墩之间两跨40m长的T梁掉落,梁体掉落后剪损右线2号桥墩并致墩柱倾斜开裂,崩塌堆积体完全掩埋高速公路下方的G108线,造成雅西高速公路、G108线双线双向断道的严重后果。本次花岗岩产生的悬臂—拉裂式崩塌灾害右线1号墩剪断过程示意如图3所示。

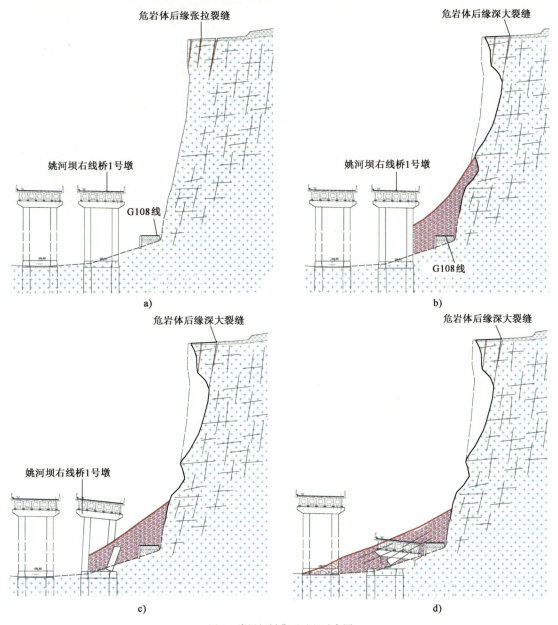

图3 崩塌毁桥典型过程示意图

崩塌坡口距右线桥面高差 38～42m，距 G108 线路面平均高差约 56m，崩塌体呈不规则"扇形"堆积在国道及河床范围内，堆积体平面面积约 2700m²。受结构面控制，崩塌坡口呈不规则"锯齿状"，坡面多处岩体凸出、起伏较大（图4）。

a) 崩塌全貌

b) 下部堆积区

c) 上部崩塌坡面及残留危岩体示意

d) 右线桥梁体断裂及墩柱受损情况

图 4　崩塌毁桥灾害现场

崩塌发生后，在坡面上残留有 3 处总计约 910m³ 威胁较大的危岩体：①号危岩体距离高速公路路面高差约 42m，下部岩体崩塌后形成倒悬状，最大凹腔深度约 4.5m，估算①号危岩体方量约 560m³。危岩体后缘发育两道深大裂缝，裂缝距离坡口 7～9m，裂缝纵向延伸约 6.2m、裂缝宽度为 0.3～0.52m，该裂缝距后缘 220kV 高压电塔仅 18～21m 的距离；该危岩体已处于"摇摇欲坠"的临界稳定状态，其位置势能高，崩塌后冲击动能巨大，落石将直接威胁左幅 13 号墩的安全，成为是否能保证左幅双向通行的关键制约因素。②号危岩体处于整个崩塌斜坡体的中部，距离高速公路路面高差为 17～23m，该危岩已基本脱离母岩，悬挂于坡面之上，最大高度约 8m、平均厚度约 3m，平均宽度约 4.1m，该危岩体方量约 100m³。③号危岩体位于坡顶，距高速公路路面高差为 41～42m，完整性尚好，但下部岩体崩塌后形成倒悬状，危岩体底部凹腔深度为 2.5～3.9m，坡口以上尚无开裂迹象，但其长期稳定性较差，不易主动锚固，需将其清除，该危岩体方量约 250m³（图5～图7）。

图5 崩塌分区示意图

图6 坡面残留危岩体发育示意图

图7 ①号危岩体及坡体后缘宽大裂隙(左)、②号危岩体(右)

3 灾害性质及机理

雅西高速公路姚河坝 1 号大桥 K2084+573～K2084+639 段右侧山体崩塌灾害为典型的悬臂-拉裂式中型崩塌灾害，在此之前已有零星的块石崩塌病害发生。本次崩塌灾害是在其不利的地质地形条件以及公路建设时施工扰动、长期强降雨等多种内外不利因素综合影响下产生的。具体分析如下：

(1)不利的地质地形构造条件。

该处崩塌灾害位置发育于南桠河左岸凸出山脊前部，近直立临空面上凸下凹，顶部岩体呈悬臂式凸出，为产生崩塌灾害提供了有利的地形条件。由于临近安顺场—公益海—擦罗这条大的活动性断层，崩塌位置所处场地地质构造强烈，岩体被多组节理裂隙切割为碎块状，岩体完整性较差，且裂隙多呈张开状、内充填黏土，结构面力学条件较差。由赤平投影图可知(图8)，在 J1、J4 等外倾结构面及 J2 陡倾结构面的组合控制下，岩体有明显向临空坡面产生崩塌的地质结构条件。因此，坡体的不利地质条件为崩塌灾害产生的主要内因。

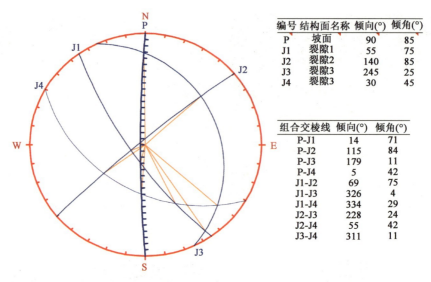

图 8　岩体结构面赤平投影图

(2) 公路建设开挖。

该段高速公路 2007 年 3 月开工建设(图 9),2012 年 4 月全线通车运营,桥面高程约 1410m,桥梁在凸出山脊位置上跨 G108 线时在桥面高程附近对右侧山体进行了开挖,导致顶部岩体失去支撑后进一步悬臂,开挖扰动坡体,破坏其力学平衡,也进一步加剧了崩塌灾害的发生,因此,高速公路建设时期前缘中下部开挖切坡为事故诱因之一。

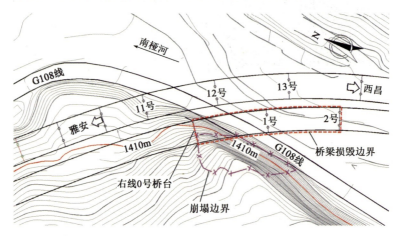

图 9　建设前路线及地形示意图

(3) 前期降雨诱发。

场地属以中纬度亚热带季风气候为基带的山地气候,根据 1981—2019 年石棉气象站多年降雨统计数据(四川统计年鉴),石棉地区年均降雨量约 815.6mm,全年 84% 的降雨集中在 5—9 月。另根据雅安市气象局对雅安市 2020 年汛期(5—9 月)气候影响评价分析(图 10),石棉地区 2020 年 7 月下旬至 8 月底降雨量打破历史极值,2020 年 8 月共发生 8 次特大暴雨,历史罕见。降雨沿岩体内张开贯通裂隙下渗,增大裂隙水压力,同时软化结构面、降低结构面抗剪强度直至无法为悬臂状危岩体提供足够的抗剪切能力,导致崩塌危岩体产生整体失稳,因此,前期降雨是主要诱发因素。

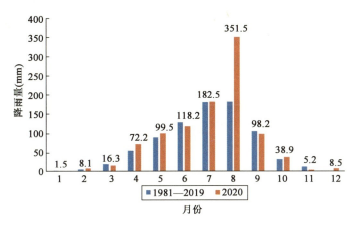

图 10　石棉地区 1980—2019 年及 2020 年月均降雨量统计

4　处治工程措施及效果

4.1　应急抢险方案

由于灾害发生后导致高速公路、国道双道双向中断,对攀西地区交通影响极大,当时成昆铁路也处于中断中,这使得攀西地区社会经济生活稳定受到影响,本次灾害为国内近年少有的崩塌灾害直接造成在营高速公路桥梁断裂的突发性灾难事件,社会关注度极高,临近国庆假期,雅西高速公路日常车流量极大,需力争节假日前左线单幅通行、G108 线抢通,时间紧迫。

桥梁断裂后坡面残留多处高位危岩、潜在威胁极大,崩塌发生后坡面残留约 910m³ 呈"摇摇欲坠"之势的高位危岩,危岩体多呈倒悬状,崩落后落石可能在岩面上撞击弹跳而落入左线桥面范围内,这对目前尚处于稳定的左线桥构成严重威胁,也对高速公路、国道的应急抢通及后期重建构成威胁,易诱发二次灾害。危岩体对现场崩塌堆积体清除、左线单幅双向通行、姚河右线桥及 G108 线的恢复重建也形成巨大的安全隐患,严重迟滞了现场的抢通进度。在详细调查分析并在全面监测的情况下,经过研究后采用如下方案实施应急抢险:

(1)监测预警:现场立即设安全哨、建立安全预警机制和措施,启动应急预案,设专人进行现场观测、监测、预警,并在坡体对岸设置雷达扫描,在崩塌坡体坡口外设 4 道 6m 长拉线式裂缝计,不间断观测、监测整个坡体特别是危岩体的变形发展变化情况,一旦发生变形加速或进入临崩状态,应立即迅速撤离现场施工作业人员,以确保现场抢险人员的绝对安全。应急阶段在崩塌坡体坡口至电塔间的缓坡平台上布置 4 台拉线式位移计进行地表位移和裂缝监测,安装 1 套地质雷达系统对坡体进行实时扫描监测。

(2)吨袋装砂码砌防护桥墩:从左线桥面吊运吨袋堆积于左线 12 号、13 号桥墩右侧,对左线 12 号、13 号桥墩进行防护,并在吨袋靠山侧增加防冲轮胎排架,防止上方危岩体崩塌后或爆破清除后大体量滚落冲击桥墩。堆填吨袋形成梯形断面,两侧坡比均为 1∶0.5,高度约 5m,

底宽不小于6m。

（3）开挖落石槽：采用挖掘机在崩塌堆积体上开挖形成天然落石槽，在13号墩右侧有足够区域可开挖形成两道落石槽，在12号墩右侧仅有开挖形成一道落石槽的空间，靠近吨袋码砌位置的1号落石槽可以连续设置，从12号墩小桩号侧10m设置至13号墩大桩号侧10m，长度约60m，底宽3m，靠山侧槽壁按1:1放坡，靠桥墩侧可直接利用吨袋形成槽壁；2号落石槽位于13号墩的1号落石槽上方，纵向延伸约40m，底宽约2m，靠桥墩侧槽壁按1:0.5放坡，靠山侧槽壁按1:1放坡。

（4）清除危岩：采用尼龙绳网覆盖危岩体后对①号、②号、③号危岩体进行小剂量、分层、分次、定向爆破清除，具体实施方案和安全保障方案由施工单位和专业爆破单位协商研究确定。

（5）清除坡面松动危石：采用高压射水方式清除崩塌后斜坡坡面松动危石。

（6）临时主动网：K2084+573～K2084+639段清除危岩和坡面危石后，在坡面上挂临时防护的主动网，防止坡面还存在的崩塌块石飞落影响恢复交通后的车辆通行安全和左线桥墩安全。

（7）清除崩塌堆积体：从上到下清除坡脚堆积的崩塌堆积体，恢复G108线的通行能力。

（8）清危后，在监测监控条件下，有序组织左线双向交通通行。

最终，在灾害发生后6d按上述应急抢险方案施作，2020年9月26日雅西高速公路姚河坝左线桥在完成全部清危工作及检测后实现单幅双向通车，G108线在2020年9月29抢通，均实现在国庆假期前应急抢通（图11）。

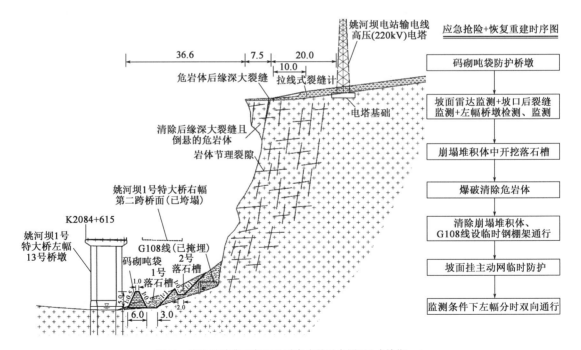

图11 应急处治典型断面及时序步骤示意图（尺寸单位：m）

4.2 永久加固处治方案

根据前文分析,该处崩塌灾害主要是岩体受多组卸荷裂隙切割及人工修建公路时开挖扰动形成上部悬臂临空,在前期持续强降雨软化作用后发生的整体崩塌。因此,对其的永久处治加固主要以坡体原位锚固方案为主(图12),即:垫墩锚索+垫墩锚杆+挂网喷混凝土为主的措施,具体如下:

(1)挂网喷混凝土+垫墩锚索、锚杆:对该段右侧边坡自其下方G108线靠山侧坡脚至坡口范围内采用挂网喷混凝土+垫墩锚索、锚杆进行加固封闭。对G108线至距离桥面高程约13m范围内的边坡采用垫墩压力锚杆加固;对距离桥面高程13m至坡口范围内岩采用垫墩锚索+锚杆间隔布置加固。垫墩压力注浆锚杆长9~21m,垫墩锚索长25~30m,锚索、锚杆的竖向及水平间距均为3m。K2084+573~K2084+639段右侧边坡坡面在应急抢险阶段已采用挂主动网进行了临时防护,该区域利用已有主动网直接进行喷混凝土,将主动网覆盖于坡面。

(2)增设仰斜式排水孔:在G108线路肩以上分别设3排长15~20m仰斜式排水孔,用于排出坡体内的地下水。

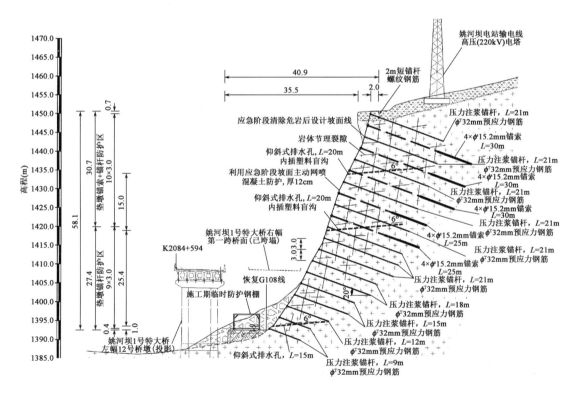

图12　永久加固处治典型断面图(尺寸单位:m)

右线桥梁采用原位重建方式进行,在2020年12月25日完成后实现通车,由于工期原因,该段右侧边坡的永久处治在2021年5月才全部完成(图13、图14)。

图 13　桥梁原位重建完成

图 14　边坡永久处治加固后全貌

4.3　处治效果

为了及时掌握坡体的稳定情况,避免坡体产生二次灾害,灾害发生后立即对该处右侧崩塌边坡进行全面的综合监测,主要包括针对整个崩塌坡面的三维雷达扫描(图15),实时掌握坡面位移变形情况(图16);在边坡坡口与后缘电塔之间设置4条拉线式位移计进行坡口后缘区域的地表位移监测。

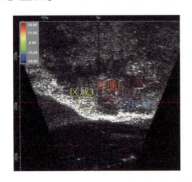

图 15　应急阶段坡面三维雷达扫描监测

图 16　坡口后缘开裂区拉线式位移计地表位移监测

该处灾害发生后至 2021 年 3 月 8 日共进行了 18 期坡口后缘开裂变形区底边位移监测（图 17），监测结果显示，除清危期间扰动外，坡体后缘地表均处于稳定状态。桥梁恢复重建后开始进行边坡的永久处治，2021 年 3 月 8 日—2022 年 8 月 31 日仍然继续对边坡进行监测，监测结果表明处治后边坡整体稳定，证明处治效果良好。

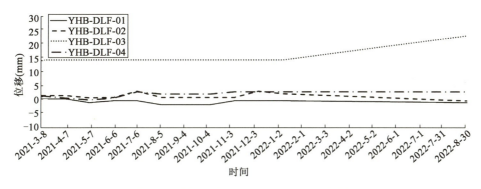

图 17　拉线式位移计地表位移-时间监测曲线

5　工程体会及建议

（1）山区高速公路桥梁大多以顺河（沟）谷或跨沟而过，桥梁选线时应尽量远离山体，高位块石崩落或陡倾岩体崩塌产生的冲击均难以直接拦截防护，因此，针对此种类型的工程建设条件，建议尽量绕避或预留足够的缓冲距离。

（2）尽量减少对路线两侧山体的人工开挖，路线设计时除满足线性要求外，还要预留足够的施工空间，避免施工扰动坡体，给后期运营阶段留下隐患。

（3）山区地质构造复杂、地质作用强烈，重要结构物附近的自然斜坡（山体）也需要进行预防性加固。

（4）对陡立基岩边坡卸荷形成的崩塌灾害，在进行处治时查清岩体深层卸荷条件十分重要，但卸荷深度往往无法直接查明，需要在详细调查的基础上进行综合分析或工程经验类比，应本着"宁强勿弱""宁保守勿冒进"的思路进行加固。

（5）山区高速公路崩塌灾害往往发育位置高、距主线较远，不良地质体发育极为隐蔽，因此，在勘察设计阶段建议适当扩大调查范围；在运营阶段可以5年为期进行全线、全段或全区域的地灾排除，借助卫星、无人机、倾斜摄影的技术进行排查识别。按"区域—段落—工点"层层缩小的方式高效地进行灾害预警预报或预防处治。

雅西高速公路小堡乡花岗岩开采区危岩灾害处治

刘自强 王凌云 龚 臻 张建永 陈 沛 赖远超 黄 浩

(四川省公路规划勘察设计研究院有限公司,610000,成都)

摘 要:危岩体是极为常见的地质灾害之一,对高速公路的运营危害巨大。本文通过对雅西高速公路小堡乡花岗岩开采区危岩体分布范围、岩体规模、危害程度等特征进行调查统计,并分析诱发危岩体因素,以此加深对类似危岩灾害的认识,可供其他工程参考借鉴。

关键词:危岩;基本特征;诱因;分析;处治

1 工程概况

1.1 地理位置与区域地质背景

雅西高速公路小堡乡早期花岗岩开采区位于四川省雅安市汉源县小堡乡,沿大渡河右岸山地斜坡坡脚逆流而上,前进方向由 S36°W 折向 S49°W。该花岗岩开采区岩质高边坡坡脚,开采区受人工爆破影响,花岗岩开采区上部(崖顶)开采高程 940～1010m,下部开采高程 820～860m,人工岩质高切坡坡高一般在 20～90m,最高达 200m 以上,坡度一般为 65°～85°,局部直立或为倒坡,坡面起伏较大,开采区上部存在大量危岩体,且节理裂隙发育,危岩体在重力作用与水压力作用下失稳、崩落,砸毁坡面被动网后滚落至路基,对雅西高速公路运营存在相当大的潜在危险。开采区内晋宁期花岗岩呈岩株状产出,节理裂隙发育,岩体被切割成块状、碎块状结构(图1)。

图1 花岗岩开采区危岩(正面远景)

1.2 危岩区工程地质条件

雅西高速公路沿线地形与地貌复杂,地质构造较复杂,岩性、岩相变化大,岩土体工程地质性质较差,水文地质、工程地质条件一般,破坏地质环境的人类工程活动较强烈。小堡乡花岗岩开采区处于川西高原与四川盆地之间的剥蚀、侵蚀构造中高山区,区域上无褶皱通过,但有尖顶山断裂、宰羊断裂、金坪断裂、相家沟断裂等区域性断裂通过,其中金坪断裂属于活动性断裂。根据调查,该区处于四川盆地与川西高原过渡的较强活动断裂区,晚近期断裂活动与地震活动性均较强,区域稳定性一般—较差。

2 设计、施工情况及基本特征

2.1 施工图设计情况

1) 危岩清除

在危岩段内存在可清除的危岩体碎块石及松动带危岩,危岩块体体积特别大,相对稳定岩体不予清除,小的稳定性相对差的应尽可能清除以消除隐患。

2) 封填灌浆和支撑

在危岩段内采用 M30 水泥砂浆对危岩清理后的后缘陡倾结构面进行灌浆,防止风化和雨水下渗,扩大破坏结构面导致失衡进而引发岩体崩塌。对危岩段下方的危岩凹腔采用普通 C20 混凝土或 M10 浆砌条(块)石进行支撑加固。支撑之前应先对岩体表面进行清理,但不能破坏岩体目前的稳定,对基础部分进行处理。岩腔充填时应将基座削成台阶清除至中风化岩层,以利支撑体的自身稳定。支撑过程中在浆砌条(块)石距离危岩体底部 10~15cm 范围内要求采用低膨胀型注浆混凝土进行加固。

3) 局部锚固和被动防护网

为了保证危岩段下方路线的安全,在危岩带下方设被动防护网。通过现场调查模拟计算,选用 RX-075 型柔性网,其主要构成特征为 D0/08/150 钢丝绳网(柱间距 10m),网高 4m。经宏观分析和稳定性计算,对个别潜在危害严重的基本稳定的危岩体也设计锚固。

4) 排水支挡

为了防止地表水下渗对崩塌危岩体中软弱夹层产生的浸泡、软化作用,还应对崩塌危岩体上方采用人工开挖排水沟,参考混凝土、砌筑砂浆规程,沟壁用 M7.5 浆砌片石衬砌、M10 砂浆勾缝,沟底用 C15 混凝土现浇。排水沟底靠斜坡上来水方向一侧每隔 10m 预埋一个 PVC(聚氯乙烯)塑料排水管,用于排泄沟底板下的积水。

5) 明洞

明洞按 LM 型衬砌结构进行设计,地基承载力不得小于 400kPa,拱墙衬砌采用 60cm 等厚 C40 钢筋混凝土,明洞按每 12m 设置一道沉降缝,采用有压泵送混凝土整体式浇筑;仰拱也应整体浇筑,明洞结构外包防水层采取"两布一膜",耳墙纵向铺设 ϕ100mm 双壁波纹管;缓冲层采用 EPS(发泡聚苯乙烯),厚 35cm,长×宽为 600cm×120cm,其上部再布一层 C30 钢筋混凝土板,厚 20cm,C30 钢筋混凝土板中设置两道钢筋网,上部另铺设废轮胎一层,废轮胎采取钢丝连接,形成整体;采用推土机机械回填时,应先用人工夯填,当厚度大于 1.0m 后方可采用机械设备在顶部进行作业,压实度不宜小于93%。

2.2 工程施工情况

为了有针对性地提高路线防灾抗灾能力,合理选择防灾措施,对落石灾害影响范围、规模与后续发育情况,边坡危岩防护原则,明洞设置范围与形式等进行细致研究,经过多次方案研究比选,综合考虑安全可靠性与施工难度、施工风险与对运营道路影响、后期可修复性等,采用钢筋混凝土拱型明洞方案处治。雅西高速公路小堡乡花岗岩开采区于2012年10月开始进行防护处治,于2019年5月施工完毕。

2.3 危岩体变形分区及形态特征

1) 危岩体变形分区

花岗岩开采区危岩体所处自然坡度较陡,一般为65°~85°,局部直立或倒坡。由于爆破开采造成坡面花岗岩体基本裸露,呈带状分布。为便于对危岩体认识和分析,根据危岩的危害性、规模、数量等,将其分为A、B、C三个分区。

(1) A区位于K98+200~K98+400段(图2)。危岩段边坡高30~110m,坡度一般为35°~85°,为两级陡崖,分布有危岩W1~W8共8处。W1~W5危岩分布于下部陡崖,崖高约40m,坡度30°~70°,危岩单体体积一般在0.5~12m³,属小型中低位危岩(体)带。坡体中部为较缓的斜坡,坡度为35°~45°,堆积原开采的不稳定花岗岩块石,块石粒径最大可达3~5m,松散易坠落,分布于G1、G2滚石区。W6~W8危岩分布于上部陡崖,崖高为70~140m,坡度为70°~85°,局部直立或为倒坡、凹腔,危岩体顶端距路面高差65~140m,危岩单体体积一般在2~5m³,W6属小型高位危岩体,W7、W8属高—特高位大型危岩(体)带。

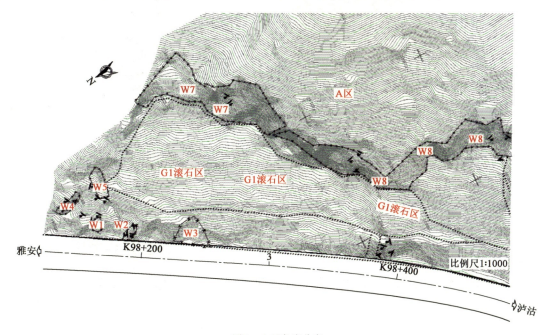

图2 A区危岩分布

(2)B区位于 K98+530~K98+750(图3)。危岩段边坡高 140~200m,坡度一般为 35°~85°,为两级陡崖,分布有危岩体(带)W9~W15 共 7 处。W9~W11 危岩分布于中下部陡崖,崖高 15~100m,危岩单体体积一般在 0.5~30m³,属中—大型中高位危岩(体)带。中部为较缓的斜坡,坡度为 35°~50°,堆积原开采的不稳定花岗岩块石,块石粒径最大可达 1~3m,松散易坠落,分布于 G3 滚石区。W12~W15 危岩分布于上部陡崖,崖高 150~200m,坡度 75°~85°,局部直立或为倒坡、凹腔,危岩体顶端距路面高差 100~210m,危岩单体体积一般在 2~30m³,属大型特高位危岩(体)带。

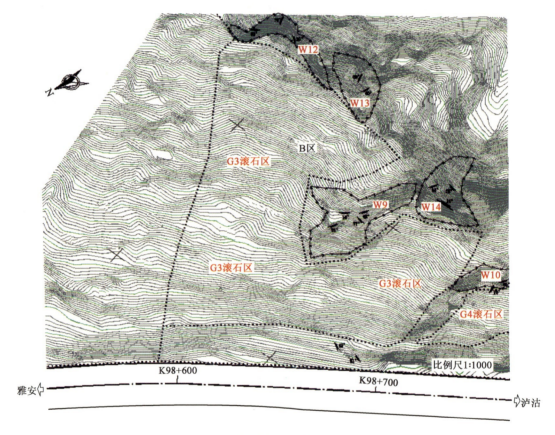

图 3 B 区危岩分布

(3)C区位于 K98+750~K99+300(图4)。危岩段边坡高 30~250m,坡度一般为 30°~88°,危岩体(带)顶端距崖底高度为 0~250m,地形起伏变化较大,陡崖及缓坡并存,分布有危岩带(体)W16~W30 共 15 处。局部段堆积分布有原开采的不稳定花岗岩块石,分布于 G4~G6 滚石区,块石粒径最大可达 1~4m,松散易坠落。危岩体带体积在 100~6000m³,属小—特大型、中低—特高位危岩(体)带。

2)坡体物质结构特征

坡体出露岩性主要为新生界第四系全新统人工堆积层(Q_4^{ml})块石、崩坡积体(Q_4^{c+dl})碎块石及晋宁期花岗岩(γ_2)。其中人工堆积层(Q_4^{ml})块石分布于高速公路沿线及路线右侧,部分分布于左侧斜坡,系花岗岩采石及修筑高速公路时的弃渣;崩坡积体(Q_4^{c+dl})碎块石零星分布于斜坡缓坡地带；晋宁期花岗岩(γ_2)覆于松散层下,出露于陡坡、陡崖地带,受地质构造影响,加之风化卸荷、采石爆破松动影响,在陡崖处一般形成危岩。

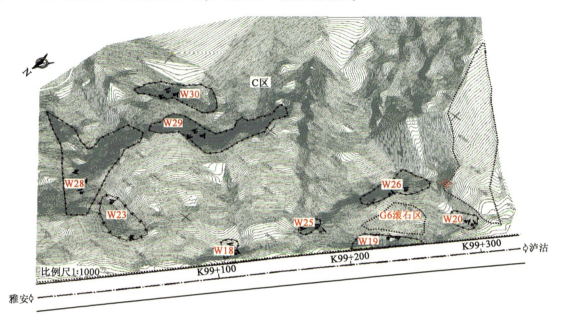

图 4　C 区危岩分布图

3）坡体危岩变形特征

本区危岩变形特征在平面上表现为变形范围小,在垂直方向上表现为变形破坏大的特点。危岩岩性为花岗岩,根据调查卸荷情况、垂直裂隙的展布范围以及历史崩落情况,危岩带一般厚 3~10m,说明其在平面上的变形范围较小；而在垂直方向上,危岩带一般高 15~50m,其中的 W7、W8、W10、W11 危岩带垂向上高度较大,最高可达 60m,危岩崩塌后沿高陡边坡落下,破坏极大；在变形方式上集中反映为受节理裂隙及采石开挖凹腔控制,测区山体主要发育 5 组节理,且危岩陡崖上发育不同程度的悬挑状采石开挖凹腔,节理裂隙及开挖凹腔将山体浅表岩体切划成倾向坡脚的楔形块体、板裂块体、棱形块体、方柱体、不规则块体。在地震、裂隙水压力、风化、卸荷等的外力作用下,这些块体脱离母岩形成崩塌。据调查了解,危岩在崩塌前征兆不明显,崩塌具有突发性,在成灾量化上具危害性大的特点。危岩崩塌危害巨大,坡脚为雅西高速公路,严重威胁行车安全,危岩崩塌概率具有随降雨量增大而增加的特点。

3　灾害性质及机理

3.1　危岩体成因

危岩体的形成和发展是各种自然因素叠加的结果,主要原因与地形地貌、地层岩性、地质构造、环境气候和降水、人类工程活动有密切关系,具体分析如下：

1）地形地貌

花岗岩开采区处于剥蚀、侵蚀构造中高山区,为人工高切割边坡陡崖,坡度陡,崖顶、底高差大,临空面大,风化严重,卸荷裂隙发育,岩体松动变形,地形地貌条件易于形成危岩体,高陡边促进了裂隙的发展,加大了危岩产生的破坏力。

2) 地层岩性

开采区岩性由晋宁期花岗岩组成,属于坚硬岩,卸荷裂隙发育且多为贯穿性裂隙,裂隙一般延伸长度大、切割深度较大,多数张开,局部裂隙达1~10cm,面多粗糙平直;局部形成不同程度的凹腔,岩体悬空,失去支持,岩体逐渐演变为不稳定危岩。

3) 地质构造

开采区地质历史上为构造运动强烈地区,区域性大断裂发育,距场地较近,场地还有次级小断层发育,致使岩体中裂隙发育,危岩体发育多组结构面,岩体受结构面切割形成多种结构形态。其中,倾坡外的结构面构成滑移面或倾倒控制面,其他结构面对危岩起侧向控制,岩体被切割成块状、碎块状结构而形成危岩,如图5~图8所示。

图5 节理裂隙

图6 爆破拉裂面特征

图7 构造切割岩体

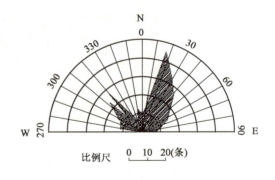

图8 节理玫瑰花图

4) 环境气候和降水

环境温差大、季节温度突变、裂隙水的冻胀作用,也是危岩产生的条件。同时大气降水沿裂隙渗入坡体,增大对边坡岩体的动水压力和静水压力,掏蚀裂隙中的充填物,从而加剧危岩体产生。

5)人类工程活动(人工开采花岗岩)

从人类活动分析,花岗岩受到人工爆破开采,破坏原有岩体质量和完整性,岩体爆破过程中在动荷载作用下岩体发生变形,爆破中心一带岩石承受巨大径向压力,并出现巨大压缩使之形成切向压力,岩石遭受挤压剪断破坏,破碎成碎屑或岩粉,外围区径向压力衰减,径向压缩减小,切向压力也降低或消失,可产生径向压力致拉裂裂隙,由于压力波卸荷及应力波的反射机制,可造成环绕爆破中心的环向张裂隙,但分布范围较径向裂隙小,因此,震动可使岩体突然受荷而丧失稳定,岩体均发生了不同程度的卸荷变形、破坏,加剧并恶化了危岩稳定性和完整性。由于开采区花岗岩节理裂隙非常发育,加之人为爆破开采和自然差异风化,岩体受裂隙和结构面切割母岩,导致坡体危岩体凹岩腔发育深度加大,进而脱落形成危岩。

3.2 危岩体变形机理

危岩体的发育过程是内因与外因耦合破坏作用的结果,如地质类型、岩体结构、自身重力、风化、水体、地震及人为扰动等因素。从整体来看,该区域岩体节理裂隙非常发育,危岩裂隙的变化受多因素影响,造成花岗岩危岩体的这些特征,除了受区域构造运动强烈,致使岩体中裂隙发育,主要还受人为采石爆破使岩体裂隙延伸扩展,切割深度变大、贯通,局部形成不同程度的凹腔,使岩体悬空失去支持,岩体逐渐演变为不稳定危岩。因此,开采花岗岩为该危岩形成的主要诱发因素。

4 分析计算与稳定性评价

4.1 危岩体运动计算

对典型危岩崩塌单体进行失稳后的运动情况分析计算。本次采用 RocFall 软件分析计算危岩失稳后的运动情况,主要包括危岩崩塌后的运动距离、弹跳高度及动能,落石和坡面碰撞系数见表1。本次模拟计算剖面共6个,根据工程地质断面及坡面植被情况进行计算。以 K2044+813 位置为例,危岩失稳后的运动情况如图9所示。

剖面上落石和坡面碰撞系数 表1

碰撞系数	强风化花岗岩表面	沥青路面	人工堆积块石表面	有少量植被的块石表面
法向弹性系数 R_n	0.35	0.33	0.28	0.30
切向摩擦系数 R_t	0.85	0.83	0.79	0.81

4.2 稳定性评价

经对研究区危岩进行稳定性定性及定量分析,危岩体在暴雨、地震等外动力作用下稳定性显著降低,多趋于欠稳定和不稳定状态。其中,暴雨工况下基本稳定的危岩体有4个,占危岩总数的13%,欠稳定的危岩体有14个,占危岩总数的47%,不稳定的危岩体有12个,占危岩总数的40%;在地震工况下基本稳定的危岩体有2个,占危岩总数的7%,欠稳定的危岩体有18个,占危岩总数的60%,不稳定的危岩体有10个,占危岩总数的33%。不稳定的危岩多集中分布于B、C区,因此,B、C区危岩总体稳定性差,崩塌、落石的风险大,危害性大,需要对欠稳定—不稳定状态的危岩进行工程处治。

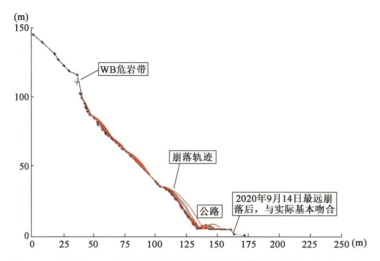

图9 W8危岩带3—3剖面危岩体失稳后的运动状态数值模拟图(K2044+813)

5 处治工程措施及效果

A区危岩目前未见崩塌现象,局部危岩处于欠稳定状态,危岩分布高度相对较低或稳定性相对较好。设计采用以坡面永久处治为主,主要采用主动网与被动网、挂网喷浆、锚杆加固等方式防护。

B、C区危岩带(高—特高位危岩)的防治难度很大,难以根治危岩的危害。设计采用以坡面临时防护与明洞被动防护为主。坡面主要采用设置被动网临时防护,对于高陡凹腔采用设置加固拦石墙与钢轨格栅、结合导石网等加强被动防护。危岩目前未见崩塌现象,危岩分布高度相对较低或稳定性相对较好,设计采用以坡面永久处治为主,主要采用主动网与被动网、挂网喷浆、锚杆加固等方式防护(图10)。

图10 危岩防护设计

小堡乡开采区危岩治理于2019年5月施工完毕。通过施工完后近年对危岩体监测和明洞结构情况进行的跟踪调查,危岩体未对明洞和下方雅西高速公路运营产生威胁。目前该危岩体采取分段综合防护,治理效果较好。

危岩崩塌是西部山区公路沿线病害类型之一,对其防治应在充分掌握其灾害成因、变形机制、影响因素和稳定程度的基础上,采用综合防治措施。

6 工程体会与建议

(1)针对大型人工开采造成的危岩边坡,因其破坏程度不一,处治分析评价务必要分区评价,再根据分区评价结论,针对性采取防护措施。

(2)处于欠稳定状态的局部危岩,危岩分布高度相对较低或稳定性相对较好,采用主动网与被动网、挂网喷浆、锚杆加固等永久处治方式;针对高—特高位危岩的防治难度很大,难以根治危岩的危害,坡面宜采用被动网临时防护,对于高陡凹腔通常设置支撑、加固拦石墙与钢轨格栅,结合导石网和明洞等措施加强被动防护。

汶马高速公路桑坪隧道进口危岩落石防治研究

李 兵 何光尧 马洪生 赵如雄

(四川省公路规划勘察设计研究院有限公司,610000,成都)

摘 要:危岩是汶马高速公路的一类典型地质灾害,对高速公路建设及运营有重要影响。本文以汶马高速公路桑坪隧道进口危岩为例,对危岩的类型与分布规律、形成机制、失稳模式、运动轨迹、冲击力等进行分析,并对其防治措施进行了研究。针对常规的危岩主动加固及被动防护措施造价高、处治难度大、工期长、长期效果差等问题,提出一种复杂山区桥隧连接结构,使其适用于复杂艰险山区桥隧相接段危岩落石防治,并采用数值模拟对这种组合结构的稳定性进行了验算。经实践验证,该结构防护效果较好,可显著增强洞口路段的抗灾能力,可为类似工程提供有益的参考。

关键词:危岩落石;防治;桥隧相接;组合结构

1 工程概况

1.1 地理位置与区域地质背景

桑坪隧道进口边坡位于四川省阿坝藏族羌族自治州汶川县克枯乡铁邑村境内,距汶川县城约8km,地处青藏高原东缘高山区,属剥蚀构造高中山深切峡谷地貌,地形复杂,山势陡峭。紧邻龙门山断裂带及九顶山华夏构造体系,处于薛城"S"形构造的北东端,场地构造位于周达倒转复向斜南东翼近核部附近,距茂汶活动性大断裂约7km,历来地震活动频繁(图1)。区内经历了多期构造运动,河谷下切表现明显,分布多级阶地,古河床高出现有河床数十米,说明场区有强烈抬升运动。场区地震动峰值加速度为$0.20g$,场地对应的地震基本烈度为Ⅷ度。

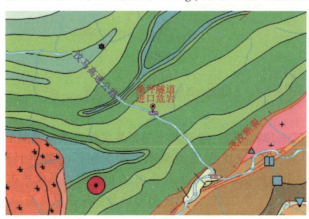

图1 桑坪隧道进口区域地质构造

1.2 边坡工程地质条件

隧道沿杂谷脑河西岸展布,为傍山隧道,河谷呈"V"形,隧道进口内侧岸坡高陡,卸荷作用强烈。隧洞口至坡顶部高差约140m,整个边坡为风化破碎严重的岩壁,地形坡度为60°~80°(图2)。边坡基岩多裸露,以志留系茂县群第三段绢云母板状千枚岩、绢云母石英千枚岩为主,夹结晶灰岩、变质砂岩和石英岩,岩层走向与隧道轴线呈大角度相交。边坡倾向50°,倾角68°,片理产状290°∠70°。主要发育2组裂隙,L1:190°∠82°,延伸2~5m,切深3~5m,间距2~3m;L2(主控裂隙):65°∠42°,延伸1~2.5m,切深0.5~1m,微张,裂隙面起伏粗糙,间距0.6~1.5m(图3)。裂隙大部分无填充,破坏岩体的完整性,卸荷裂隙与不利结构面切割出楔形块体,陡崖上分布

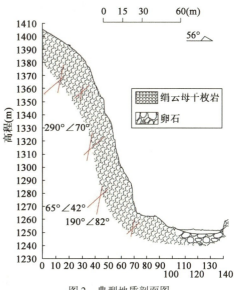

图2 典型地质剖面图

多处倒悬体(图4)。边坡表面部分岩体由于矿物成分不同,绢云母板状千枚岩和绢云母石英千枚岩等风化速率不同,存在差异性风化,形成空洞及凹腔,大量危岩悬挂其上(图5)。在遭遇地震、暴雨等不利条件下,裂隙发展和连通将促成多处危岩崩落。例如,2016年12月24日,隧道进口仰坡上方突然发生了较大规模的崩塌落石,落石方量约600m³。

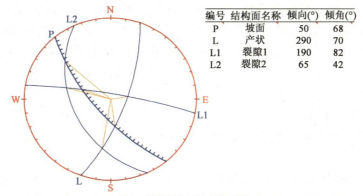

编号	结构面名称	倾向(°)	倾角(°)
P	坡面	50	68
L	产状	290	70
L1	裂隙1	190	82
L2	裂隙2	65	42

图3 优势结构面赤平投影图

图4 调查区部分典型裂缝

图5 差异性风化形成的空洞

2 危岩体的类型与分布规律

调查区危岩体按其破坏模式可以分为滚落式、坠落式、滑移式、倾倒式(图6)。其总体上具有如下分布规律：

(1)陡坡段(坡度一般大于50°)岩体临空条件好，风化卸荷强烈，地表水侵蚀作用强，地震力造成坡体拉裂，裂隙(尤其是顺坡向裂隙)延伸长、张开度大、连通率高，主要发育坠落式、倾倒式危岩体。

(2)中等坡度的坡段(坡度一般30°～50°)主要受卸荷裂隙、构造裂隙及层理面的切割，岩体力学强度下降，主要发育滑移式危岩体。

(3)缓坡段(坡度一般小于30°)主要接受上部岩体崩塌后的停积，孤石(堆)广布，主要发育滚落式危岩体。

地形地貌、地层岩性、地质构造、地震和坡体结构等因素是危岩产生的基础条件，而动力地质作用是危岩产生的直接诱因。伴随边坡开挖、风化侵蚀，边坡应力强烈释放，边坡浅表受到强烈改造，危岩广布。经调查，调查区边坡共发育危岩体59块。根据危岩体的稳定性及危岩体可能造成的损失大小，将调查区危岩体危害等级划分为三类，其中危害性大的Ⅰ类危岩25块、危害性中等的Ⅱ类危岩19块、危害性小的Ⅲ类危岩15区块。

a)滚落式危岩体　　　　　　　　b)坠落式危岩体

c)倾倒式危岩体　　　　　　　　d)滑移式危岩体

图6　现场危岩

3 危岩成因机制及失稳模式分析

3.1 坠落式危岩成因机制及失稳模式

调查区内存在大量坠落式危岩体。坠落式危岩体是指底面临空，上部与后部母岩尚未完全脱离，悬挂于坡面上的危岩体。坠落式危岩体形成过程通常为河流快速下切过程中，边坡（尤其陡崖段）岩体追踪层面卸荷回弹，后缘形成陡倾的张拉结构面。此时，如果下部岩体已失稳，具有很好的底部临空条件，两侧受结构面切割，在重力作用下，后缘陡倾的张拉结构面不断扩展，形成危岩体。岩体在渐进风化和自重的作用下，后缘主控结构面逐渐扩展，拉应力更进一步集中在岩桥部位；一旦拉应力大于岩桥的抗拉强度时，拉裂缝就会迅速向下发展，岩桥被剪断，危岩体与母岩分离而整体突然向下坠落。后缘陡倾张拉结构面的性质对该类危岩体的稳定起决定性作用。

差异风化是形成坠落式危岩体最常见的原因。在漫长的地质年代中，边坡上裸露的岩体在大气流水等自然营力的作用下，不断风化剥落，硬质岩风化剥落速度慢，软质岩风化剥落速度快。正是这种差异风化使软硬岩层交界处的软岩内缩，形成凹岩腔，硬岩外悬，形成坠落式危岩体，年复一年，悬挑日剧，最终失稳崩落，露出新的临空面之后，新一轮卸荷裂隙、凹岩腔、坠落式危岩体又在新的临空面上形成，然后又发生崩落。如此周而复始，出现累进式破坏。

3.2 滑移式危岩成因机制及失稳模式

滑移式危岩体是指后缘存在与边坡倾斜方向一致的、贯通或断续贯通的中陡倾角结构面，贴于坡面上的危岩体。滑移式危岩体变形失稳过程为：倾坡外岩体在边坡强烈卸荷过程中，沿层理面被拉开，产生张拉裂缝，后期的重力、渐进性风化和地表水渗水裂隙作用促使裂缝进一步扩张，岩体松弛，结构面强度降低，形成滑面，危岩体沿母岩（或基座）向临空面发生剪切滑移，直至危岩体最后失稳，完全脱离母岩，造成崩塌灾害。

3.3 倾倒式危岩成因机制及失稳模式

倾倒式危岩体是指后缘存在陡倾或反倾结构面的板状岩体，陡倾或反倾结构面有一定的张开，形成的不稳定或欠稳定的岩体。该类型危岩体主要出现在临空面陡峻，甚至呈反坡状，岩层呈直立状，层厚较薄或陡倾坡内、坡外结构面非常发育的部位。伴随强烈的卸荷作用，后缘陡倾结构面张开，在自重、水压力和震动等作用下，岩体向临空方向发生较强烈的倾倒变形，直至失稳，完全脱离母岩，造成崩塌灾害。

3.4 滚落式危岩成因机制及失稳模式

在地震、暴雨、渐进性风化等作用下，滚落式岩体与母岩分离，停留在坡表或嵌入覆盖层一定深度，靠与坡面的摩擦力、嵌合力或植被的拦挡保持现状的危岩体。其变形失稳过程一般为：水对基座的软化或溶蚀，拦挡的植被折断，自身渐进性风化等作用下，其与坡面摩擦力、嵌合力降低，重心逐渐偏移失去支撑而失稳，主要以滚落的形式起动。

4 危岩体运动轨迹和冲击力

4.1 危岩体运动轨迹和危害范围分析

落石运动轨迹和运动能量的研究方法主要有历史落石事件调查、落石试验和数值模拟。由于危岩体所在位置地质条件较为恶劣,山高坡陡,现场无法进行落石试验,同时此地区历史落石资料并不充足,因此,通过 ArcGIS 对 DSM(数字表面模型)切割得到的真实地形剖面,使用 RockFall 软件对危岩体的运动轨迹进行模拟(图7)。根据危岩体的分布位置,选择了 26 个剖面进行模拟危岩体可能的运动轨迹及冲击能量。根据危岩体运动轨迹预测结果并结合落石的威胁程度分析规划出危险区域,并将其分为危险区域、较危险区域以及一般危险区域三级。根据分析结果,可判定隧道进口仰坡至第一跨桥梁路段约60m长范围处于危险区域(图8)。

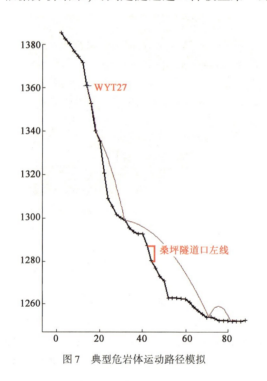

图7 典型危岩体运动路径模拟

图8 危险区域

4.2 危岩体冲击力计算

冲击力的计算根据 Labiouse 通过落石冲击试验和基于 Hertz 碰撞理论原理建立的落石冲击力经验计算公式,计算隧道口边坡59块危岩体对地面碰撞所产生的最大冲击力的大小。

$$F_{max} = 1.765 M_E^{\frac{2}{5}} R^{\frac{1}{5}} (mH)^{\frac{3}{5}} / 1000$$

式中:M_E——缓冲层弹性模量(kPa);

m——落石重量(kg);

R——落石等效球体半径(m),$R = \sqrt[3]{\dfrac{3m}{4\pi\gamma}}$,$\gamma$ 为落石的密度(kg/m³);

H——落石的下落高度(m)。

危岩体体积在 $1 \sim 210 m^3$,落石高度 $12 \sim 117 m$,冲击力 $383 \sim 10523 kN$。

5 防治措施及效果

5.1 防治措施

经过多年的工程实践及研究,目前危岩防治技术措施主要可以分为主动防护技术体系和被动防护技术体系两大类。其中主动防护技术主要是通过提高危岩体及边坡的稳定性来降低其崩落的可能性,具体包括锚固工程、主动防护网、嵌补支撑等多种措施。被动防护技术是假设在危岩落石发生崩落时,能为危岩落石威胁的对象提供一个防护措施,具体包括明洞结构、落石槽,以及被动防护网、拦石墙、拦石桩等多种措施。

由于桑坪隧道洞口边仰坡高陡,岩体风化破碎,危岩发育,常规的危岩主动加固、被动防护措施造价高、处治难度大、工期长、长期效果差。基于此,设计提出一种适用于复杂山区的桥隧连接结构(图9),以减短桥梁长度。本结构包括防落石高填明洞和与其连通的常规明洞,常规明洞连通隧道暗洞。防落石高填明洞从下向上依次设置有桩基、承台、挡土墙和回填土方,回填土方设置于挡土墙和基岩之间,防落石明洞设置于回填土方上,桥基与横向挡土墙分开设置,桥台的路面高程与常规明洞的路面高程平齐,通过防落石高填明洞来保护隧道口的安全。为了增强明洞的防护能力,在挡土墙上设有侧墙,侧墙设置在防落石高填明洞的一侧,并在侧墙外侧设有多个排水槽,顶部有格栅网。侧墙与基岩之间设有路基回填料,其上设有缓冲层和隔水层。

图9 桥隧连接结构

5.2 组合结构稳定性数值模拟计算

为了更加直观地说明这种桥隧连接结构的稳定性,采用数值计算方法对组合结构两级挡土墙稳定性进行分析,对挡土墙材料、周围土体和隧道设置合理的参数,并对施工工序进行模拟,评价挡土墙的稳定性。由于桑坪隧道口属强震区,所以在进行模拟计算时选择天然和地震两种工况进行。

1）模型的建立及网格划分

以典型横断面作为计算对象，进行数值计算分析（图10）。计算断面中从上至下依次为千枚岩、回填路基填料、人工填土、卵石土。桑坪隧道左线明洞位于回填路基填料层中，并设置二级挡土墙，第一级挡土墙高为10.4m，第二级挡土墙高为14.0m。其中第一级挡土墙材料为C20混凝土，第二级墙体材料为C20片石混凝土。挡土墙下设置3m高的C30钢筋混凝土承台，承台下为桩基础，桩长28m。模型采用中等的网格密度以保证计算结果的准确性，对桩基承台、挡墙及隧道结构等进行局部加密，并对结构附近的岩土体进行适当加密，网格划分过程中自动考虑土层、结构、荷载及边界条件。

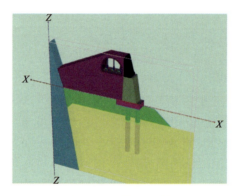

图10　数值计算模型

2）数值模拟结果分析

利用数值模拟计算得到挡土墙后的土压力分布，以及挡土墙截面的竖向沉降和应力分布云图，并对两级挡土墙的安全系数进行计算。根据计算结果，采取了对应的设计措施，如在结构连接处（应力集中），增加这些连接处的强度；路基回填填料的最大竖向下沉位移达到56mm，设计要求严格控制施工工序，采取小型机械分层碾压，路堤上部铺设土工格栅，仰拱回填C20混凝土垫层，以减小不均匀沉降的影响。

就C20混凝土侧墙和C20片石混凝土挡土墙的抗倾覆安全系数、抗滑移安全系数、抗震安全系数分别计算，计算结果见表1。

组合结构安全系数结果　　　　　　　　　　　表1

名称	抗倾覆安全系数	抗滑移安全系数	抗倾覆安全系数（地震）	抗滑移安全系数（地震）
C20混凝土侧墙	4.24	5.03	2.10	2.02
C20片石混凝土挡墙	5.11	2.37	2.67	1.44

5.3　处治效果

复杂山区的桥隧连接结构方案在桑坪隧道进口危岩防治上效果明显，相较于以往常规的治理方法，可以在保证抗冲击能力和承载力的情况下，减少工程造价，并且防落石高填明洞基础和桥基分开设置，确保在不同沉降和地质灾害的危害下，两者相互影响较小。该段于2018年完工，已运营超过5年，无病害发生，治理效果好（图11）。

图 11　处治完成效果图

6　工程体会及建议

(1)复杂艰险山区公路大多桥梁与隧道洞口直接相连,隧道洞口边坡陡峻,导致经常有危岩落石落至隧道洞口及桥面上,严重威胁行车和工程结构安全。常规的危岩主动加固、被动防护措施造价高、处治难度大、工期长、长期效果差。为增强洞口路段的抗灾能力,采取创新的桥隧连接结构是必要的。

(2)复杂艰险山区隧道洞口总体方案布设应高度重视地质选线原则,隧道洞口的选择应结合地形地质条件、结构安全、施工安全、运营安全及保通抢通等综合因素,并对影响洞口选择的控制性地质灾害超前进行专项评估,以支撑总体方案设计。

(3)复杂艰险山区桥隧连接结构,条件允许时可以考虑与洞口施工便道、施工平台有机地结合起来,既能提高抗灾能力,也兼顾了施工组织设计,同时可考虑运营阶段的应急联络道设计,进一步提高抗灾和保通能力。

参 考 文 献

[1]　周阳.板裂千枚岩力学特性及崩塌灾害成因机制研究[D].西安:长安大学,2021.
[2]　毕冉.基于能量跟踪法的三维数值千枚岩落石机理分析[D].西安:长安大学,2016.
[3]　刘自强,马洪生,牟云娟.古尔沟隧道出口崩塌危岩体稳定性分析与治理措施[J].路基工程,2020(2):216-221.
[4]　罗仁立,郦亚军.长昆线桥隧相接段危岩落石防护结构方案研究[J].铁道工程学报,2016(2):59-63.
[5]　何思明,沈均,吴永.滚石冲击荷载下棚洞结构动力响应[J].岩土力学,2011(3):781-788.
[6]　赵峰,夏永旭,许东.桥隧相接隧道明洞稳定性研究[J].公路,2009(12):180-186.
[7]　中华人民共和国交通运输部.公路路基设计规范:JTG D30—2015[S].北京:人民交通出版社股份有限公司,2015.
[8]　李兵,马洪生,苟黎,等.一种复杂山区桥隧连接结构:中国专利,CN214061645U[P].2021-8-27.

汶马高速公路裕丰岩危岩变形机理及处治措施

李 兵 周海波 马洪生 赵如雄 何光尧

(四川省公路规划勘察设计研究院有限公司,610000,成都)

摘 要:高位崩塌危岩(重力变形体)是汶马高速公路主要地质灾害之一,具有高位、远程、隐蔽等特征,勘察设计难度极大,危害大,防治困难,给公路建设和运营带来较大的安全隐患。本文通过对裕丰岩危岩的成因机制进行分析计算及稳定性评价,提出了采取清危、垫墩锚索、挂网喷混凝土、导石网、被动防护网、拦石墙、柔性钢棚洞、专项监测等主动加固与被动防护相结合的综合处治措施,可为类似工程提供有益的参考。

关键词:危岩;重力变形体;成因机制;处治措施

1 工程概况

1.1 地理位置与区域地质背景

裕丰岩危岩地处四川省阿坝藏族羌族自治州理县桃坪乡境内,位于汶马高速公路桃坪隧道出口接裕丰岩大桥岸坡上方。研究区属构造剥蚀高山峡谷地貌,地质条件复杂,褶皱、挤压破碎带发育,经过多期的构造变形,形成了复杂的地质构造。场地构造位于薛城"S"形构造内的桃坪倒转背斜的核部,薛城"S"形构造位于龙溪、薛城及理县一带,由一系列"S"形褶皱和压性断裂组成,旋转中心位于理县附近(图1)。根据现场调查,背斜核部轴面产状340°∠74°,与边坡走向呈60°大角度斜交。背斜核部影响带岩层发生明显的弯曲,挤压揉皱现象明显,受构造作用影响边坡岩体节理裂隙发育,影响带内坡表岩体破碎,夹杂少量石英脉(图2、图3)。研究区属地震活动区,并紧邻地震活动频繁而强烈的松潘、龙门山地震带,地震基本烈度为Ⅷ度,地震动峰值加速度为0.20g。裕丰岩边坡紧邻佳山村滑坡,该滑坡属于古地震形成的巨型滑坡,滑坡方量约2700万m³,因此,推测研究区域在历史上曾经受过大地震的严重影响。

图1 裕丰岩危岩区域地质构造

图 2　桃坪倒转背斜中的褶曲构造　　　　图 3　挤压揉皱现象

1.2　边坡工程地质条件

汶川至马尔康高速公路 ZK69+225～ZK69+550 段左侧边坡起伏较大，边坡总体上缓下陡，属于折线形坡。边坡上部坡度较缓，总体坡度在 30°～40°，上部边坡植被以荒草、低矮灌木为主。下部边坡为陡崖，平均坡度在 70°左右，局部近直立，高 120～150m。陡崖基岩出露，主要为志留系茂县群千枚岩，岩体节理裂隙发育，危岩体广泛分布。在施工过程中发现陡崖顶部斜坡上发育两条宽张裂缝（图 4），裂隙前缘岩体的稳定问题，是关系到公路安全的关键。

图 4　危岩区遥感影像图

LF1 裂缝及变形体地质特征：根据调查，该裂缝在坡表呈断续分布，分布高程 1672m，裂缝总长约 52.7m，并且在坡表形成 5 个规模较大的深槽，其中规模最大的是位于裂缝中部的 3 号和 4 号深槽（图 5、图 6）。裂缝具有一定的延伸性，总体走向呈 N40°～60°W，与边坡走向近于平行，裂缝在走向方向上有似锯齿状弯曲。其中 LF1 裂缝中的 4 号深槽发育规模最大，延伸长度约 15m，张开宽度约 5.3m，可见深度达 6.5m（图 7）。该深槽壁面粗糙，呈锯齿状，岩性为千枚岩，出露的基岩颜色暗沉，呈深灰色（图 8）。

图 5 坡面上两条宽张裂隙

图 6 LF1 裂缝遥感图像

图 7 4 号深槽

图 8 锯齿状槽壁面

经现场调查分析,LF1 前缘为一重力变形体(1 号重力变形体),宽张裂缝是由于岩体变形引起的。据现场调查,裂缝后部陡壁为绢云石英千枚岩,岩体完整性好,片理面产状 350°∠76°。虽然变形体后缘裂缝较宽,但变形体范围不大,岩体变形后并未解体,呈现整体变形特征。根据现场调查及点云数据分析,变形体深约 10~15m,宽约 15~20m。根据裂缝发育特征,目前变形体主要产生弯折变形,并未产生滑移变形。据现场访问,自 20 世纪 70 年代至今裂缝无明显变化。

LF2 裂缝及变形体地质特征:位于陡坡坡顶前缘,分布高程为 1620m,分为 2 段,第一段长约 57m,第二段长约 32m,平均宽度约 4m,可见深度约 7m。该裂缝总体走向与边坡走向近于平行,总体走向为 N40°~50°W,裂缝在走向方向上有似锯齿状弯曲。

LF2 裂缝前缘陡坡段坡顶发育一处重力变形体(2 号重力变形体,见图 9)。变形体重力变形迹象明显,其沿底部切割结构面发生折断,与下部未变形基岩边界清晰。倾倒变形体由层状千枚岩组成,总体以薄层状为主,表层属碎裂结构,整体松弛,岩体破碎,卸荷裂隙发育,岩块间有岩屑和泥质物充填。据调查访问,5·12 汶川地震期间,该变形体并未发生大规模失稳破坏,仅前缘和下方陡坡岩体失稳。该变形体在风化、卸荷作用下,岩体强度将进一步弱化,在降雨、地震工况下有可能变形继续发展,导致逐步失稳破坏。

图 9　2 号重力变形体

2　设计及施工情况

2.1　施工图设计情况

原设计采取清危、在陡崖上设置主动防护网、在隧道洞口仰坡设置被动防护网及在陡崖下方桥梁上设置柔性钢棚洞等处治措施。

2.2　工程施工情况

该段于 2015 年 7 月开始施工,发现裂缝时桃坪隧道左线出口(明洞)已进洞施工,裕丰岩大桥大部分桥墩已实施,但左线桥靠近裂缝的桥墩未施工。

3　边坡变形体成因机制分析

3.1　地表裂缝成因机制

裕丰岩边坡地表裂缝的成因与地质构造、地应力、岩性及其组合等条件相关,岩体变形拉裂是地表裂缝形成的直接原因。

(1)裂缝发育的构造基础:裕丰岩边坡两条宽大裂缝的发育均受到构造裂隙的控制。边坡地处强构造活动区域,在构造作用下坡表发育了一系列构造裂隙,裂缝基本是顺着构造裂隙向下深切发育的,其平面延伸受到纵向裂隙构造的控制。地区性的构造抬升也为边坡裂缝的发育创造了条件。裕丰岩边坡属于河流严重下切形成的高山峡谷地貌,并且该边坡位于桃坪倒转背斜的核部,说明该区内的构造作用强烈,最大主应力值较大。在裕丰岩边坡河谷存在多级河流阶地,在新构造运动中存在着大面积整体抬升的特点。边坡所在区域地质条件复杂,褶皱、挤压破碎带发育,经过多期的构造变形,形成了复杂的地质构造。由于强烈的地应力作用,发育的古生界志留系茂县群变质岩系均已发生不同程度的倾斜变形和构造破碎,岩体拉裂破坏为裂缝的发育创造了条件。

(2)裂缝发育的动力条件:从裕丰岩边坡的地貌特征上分析,岩体变形拉裂对裂缝的变形起着关键的作用。坡表宽大裂缝发育的动力来自岩体变形拉裂作用。地震作用、河流下切引起岩体卸荷等造成岩体变形拉裂(图10)。

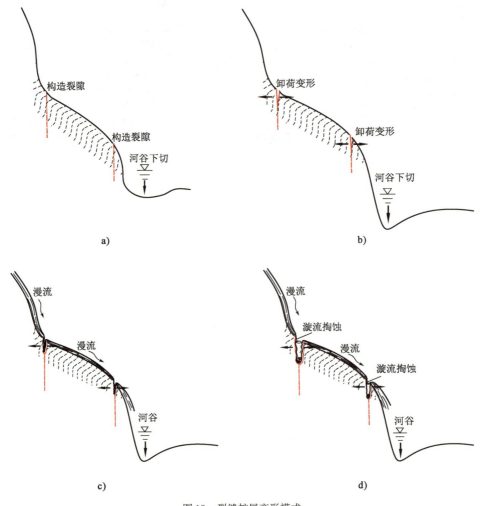

图10 裂缝扩展变形模式

综上所述,裕丰岩边坡的宽大裂缝是岩体卸荷变形拉裂形成的,裂缝的平面延伸受到构造裂隙的控制,最终形成坡表的宽大裂缝。

3.2 坡顶重力变形体成因机制

1) 变形体岩体结构特征

倾倒变形岩体发育在斜向坡中,岩体结构以薄层状或次块状为主,倾倒变形体完整性较好,局部发育大凹腔。岩层沿着结构面错动发生强烈的倾倒现象,岩层倾角变化幅度一般在15°~25°,整个倾倒变形体折而不乱,片理面清晰可见。岩层沿陡倾片理面或板理面拉张变形强烈,局部岩柱表现为显著的切层破坏。边坡的浅表层部位发生中等倾倒变形,越往坡内深部片理面或板理面的层间错动特征越弱,折断面与基岩呈平缓过渡。

2) 变形体倾倒变形特征

从变形体倾倒变形特征分析,其变形模式属于倾倒—折断—蠕滑型(图11),这种变形模式主要发育在变形体临空面陡峻、岩层层面倾倒大呈直立状、岩层层厚较薄的岩体结构中。其主要特征是在河流快速下切过程中,伴随强烈的河谷卸荷作用,边坡浅表层的应力场发生改变,导致反倾或斜交的薄层状陡倾岩层发生倾倒变形。同时边坡内部发育一组倾角较缓的不连续结构面,使得岩体倾倒过程中多沿该组结构面发生折断破坏。裕丰岩边坡基岩为千枚岩,岩体强度低、层厚较薄,在倾倒变形过程中对折断根部产生挤压作用,因此,在根部会产生较明显的揉皱现象,并且在变形过程中,在变形体内形成一条挤压破碎带,倾倒变形体沿着这条压碎带向临空面方向发生变形。

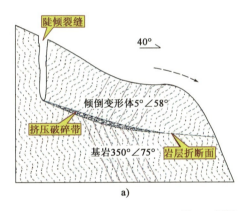 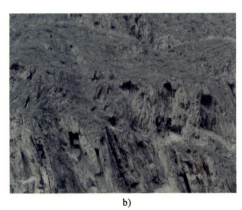

图11 倾倒—折断—蠕滑模式

3) 倾倒变形控制因素

通过现场调查,裕丰岩边坡发生倾倒变形与边坡的地形地貌特征、岩体结构特征、结构面的发育特征以及岩体力学性能差异有主要关系,在这些因素的共同作用下,边坡岩层发生倾倒变形。边坡岩体表层主要以薄层状结构为主,岩体的抗变形能力相对较差,再加上岩体的倾角普遍在75°以上,陡倾薄层的岩体更容易发生倾倒变形破坏。此外,边坡千枚岩地层在河谷下切、边坡岩体应力释放导致岩体卸荷回弹的过程中,使得边坡表浅部薄层状岩体沿片理面错位变形。同时受底部结构面的影响,在倾倒变形破坏的初始阶段,倾倒变形体先沿这组结构面变形,于折断根部形成挤压破碎带,在表部最大主应力的长期作用下千枚岩薄层状岩体发生倾倒折断变形。

4)变形体力学机制分析

从岩体的力学特征上进行分析,岩体所受到的重力,在底部结构面处被分解为一个水平向和一个竖直向的分力,岩体受到水平力和垂直力的影响产生横向变形及压缩变形,显现出向坡体表面的挤胀作用。边坡表层薄层状的岩体受到水平力作用产生明显的张拉效应,岩体间不断出现微小的张拉裂缝,为后缘岩体的倾倒变形提供了先决条件。同时在薄层状岩体的根部受到上部岩体竖直向下作用力的影响,岩体在上覆压力作用下被挤压破碎。随着边坡顶部的倾倒区域不断增大,在重力及上部岩体的挤压作用下,岩体沿着薄层状结构岩体的根部被折断,后侧岩体推动前方岩体倾倒,坡表的变形近乎连续,而底部的挤压破碎带逐渐贯通,并且与后缘裂缝相互贯通,最终形成贯通性的破坏。

裕丰岩边坡倾倒变形体的形成机制与发展过程可以概括为四个基本发展阶段:卸荷回弹—倾倒变形发展阶段、层内拉张发展阶段、折断变形破裂阶段、底部折断面贯通滑移阶段。目前变形体尚处于折断变形阶段,倾倒变形并不十分强烈,尚未发展到滑移变形阶段。但当下部重力变形体一旦在内外动力作用下失稳,上部的完整岩体也可能继续向临空方向发生倾倒变形。所以对下部的重力变形体要采取措施控制其继续变形,若上部岩体未临空,则其不会发生大的变形破坏。

4 变形体分析计算与稳定性评价

根据分析判断,1号变形体整体稳定性较好,而陡崖区2号变形体对高速公路影响较大,其失稳模式为滑移式。变形体后缘裂隙与底部软弱结构面贯通,在动水压力和自重力作用下,缓慢向前滑移变形,形成滑移式危岩,其稳定性计算模型如图12所示。

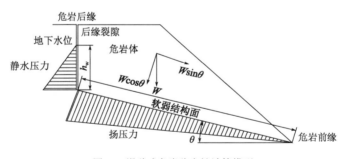

图12 滑移式危岩稳定性计算模型

4.1 计算参数

测区出露地层为古生界志留系茂县群,以绢云石英千枚岩为主,岩土力学参数见表1。

岩体物理力学参数　　　　表1

岩体	密度 (g/cm^3)	抗压强度 σ (MPa)	承载力 (MPa)	抗剪强度 c(MPa)	抗剪强度 φ(°)	变形模量 E (GPa)	泊松比 μ
千枚岩	2.3	25	0.8	0.17	28	1.8	0.4
结构面	—	—	—	0.05	20	—	—

4.2 计算工况

共取三种工况进行计算分析:①天然状态(自重+裂隙水压力,其中裂隙充水高度取裂隙深度的 1/5~1/2);②暴雨状态(饱和自重+裂隙水压力,其中裂隙充水高度取裂隙深度的 1/2~2/3);③地震状态(自重+裂隙水压力+地震力,其中裂隙充水高度取裂隙深度的 1/5~1/2)。

4.3 稳定性评价

根据《滑坡防治工程勘察规范》(GB/T 32864—2016),滑移式危岩稳定安全系数取值为 1.3,稳定性计算结果见表2。

危岩稳定性系数及稳定性评价　　　　表2

工况	天然		暴雨		地震	
	稳定性系数	稳定性评价	稳定性系数	稳定性评价	稳定性系数	稳定性评价
2号变形体	1.36	稳定	1.32	稳定	1.10	欠稳定

变形体在天然状态和暴雨状态下都处于稳定状态,在地震工况下处于欠稳定状态。该变形体在持续风化、卸荷作用下,岩体强度将进一步弱化,在降雨、地震及隧道爆破施工扰动等作用下变形可能继续发展,岩体逐步失稳破坏,应对该危岩体采取治理措施。

5 边坡变形破坏模拟分析

为了研究2号变形体的变形破坏过程,对该边坡变形破坏机制及运动全过程进行数值模拟分析,以验证此边坡变形破坏的成因机制。

5.1 边坡应力应变分析与评价

本次模拟计算以地震工况为控制性工况,采用有限元模拟软件,岩土体的破坏服从摩尔-库仑准则,有限元单元的划分以四边形单元为主,辅以少量三角形单元。边坡整体简化考虑为强风化带和中风化带,以及局部碎石土层,以模拟实际中可能发生的变形,边坡边界单元均加以位移固定约束。

从应力等值线图可以看出,由于边坡地形的影响,地震状态下主应力的分布,呈现从坡体表面逐渐向深部呈现递增的特征,其中在坡脚位置有明显的应力集中趋势,主应力达到1700kPa,局部位置达到2000kPa(图13)。剪应力值在坡脚也有明显的应力集中效应,应力值达到500kPa,靠近坡面剪应力值逐渐减少。而在2号变形体分布区域,剪应力量值达到100kPa左右(图14),一旦超过该处的结构面抗剪强度就会引起后缘主控结构面贯通,导致2号变形体变形失稳。

从位移分布图(图15、图16)可以看出,地震作用下,边坡水平位移量值较大的区域主要集中在边坡中上部位置,其中在2号变形体分布区域的水平位移量值接近1m,说明该区域的变形很明显。边坡的垂直最大位移场分布在坡体表面,其中在2号变形体区域的垂直位移达到21cm。

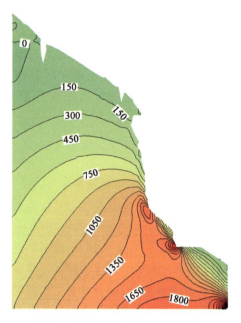

图13　边坡地震状态主应力等值线图

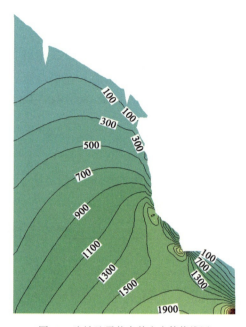

图14　边坡地震状态剪应力等值线图

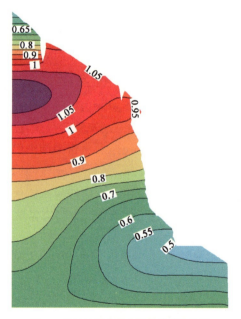

图15　边坡地震状态水平位移等值线图

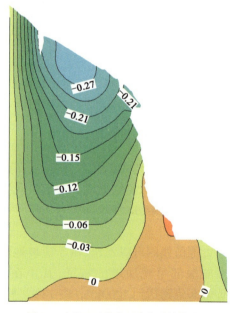

图16　边坡地震状态垂直位移等值线图

总体上来看,边坡受到地震力作用整体的变形不大,故边坡整体大面积失稳可能性较小。但在2号变形体区域局部有应力集中,其后缘的主控结构面存在贯通的可能性,易导致2号变形体变形失稳。

5.2　边坡变形破坏模拟分析

为了揭示边坡崩塌渐进破坏过程并更深入地认识其形成机理,采用离散元软件进行边坡在地震状态下发生失稳过程的数值模拟分析。

从不同时段的边坡变形过程图可以看出(图17、图18),2号变形体区域在地震作用下发生高位崩塌。崩塌体失稳后沿坡面滚动、坠落,并发生解体,堆积于坡脚位置,对坡脚处桥梁构成严重威胁。

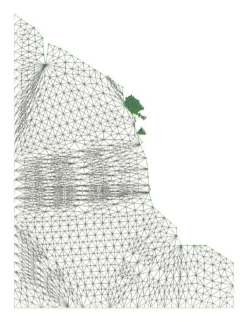 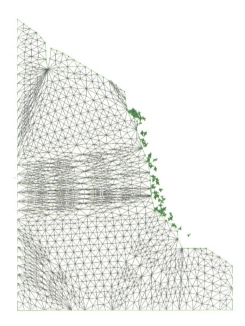

图17 20s时边坡单元变形图　　　　　图18 80s时边坡单元变形图

6　处治工程措施及效果

设计采取部分清危+垫墩锚索+挂网喷混凝土+导石网+被动防护网+拦石墙+柔性钢棚洞+专项监测等综合处治措施(图19)。

(1)清除LF2裂缝下方2号变形体及陡崖局部分布的危岩。

(2)对2号变形体清除后形成的临空面进行挂网喷混凝土,并对其及上方自然坡面上设置垫墩锚索,避免坡体失去前缘支撑,继续向后牵引发生变形破坏。

(3)2号变形体后缘坡面设置张口式导石网,防护陡崖上分布的零星危岩。

(4)为防护坡面孤石,在LF1裂缝后方坡面设置被动防护网(高度为5m)。

(5)对陡崖处的两处较大凹岩腔,采取挂主动网+随机加固锚杆+喷混凝土封闭处治,凹腔局部适当增加喷混凝土厚度进行嵌补。

(6)为防河流上游端危岩对桥墩产生危害,在坡脚处设置拦石墙。

(7)对边坡进行专项监测设计,评价各种支护结构的适宜性,为边坡支护工程的维护和动态设计提供依据。

治理总预算约4930万元,并于2020年完工。根据监测及现场巡查显示,边坡稳定,至今无病害发生,治理效果明显。

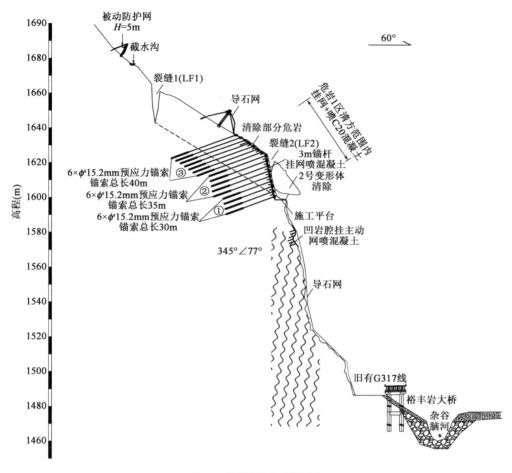

图19 危岩处治典型剖面图

7 工程体会及建议

(1)高位崩塌危岩(重力变形体)是复杂山区高速公路主要地质灾害之一,具有高位、远程、隐蔽等特征,勘察设计难度极大,建议采取综合勘察手段,充分利用无人机、综合遥感、航拍地质、激光扫描等新技术、解译手段指导调绘,提高调绘的精度、深度,保证特殊路段合理勘察工作量,必要时应进行工点危岩专项地质调绘。

(2)该边坡在勘察设计阶段曾考虑改线以绕避落石影响,但受地表建筑物征拆制约未能进行优化调整。复杂山区选线应穷尽优选路线方案,多层次同精度进行方案比选,对于重大不良地质首选绕避。

(3)高位崩塌危岩(重力变形体)治理,应采取主动加固与被动防护有机结合的综合治理措施,条件允许时应以主动加固为主,根治病害。

参 考 文 献

[1] 黄润秋,李渝生,严明.斜坡倾倒变形的工程地质分析[J].工程地质学报,2017(5):

1165-1181.

[2] 宋胜武,向柏宇,杨静熙,等.锦屏一级水电站复杂地质条件下坝肩高陡边坡稳定性分析及其加固设计[J].岩石力学与工程学报,2010(3):442-458.

[3] 安晓凡,李宁.岩质高边坡弯曲倾倒变形分析和破坏机理研究[J].水力发电学报,2020(6):83-98.

[4] 丁浩江,张广泽,岳志勤.坪上隧道口危岩落石失稳模式及运动特征分析[J].铁道工程学报,2015(12):7-11,29.

[5] 刘自强,马洪生,牟云娟.古尔沟隧道出口崩塌危岩体稳定性分析与治理措施[J].路基工程,2020(2):216-221.

[6] 杨绪波,程强,袁进科,等.基于无人机倾斜摄影的危岩识别及数值模拟分析[J].人民长江,2023(6):112-119.

[7] 中华人民共和国交通运输部.公路路基设计规范:JTG D30—2015[S].北京:人民交通出版社股份有限公司,2015.

汶马高速公路古尔沟隧道出口危岩灾害处治

刘自强 马洪生 龚 臻 郑百录 何云勇 张 乐 李 颖 赖远超 张建永 陈康亮

(四川省公路规划勘察设计研究院有限公司,610000,成都)

摘 要:崩塌危岩是极为常见的地质灾害之一。汶马高速公路沿线两侧山体出现了大量的崩塌危岩地质灾害,对路线施工运营安全影响较大。本文通过对古尔沟隧道出口崩塌危岩特征、形成机制、影响因素和稳定性的分析,采用相应的措施对该崩塌危岩体进行综合治理,治理效果较好,可给类似工程治理提供参考。

关键词:古尔沟隧道;崩塌危岩体;灾害分析;治理

1 工程概况

1.1 地理位置与区域地质背景

古尔沟隧道出口崩塌危岩体位于古尔沟镇古尔沟村 G317 线左侧,如图 1 所示。隧址区构造主体位于松潘—甘孜褶皱系一级构造单元,场地处于古尔沟背斜北东翼,岩层单斜,局部揉皱发育,拟建隧道岩层走向与隧道轴线呈小角度相交,岩层倾角较陡,在变质砂岩中主要发育 3 组近垂直相交的构造节理,节理主要走向为南西向和北东向,板岩中主要发育有 3 组节理裂隙,岩体在层面、节理的切割下多呈层状碎裂结构。隧址区内经历了多次构造运动,河谷下切表现明显,新构造运动主要表现为大面积抬升运动和地震活动。

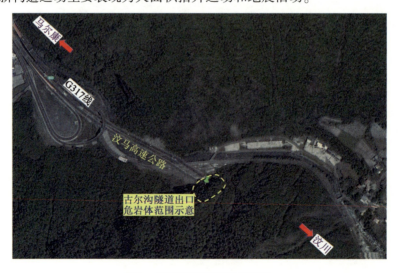

图1 古尔沟隧道出口地理位置

1.2 危岩体工程地质条件

古尔沟隧道出口段地处大陆架第二级阶梯四川盆地西侧丘陵区向第一级阶梯川西北龙门山、青藏高原的过渡区段,属剥蚀构造高山深切峡谷地貌,地形复杂,山势陡峭,峰峦叠嶂,谷底幽深。隧址区山脉走向与构造线和岩层走向基本一致,场地高程一般在 2118.0～2400.0m,附近山峰高程在 3500m 以上,杂谷脑河谷高程约 2018m,相对高差 1000m 以上。岩层走向与隧道轴线呈小角度相交,自然斜坡坡度为 40°～70°,局部坡度 80°以上,如图 2 所示。隧道出口边坡陡峻,坡度在 60°～85°,高差大于 300m,坡向 320°,坡面出露岩体破碎、裂隙发育,岩体多被裂隙切割成块状,个体大小约 0.4m×0.4m×0.8m,最大危岩尺寸 0.6m×0.6m×2.0m,受不良气候和外力影响,斜坡岩体局部常发生崩塌、落石。剖面形态看,坡度陡,沿山脊形成一条带状的陡壁,多以块体形式崩塌破坏为主。

图 2　古尔沟隧道出口斜坡地貌及危岩分布

区域地质构造对危岩的产生和分布起着控制性的作用。区域构造主体位于松潘—甘孜褶皱系一级构造单元,场地处于古尔沟背斜北东翼,岩层单斜,局部揉皱发育,古尔沟隧道岩层走向与隧道轴线呈小角度相交,岩层倾角较陡,岩层产状从进口至出口依次为:60°∠85°、55°∠82°。隧址变质砂板岩中主要发育 3 组近垂直相交的构造节理,节理产状:40°～58°∠80°～85°、290°～335°∠75°～85°,裂隙间距 0.8～2.5m,切深 1～5m,延展 3～5m,面平直,微张,为主控剪切裂隙,局部充填泥质,如图 3、图 4 所示。

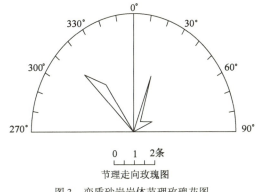

图 3　变质砂岩岩体节理玫瑰花图

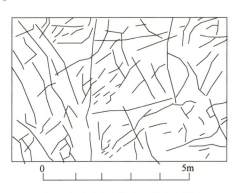

图 4　变质砂岩岩体节理裂隙素描图

2 灾害性质与机理

2.1 危岩体基本特征

野外地质调绘对隧址区岩体的节理裂隙统计见表1,砂板板岩中主要发育有3组节理裂隙,岩体在层面、节理的切割下多呈层状碎裂结构,产状如图5所示。据统计,板岩岩体体积节理数 $J_v = 14.6$ 条/m^3,岩体完整性系数 $K_v = 0.50$,岩体较破碎。

岩体节理裂隙统计　　　　表1

节理编号	节理性质	节理产状	节理特征	统计数据（条数/长度）
1	板理	62°∠47°	面板理平整,闭合,延伸大于10m,板岩	10条/2m
2	张开裂隙	294°∠73°	隙面起伏,局部最大张开达10cm,延伸大于10m,隙面两侧均为变质砂岩	12条/1.8m
3	闭合裂隙	208°∠22°	隙面平整,延伸1~3m,隙面两侧均为板岩	14条/2.5m
4	劈理	153°∠70°	劈理面平整,密集平行分布,延伸小于0.5m,两侧均为板岩	8条/0.7m
5	闭合裂隙	210°∠64°	隙面平整,延伸3~5m,隙面两侧均为板岩	8条/2m

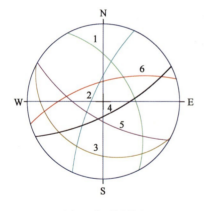

图5　赤平投影图
1-结构面产状:62°∠47°;2-结构面产状:294°∠73°;3-结构面产状:208°∠22°;4-结构面产状:153°∠70°;5-结构面产状:210°∠64°;6-边坡产状:343°∠62°

对现场调查的节理裂隙进行统计,如图6所示。板理占总数的19.23%,长度约2m;张开裂隙占总数的23.08%,长度约1.8m;闭合裂隙占总数的42.30%,长度平均约2.3m;劈理占总数的15.38%,长度平均约0.7m。其中,节理裂隙占总数的65.38%,说明对岩土结构面发育起主导作用。古尔沟隧道出口变质岩斜坡,坡体内部主要发育多组节理裂隙,结构面以陡倾为主,岩体受结构面控制,被切割为大小不一的岩块,尤其是两组呈"X"形分布的节理,延伸及切割较大,微张—宽张,裂缝主要沿卸荷面、节理面分布,震裂岩体在强降雨和温度变化下发生失稳破坏,开挖后局部被贯穿裂隙切割的楔形块体有掉块塌落现象,严重影响洞口段的施工安全,危害性较大。

通过调查可以得出,切割岩体的结构面以陡倾结构面为主,对危岩的稳定性起控制作用,同时缓倾结构面构成危岩底部边界,这也决定了分布的危岩多以倾倒式失稳为主。

2.2 危岩体影响因素

通过现场调查和相应数据分析,古尔沟隧道出口边坡危岩体的发育与岩体分布高程、地形坡度、岩体性质、不利结构面等影响因素存在联系。

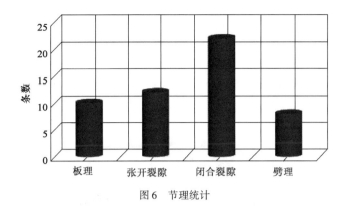

图 6 节理统计

(1) 分布高程的影响。

古尔沟隧道出口崩塌危岩集中在高程 1000~3000m,且地形起伏剧烈,地形坡度陡,导致岩体节理裂隙发育,致使海拔 1500~2000m 引发崩塌危岩数量多,如图 7 所示。从该工点分布面积上看,崩塌宽度约 300m,面积约 $3.8 \times 10^4 \mathrm{m}^2$,崩塌危岩分布面积大。

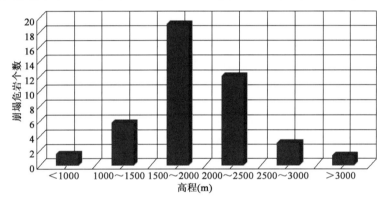

图 7 不同高程崩塌危岩统计

(2) 地形坡度的影响。

调查统计如图 8 所示,古尔沟隧道出口段近 40°以上坡度区调查崩塌落石共计 28 个。其中边坡坡度在 55°左右发育崩塌点最多,共 13 个,占总数量的 46.4%。崩塌落石主要发生在 55°以上的斜坡地形陡缓交界部位、单薄山脊和孤立山头。

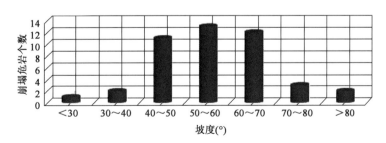

图 8 不同坡度崩塌危岩统计

(3)岩体性质的影响。

古尔沟隧道出口边坡代表性的岩体为：中生界三叠系中统杂谷脑组变质砂岩、板岩和千枚岩。根据现场调查统计，大小崩塌落石36个，变质砂岩掉块17个，占总数47%；板岩掉块15个，占总数42%；千枚岩掉块4个，占总数11%，如图9所示。总体上，崩塌落石主要为节理裂隙发育较严重的砂板岩，掉块最多，达89%；由于千枚岩在杂谷脑组中占比不大，同时属于软岩，风化严重，形成块状掉落数量少。

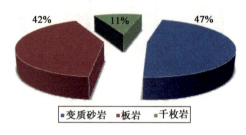

图9 岩体统计

(4)不利结构面的影响。

根据古尔沟隧道出口坡面岩体结构面的特征和完整性，将调查边坡岩体结构分为块状结构、次块状结构、薄层状结构和碎裂结构，如图10所示。通过调查，变质砂板岩、千枚岩掉块共计28块。其中块状4个，占总数14.3%；次块状12个，占总数42.9%；薄层状结构9个，占总数32.1%；碎裂结构3个，占总数10.7%。次块状结构、薄层状结构占比最大，占总数的74.2%，且分布面积、规模较大。

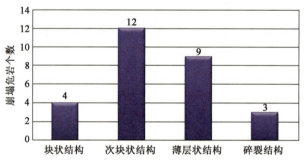

图10 不利结构面统计

3 分析计算与稳定性评价

3.1 计算剖面与参数的确定

(1)剖面选择。

根据崩塌危岩体的结构特征，选取主崩南西308°方向典型剖面作为稳定性计算剖面，如图11、图12所示。

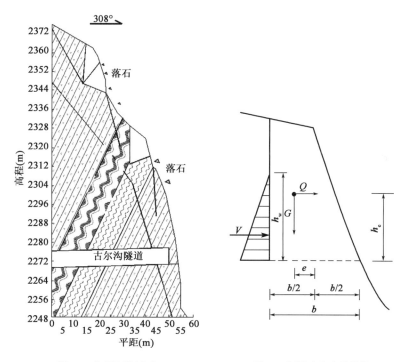

图 11 典型计算剖面　　　　图 12 倾倒式危岩计算模型

(2) 计算参数。

根据地勘报告和相关试验参数及其他项目经验,选取危岩体稳定性计算参数为:强中风化变质砂岩中的节理结构面的参数,天然状态取 $c=0.20\text{MPa}$、$\varphi=27°$、$\rho=2.4\text{g/cm}^3$;强中风化板岩中的节理结构面的参数,天然状态取 $c=0.10\text{MPa}$、$\varphi=25°$、$\rho=2.2\text{g/cm}^3$。

3.2　危岩体稳定性计算

研究区倾倒式危岩体计算模型如图 12 所示,计算参考《崩塌防治工程设计规范(试行)》(T/CAGHP 032—2018)的相关公式。通过对古尔沟隧道出口坡面危岩体在天然和不良工况(暴雨或地震)的稳定性计算,在天然工况下稳定性系数大于 1.20,危岩体处于基本稳定状态;在不良工况(暴雨或地震)下稳定性系数小于 1.0,危岩体处于欠稳定状态。

3.3　危岩体腾跃计算

落石腾越计算主要是求石块运动轨迹与山坡面的最大偏离,从而确定拦截建筑物的高度和建筑物与山坡坡角间的最小距离。落石的运动形式在理论上可以按照质点或球体在斜坡上的运动轨迹曲线来表示,如图 13 所示。因此,落石运动时距离斜坡面的最大距离可以据此计算。

根据运动学原理,岩石在向下崩落的过程中,碰撞后第一次弹跳与斜坡面的距离应是最大的。其运动轨迹的方程式为:

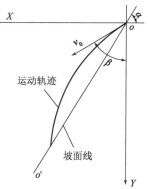

图 13 落石运动轨迹曲线

$$y = \frac{gx^2}{2v_0^2 \sin\beta} + x\cot\beta \qquad (1)$$

式中：v_0——崩塌体在该斜坡面的初速度；

β——岩石的反射速度方向与 Y 轴的夹角，计算如下：

$$\beta = \frac{200 + 2\alpha\left(1 - \dfrac{\alpha}{45}\right)}{\sqrt[3]{V_i}} \qquad (2)$$

g——重力加速度。

据此计算出质点运动轨迹在水平方向斜坡上距离斜坡的最大距离最大高度为：

$$L_{\max} = \frac{v_0^2(\tan\alpha - \cot\beta)^2}{2g\tan\alpha(1 + \cot^2\beta)} \qquad (3)$$

$$H_{\max} = L_{\max}\tan\alpha \qquad (4)$$

3.4 危岩体撞(冲)击能量计算

石块在斜坡上的运动形式是比较复杂的，既有滑动、滚动，还有跳跃运动，甚至在整个运动过程中三者兼而有之。但一般情况来说，运用牛顿能量守恒定律可以说明其大部分情况，即：

$$mgH = \frac{\mu}{\tan\alpha} \cdot mgH + \frac{1}{2}mv^2 \qquad (5)$$

式中：m——滚石质量；

g——重力加速度；

H——滚石降落高度；

μ——综合摩擦系数；

α——坡面角；

v——滚石速度。

这表明滚石在滚落时，所具有的势能已转变为摩擦能和动能，其动能 E 为：

$$E = \frac{1}{2}mv^2 = \left(1 - \frac{\mu}{\tan\alpha}\right)mgH \qquad (6)$$

滚石速度 v 为：

$$v = \sqrt{2gH\left(1 - \frac{\mu}{\tan\alpha}\right)} \qquad (7)$$

一般认为，坡面角 α 与摩擦系数 μ 可按图 14 线解图求解。

崩塌体产生的作用力 F 可用公式表示如下：

$$F = mv/t \qquad (8)$$

各崩塌源区选取滚石直径为 1.2~2.0m 时，可以按式(5)和式(6)计算预测其破坏滚动时拟设工程部位的撞击能量和运动速度。基本假设：发生破坏时的运动方式为滚动方式，将滚石的滚动模型简化为圆形刚体在斜坡上的有摩擦滚动，滚石滚动模型如图 15 所示。

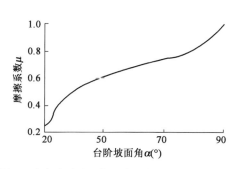

图 14　根据台阶坡面角 α 确定摩擦系数 μ 值的线解

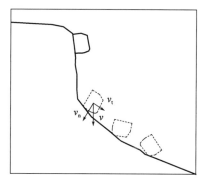

图 15　危岩崩塌运动轨迹示意

3.5　计算模拟及结果

综合以上危岩发育特征及稳定性分析结果,主要针对稳定性较差的危岩体进行运动学特征值参数计算,依据各危岩体代表性剖面,以落石路径为垂直等高线方向,假定崩落块体体积均按 $1m^3$(类似于 $1m \times 1m \times 1m$)考虑,以拟设高速公路部位作为各项动力学参数的计算位置,具体计算模型及结果如下:

古尔沟隧道出口处落石动力学特征值计算剖面示意图如图 16 所示,计算结果见表 2。可知,落石到达在建汶马高速公路古尔沟隧道出口工程位置的运动速度为 11.05～28.67m/s、落石能量 202.2～957.5kJ、冲击力为 101.7～263.8kN,弹跳高度 0～4.9m,越过此位置后运动的水平距离为 0.7～7.0m,表明危岩对在建高速公路潜在危害较大。

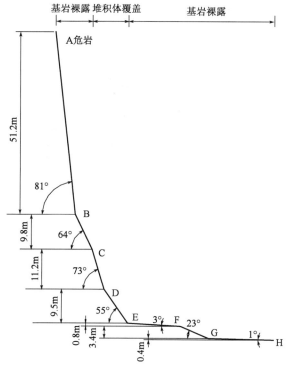

图 16　古尔沟隧道出口处落石动力学参数计算剖面

古尔沟隧道出口坡脚处落石动力学参数　　　　表2

危岩带	落石体积（m³）	运动速度 v（m/s）	落石动能 E（kJ）	冲击力 F（kN）	弹跳高度 H_{max}（m）	弹跳距离 L_{max}（m）
WYT123	1	22.87	649.5	210.4	3.2	5.5
WYT122	1	28.67	957.5	263.8	3.5	5.0
WYT124	1	20.22	454.3	186.0	4.9	7.0
WYT121	1	21.77	588.6	200.3	3.3	5.4
WYT120	1	11.05	202.2	101.7	0	0.7

4　处治工程措施及效果

根据前文分析，古尔沟隧道出口为基岩裸露陡壁坡，为反向坡，岩层产状55°∠82°，倾角较陡，与隧道中线小角度相交，对隧道稳定有一定影响。发育3组裂隙，岩体被切割成块状，尤其是两组呈"X"形分布的节理，延伸及切割较大，微张—宽张，开挖后局部被贯穿裂隙切割的楔形块体有掉块塌落现象，严重影响洞口段的施工安全。目前洞口危岩体发育，且与隧道小角度相交，同时稳定性低，扰动可能发生大的垮塌和落石，应对洞口斜坡岩体采取锚固措施。从经济合理和技术可行的角度出发，确定综合治理措施，包括危岩清除、封填灌浆、支撑、局部锚固、主被动防护网，辅以桥上设棚洞等措施，如图17所示。

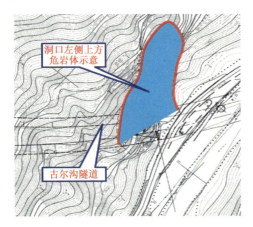

图17　古尔沟隧道出口危岩体综合治理

4.1　危岩清除

古尔沟隧道出口陡坡上存在可清除的危岩体碎块石及松动带危岩，在不良地质作用下，易垮塌。对于危岩块体体积特别大、相对稳定的岩体，不予清除，小的稳定性相对差的应尽可能清除以消除隐患。

4.2　封填灌浆和支撑

在危岩段内采用M30水泥砂浆对危岩清理后的后缘陡倾结构面进行灌浆，防止风化和雨水下渗扩大破坏结构面产生失衡，进而引发岩体崩塌。对危岩段下方的危岩凹腔采用普通

C20 混凝土进行支撑加固。支撑之前应先对岩体表面进行清理,但不能破坏岩体目前的稳定,对基础部分进行处理。岩腔充填时应将基座削成台阶清除至中风化岩层,以利支撑体的自身稳定。

4.3 主被动防护网

为了保证危岩体下方 G317 线安全,在隧道洞口仰坡上方危岩体设主被动防护网。通过现场调查模拟计算和类似工程经验,选用 RX-075 型柔性网,其主要构成为 D0/08/150 钢丝绳网(柱间距 10m),网高尺寸为 3m、4m、5m。

4.4 钢棚洞

为了防止陡坡上危岩落石破坏桥梁,在第一跨桥增加钢棚洞。钢棚洞设于现浇混凝土箱梁上,棚洞基座位于箱梁悬臂端部;棚洞主体结构采用工字钢拱架及钢管连接而成;工字钢拱架上设连接钢板,连接钢板与拱架采用角焊缝连接,连接钢板上焊接托膜板,托膜板上铺设建筑膜材;建筑膜材用压膜板固定压实。

4.5 处置效果

古尔沟隧道出口段危岩落石治理于 2017 年 12 月施工完毕。通过施工完近半年时间对危岩体变形监测和崩塌落石发生情况进行的跟踪调查,古尔沟隧道出口坡体危岩未发生变形垮塌和落石威胁施工和下方 G317 线运营。目前古尔沟隧道出口段危岩体结合桥梁钢棚洞综合防护,治理效果更加明显。

5 工程体会及建议

(1)针对高位崩塌,建议从危岩体变形成因、力学机制、运动轨迹、破坏模式等方面进行分析,从而更好地对危岩体稳定性进行验算和评价。

(2)高位崩塌破坏模式多样,在进行计算时,选取计算模式和相关计算参数务必要与实际一致,否则计算结果会出现较大误差,导致防护措施不当。

(3)针对高位崩塌防护措施,对危岩体进行运动学特征值计算,根据计算结果采取坡面防护结合坡脚刚性和柔性棚洞,效果良好。

雅康高速公路两路口隧道进口仰坡高位崩塌灾害链应急抢险处治设计

雷 航　刘天翔　杨雪莲　王 丰

(四川省公路规划勘察设计研究院有限公司,610000,成都)

摘 要:西部山区崩塌、落石等坡面地质灾害及其转化的灾害链效应显著,对公路等线性工程的安全运营造成极大的威胁。本文以雅康高速公路两路口隧道进口仰坡高位危岩崩塌及其引发的灾害链为例,通过现场调查研究、边坡赤平投影分析、落石能量冲击计算等方法,分析研究高陡岩质斜坡在风化卸荷、降雨等内外营力作用下发生高位崩塌,崩塌体刮铲坡面并形成坡面泥石流的灾害链形成机制,提出拦挡、疏排相结合的拱形被动防护系统的设计方法。本文研究成果可为山区公路高位危岩崩塌灾害链的成灾预测、防护处治提供一定的参考和借鉴。

关键词:高位危岩崩塌;应急抢险处治;坡面泥石流;边坡灾害链

1 工程概况

雅安至康定高速公路两路口隧道位于四川省雅安市天全县两路口乡境内,进口位于 G318 线(雅安至康定方向)左侧一深切冲沟左侧斜坡上,隧道进口上方原设有三道被动防护网。受持续强降雨影响,2021 年 7 月 25 日,雅康高速公路两路口隧道左线进口上方突发高位崩塌地质灾害,崩塌位置距洞口桥面高差约 109m,崩塌块石顺坡面滚落而下连续砸坏原设三道被动防护网,滚至路线范围的洞口桥面上,并弹跳至桥侧护栏,造成局部路面及护栏损坏,另有部分崩塌块石堆积于洞顶平台上。崩塌方量约 30m³,崩落至桥面方量约 3m³,崩塌块石最大块径约 1.0m×1.0m×1.0m。崩塌灾害发生的次日(2021 年 7 月 26 日),两路口乡境内持续降雨,之前崩塌落石滚动在坡面刮铲使沟槽表层土体松动,并形成了小型坡面泥石流,部分土体冲到了洞口右侧及桥面上,方量约 20m³,再一次造成左幅道路交通中断(图 1～图 6)。

图 1　两路口隧道进口仰坡高位崩塌全貌图

图 2　崩塌落石滚动在坡面刮铲形成沟槽

图3 洞顶原设三道被动防护网破坏失效

图4 隧道洞顶平台堆积崩塌落石

图5 崩塌落石将桥面砸出凹坑

图6 小型坡面泥石流淤埋部分路面

2 高位崩塌灾害链地质特征

根据勘察资料及现场调查,隧址区地质构造作用强烈,隧道进口仰坡岩体以泥盆系中统养马坝组灰岩为主,岩层产状235°∠67°,岩体构造节理裂隙发育,共发育J1和J2两组主控裂隙。J1组节理产状为330°∠35°,节理面较粗糙—较平直,延伸长度3m,间距1~4条/m;J2组节理产状为130°∠64°,节理面较粗糙,延伸长度2m左右,间距1~4条/m。受节理裂隙切割,局部岩体呈块状结构,裂隙与层面形成不利结构面组合,不利于边坡的整体稳定,极易发生崩塌落石灾害。

受2021年雨季强降雨影响,本工点在7月25日发生高位崩塌,紧接着在次日相同位置又发生小型坡面泥石流,两次阻断道路交通,为典型的高陡岩质斜坡高位崩塌灾害链,灾害链的演化模式主要可概括为:高陡岩质斜坡→岩体风化卸荷作用→岩体劣化→强降雨灾害→高位崩塌→刮铲坡面并形成坡面泥石流→损毁公路工程结构物→威胁行车安全→中断道路。

由于山区公路隧道仰坡往往极为高陡,且植被发育较好,危岩发育位置往往较高且非常隐蔽,岩体在受长期风化卸荷作用后,裂隙发育,整体稳定性大幅降低,在强降雨、地震等外营力的作用下,极易发生崩塌落石灾害,由于崩塌产生位置较高,落石冲击能量较大,落石在滚落过程中往往会破坏植被并刮铲坡面,在其运动轨迹上的坡表形成裸露的运移通道,这就为坡面泥石流的发生创造了条件。在持续强降雨的作用下,岩体稳定性进一步降低,崩塌灾害加剧,加之坡表堆积的碎块石裹挟表层土体顺刮铲作用产生的运移通道形成坡面泥石流,威胁下方公路的安全。在泥石流运动的过程中,碎块石对沟道的刮铲作用进一步加剧,又使坡面泥石流的规模进一步扩大,从而形成了该灾害链的闭环。

边坡赤平投影分析如图7所示。

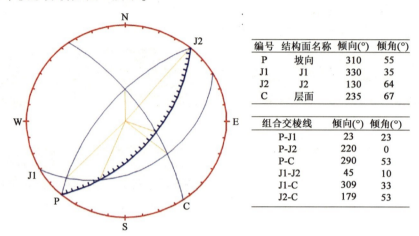

图7 边坡赤平投影分析图

3 落石能量冲击计算

本次崩塌位置距离桥面高程约109m,根据现场调查,左幅隧道洞口上方距离桥面约150m处危岩发育,岩体破碎,节理裂隙发育,今后仍有发生高位崩塌的可能,由于落石冲击能量巨大,故拟在高速公路桥面以上54m、28m处及隧道洞顶后平台处共设置三道被动防护网,来拦截坡体上部顺坡面滚落的危岩块石,避免其顺坡面滚下后飞入高速公路范围内。参考相关资料,落石对路面的最大冲击能量可按如下公式计算:

$$E = (1+\beta)\left(1 - \frac{\mu}{\tan\theta}\right)m \cdot g \cdot H \tag{1}$$

式中:β——旋转能量系数(可定为0.1);

μ——等价摩擦系数(取0.1);

θ——斜坡坡度;

m——坠石的质量;

g——重力加速度(取9.81m/s²);

H——落石高度。

各区域危岩冲击能量详见表1。

危岩的冲击能量计算结果　　表1

被动网位置	粒径(m)	落石距离被动网最大高差(m)	斜坡坡度(°)	落石最大冲击能量(kJ)
高速公路桥面	1.0×1.0×1.0	150	55	3913.81

由表1可见,预计该边坡崩塌块体对拟设被动防护网的最大冲击能量为3913.81kJ。

由于该工点落石危害大,并根据高速公路的重要性、结构破坏的危害程度、更换维护的难易程度以及经济性等因素,按《公路被动柔性防护网技术规程》(DB51/T 2432—2017)中的规定,该工点被动防护网的防护等级确定为一级。

被动柔性防护网防护设计极限防护能量根据防护等级按下式确定:

$$E_u = kE_k \tag{2}$$

其中:E_u——被动柔性防护网设计极限防护能量(kJ);

E_k——落石最大冲击能量(kJ);

k——安全系数,防护等级为一级、二级、三级时,分别取1.5、1.2和1.0。

由上式计算得到被动柔性防护网设计极限防护能量为5870.71kJ,故本次被动防护网共设三级,第一级防护能级选用1500kJ,第二级防护能级选用2000kJ,第三级防护能级选用3000kJ。

4 处治工程措施及效果

鉴于隧道仰坡岩体破碎,节理裂隙发育,今后仍有发生高位崩塌的可能,且原设被动防护网已完全破坏失效,高速公路的运营安全将受到巨大威胁,需立即进行应急抢险处治。该工点的处治设计思路考虑了应对高位崩塌及其刮铲坡面形成坡面泥石流灾害链的综合措施,以被动防护+路径引导为主,采用以被动防护网+拦石墙为主的拱形被动防护和引导体系进行防护,以保证隧道洞口的安全。其中,多级被动防护网可对崩塌落石进行有效的拦截,拱形布置的拦石墙可对崩塌落石及该灾害链衍生的坡面泥石流进行有效的排导,保证隧道洞口及桥梁结构的安全。主要措施如下(图8、图9)。

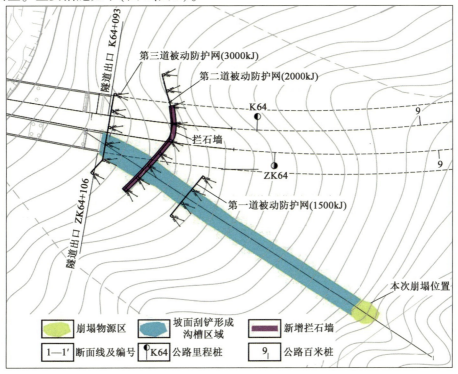

图8 处治措施平面布置图

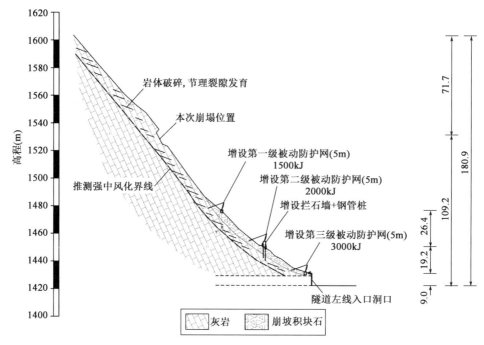

图9 处治工程典型横断面图(尺寸单位:m)

(1)增设第一级被动防护网:在距高速公路桥面以上54m处本次崩落滚石形成的沟槽及左右各约10m范围内新设置一道1500kJ型被动防护网,被动网网高为5m,立柱基础采用钢筋混凝土形式,尺寸均采用0.8m(长)×0.6m(宽)×1.0m(深)。被动防护网布置长度约30m。

(2)增设第二级拦石墙+被动防护网:在距高速公路桥面以上28m处设置第二级拦石墙+被动防护网的防护系统,为有效将顺沟槽滚落的崩塌块石及坡面泥石流排导至影响隧道洞口范围以外,第二级防护系统长度约80m。

①拦石墙:拦石墙墙高4.0m、顶宽1.5m、底宽2.7m,面坡和背坡坡比均为1:0.15,采用C20混凝土浇筑,布置长度约60m。拦石墙底临空侧设置C20混凝土基座,深1.5m、宽1.0m。为增加拦石墙的稳定性,在拦石墙底增设两排钢管桩,其中靠山侧一排钢管桩长度5~12m,临空侧一排钢管桩长度7~14m,钢管桩伸入拦石墙内2.0m,嵌入基岩长度不小于3.0m,钢管桩横向间距为1.5m,排距为1.5m,"W"形布置。拦石墙靠山侧采用废旧轮胎堆砌成缓冲层,紧靠拦石墙内侧,防止滚石直接冲击拦石墙致刚性墙体破坏,以起到对拦石墙的保护作用。废旧轮胎堆砌的缓冲层高2.4m,布设范围同拦石墙的范围,长度共60m。为避免拦石墙后积水,在拦石墙后1m范围内坡面采用0.1m厚C20小石子混凝土进行封闭,以有效将坡面汇水沿左洞外侧方向排出拦石墙范围以外(图10)。

②被动防护网:在第二级拦石墙顶部设置一排防护能级为2000kJ的被动防护网,被动防护网网高5m,拦石墙作为被动防护网的基础,采用地脚螺栓锚杆固定在拦石墙顶部。被动防护网布置长度约80m。

(3)增设第三级被动防护网:在隧道洞顶后平台处新设置一道防护能级为3000kJ的被动防护网,被动防护网网高为5m,立柱基础采用钢筋混凝土形式,尺寸均采用0.8m(长)×0.6m

(宽)×1.0m(深)。被动防护网布置长度约50m。

以上永久处治措施在施工完成后,对隧道仰坡形成了有效的防护系统,对崩塌掉块和坡面泥石流灾害链进行了有效的拦挡及疏排,保证了下方高速公路桥梁、隧道的正常运营(图11)。

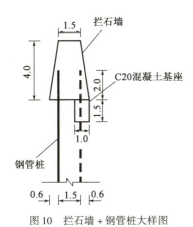

图10 拦石墙+钢管桩大样图
(尺寸单位:m)

图11 处治工程完工后全景图

5 工程体会及建议

(1)由于西南山区地形地质条件复杂、植被茂密等原因,高位危岩发育的隐蔽性较强,应充分利用 InSAR、Lidar 等技术手段进行早期地质灾害识别,在选线阶段对大型高位危岩崩塌灾害隐患进行有效的规避,并合理确定结构物选型、设置位置等,若确实无法避开时应对其进行防护,避免结构物受到高位危岩崩塌灾害链的威胁。

(2)本工点为典型的高陡岩质斜坡高位崩塌灾害链,灾害链的演化模式主要可概括为:高陡岩质斜坡→岩体风化卸荷作用→岩体劣化→强降雨灾害→高位崩塌→刮铲坡面并形成坡面泥石流→损毁公路工程结构物→威胁行车安全→中断道路。防护工程的设计思路以被动防护+路径引导为主,采用多级被动防护网+拦石墙组成的拱形防护系统对高位崩塌落石及坡面泥石流形成耗能、轨迹控制的作用,避免下方公路的运营安全受到威胁。

(3)被动防护网的勘察及评估、工程设计、质量检验、包装、运输、储存和安装、工程验收、保养和维修应满足《边坡柔性防护网系统》(JT/T 1328—2020)、《公路被动柔性防护网技术规程》(DB51/T 2432—2017)等规范的相关要求,避免因被动防护网质量缺陷导致防护系统失效,威胁公路工程的运营安全。

雅康高速公路 K63+500 蓝坝坪左侧高位地灾体综合处治

顾 涛 李 勇 李朝阳 蒋瑜阳 赵 凯 张 斌

(四川省公路规划勘察设计研究院有限公司,610000,成都)

摘 要:雅康高速公路走廊带位于四川盆地与青藏高原过渡带、四川三大断裂带的"Y"形构造交汇部位,面临极其复杂的地形、地质、气候和生态条件,凸显高海拔、高烈度地震区与高速公路建设之间的矛盾,建设环境条件十分恶劣,高位危岩、崩塌广泛分布。高位危岩崩塌一般具有突发性强、速度快、破坏力大等特点。本文对雅康高速公路蓝坝坪三合断裂带区高位危岩崩塌分布特征、变形特征、影响因素进行了分析,提出了高位危岩可实施的主动防护处理措施、危岩落石运动拦挡措施,同时对坡脚堆积水石流提出疏导排泄措施,为类似高位地灾体处治设计提供参考借鉴。

关键词:高位危岩;崩塌;断层糜棱岩;机理;防护措施

1 工程概况

1.1 地理位置与区域地质背景

工点区位于四川省雅安市天全县新沟镇两路口隧道进口,紧邻 G318 线,区域上位于西南丘陵区向青藏高原的过渡带,属构造剥蚀中山地貌,沟谷深切,岸坡陡峭,降雨十分丰富。工程区构造部位处于龙门山断裂带西南段内,路线区段内地质构造复杂。发育一条区域断裂——三合断裂,断裂产状245°∠45°~55°,在蓝坝坪位置倾向坡内,断层带两侧岩体十分破碎,糜棱化严重,断面光滑弯曲,岩层多陡倾或直立。受区域活动断裂、新沟向斜大型褶皱和高烈度地震(地震基本烈度为Ⅷ度)影响,项目区岩体风化卸荷严重,浅表岩体较破碎,表部崩塌、危岩分布广泛。

1.2 工程地质条件

中山地貌,地势海拔1389~1742m。路线桥梁跨越"V"形冲沟,沟内堆积松散至稍密状崩塌堆积块石土,冲沟右岸地形陡峭,植被茂密,岩性为花岗岩出露,裂隙发育一般,岩体呈块状;左岸为高位危岩崩塌体分布,位于路线左侧红线外侧,高位崩塌危岩发育,受区域三合断裂和高烈度地震(Ⅷ度)影响,域内岩体节理发育,断层带内糜棱岩破碎,岩性差异风化明显,糜棱岩体内局部镶嵌未风化的茅口组、栖霞组灰岩。

2 设计、施工情况及变形特征

2.1 施工图设计情况

原设计以桥梁形式跨越"V"形冲沟,桥台左岸为在建两路口隧道进口,右岸为大柏牛隧道出口。沟内设置一道导流槽,导流槽底宽6~8m,两侧为9m高C20片石混凝土挡墙或C20片石混凝土护岸,沟底设有防冲肋,红线外高位危岩崩坡积体坡面无防护,左右线桥桥顶设有遮光棚。

2.2 工程施工情况

隧道及桥梁工程建设始于2015年,2016年6—8月受频繁强降雨影响,高位危岩出现崩解、弹跳滚落,危石滚落至左线大柏牛隧道出口(图1),洞口部分设备被砸损。为确保后续施工人员安全及便道车辆通行安全,在堆积体斜坡中下部设置一排工字钢及被动防护网;8—10月频繁强降雨期间发生多次危岩崩塌,拦挡措施被破坏(图2)。2016年9月出具危岩防护变更设计方案和桥梁保护方案,边坡后缘危岩区采用挂主动防护网喷浆防护,下部落石运动区边坡采用钢轨格栅网+桩基托梁挡墙拦挡落石,前缘坡脚堆积区沟内设置一道导流槽疏导堆积体,左线桥由两跨简支梁改为单跨框架棚结构防落石。因2017年12月通车需求,大柏牛隧道出口与两路口隧道进口之间的框架桥优先按期完成,2018年6月完成挂网喷锚防护,2020年7月完成导流槽施工,2021年9月完成下边坡落石运动区桩基托梁拦石墙+钢轨格栅网防护措施。

图1 施工期大柏牛隧道左线出口高位危岩崩塌弹跳砸毁洞口临时亭子前后对比图

图2 坡脚中部工字钢及被动防护网砸毁失效

2.3 变形特征

受地形控制影响,危岩分布区与堆积区平面上呈"∞"形分布,纵长约130m,横向长约180m,高差约200m(图3、图4)。后缘中上部危岩物源区地形陡峭,坡度55°~70°,相对高差15~25m,临空面起伏不平,基本无植被覆盖,出露基岩为强风化灰色、灰褐色糜棱岩,受区域三合断裂通过影响,岩体糜棱化严重,风化卸荷深度4~6m。浅表岩体节理裂隙发育,岩体整体呈碎裂结构,一般切割小于0.2m×0.4m×0.3m。

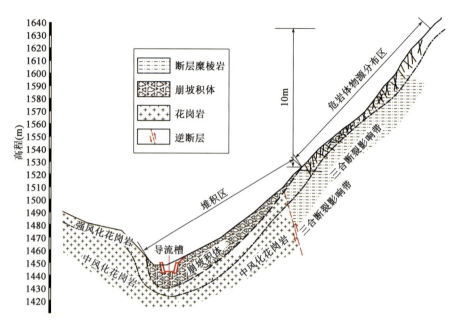

图3 典型地质剖面

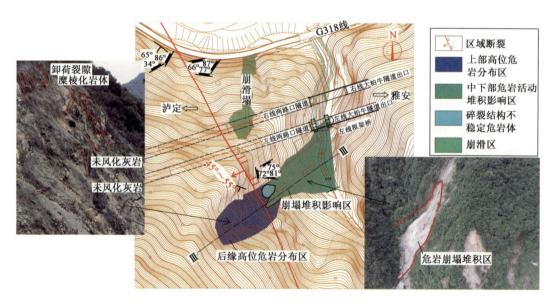

图4 高位危岩崩塌全貌及各区地貌特征

斜坡后缘中下部物源区(图5~图7),岩性为碎裂块状,总体上风化卸荷较上部强烈,卸荷深度6~10m,岩体呈灰黄色,局部岩体风化呈土状,受岩性差异风化影响和岩体所含石英、长石等矿物富集程度不同影响,浅表岩体风化程度表现出明显的差异性。中下部坡口以灰黄色土状为主,岩体基本风化卸荷成全强风化状,基本是受雨水冲蚀影响后发生溜滑运动,下部风化程度较后缘坡口略弱,受短倾结构面切割影响,裂隙发育,有碎裂结构岩体凸起,块径一般为0.3m×0.4m×0.6m,但局部受随机块体结构面切割存在潜在大块径危岩体,粒径达2m×3.5m×5m,对

— 324 —

路线有较大影响。该区域是高位崩塌危岩发生的主要物源区,80%的物源基本来自本处。

图5　后缘中上部断层带糜棱化,　　图6　后缘中下部不稳定体碎裂　　图7　后缘陡峭危岩物源区及中下部
　　　断面光滑弯曲　　　　　　　　　　陡倾危岩体呈土状　　　　　　　　弹跳、滚动堆积区

斜坡坡脚堆积区,地形略缓,堆积体以大块石为主,呈松散状,块径一般小于 $0.4m \times 0.6m \times 0.8m$,可见最大块径为 $0.6m \times 0.4m \times 1.2m$,堆积体厚度大于25m。沟底堆积区地表高程1425~1456m,多数高于下游桥面高程(1427m),本区域为形成水石流的主要物源。

2.4　落石运动轨迹

为准确分析高位危岩落石真实运动轨迹,在初勘阶段、详勘阶段和施工阶段分别对高位危岩落石情况进行记录、跟踪分析,对坡脚不同部位堆积的落石危岩体母岩成分、母岩断面锈染情况进行记录、分析,并与危岩物源区岩体进行比对分析,对坡面落石滚动、弹跳形成的凹坑进行测量标识。据此获得翔实、准确的崩塌岩体运动轨迹(图8)。

图8　高位危岩崩塌运动轨迹

通过测量、记录、分析发现,危岩体崩塌时,后缘危岩体崩塌因地形陡倾以跳跃形式运动,中下部因大量块石堆积缓冲消能作用,块体运动以滚动为主,辅以局部跳跃形式运动。落石运动方向无规律性,但总体以沿等高线垂直向下运动,堆积于坡脚冲沟内,少量落石运动受坡面起伏凹凸影响,落石受撞击发生弹跳,改变以自重作用下沿等高线向下运动的轨迹,形成新的运动路径,影响范围超出正常崩塌堆积区边界。

3 灾害性质与机理

3.1 崩塌成因

危岩崩塌形成条件包括内部和外部条件两大类。内部条件包括坡体结构、地层岩性、构造、临空面等,外部条件主要为降水、植被、地震、风化卸荷等。

1)内部条件

(1)坡体结构:后缘中上部危岩物源区域地形坡度55°~70°,局部岩体近直立,坡面产状57°∠55°~70°;后缘中下部不稳定碎裂结构岩体内倾坡内,风化破碎严重,局部呈近土状;斜坡中下部地形坡度40°~44°。

(2)地层岩性:三合断层上盘为泥盆系中统养马坝组灰岩、泥质灰岩夹页岩,岩层产状201°∠65°~75°,倾向坡内,岩体糜棱化严重,呈土状、类土状,岩体差异风化明显,局部未风化灰岩形成镶嵌结构危岩体,下盘为元古代花岗岩,岩体呈块状,风化相对较弱。

(3)构造:危岩分布区发育一条区域性活动断裂——三合断裂,为逆冲断层,断层带糜棱化严重,断面光滑弯曲,岩层多陡倾或直立,发育多组节理裂隙,节理交线陡外倾,与岩层层面组合,卸荷作用强烈,裂隙面多切割较短,张开1~5cm,面起伏粗糙,锈染严重,多数无充填,局部充填岩屑,浅表岩体因长期风化卸荷和构造活动,浅表岩体完整性较差,在层面、临空坡面和节理面L1、L2和L3组合控制下(图9),岩体有向临空面崩塌的地质结构条件,坡体内部结构面组合是高位危岩崩塌的主要内在控制条件。

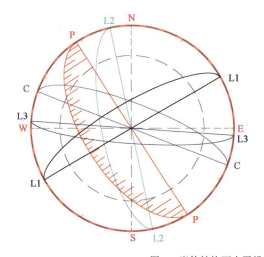

图9 岩体结构面赤平投影图

(4)临空面:危岩分布区属断层带范围内,后缘中上部临空面坡面清晰可见光滑曲面,临空面陡倾,后缘中下部因差异风化形成凸起状不稳定碎裂坡体,相对高差20~30m,具有高山峡谷区地貌特征。

2)外部条件

(1)降水:因特殊的地理位置和复杂的地形特征,区内形成以亚热带季风气候为基带的山地垂直气候,年平均降雨量达1660mm,雨季长达半年,秋雨多,频率达73%。灾害性天气主要表现为潮湿、阴雨和洪涝。根据雅安市气象局提供的气象数据,2016年汛期降水较历史同期明显具有"强度更大、持续时间更长、降水频率更高"特点,危岩崩塌活动频率具有与降水活动同步性,频繁持续降水活动,是诱发断层带内糜棱岩加速崩解的主要外在条件。

(2)地震:工程区地震烈度为Ⅷ度,属高烈度地震峡谷区,在地震水平作用力影响下,易引起危岩体崩解失稳。

(3)风化:浅表岩体长期裸露,在日照、地质营力长期风化作用下,加速危岩体裂隙扩展和贯通,同时向深部卸荷,使裂隙面抗剪强度持续降低。差异风化促使危岩体形成和失稳,在长期外界地质营力卸荷作用下,局部岩体结构风化破碎,切割呈碎裂—块裂结构。

3.2 危岩崩塌机理、发展趋势及稳定性评价

1)危岩崩塌机理

坡面岩体在地震活动和区域构造影响下,岩体切割呈块状、碎裂状结构,岩体长期在外界地质营力风化卸荷,以及各种组合结构面控制下,坡表形态发生进一步演化,应力应变进一步调整,其间降水沿裂隙、层间结构面渗入坡体内部,增大了斜坡岩体的动水压力和静水压力,软化岩体裂隙结构面抗剪强度,掏蚀局部碎裂土状岩体根部,导致基础土体流失、掏空,同时局部裂隙向深部坡体卸荷,导致部分裂隙贯通,切断陡倾岩层,在水和岩体自重作用下,下部岩体横向扩展,层面下部形成架空空腔,当层面岩体无法承受自重荷载作用时,便发生向临空方向的倾倒崩塌。倾倒式结构面组合如图10所示,崩塌机理模型如图11所示。

 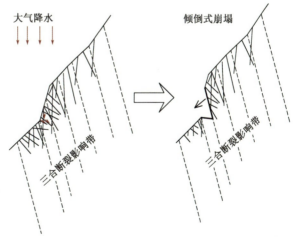

图10 倾倒式结构面组合　　　　图11 倾倒式崩塌机理模型

2) 发展趋势及宏观稳定性评价

根据现场多次的调查、先期开工段初步设计和施工图阶段的调查对比分析,高位危岩崩坡积体和水石流总体上发展变形演化较缓慢,但不同时期发展速度不同,其发展趋势呈现如下特点:

(1)2011年至2015年5月:边坡变形表现形式为偶尔零星崩塌落石,崩坡积体上部裸露基岩崩解速度较缓慢,危岩分布区零星植被生长,沟内堆积体稳定,桥位区坡脚岸坡可见花岗岩,少量大块石堆积。

(2)2015年底至2018年5月处治前:边坡变形表现形式为频繁崩解落石,后缘中部岩体因断层影响破碎严重,崩解虽以小块石滚落为主,但崩解范围有扩大迹象,危岩分布区基本无植被生长。

(3)由于区内降雨十分丰富,且降雨活动较频繁,尤其是2016年6月初至2016年10月底期间,降雨较往年活跃且降雨周期和强度较强,后缘崩解落石现象发展速度较平时频繁,崩解活跃性与降雨活动呈正相关性。若坡面不及时封闭处治,斜坡中部有加剧崩塌态势。

隧道及桥梁工程在施工期间,红线外危岩经常发生落石弹跳、滚落现象,砸毁洞口设备,对桥隧安全施工和后期安全运营产生严重影响,危及现场施工人员安全。根据降雨期对危岩边坡动态地质巡查分析,边坡现状整体稳定,不存在整体失稳的可能性,但若不及时封闭物源区,边坡局部因长期风化卸荷及降雨期冲蚀、动静水压力作用,有向纵深坡面卸荷发展趋势,存在更大范围危岩崩解,甚至是局部高位垮塌风险。沟底长期堆积松散堆积物,沟床纵坡地表长期高于下游桥面高程,一旦发生大规模水毁灾害,将直接冲击桥梁,对桥梁安全运营构成较大安全威胁。

4 处治工程措施及效果

结合动态施工地质调绘情况,综合工程措施可实施性、工程造价、工程安全性等因素,分区域采用不同处治防护措施。

(1)坡脚拦挡防护:小直径钢管群桩桩基托梁挡墙+被动防护网方案。在左线蓝坝坪桥左侧,距离左中线20m处设置一道小直径钢管群桩桩基托梁挡墙,桩基采用$\phi 140mm \times 4.5mm$,单根桩长12m,排距1.3~1.4m,纵向桩中心间距1.2m,桩间通过B型联系梁连接,截面尺寸为$8m \times 5.5m \times 1.5m$,联系梁顶部设置C20混凝土重力式挡墙,墙高10m,墙顶设置一道被动防护网拦挡斜坡上方落石,网高6m,采用高强度RXI-2000型,防护能级为2000kJ,格网采用ROCCO环形网,网片采用R19/3/300形式,钢柱采用加强型,间距4.5~13m。

(2)斜坡拦挡防护:小直径钢管群桩桩基托梁拦石挡墙+钢轨格栅网方案(图12)。由于高差较大,坡表滚石存在弹跳,为最大限度降低坡表落石弹跳至桥梁范围,于冲沟左侧导流槽墙顶部,沿原斜坡坡表小冲沟一侧设置一道小直径桩基托梁拦石挡墙,桩基采用小直径$\phi 140mm \times 4.5mm$的钢管群桩作为基础,单根桩长13~17m,桩排距1.2m,纵向间距1.0m,桩间通过A型联系梁连接,截面尺寸为$5m \times 2m \times 1.5m$,联系梁采用C30钢筋混凝土。联系梁顶部设置C20混凝土重力式拦石墙,墙高3m。为避免坡表弹跳滚石撞击墙顶时翻越至桥梁范围,在挡墙顶部设置一道钢轨栅栏防护,钢轨采用废旧钢材,立柱间距1.5m,钢轨长6.5m,埋入挡墙深1m,钢轨间采用钢格栅网拦挡滚落弹跳落石,网型采用G203/30/100钢格栅网,跨距900mm。为避免小块石从钢轨格栅网间隙飞向路线范围内,在钢轨格栅板之间挂一道主动防护网,采用DO/08/200 钢绳网(SO/2.2/50 格栅网)小型网孔遮罩在钢轨格栅网上。

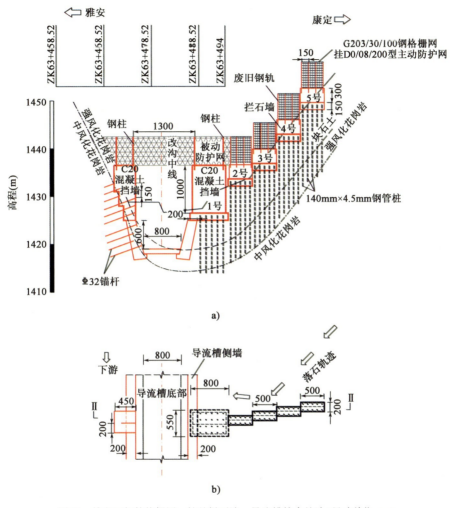

图12 堆积区钢轨格栅网+桩基拦石墙+导流槽综合处治(尺寸单位:cm)

(3)堆积体后缘危岩体防护:挂主动防护网喷浆+局部锚杆加固方案。危岩落石主要来自堆积体后方裸露岩体风化崩解,为最大限度降低危岩风化速度,减小崩解规模,在后方裸露基岩位置采用挂主动防护网和喷10cm厚C20小石子混凝土防护,主动防护网网格采用4.5m×4.5m单元。从防护坡面坡脚第一排钢绳锚杆至第三排钢绳锚杆单元格内,在清除表部卸荷严重、松动破碎岩体和块石土之后,在单元格内打入12m注浆锚杆加固坡脚,其余上部边坡仅采用挂主动防护网+喷浆防护形式封闭坡面。

(4)桥梁防护方案:为了降低上游崩坡积体对左线桥梁运营期安全影响,在左线大柏牛隧道出口与两路口隧道进口之间,将桥梁跨径由30m T形梁调整为17m钢构框架桥。为避免冲沟左侧崩坡积体落石对框架桥上部造成太大的冲击力,在桥梁上部铺设块碎石土+废旧轮胎作为缓冲层。桥梁上游导流槽横向设置一道帘式拦石网,拦挡导流槽因纵坡较大在汛期可能产生的碎屑飞石撞击桥上行车(图13、图14)。

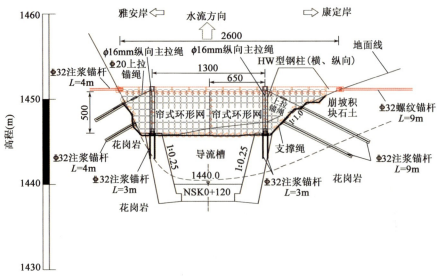

图 13 桥上游导流槽拦挡飞石帘式网防护断面(尺寸单位:cm)

图 14 三维框架桥棚洞效果图

2021 年 9 月施工完毕,目前边坡运营良好,未见明显崩塌落石现象。

5 工程体会及建议

(1)对高位地质灾害体勘察,应首先详细调查影响地质灾害体发生的因素,深刻分析地灾体变形发展、演化过程规律,前期可充分借助 inSAR 遥感分析,对比不同历史时期变形发展特征,解决地质人员无法达到区域的问题,提高地质调查准确度。

(2)对高位危岩、崩塌体的治理,宜选用综合治理手段,根据地灾体破坏机理、破坏规模、变形程度不同,分区域采取针对性治理措施,对高位危岩体宜采用主动防护为主的防护措施;对高位堆积体边坡,不宜对坡脚进行大开挖扰动破坏,应控制边坡开挖高度。分布于路线上游的高位堆积体应充分考虑强降雨可能诱发沟谷型泥石流或坡面型泥石流风险,设计上沟床内设置疏导槽十分必要,桥墩应采用大跨径形式跨越冲沟,必要时对桥墩加强防冲撞设计。

(3)建议对高山峡谷区进行前期地质选线时,应充分考虑气候因素、活断层带对高位危岩崩塌卸荷的周期影响,在不确定崩塌落石潜在运动轨迹的情况下,路线选择宜尽量远离危岩崩塌影响区。

第 5 章　其他类型边坡

广甘高速公路 K550+031 上跨桥桥头至管理处路段边坡处治设计案例分析

王 丰 刘天翔 伍运霖 杨雪莲

(四川省公路规划勘察设计研究院有限公司,610000,成都)

摘 要:岩体性质及地质构造对山区高速公路高边坡长久稳定性有较大的影响,广甘高速公路 K550+031 上跨桥桥头至管理处路段为一千枚岩挖方高边坡,坡体中后部发育一青川断裂的次级断裂破碎带,在降雨、地震等外力作用下,坡体内部自身强度持续弱化,逐步发展形成滑移变形体。本文在充分查明边坡滑移变形体地质结构特征的基础上,研究了其变形特征及成因机制,并结合深部位移监测数据,对其稳定性进行了定性和定量评价。在此基础上,采取了以矩形抗滑桩+圆形抗滑桩+框架锚杆为主的综合防治对策。处治工程完工后,边坡的变形得到有效抑制。

关键词:山区高速公路;千枚岩;高边坡;断裂破碎带;变形特征;防治对策

1 工程概况

1.1 地理位置与区域地质背景

广甘高速公路 K550+031 上跨桥桥头至管理处路段(K549+910～K550+030)边坡位于四川省广元市青川县东北向约 19km 处,行政区划属广元市木鱼镇文武村,边坡最大高度约 58m,总体分为三级边坡:一级边坡为高速公路路基边坡,高约 10m,坡比约 1:1.0;二级边坡最大高度约 9.0m;三级边坡最大高度约 39.0m。坡面起伏变化较大,自然坡度 25°～35°,第一级和第二级边坡之间为广甘高速公路管理处的通勤联系道路,宽 4～10m,该通勤联系道路一端通向广甘高速公路管理处,另一端经天桥与 S105 省道相接,边坡坡脚为木鱼收费站车道边界(图1)。

场地位于四川盆地北部边缘与秦岭西南部山区的交界部位,地势西北高、东南低,区内山势陡峻,沟谷纵横,呈现岭谷相间的自然景观,山岭走向为北东向,属构造侵蚀低中山地貌。本项目位于高速公路左侧条状山脊前缘,山脊顶部相对狭窄、平坦,山脊左侧有自然冲沟,右侧邻鲜家沟,鲜家沟水流汇入白龙江,属嘉陵江水系,场区内最高海拔约 692m,最低海拔约 634m,相对高差约 58m。

场地位于龙门山北东向构造带的东段,受区域构造作用,区内发育两条断裂,分别为 F_4(青川断裂)及其次生断裂 F_{S4},其中 F_{S4} 断裂位于本项目右侧 140～160m 处,为 F_4(青川断层)的次生断裂,呈北东—南西方向展布,线路延展方向大体一致。该断层规模大,延伸长度约

8.00km,其起源于青川县木鱼镇林树湾,尖灭于沙洲镇。场地内该断裂断面倾向约为328°,倾角约为67°,断层破碎带在5~20m,主要由断层碎裂岩组成,原岩为千枚岩,局部可见揉搓擦痕。结构面常具有布丁化、碎裂岩化、构造片理化等现象。上盘和下盘地层均为碧口群中亚群第一段。

a)地理位置　　　　　　　　　b)地质概况图

图1　研究区域的地理位置和地质概况图

研究区属亚热带湿润季风气候,其特点是气温垂直变化明显,随地势高低上升或下降。多年平均气温15℃,无霜期年平均260d。年平均日照时数1337.6h,年平均降水量913mm。

1.2　边坡滑移变形体工程地质特征

2019年5月,该段边坡滑移变形体的变形已逐步进入加速阶段(图2),对其进行了详细的地质勘察,共布设了14个钻孔,以获得详细的地质信息,并采集岩土试样进行室内物理力学性质试验。勘察中使用双管岩心筒获取未扰动岩心样品,以便更准确地确定滑动面和滑体特征。对岩石样品进行剪切试验及单轴抗压强度试验,以获得岩石物理力学特性参数。

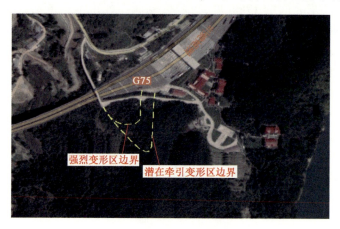

图2　边坡滑移变形体卫星影像图

该边坡自2016年开始变形以来,变形量已较大,根据现场调查结合变形特征,该边坡滑移变形体存在多层滑面和多个剪出口,故可将其分为强烈变形区(Ⅰ区)、弱变形区(Ⅱ区)、潜在牵引变形区(Ⅲ区)3个大区,4个亚区。

(1)强烈变形区(Ⅰ区):位于变形体前部,该区坡面表出现多条拉裂缝,后缘呈弧形开裂,两侧边界有剪裂缝发育,裂缝宽0.2m、深0.3m,坡体后缘拉裂缝与侧面剪裂缝部分贯通,边界清晰,变形明显。该区存在多层滑面和多个剪出口,其浅层滑面前缘剪出口位于二级边坡坡脚附近,深层滑面剪出口位于高速公路路肩(一级边坡坡脚)位置。该区后缘距离坡脚约90m,平均宽约90m、平均厚约11m,滑体方量约7.9万m^3,变形体主滑方向约为338°。

(2)弱变形区(Ⅱ区):该区在强烈变形区小桩号侧,即滑动方向右侧,处于两凸出山脊的中间,该区左侧边界为强烈变形区侧边界,右侧边界大致沿坡上的冲沟向下,前缘剪出口位于一级边坡坡脚处,后壁呈圆弧形,坡度20°~25°,长约94m,平均宽度30m,变形较强烈变形区稍显轻微,后缘拉裂缝未完全形成、贯通,坡体中后部无明显裂缝,但在一级边坡和二级边坡坡脚处变形较为强烈,边沟、通勤道路面已发生拱起、开裂现象,后缘为圈椅状陡坎,后部坡面有马刀树,为以前产生过滑动。此外,F_{S4}断层破碎带位于该区中后部,岩体破碎,因此,该区随着强烈变形区向两侧发展,以后有进一步产生滑移变形的可能。

(3)潜在牵引变形区(Ⅲ区):强烈变形区出现滑移变形现象后进一步两侧及后部发展,并不断加剧,范围加大,形成潜在牵引变形区。潜在牵引变形区起始于强烈变形区及弱变形区后缘,横向延伸大于80m,纵向最长大于100m,后缘位于坡顶地形相对平缓处,两侧以沟为界。该滑移变形体最顶部地形相对平缓,根据本次调查,未发现变形迹象,但强烈变形区及弱变形区产生变形会向后部发展,并不断加剧、范围加大,牵引后部坡体继续变形,因此,该区有潜在变形的可能。根据其受牵引的范围和深度,可将其再细分为Ⅲ-1及Ⅲ-2两个亚区(图3)。

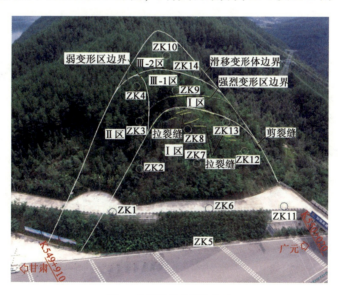

图3 边坡滑移变形体分区

根据调查及钻探结果,滑移变形体主要以千枚岩、断层碎裂岩及含碎石黏土为主。滑移变形体滑带及软弱夹层特性如下。

(1)滑移变形体滑体特征。

滑移变形体多以强—中风化千枚岩及断层碎裂岩为主,千枚岩岩体片理、构造节理和风化裂隙发育,层间结合差,锤击易沿片理面裂开,面较平整、较光滑,饱水后局部易崩解;断层碎裂岩呈碎裂—碎粉状结构,眼球状构造,属极软岩类,原岩成分为千枚岩,局部段岩质极软,手捏即碎;岩体层间结合差,受力易沿劈理面裂开,饱水后局部易崩解(图4)。

图4 钻孔揭露的滑移变形体

(2)滑移变形体滑带及软弱夹层特征。

根据钻探揭露,滑移变形体中存在多层软弱面,软弱面处岩心较破碎,岩质极软,手捏即呈碎斑—碎粉状,同时多处岩心断口可见明显揉搓痕迹及光滑镜面。钻孔揭示强烈变形区部分软弱带及光滑镜面在断面上形成连续,为滑移变形体的滑带(面),滑移变形体正在沿浅层滑面发生蠕滑变形,随着变形不断增大,甚至有可能发生整体更大规模滑移的可能(图5)。

图5 钻孔揭露滑带(存在多层软弱夹层、光滑镜面及搓揉现象)

2 设计、施工情况及变形特征

2.1 设计、施工情况

广甘高速公路K549+910~K550+030段左侧边坡下部为挖方边坡,上部为自然斜坡,坡度25°~35°。坡体出露岩土体以千枚岩为主,表层覆盖厚度2.0~4.5m的含碎石黏土,边坡局部有基岩出露。通勤联系道路建设时期在一级边坡K549+939~K549+959.5段及二级边坡设有框架锚杆加固,通勤联系道路天桥桥头 K550+000~K550+022 段设有锚杆挡墙加固。

2.2 变形特征

该边坡在高速公路建设时期随着坡脚的开挖,早在 2010 年 10 月就已经出现开裂变形,已采取框架锚杆进行了加固处治。高速公路通车运营后,从 2016 年开始该边坡出现了变形迹象,持续变形多年,每年雨季边坡均会出现明显下沉、开裂迹象。自 2018 年以来变形呈现加速趋势,边坡后缘已经形成多道长大贯通性裂缝,距离高速公路路基边坡坡脚约 80m 处已形成了长约 60m、宽约 0.4m、下错 0.7~0.9m 的基本贯通性裂缝,裂缝呈圆弧形;在距离高速公路路基边坡坡脚约 88m 处已形成了长约 50m、宽约 0.2m、下错 0.2~0.3m 的基本贯通性裂缝。此外,坡表还发育多条小裂缝,裂缝局部贯通。一级边坡框架梁已出现明显隆起、外鼓、开裂变形,裂缝 3~5cm,通勤联系道路面、边沟出现了明显的开裂、变形,二级边坡框架梁被剪断、梁内钢筋挠曲、锚杆被拔出,框架梁变形上翘 0.5~0.6m,与坡面脱开,已完全失效。高速公路边沟盖板被挤压破裂,高速公路路肩出现明显的鼓胀、外凸等挤压变形迹象。

该处边坡前缘已形成前后缘变形边界清晰的长约 90m、平均宽约 90m、平均厚度 11m 的滑移变形体,该滑移变形体方量约 7.9 万 m³,滑动变形方向为 338°,与高速公路走向夹角约 80°。

该边坡至今一直处于蠕滑变形阶段,累计变形量已较大,特别是进入 2018 年雨季以来,变形已逐步进入加速阶段,2018 年 8 月—2019 年 6 月累计变形量已达 0.4~0.5m,呈明显加速的特征。由于广甘高速公路管理处距离边坡较近,通勤联系道路正位于该滑移变形体上,边坡距高速公路平均高差约 45m,高位滑坡后将对下方高速公路及广甘高速公路管理处的正常运营、行车安全造成巨大威胁。

由于青川断裂的次级断裂从该滑移变形体中后部穿过,受构造影响,边坡岩体极为破碎,表层覆盖层十分松散,加之该边坡滑移变形体已经进入加速变形阶段,裂缝多已贯通,坡脚路基边坡开挖形成临空面,为边坡的变形提供了空间,会产生渐进后退式、逐级牵引式的滑移变形。在强降雨、地震等作用下极易诱发更大规模、更大危害的变形开裂,甚至是诱发其整体滑动,将会给广甘高速公路造成极其严重的危害(图 6)。

a) Ⅰ区后缘拉裂缝　　　　b) Ⅰ区剪切裂缝(一)　　　　c) Ⅰ区剪切裂缝(二)

图 6

d) I区中部原框架梁出现明显隆起　　e) I区通勤道路路面开裂

f) I区一级边坡路肩墙开裂　　g) I区高速公路边沟盖板挤压破裂

h) II区圈椅状后缘及坡面马刀树　　i) II区一级边坡框架梁开裂

图6　边坡滑移变形体变形情况

2.3 深部位移监测结果

该边坡滑移变形体存在多层滑面及多个剪出口,为进一步查明滑移变形体的变形特征,在地勘钻孔 ZK6、ZK7、ZK8 及 ZK9 完成后分别布设了深部位移监测孔,其中 ZK8 是第一个开始监测的钻孔,从 2019 年 6 月 12 日开始监测,截至 2019 年 7 月 24 日,共进行了 5 次监测,其深度-位移曲线图如图 7 所示。

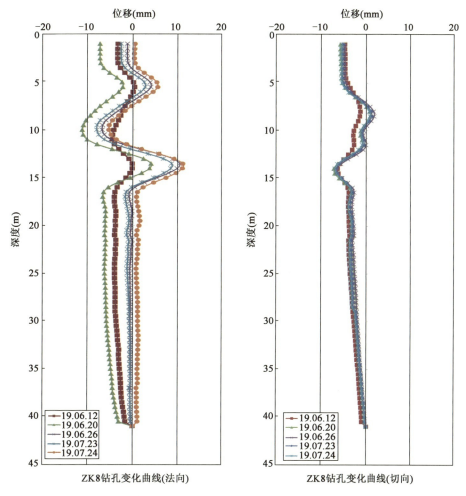

图 7 ZK8 深度-位移曲线

ZK8 的法向为 313°,与主滑方向接近,根据深部位移监测数据可知,ZK8 的变形深度主要集中在 13~14m 范围内,与地质勘察揭示的强烈变形区主滑面位置基本相符,再次印证了滑移变形体目前主要是沿着强烈变形区及弱变形区深层及浅层滑面发生蠕滑变形。

3 灾害性质与机理

该边坡自开挖后一直处于蠕滑变形阶段,累计变形量已较大,其成因主要有以下几方面。

(1)岩土特征:该边坡滑移变形体位于高速公路左侧小山脊上。坡表厚 2.0~4.5m 的崩坡积含碎石黏土,松散;坡体主要为强风化千枚岩,岩质软,强度低,片理发育,岩体较破碎,层间结合较差,饱水后局部易崩解;岩体中发育多层软弱带,软弱带岩体破碎,含水率大,岩质极软,逐渐转化为坡体内的滑带,易形成滑动。

(2)构造作用:根据《中国地震动参数区划图》(GB 18306—2015),场地所处广元市文武乡地震基本烈度为Ⅶ度,场地地震动峰值加速度为 $0.15g$,区内构造活动强烈,地震频发,F_4(青川断裂)为 5·12 汶川地震后多次发生 5.0 级以上余震的发震断裂,其次级断层的破碎带正位于坡体中后部,断层带岩体松散破碎,岩质软,强度低,同时断层为地表水提供了下渗通道,断层破碎带岩体在构造活动及雨水的综合作用下,将进一步软化,滑带抗剪强度降低,易产生滑移。

(3)大气降雨:2018年以来,该区域雨季降雨持续时间变长,瞬时强降雨增多,雨水下渗,地下水补给急增,地下水位上升,致使土体饱和而重度增加;另一方面,降水入渗至软弱带后,使其进一步饱水软化,滑带抗剪强度降低,在重力作用下易发生滑动。

(4)人类活动:由于高速公路的修建,高速公路路基边坡开挖,为该滑移变形体的变形提供了临空面和空间,破坏了其以前的整体完整性和平衡状态,在雨水和自重作用下,易发生滑移。

综上所述,该滑移变形体是在岩土体结构特征、构造作用、大气降雨和人类工程活动等综合因素影响下产生了滑移变形,强风化千枚岩的类碎裂结构在开挖作用下形成了一定程度的松动圈,随着降雨、地震等影响,松动圈进一步向深部发展、扩张,最终形成了曲面滑移破坏,其变形机制以蠕滑-拉裂为主。今后受汛期强降雨及地震作用等因素的影响,该变形体可能继续滑移变形,甚至整体大规模失稳,将严重威胁坡脚下高速公路、收费站、管理处的正常运营和行车安全。

4 分析计算与稳定性评价

4.1 定性分析评价

根据边坡滑移变形体形成机制,该变形体目前已出现明显的蠕滑变形迹象,后缘已经形成多道长大贯通性裂缝,前缘出现多级剪出口,右侧边界已出现明显剪裂缝。由此可见,该滑移变形体前后缘已基本贯通,整体处于欠稳定状态,今后在暴雨及地震等因素影响下,极易发生滑移失稳破坏,将会对下方高速公路及通勤联系道路的正常运营及行车安全造成巨大的威胁。

4.2 稳定性计算结果

根据前述分析,结合剪出口的深度及深部位移监测成果,本次计算分别选择Ⅰ区,Ⅱ区,Ⅲ区深层及浅层滑移面作为计算评价控制面。

根据边坡滑移变形体及古滑坡可能发生滑移失稳的主要影响因素,其稳定性及剩余下滑推力计算主要分为:工况Ⅰ(天然工况);工况Ⅱ(暴雨工况);工况Ⅲ(地震工况)。计算参数以勘察试验参数为依据,并结合相关经验参数,取滑体天然重度 $25.7kN/m^3$,饱和重度 $26.2kN/m^3$。

各区各层滑面参数主要依据勘察报告的建议值进行选取,但由于各区各断面中滑面的抗滑段及牵引段均不同,故对不同区域不同断面的滑面采用不同的参数进行计算,其中,1—1′断面弱变形区浅层及深层滑面,2—2′断面强烈变形区浅层及深层滑面是根据变形体目前的稳定状况,假定滑移变形体在主要控制工况——暴雨工况下的稳定性,通过力学参数的反算,结合勘察报告中的试验参数,综合确定各区各层滑带土在暴雨工况下的力学性质。由于目前强烈变形区滑移变形体处于蠕滑变形加剧的阶段,故反算的稳定系数取暴雨工况下的数值,为

1.02。弱变形区滑移变形体处于蠕滑变形阶段,变形相比更轻微,故反算的稳定系数取暴雨工况下的数值,为1.05~1.06,2—2′断面潜在中层软弱带及深层软弱带多为深部原状岩体,其抗剪强度参数选用试验参数。滑移变形体滑带抗剪强度参数取值见表1。

滑移变形体滑带抗剪强度参数取值　　　表1

位置	滑移面	天然状态		饱和状态	
		黏聚力(kPa)	内摩擦角(°)	黏聚力(kPa)	内摩擦角(°)
Ⅰ区 2—2′断面	浅层滑面	19.6	24.8°	17.8	22.1°
	深层滑面	19.6	24.8°	17.8	22.1
Ⅱ区 1—1′断面	浅层滑面	15.8	19.2°	13.9	16.5°
	深层滑面	17.9	21.2°	15.3	18.4°
Ⅲ区 2—2′断面	潜在中层软弱带	20.2	25.2	18.0	22.5°
	潜在深层软弱带	20.2	25.2	18.0	22.5°

选取1—1′及2—2′断面作为主断面进行计算,计算结果见表2、表3。

1—1′主断面稳定系数计算结果　　　表2

断面	滑面	稳定系数		
		工况1	工况2	工况3
1—1′主断面	浅层滑面	1.233	1.050	1.073
	深层滑面	1.240	1.06	1.084

2—2′主断面稳定系数计算结果　　　表3

断面	滑面	稳定系数		
		工况1	工况2	工况3
2—2′主断面	浅层滑面	1.144	1.020	1.031
	深层滑面	1.127	1.020	1.020
	潜在中层软弱带	1.432	1.266	1.250
	潜在深层软弱带	1.985	1.749	1.659

计算结果表明,潜在牵引变形区的整体稳定性较高,暂时不会出现整体滑移的风险,而强烈变形区及弱变形区存在继续下滑的较大风险,需对其潜在滑体进行支挡处治。

5　处治工程措施及效果

针对该滑移变形体强烈变形区及弱变形区的特征和变形情况,采用以抗滑桩支挡为主的措施进行处治。考虑到该滑移变形体下滑推力大,且存在多层潜在滑面,仅设一排抗滑桩存在无法支挡深层滑移面、前缘一级边坡失稳或从抗滑桩桩顶再次剪出等风险,故最终采用了在边坡二级平台及一级边坡坡脚设置两排抗滑桩进行支挡(图8),具体为:

(1)采用黏土对坡表已产生的裂缝进行夯填。

(2)在边坡二级平台(K549+936~K550+025段)设置一排抗滑桩对该强烈变形区及弱变形区浅层滑面进行支挡加固,并在K549+961~K550+025段桩顶以上设置框架锚杆。采用矩形抗滑桩的形式,以人工开挖成孔,抗滑桩截面尺寸为 2.5m×3.0m,桩长 26m,桩中心间距 5m,共 22 根。框架间距 3.0m×3.0m,框架横、竖梁截面尺寸为 30cm×25cm,锚杆的长度为 21～24m。

(3)根据计算结果可知,在二级平台上设置抗滑桩及桩顶框架锚杆后,没有下滑推力传递至坡脚剪出口位置,但一级边坡坡脚已出现边沟开裂、路肩拱起等现象,变形严重,且边坡岩性极软,为了加强坡脚的抗力,防止坡脚由于应力集中产生新的破坏,还需在一级边坡坡脚位置再设置一排小型抗滑桩进行支挡。采用机械旋挖圆形抗滑桩形式,桩径 1.2m,桩长 10m,桩中心间距 4m,共 27 根,抗滑桩与坡面间的空隙采用 C30 混凝土整浇。

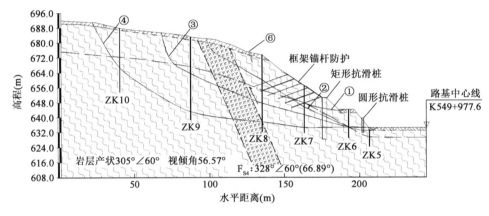

图 8　处治工程典型断面图

通过详细的地质调查、钻探手段及深部位移监测,充分查明了千枚岩边坡滑移变形体的地质结构和变形机制,精准圈定了坡体的滑移深度,为设置抗滑桩最为合理的支挡位置及最优截面尺寸提供了有效支撑。处治工程已完工超过 4 年,度过了 4 个雨季,边坡的变形得到有效抑制,起到了很好的支挡效果,确保了下方高速公路正常运营的安全,是一例处治千枚岩高边坡(滑坡)的成功案例。

6　工程体会及建议

通过本案例的研究表明,高速公路采用路堑方式穿越自然斜坡后形成的高边坡,影响其长期安全与稳定的因素有以下几点:

(1)坡体岩性及地质构造是影响千枚岩高边坡长期稳定性的关键因素,千枚岩岩性软,片理发育,在风化、地震等外营力作用下力学性质会逐步劣化;断层等地质构造导致原岩结构破碎,并为地表水提供了良好的下渗通道,二者极易诱发原本稳定的千枚岩斜坡或高边坡发生蠕滑—拉裂变形。

(2)高速公路采用路堑方式穿越千枚岩高边坡时,勘察阶段应充分查明原斜坡体的地质情况,并对受开挖扰动后的整体及局部稳定性进行评价,特别是对千枚岩高边坡的时效变形应作出合理的评估。设计阶段若未采用强支挡措施,考虑到高速公路的重要性,需要对千枚岩高边坡进行长期监测,以分析其潜在变形与趋势、运行状态的稳定性与危险性,作出实时预报预警,以确保高速公路通车运营中的安全。

雅西高速公路瓦厂坪段山体变形地质灾害应急抢险处治设计案例分析

刘天翔　雷　航　王　丰　程　强　杨雪莲　杜兆萌　李　勇　谢勇谋

(四川省公路规划勘察设计研究院有限公司,610000,成都)

摘　要:2018年2月28日,G5京昆高速公路(雅西段)瓦厂坪1号大桥右侧山体出现多道贯通性裂缝,右侧山体沿路线向雅安方向发生变形地质灾害险情,导致瓦厂坪1、2号大桥结构出现多处变形及开裂,由于山体变形持续发展,瓦厂坪1号大桥已发展为V类桥,桥梁有产生整体垮塌的巨大风险。本文通过现场调查研究、现场监测、数值模拟分析等方法,研究分析该复杂地质条件下山体变形的原因及机制,并提出支护设计的方案。本案例作为一次高速公路大型地质灾害防灾减灾和应急抢险处治的成功案例,为今后深埋采空区对山体变形的诱发机理分析、对高速公路结构物的影响评价及后续处治设计分析、应对措施等提供了有益的参考和借鉴。

关键词:山体变形;应急抢险;处治设计;数值模拟

1　工程概况

1.1　地理位置与区域地质背景

雅西高速公路瓦厂坪段位于四川省雅安市荥经县凰仪乡白石河左岸斜坡上部,建有瓦厂坪1号大桥、瓦厂坪2号大桥及部分路基(图1)。该段斜坡地面横坡陡峻,坡度在45°～55°,局部陡崖坡度达60°～75°。

图1　瓦厂坪段山体及瓦厂坪1、2号大桥全貌图

2018年2月28日以来,雅西高速公路K1989+400(瓦厂坪段)右侧山体沿路线向雅安方向发生变形险情,K1989+370～K1989+420段右侧边坡坡体后缘发育有3条裂缝,最大新增

裂缝开裂0.2~1.0m,边坡原喷混凝土层多处开裂,出现剪出现象,坡脚岩体出现挤压鼓胀碎裂现象,并导致瓦厂坪1号大桥西昌端桥台伸缩缝向上隆起,部分伸缩缝保护带混凝土被挤压破坏,瓦厂坪1号大桥西昌端桥台及下部构造5、6、7号桥墩不同程度出现竖向及环状裂纹,桩顶盖梁向雅安方向发生错位,同时导致瓦厂坪2号桥雅安端桥台伸缩缝拉开,西昌端桥台路基段出现多条裂缝。由于山体变形持续发展,导致路基、桥梁损伤加剧,瓦厂坪1号大桥已发展为Ⅴ类桥(图2)。

a)右侧边坡喷混凝土层开裂、局部剪出

b)滑坡后缘裂缝

c)1号大桥西昌端桥台伸缩缝隆起

d)墩柱连梁开裂

图2 瓦厂坪大桥山体变形迹象

场区位于保新场—凰仪断裂F_3逆断层的南东翼,断层总体走向N54°E,倾向北西,倾角75°,北西盘上升、南东盘下降,倾角大,为逆冲断层。场地北侧出露地层为三叠系上统须家河组,岩性为砂岩、砂质泥岩、泥质粉砂岩等。地层产状受断层影响从靠近断层至桥位区由南东向北东逐渐偏转(即由40°~55°∠10°~15°向100°~135°∠15°~20°偏转),桥位区优势产状55°∠11°。岩体发育有两组裂隙,L1:105°~125°∠85°~90°(局部反倾),呈张开状,张开宽度5~10mm,见少量泥质充填物,间距0.3~0.8m,延伸长度1~2m;L2:180°∠65°~70°,呈张开状,张开宽度20~50mm,裂面平直,见铁锰质矿物浸染,间距0.1~0.3m,延伸长度0.5~1.5m。

调查区处于不同构造体系的交接部位。大致可分成经向构造体系、华夏系、新华夏系、歹字型构造体系和香炉山弧形构造,主要处于香樟岩背斜东南翼。

调查区位于新华夏系雅安—石滓向斜南段西翼及香樟岩背斜南段被保新厂—凰仪断层

(弧形构造)的分支断层(F_1)破坏的部位。区内主要分布 F_1、F_2 和 F_3 等三条断层,现分述如下。

1.2 工程地质条件

1.2.1 地形地貌

山体位移段位于雅安市荥经县凰仪乡白石河左岸斜坡上部,场地地形高程 1131.27 ~ 1287.82m,属低中山斜坡中上部陡坎(崖)地貌。桥位主要于 K42+664.8(K1989+074.80)、K42+772.8(K1989+182.80)、K42+855(K1989+265.00)、K42+908.8(K1989+318.80)及 K43+042(K1989+452.00)处跨越 5 条冲沟,呈不对称"V"形,宽 10~40m;凹沟沟向分别约 180°、200°、170°、185° 及 165°,线路走向 266°~294°,呈近正交及大角度斜交,呈脊岭与凹沟相间地貌。坡面多为林地,植被茂盛,杂草丛生。

1.2.2 地层岩性

据地面地质调查及钻探揭露,场区地层主要为第四系全新统崩坡积层、坡洪积层人工堆积层、坡残积层及三叠系上统须家河组岩层。崩坡积分布于桥位区斜坡部位,岩性为粉质黏土、碎石及块石。人工堆积层主要为雅西高速公路路基填筑,多分布于雅西高速公路路基段。三叠系上统须家河组岩层主要由砂岩、泥质粉砂岩、炭质页岩及砂质泥岩等组成。含煤层及煤线十余层,其中可采煤层 5 层。上部以黄灰、灰、深灰色粉砂质泥岩、泥岩为主,夹粉砂岩及可采煤层三荒四炭(C_1)和多层煤线;中部主要以黄灰、灰绿、灰色泥岩、砂质泥岩为主,夹粉砂岩、细砂岩及煤线;下部以黄灰色粉砂岩、细砂岩为主,夹砂质泥岩、泥岩及多条煤线,含全区主采煤层双龙(C_2)和上下连(C_3);底部为细至粗粒砂岩,与下伏须家河组一段呈冲刷接触。

受构造作用、风化卸荷等的影响下,其中覆盖层下存在卸荷破碎带,主要分布于瓦厂坪 1 号大桥雅安端到瓦厂坪 2 号大桥雅安端桥下及外侧(南侧)边坡,岩性为砂泥岩互层,厚度多为 3~10m,局部厚度可达 15~20m,该段岩心破碎(图 3),呈碎块状,岩心破裂面角度多为 60°~90°,裂面粗糙,呈张性,层理倾角多为 45° 以上(图 4),掰开见黄色泥膜或灰黑色泥夹石软弱夹层(图 5)。

图 3 岩心破碎(卸荷破碎带)

图 4 岩心的层理倾角

图5 岩心卸荷裂隙的泥质、泥膜充填

2 设计、施工情况及变形特征

2.1 施工图设计情况

本工点山体变形段线路为瓦厂坪1号大桥、瓦厂坪2号大桥及部分路基。该段斜坡地面横坡陡峻,坡度在45°~55°,局部陡崖坡度达60°~75°。路基段为挖方路堑,最大边坡高度约32m,分2~3级开挖,分级高度10m,边坡平台宽2m,坡面采用框架锚杆防护,桥梁段斜坡局部采用挂网喷混凝土封闭。坡口以上自然斜坡最高约80m,坡度为35°~50°。

2.2 工程施工情况

该段边坡的开挖及支护于2012年施工完成。

2.3 变形特征

1)坡表变形特征

瓦厂坪段所在场区,坡表变形迹象以裂缝为主,裂缝分布范围广,部分裂缝张开度大,裂缝有新有旧,分布位置有高有低,在不同构造部位均有分布,主要表现于基岩中,部分显现于覆盖层土体中,总体上裂缝的表现形式复杂,其特征可归纳如下:

(1)裂缝多追踪于场区优势构造节理。

场区主要发育有两组陡倾构造节理 J1、J2,J1:110°~130°∠70°~90°,J2:200°~220°∠75°~90°(图6、图7)。坡体中的较多裂缝,其延伸方向多与J1、J2的走向相近,显示在坡体的变形过程中,不同部位的岩体在应力作用下沿着构造节理这个已有的薄弱面追踪、发展,不断延长、加宽,直至达到相对的应力平衡,岩体的变形破裂才暂时停止或减弱,同时应力不断积聚,当超过了岩体的承受能力时,新的变形破裂又再次产生。据现场观测,该类裂缝最宽可达1m,可见竖向延伸1~1.5m,地表最大延伸可达约30m(图8、图9)。

图6 场区优势构造节理图(一)

图7 场区优势构造节理图(二)

图8 沿优势构造节理追踪的裂缝(裂缝宽达15cm)

图9 沿优势构造节理追踪的裂缝(裂缝宽达1m)

(2)裂缝在场区平面分布不均,跨多个地貌单元,总体上连通性差。

裂缝在场区平面分布不均,跨多个地貌单元,裂缝分布位置有高有低,不仅斜坡顶部附近有裂缝分布(图10),而且在斜坡坡脚地段也有裂缝分布(图11),有的新近发育于挖方堑坡上,有的密集发育于平缓地段的路基地段,有的则显现于斜坡覆盖土层中,各裂缝间连通性差,平面分布不均,其空间分布表明,部分裂缝产生的主要原因既不是坡体滑移,也不是高陡斜坡卸荷,而是与其他某种原因产生的地下岩体变形有关,一定程度上说明了场区裂缝产生的复杂性(图12)。

图10 斜坡坡顶附近裂缝

图11 斜坡坡脚附近裂缝

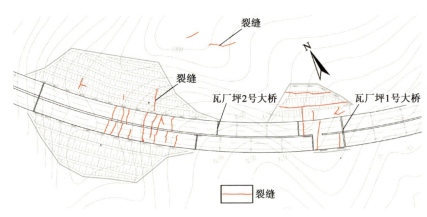

图12 裂缝平面分布示意

根据采空区地表移动变形规律,在平原地带,地表移动变形最终将形成近似圆形或椭圆形的移动盆地。但在山区,往往不能形成较为标准的移动盆地。据黄润秋等著的《山区平缓采动斜坡裂缝成因机制研究》,受采空区移动盆地的影响,移动盆地的外边缘地带将会出现不同程度的裂缝,形态分布多平行于采空区的边界。发育规模受复杂地质体结构和采空边界的位置影响较大。另据《煤矿采空区岩土工程勘察规范》(GB 51044—2014),移动盆地的外边缘区位于采空区边界到盆地边界之间。在此区域内,地表下沉不均匀,地面移动向盆地中心方向倾斜,呈凸形,产生拉伸变形。当拉伸变形超过一定数值后,地面将产生拉伸裂缝。

场地发现的宽大裂缝,大多都位于采空区影响范围的边缘附近,受地形影响,在上边坡表现更明显。场地裂缝在平面上的分布位置,与后续采空专项调查中确定的采空区影响范围相符,与采空区的地表移动变形规律相符。

2)路基变形特征

路基变形最明显的段落为瓦厂坪2号桥西昌端桥台处挖方路基段(桩号为K1989+460~K1889+600),路基变形迹象主要表现为拉裂,局部表现为下沉(图13、图14)。

图13 路基上的裂缝

图14 部分框架梁被拉裂

该段路基主要产生有约10道裂缝,缝宽一般在1~2cm,最大约5cm,延伸长度一般在5~20m,有的裂缝延伸痕迹甚至与两侧基岩堑坡上的框架梁拉张裂缝相连。

3)桥梁变形特征

山体变形导致瓦厂坪1号大桥西昌端桥台伸缩缝向上隆起(图15),部分伸缩缝保护带混凝土被挤压破坏，瓦厂坪1号大桥西昌端桥台及下部构造5、6、7号桥墩不同程度出现裂纹（图16），桩顶盖梁向雅安方向发生错位。山体变形导致瓦厂坪2号桥雅安端及西昌端桥台伸缩缝拉开，路基段出现多条裂缝。由于山体变形持续发展，导致路基、桥梁损伤加剧，依据《公路桥梁技术状况评定标准》（JTG/T H21—2011）将瓦厂坪1号大桥评定为Ⅴ类桥。另外，瓦厂坪3号大桥雅安端桥台挡块也发生了明显的拉裂破坏。

图15　桥台伸缩缝向上隆起　　　　　　　图16　桥墩出现裂纹

3　山体变形灾害成因机制分析

3.1　变形分区

在采空区山体变形影响范围内，根据各地段变形迹象、地形地貌、构造岩性并结合构造物特点等，将变形区划分出与公路工程及处治措施紧密相关的3个变形区，分别为1区（桥基变形区），2区（路基变形区），3区（潜在顺层滑移区），各区分布位置如图17所示。

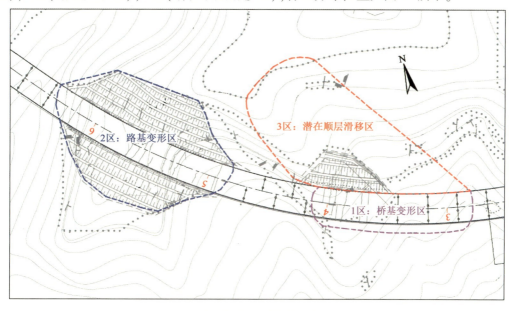

图17　变形分区示意图

3.2 1区(桥基变形区)成因机理分析

1区为瓦厂坪1号桥桥位地段,该桥发生了明显的水平位移及不均匀沉降,8号桥台伸缩缝挤拢并鼓起,其他有多处伸缩缝明显拉开,桥梁墩柱出现多条裂缝,被确定为Ⅴ类桥。桥下的地表位移监测点显示,桥基以沉降变形为主,同时兼有向雅安侧及坡外采空区中心的水平位移,结合桥位地段地质条件,该区变形的成因机理主要为:

(1)该区正位于2017年采空区之上,紧邻2016年采空区,坡脚斜坡地表距采空区顶板高差为250~300m,受采空区影响较强烈,顶板以上数十米范围内形成冒落带及裂隙带(即垮落断裂带),其上逐渐形成弯曲下沉带。

(2)在弯曲下沉带内,桥基下方为挤压下沉区,将产生明显下沉。

(3)桥位坡下为剪切下沉区,下边坡的剪切下沉,将牵引桥基进一步下沉。

(4)桥位上边坡部分处于剪切下沉区内,上边坡将剪切下沉并推挤桥位地基向坡外产生一定程度的水平变形。

(5)坡脚及内侧坡体处于剪切下沉带区,将发生一定程度剪切下沉,牵引处于挤压下沉区的桥梁地基发生进一步竖向下沉,并同时牵引坡体向坡外发生一定程度的水平位移。

(6)在上述各原因的综合作用下,桥基将发生较大的竖向位移及近似指向采空区中心方向的水平位移。

该区地层结构及变形示意如图18所示。

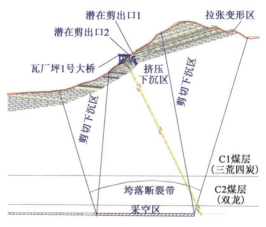

图18 1区变形示意图

3.3 2区(路基变形区)成因机理分析

2区为瓦厂坪2号桥西昌端桥台及所临挖方路基地段,该区在张应力作用下出现了多条张拉裂缝,路基变形迹象主要表现为拉裂,局部表现为下沉。裂缝缝宽一般在1~2cm,最大约5cm,延伸长度一般在5~20m,有的裂缝延伸痕迹甚至与两侧基岩堑坡上的框架梁拉张裂缝相连,该区变形的成因机理主要为:

(1)据河坪煤厂采空区与线路的关系图,挖方路基地段东侧于2016年及2017年被大面积采空,坡脚斜坡地表距采空区顶板高差为300~350m,受采空区影响较强烈,顶板以上数十米范围内形成冒落带及裂隙带(即垮落断裂带),其上逐渐形成弯曲下沉带。

(2)在弯曲下沉带内,挖方边坡雅安侧瓦厂坪2号桥下方为挤压下沉区,将产生下沉变形。

(3)路基小桩号侧主要为剪切下沉区,该段挖方路基将产生一定下沉变形。

(4)挖方路基西昌侧地表部分属拉张变形区,因而路基及挖方边坡上产生了众多的拉张裂缝,同时瓦厂坪3号桥雅安端桥台挡块被拉坏。

该区地层结构及变形示意如图19所示。

3.4 3区(潜在顺层滑移区)成因机理分析

3区为瓦厂坪1号桥北侧上边坡,该区岩层总体倾向雅安方向,倾角20°~30°,岩层整体斜倾坡外,具一定顺层条件。边坡典型断面如图20所示。

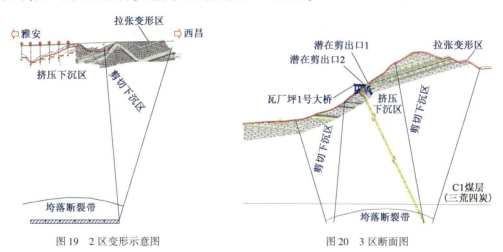

图19 2区变形示意图　　　　图20 3区断面图

该区前缘为一倒转褶皱形态,边坡左侧局部倒转褶皱形成的陡倾坡内岩层被剥蚀,该处有零星岩层向坡外剪出迹象,裂缝有延伸趋势,显示该顺层岩体整体稳定性安全储备不高,存在一定的潜在顺层滑移风险。另外,前缘转折端陡倾岩体极为软弱、破碎,在不利条件下,存在被上部岩体切层剪出的风险。

该区边坡上裂缝主要为追踪两组陡倾构造节理J1、J2,J1:110°~130°∠70°~90°,J2:200°~220°∠75°~90°。另外,在边坡左侧靠近岩质陡坡边发育一条宽达1m、长约30m的长大裂缝,可见深度1~1.5m,走向约300°,为一条临高陡边坡的卸荷裂隙,其最初产生原因可能是卸荷,但随着采空区移动变形的影响可能发生了扩张,其走向大致顺路线轴线方向。

综上所述,该区变形的成因机理主要为:

(1)该区位于2016年及2017年采空区上方,受其影响,顶板以上数十米范围内形成冒落带及裂隙带(即垮落断裂带),其上逐渐形成弯曲下沉带。

(2)在弯曲下沉带内,桥基下方为挤压下沉区,将产生明显下沉。

(3)桥位上边坡部分处于剪切下沉区内,上边坡将剪切下沉,造成一定层间离层及松弛现象,降低了层间结合力。

(4)随着地表移动变形的发展,坡体裂缝将增大增多,裂隙连通性增加,地表渗水量加大,地下水作用加强,对坡体中的层面强度有一定弱化作用。上边坡沉降造成一定层间离层及松弛现象,降低了层间结合力,将使坡体上J1、J2延伸性及连通性增加,地表渗水量加大,地下水将降低层面抗剪强度。同时,随着J1、J2的发展,切割坡体,上边坡后缘及侧向约束将大大减弱,极不利于边坡的稳定。

1区桥梁路基向坡外一定程度的变形,使得3区边坡前缘的岩体阻滑作用在一定程度上减弱,降低了边坡的安全储备,增大了边坡中浅层岩体顺层向下变形甚至切层滑出的风险(图21、图22)。

图21 边坡左侧前缘潜在剪出面

图22 转折端破碎岩层

4 稳定性及推力分析计算

4.1 计算参数的确定

1)潜在滑体、滑面参数选取

(1)潜在滑面参数的选取:该变形体主要存在浅层、深层两层潜在滑面可能发生滑移变形。

对于潜在滑面参数主要依据的建议值,根据变形区目前的稳定状况,假定其在暴雨工况下的的稳定性,通过力学参数的反算,结合勘察报告中的试验参数,综合确定该层滑带土在暴雨工况下的力学性质,反算的稳定系数在暴雨工况下浅层变形体取1.00、深层变形体取1.02。

(2)潜在滑体参数的选取:根据工程地质勘察的成果,变形体主要为泥岩、砂岩、炭质页岩,滑体参数主要依据勘察报告的建议值,并参照经验参数进行综合选取。取变形体天然重度24.1kN/m³、饱和重度24.6kN/m³。变形体浅层、深层潜在滑面参数反算及变形体稳定性计算分别见表1、表2。

变形体浅层潜在滑面参数反算及变形体稳定性计算　　　　　表1

剖面及滑面位置	设计工况	参数状态	反算稳定系数	计算稳定系数	所采用的滑带土抗剪强度参数	反算得到的滑带土抗剪强度参数
主断面浅层潜在滑移面	天然工况	试验参数	—	1.115	$c=22$kPa、$\varphi=20°$	
	暴雨工况	参数反算	1.000	—		$c=19.9$kPa、$\varphi=18.2°$
	地震工况	试验参数	—	0.980	$c=22$kPa、$\varphi=20°$	

注:地震工况参数与天然工况相同。

变形体深层潜在滑面参数反算及变形体稳定性计算　　　　表2

剖面及滑面位置	设计工况	参数状态	反算稳定系数	计算稳定系数	所采用的滑带土抗剪强度参数	反算得到的滑带土抗剪强度参数
主断面深层潜在滑移面	天然工况	试验参数	—	1.124	深层变形体中上部取 $c=22$kPa、$\varphi=20°$；深层变形体下部取 $c=25$kPa、$\varphi=23°$	—
	暴雨工况	试验参数	1.020	—	—	深层变形体中上部取 $c=19.9$kPa、$\varphi=18.2°$；深层变形体下部取 $c=23.3$kPa、$\varphi=21.6°$
	地震工况	试验参数	—	0.989	深层变形体中上部取 $c=22$kPa、$\varphi=20°$；深层变形体下部取 $c=25$kPa、$\varphi=23°$	—

注：1. 地震工况参数与天然工况相同。
2. 深层变形体中上部岩体与剖面方向构成斜交顺层，岩性为砂泥岩互层夹炭质页岩，滑带土抗剪强度参数取 $c=22$kPa、$\varphi=20°$；深层变形体下部岩体受构造影响产状倒转倾向坡内，岩性为砂岩夹泥岩、炭质页岩，若要发生整体滑动，必须切层剪断，故潜在滑带土的抗剪强度参数会比中上部的参数更高，本次取 $c=25$kPa、$\varphi=23°$。

2）地震参数选取

根据《中国地震动参数区划图》(GB 18306—2015)，荥经县凰仪乡地震基本烈度为Ⅶ度，场地地震动峰值加速度为 $0.15g$，地震动反应谱特征周期为 0.45s，需考虑地震作用。

3）计算工况选取

根据变形体现阶段的变形特征和地勘揭示的地质特征，将该变形体大致分为浅层变形区和深层变形区。该变形体可能发生滑移失稳的主要影响因素是：融雪或降雨下渗增加变形体重度、降低潜在滑面力学参数，或受地震等诱因影响进一步降低变形体的稳定性，故稳定性及剩余下滑推力计算主要分以下三种工况：

第一种工况（工况Ⅰ）：即天然工况，在天然状态下，只考虑变形体重力产生的下滑分力。

第二种工况（工况Ⅱ）：即暴雨工况，在暴雨状态下，按不利的情况考虑，变形体岩土体按全饱水计算。

第三种工况（工况Ⅲ）：即地震工况，根据《公路工程抗震规范》(JTG B02—2013)中相关要求进行地震工况的计算。

4）设计荷载安全系数

根据《公路路基设计规范》(JTG D30—2015)及《公路工程抗震规范》(JTG B02—2013)，对于高速公路工程，天然工况下，滑坡稳定安全系数取 1.20～1.30，在暴雨或连续降雨工况下，滑坡稳定安全系数取 1.10～1.20。滑坡影响区内有桥梁、隧道等重要建筑物时可取大值。因此，天然工况下，滑坡稳定安全系数取 1.25。在暴雨工况下，滑坡稳定安全系数取 1.15。在地震工况下，滑坡稳定安全系数取 1.10。

4.2 数值模拟

图 23 和图 24 分别为天然工况和暴雨工况路基滑坡无支护条件下的剪应变增量图，表明

了边坡坡体中的强烈变形区范围以及潜在最危险滑移面的位置。由结果可知,潜在最危险滑面最大深度为22m左右。根据数值模拟结果可以判断,在无支护条件下,在暴雨工况下该段斜坡很容易变形发展为一边界清晰、滑面贯通的滑移变形体,剪应变增量最大值出现在桥位附近。暴雨工况下的剪应变增量值相比于天然工况更大,滑面也更加贯通,在天然和暴雨工况下的边坡均处于欠稳定或不稳定状态。斜坡变形体前缘临空条件较好,不利工况下将形成往最大临空方向的滑移变形。岩土体的物理力学参数见表3。

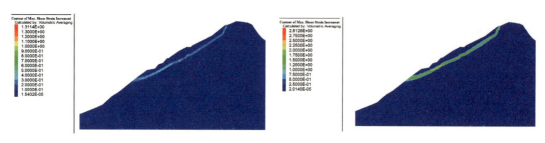

图23 天然工况剪应变增量图　　　　　图24 暴雨工况剪应变增量图

岩土体的物理力学参数　　　　　　　表3

区域	弹性模量(MPa)	泊松比	黏聚力(kPa)		内摩擦角(°)		重度(kN/m³)	
			自然状态	暴雨状态	自然状态	暴雨状态	自然状态	暴雨状态
碎石土	70	0.30	13.2	10.6	8.5	6.2	20.5	21.0
泥质粉砂岩	700	0.28	26.4	23.3	24.3	21.6	24.6	25.1
断层破碎带	130	0.29	15.2	12.3	17.2	15.3	22.5	23.0
粉砂质泥岩	750	0.27	22.0	19.9	20.0	18.2	25.6	26.1
砂岩	800	0.26	31.0	24.6	38.2	32.1	25.2	25.7

4.3 变形体剩余下滑推力计算

针对三种工况,对主断面进行推力计算,计算结果见表4和表5。

浅层变形体剩余下滑推力计算结果　　　　　表4

剖面及滑面位置	设计工况	安全系数	变形体剩余下滑力(kN/m)
主断面浅层潜在滑面	天然工况	1.25	2467.015
	暴雨工况	1.15	2822.243
	地震工况	1.10	2478.963

深层变形体剩余下滑推力计算结果　　　　　表5

剖面及滑面位置	设计工况	安全系数	变形体剩余下滑力(kN/m)
H3—H3′断面深层潜在滑面	天然工况	1.25	3229.043
	暴雨工况	1.15	3459.06
	地震工况	1.10	3219.422

5 处治工程措施及效果

根据瓦厂坪山体位移变形险情的地质情况及病害特征,采用以旋挖抗滑桩+钢管桩+垫墩锚索(锚杆)为主的措施进行应急抢险加固(图25)。具体应急抢险处治措施如下。

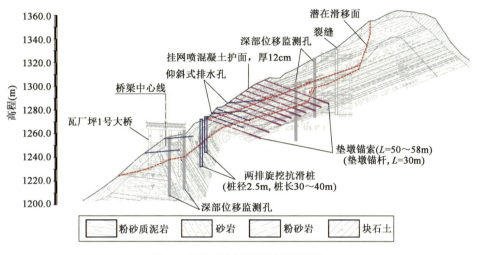

图25 处治工程主要措施剖面示意图

(1)旋挖抗滑桩:在 K1989+290～K1989+410 段右侧路肩的边坡坡脚位置和 K1989+375～K1989+380 路基段分别设置两排旋挖圆形抗滑桩予以支挡。靠山侧的一排抗滑桩桩长 30m,其余抗滑桩桩长 40m,所有抗滑桩均采用 C40 混凝土浇筑,桩间距和排距均为 4.0m。距桩顶 1.0m 位置设一排锚索,锚索长度为 28～50m,锚索倾角为 20°,预应力锚索采用 1 孔 6×ϕ^s15.2mm 锚索。

(2)为尽快形成并增强支挡能力,经现场会商,确定在 K1989+290～K1989+410 段右侧路肩边坡坡脚设置的两排旋挖桩之间再设置两排钢管桩+联系梁进行支挡。钢管桩桩长 25m,钢管桩沿纵向间距 1.5m,排距 1.5m,交错梅花形布置。桩顶设 C25 钢筋混凝土联系梁以增强钢管桩整体性,联系梁宽 2.0m、高 0.8m。

(3)K1989+290～K1989+410 段旋挖桩顶以上的右侧边坡采用垫墩锚索、锚杆+挂网喷混凝土加固,最下面 4 排为锚杆和锚索间隔布设,以上全部布设为锚索。预应力锚索长度为 28～58m,锚索倾角一般为 20°,预应力锚索采用 1 孔 6×ϕ^s15.2mm 锚索。锚索水平间距 3.0m,垂直方向间距 3.0m。锚索垫墩尺寸为 1.2m×1.2m×0.6m。垫墩锚杆沿水平方向间距为 3.0m,竖向垂直间距为 3.0m。锚杆长度为 24～30m。

(4)封填右侧边坡坡顶发育的裂缝或裂隙:采用 M10 水泥砂浆封填右侧边坡坡顶发育的裂缝或宽大裂隙,尽量避免裂隙或裂缝充水。

(5)仰斜式排水孔:地勘及钢管桩施工揭示出雨后坡体内地下水较为丰富,为尽量排出坡体内的地下水,在上下边坡上各布置两排仰斜式排水孔。排水孔向上倾斜 6°,水平间距 6m,采用 ϕ130mm 钻孔,内插 ϕ100mm 塑料盲沟材料。排水孔的长度为 15～30m。

(6)桥梁下部坡体的处治:利用桥梁加固方案的钢管桩对顺路方向的变形体进行加固,桥下钢管桩的深度为 22.5m,共 270 根。

以上应急抢险处治措施施工完成后至今已 4 年多,根据后续监测结果,山体变形得到有效控制,该段雅西高速公路保持正常通行(图 26)。

图 26　施工完成后边坡全貌

6　工程体会及建议

(1)当线路以傍山桥梁的形式通过高陡斜坡段时,由于西南山区地形地质条件复杂、植被茂密等,高位危岩、滑坡、大型堆积体等各种不良地质的隐蔽性较强,前期选线阶段应充分利用 InSAR、Lidar 等技术手段进行早期地质灾害识别,充分贯彻地质选线的理念,根据线路穿越段不良地质的分布及时调整、优化路线方案,在选线阶段对潜在重大地质灾害、煤矿采空区等隐患进行有效规避,并合理设置结构物选型、位置等,避免结构物受到重大地质灾害的威胁。

(2)对于大型地质灾害的应急处治,应合理利用光学遥感影像、干涉合成孔径雷达、InSAR 形变监测、无人机航测、位移监测、结构物应力监测等综合监测手段,建立起"全方位、全天候、全要素、全尺度"的监测体系,以获取大量重要的变形监测数据,快速准确地圈定变形范围及影响对象,研判地质灾害的成因机理,为应急抢险处治方案的快速制定提供充分的依据。

达陕高速公路铁矿互通 B 匝道断层带边坡滑塌治理

徐鸿彪 马洪生 陈 沛 刘自强 胥 龙

(四川省公路规划勘察设计研究院有限公司,610000,成都)

摘 要:断层带是一种过渡性地质体,当在断层带上设置人工边坡时,如何确定其深部潜在滑移面及抗剪强度参数、评价边坡开挖后的稳定情况,进而采取针对性的加固措施是工程勘察设计的难点。本文通过对达陕高速公路铁矿互通 B 匝道断层带边坡滑塌变形过程、特征、机理进行分析,认为断层带边坡在风化作用下产生圆弧形滑动;结合滑塌前后坡面形态进行参数反算,针对性地选择处治措施进行了边坡治理,处治工程的成功可为类似边坡的设计和治理提供借鉴。

关键词:断层带;路堑边坡;滑塌;形成机理

1 工程概况

工程区位于四川盆地东北部剥蚀、溶蚀低中山区,场地内山谷呈宽敞"U"形,谷底平坦,宽 100～300m,高程约 623m,为典型的溶蚀洼地;两侧山岭海拔约 790m,相对高差约 170m。达陕高速公路铁矿互通 B 匝道 BK0 + 097～BK0 + 120 段边坡位于河谷左岸,路线穿过鸡爪状山脊中陡斜坡中部,坡面横坡坡度 40°～60°,多被垦为旱地或林地。坡体上发育 F_1 逆断层,其倾向与人工边坡倾向基本一致,产状为 65°∠80°,带宽约 28m。断层上盘出露巴东组二段角砾岩夹钙质页岩、钙质泥岩、泥灰岩、灰岩,岩体层面产状 67°∠82°;下盘出露巴东组三段灰岩、泥灰岩,岩体层面产状 246°∠82°。

2 设计及施工情况

2.1 施工图设计情况

施工图阶段 B 匝道线路滑塌区范围内走向约为 247°,与岩层走向小角度相交,由于岩体层面倾角大于坡面倾角,对边坡稳定性有利。坡面揭露断层破碎带,岩体完整性较差。匝道以挖方路基通过,原设计为五级边坡,第一、二、三级边坡坡比为 1∶0.5,第四、五级边坡坡比为 1∶0.75,单级坡高 10m,平台宽 2.5m,边坡最高约 46m。原设计该边坡采用 3m×4m 压力注浆锚杆框架植草予以加固,其中锚杆长 7～12m,其典型防护断面如图 1 所示。

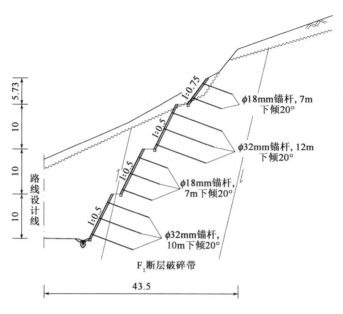

图 1 原设计典型防护断面(尺寸单位:m)

2.2 工程施工情况

该边坡于 2007 年开始进行开挖,2009 年底开挖到路基设计高程后,即开始进行路基防护工程施工。路基开挖揭露岩体以强—中风化角砾岩、钙质泥岩、泥岩、泥灰岩为主,节理裂隙较发育,坡体富水性差,虽有浅表性碎落,但规模均不大,总体稳定性较好,如图 2 所示。

边坡开挖成型 2 年后,2011 年 11 月 8—10 日,该段坡面出现滑塌,滑塌范围延伸至第三级已施作完成的框架锚固体系,造成已完工的框架锚杆开裂或破坏、锚杆整体滑塌,并于坡面形成凹腔,如图 3 所示。上方 4 级边坡下部无支承,极易发生二次高位滑塌,对下方的匝道构成极大安全威胁,亟须处治。

图 2 边坡开挖时整体稳定性较好(2009 年 8 月)

图 3 边坡成型 2 年后发生滑塌破坏(2011 年 11 月)

3 灾害性质与机理

3.1 滑塌成因

开挖揭露坡面岩土体虽较破碎,但仍具有岩体的特征。开挖期间虽有小型碎落发生,但坡体未出现大的滑坡及变形,可见在原生岩性及结构组合下,坡体总体稳定性较高,无稳定性问题。

滑塌发生后,经现场实地调查发现,该工点在开挖成型后,虽进行了锚固工程施工,但封闭坡面的挂铁丝网植草绿化工作一直未能及时施作,滑塌区岩体在受近 2 年的雨水反复浸泡后风化程度极高,手可捏成土团状,边坡岩体已呈全风化状,如图 4 所示。

图 4 滑塌体呈全风化土状

综合上述情况,本工点岩体发生滑塌的主要原因是人工开挖较破碎—极破碎的断层破碎带后,由于绿化工程未及时施作,导致地表水在 2 个水文年内长期下渗,加剧了人工坡面表层岩体的风化速度,使其由开挖时的强—中风化转变为全风化土状,并最终在雨季发生滑塌。

3.2 变形破坏特征

现场调查显示,滑塌体后缘位于三级平台中部,前缘位于边沟内侧的坡脚处,滑体沿滑向长 20m,前后缘高差为 30m,宽约 23m。滑塌面局部较光滑,如图 5 所示。表部仍可见少量锚杆残体,如图 6 所示。根据现场情况,对滑塌前后的坡面进行对比,确定滑体厚度为 2~5m。按此计算,滑塌体总方量约 $1 \times 10^4 m^3$。滑塌典型断面如图 7 所示。

图 5 滑塌体后缘局部较光滑　　　图 6 滑塌面局部可见少量锚杆残体

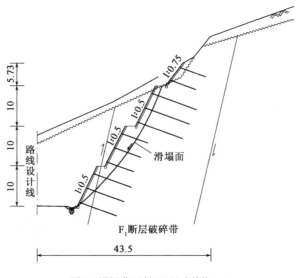

图 7 滑塌典型断面(尺寸单位:m)

3.3 滑塌变形机理与发展趋势

从前述拟合的情况来看,本工点滑塌面近似呈圆弧状,为坡面岩体全风化产物在自重作用下沿圆弧形滑动面发生的圆弧形滑坡。由于滑面平均坡度达55°,故表现为滑塌。

由于本工点断层破碎带岩体由钙质页岩、钙质泥岩、泥灰岩组成,岩体极其破碎,在外界因素作用下风化速度较快。若任风化进一步发展,势必导致坡体深处断层带岩体全部风化呈土状,滑面将进一步深入坡体,滑塌范围将进一步扩大。

4 分析计算与稳定性评价

4.1 滑塌参数反演计算

由于该处滑塌是在雨后发生的,因此,按图 7 揭示的圆弧形滑面,取天然工况下稳定性系数为 1.05、暴雨工况下稳定性系数为 0.98 进行反算,可得滑坡体参数情况,见表 1。

滑塌参数反演计算结果　　表 1

工况	重度 (kN/m³)	抗剪强度	
		c(kPa)	φ(°)
天然工况	21.5	18	36
暴雨工况	22.5	15	33

4.2 稳定性评价及推力计算

如前所述,考虑到风化界线向断层带深部迁移的可能性较大,按圆弧滑动法对最危险滑面进行搜索,结果显示最危险滑面分布情况如图 8 所示。

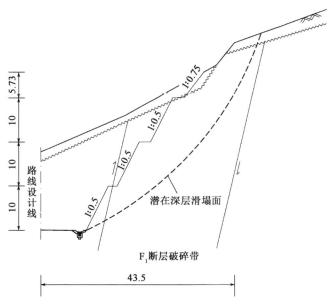

图8 断层带全风化后最危险滑面(尺寸单位:m)

根据表1,对图8断面的天然、暴雨工况进行稳定性评价和推力计算,结果见表2。

稳定性评价及推力计算 表2

工况	稳定性系数	安全系数	剩余下滑力(kN/m)
天然工况	0.868	1.25	1557
暴雨工况	0.814	1.15	1665

由计算结果可见,该处坡体随着风化作用的向内扩展,将发生厚达10余米的滑塌,对下方运营公路匝道构成极大的威胁,需进行处治。

5 处治工程措施及效果

鉴于坡面已因滑塌形成凹腔,第四、五级边坡已悬空,为保证四、五级边坡已实施工程的安全,同时使治理后的坡面美观,处治工程按原设计开挖坡比及放坡情况,采用锚杆片石混凝土嵌补滑塌空腔,并于嵌补的护面墙外部采用$3m \times 4m$框架锚索进行坡面加固。具体工程措施为:

(1)清除滑塌范围内地表浮土及浮石,适当深挖至相对完整强风化岩体,并挖2m宽台阶。

(2)采用C15片石混凝土对滑塌区一、二、三级坡面进行嵌补,嵌补体与岩体以连接锚杆相连,嵌补段坡脚设$H=3m$护脚挡墙,墙体及其下垫基采用抗滑锚杆与地基岩体相连。

(3)对嵌补段边坡采用$3m \times 4m$框架梁锚索进行加固。

(4)在嵌补体各级边坡坡脚处设置仰斜式排水孔,并增设一级平台截水沟。

(5)对滑塌区小桩号侧未滑塌范围,增加2排垫墩锚索,以解决因滑塌造成的锚固结构松动问题。

(6)增加两处坡面位移监测断面,监测1年时间,每周测一次,并在施工期间加强地表观测。

处治方案典型断面如图9所示。

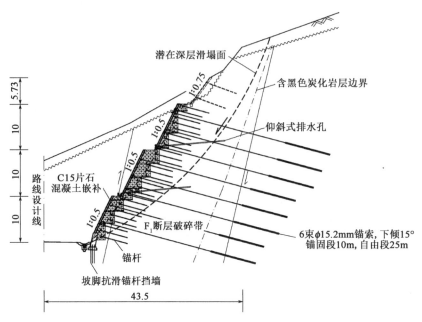

图9　处治方案典型断面(尺寸单位:m)

上述治理工程自2011年12月起开始施作,于2012年1月基本完工。由于治理工程采用嵌补体对坡面进行了恢复,外观效果较好,如图10所示。该工点自治理完工已超过10年,其间未再出现新的变形、滑塌病害,治理工程总体效果较好。

图10　治理效果

6　工程体会及建议

(1)断层破碎带岩体风化速度快,且风化后呈土状,易发生圆弧形滑动破坏。

(2)本工点断层破碎带边坡开挖成型后整体稳定性较好,但暴露2年后发生滑塌破坏,显示断层破碎带岩体抗剪强度已随风化有大幅衰减。建议类似工程在勘察阶段对断层破碎带边坡提出抗剪强度参数时,应考虑岩体长期饱水后的软化系数,对现场试验成果进行适当折减。

(3)设计阶段应结合岩体可能的风化厚度,适当加大锚固工程的长度,条件适宜的情况下应采用刚度更大的抗滑桩结构进行支挡;同时,由于断层带内部岩体破碎,应加强坡体地表水、地下水的截排。

(4)鉴于当前建设管理模式下土建工程与绿化工程施工无法紧密衔接,建议断层破碎带区域边坡在土建阶段即采用锚喷方式进行坡面封闭,防止风化作用向深部发展。后期的绿化工程可考虑采用平台攀爬植物进行绿化遮盖。

雅西高速公路 K19+320~K19+520 段左侧路堑边坡变形破坏特征及处治设计

李 兵　何光尧　刘少贵　赵如雄　肖 昊

(四川省公路规划勘察设计研究院有限公司,610000,成都)

摘　要:雅西高速公路 K19+320~K19+520 段左侧路堑边坡发生多期变形破坏,堑顶采用抗滑桩进行加固。由于桩前软岩风化破碎后失稳破坏,导致抗滑桩锚固段失效,堑顶桩后土体再次沿岩土界面整体滑移,抗滑桩发生偏位。本文通过对该不稳定边坡多期变形破坏特征进行分析,得到滑坡变形机理与发展趋势,并在计算分析后提出相应处治措施,经实践验证治理方案有效。研究表明:区域构造地质作用及软岩工程特性是导致该滑坡形成的"元凶",连续降雨是导致该滑坡形成的"主凶",高速公路的工程扰动是导致该滑坡形成的"帮凶";在边坡勘察设计阶段,须重视区域气候条件、区域构造及岩体工程特征;抗滑桩支挡的有效性受桩前斜坡土体稳定性的影响,有必要对桩前边坡及时封闭以减少风化,陡斜坡抗滑桩长度设计需考虑襟边宽度影响。总结该边坡治理的经验教训,可为类似边坡的勘察设计提供参考。

关键词:堑顶边坡;抗滑桩;锚固长度;变形特征;处治设计

1　工程概况

雅西高速公路 K19+320~K19+520 段左侧边坡位于四川省雅安市荥经县青龙乡复兴村麻柳场东侧斜坡,路线在此以深挖路堑通过,原施工图设计最大挖方边坡高度约为 35.5m,边坡坡率为 1∶1.0~1∶1.25。边坡防护采用框架锚杆植草及挂组合网植草防护。该路堑边坡在施工阶段及通车试运行期间曾发生多次变形破坏,进行过多次加固处治变更设计。

2012 年 6 月连降暴雨造成该段边坡堑顶抗滑桩前土体再次溜滑(已发生多期变形并加以处治),抗滑桩外露长度进一步增加(外漏长度最大达到 7m),抗滑桩嵌固端变短导致锚固深度不足,出现偏位变形,防护能力降低(图1)。随着桩前土体的滑移及抗滑桩偏位,导致桩后土体蠕滑变形,出现坡表后缘拉裂、浅表溜滑、框架架空变形及截水沟破坏等病害。边坡稳定性降低对高速公路运营产生极大威胁,需要再对边坡进行加固补强。

图1　2012 年 6 月边坡坡面情况

2 工程地质条件

场区属构造剥蚀中低山峡谷侵蚀地貌,受构造剥蚀和岩性控制影响,斜坡整体横坡坡度约30°。公路路线沿沟谷斜坡展布,K19+320~K19+520段穿越边坡呈一凸出山脊,山脊两侧为冲沟,冲沟坡降较陡,沟心覆盖残坡积的含角砾黏土和粉砂岩块(碎)石。山脊中上部为导致滑坡形成的凹槽地形,横坡约20°,为残坡积、滑坡堆积层所覆盖,其岩性主要为含角砾黏土及块(碎)石土,下伏侏罗系中统沙溪庙组泥岩夹泥质粉砂岩。通过钻探揭示,岩石强度低,全强风化层厚度大,岩体完整性较差,部分在构造作用下呈黏土状。通过对泥岩进行 X 射线粉晶衍射测试,表明其水理性质差,成分以亲水矿物伊利石和绿泥石为主,达到57%。其中,含角砾黏土呈褐红—深灰色,角砾粒径为10~20mm,含量约10%,局部富集,并含腐殖质黏土,土体局部含水率高,呈软—可塑状,厚度3~5m。块(碎)石土呈褐红色,石质成分为粉砂质泥岩、粉砂岩,棱角状,质软,粒径大于200mm含量为50%~55%,粒径100~200mm含量为10%~20%,粒径20~100mm含量约10%,粒径2~20mm含量约10%,其余为粉、黏粒,结构松散,潮湿,厚度多大于5m。

该工点位于雅安向斜南扬起端的南侧,靠近向斜的轴部,属新华夏系构造体系,为单斜构造,岩层产状100°∠40°。根据场地内基岩露头调查,岩体中主要发育两组裂隙。第Ⅰ组裂隙:产状200°∠57°,压性,延伸长度1.0~2.0m,裂隙张开宽度为2~8mm,局部充填泥质,结合程度一般;第Ⅱ组裂隙:产状320°∠81°,压性,延伸长度0.5~1.5m,裂隙张开宽度为1~5mm,未充填,结合程度一般。根据《中国地震动峰值加速度区划图》和《中国地震动反应谱特征周期区划图》查得,测区地震基本烈度为Ⅶ度,场地地震动峰值加速度为$0.15g$,地震反应谱特征周期定为$0.45s$。

场区地表降雨丰富,据荥经县气象站多年气象资料统计,多年平均降雨量1319.1mm,最大值1762.3mm,最小值928.8mm,雨季(5—9月)平均降雨量为1094.3mm,占年降雨量的83%。丰富的降雨以及岩体物理力学性质差是边坡容易变形和破坏的主要原因。场区地下水主要有松散层上层滞水、基岩裂隙水。前者赋存于第四系松散土层中,接受大气降水、地表水的补给,厚度有限,但受补给控制,在雨季后较丰富,局部可见明显的湿润浸水点。通过坡表调查,场区地表有多处泉水出露,流量小,约$0.011m^3/s$,地表多喜水植物分布,坡表泉水主要赋存于上层滞水。

3 边坡历史变形特征及变更设计

边坡原施工图设计采用框架锚杆植草及挂组合网植草防护,在施工阶段及通车试运行期间(2008—2011年)曾发生多次变形破坏,并进行多次加固处治变更设计。

(1)2008年5月,路基开挖过程中,由于连降暴雨,左侧坡顶覆盖土层出现滑移险情。覆盖层沿岩土界面滑移,坡顶覆盖层厚度约6m,沿路线纵向长度60m,横向宽度约40m。经计算分析,设计采用了坡顶埋置式抗滑桩、桩前护脚墙、菱形骨架护坡、截水沟等综合处治措施进行处治。抗滑桩长约18m,土体中埋入长度为4~6m(埋入基岩12~14m),桩前斜坡坡脚设置有高约3m、宽约2m的护脚,处治横剖面如图2所示,原边坡坡面情况和抗滑桩施工如图3所示。

在完成抗滑桩等施工之后的路基开挖过程中,由于一直未对抗滑桩下坡面按原设计要求进行防护,致使坡面长时间暴露、风化严重。

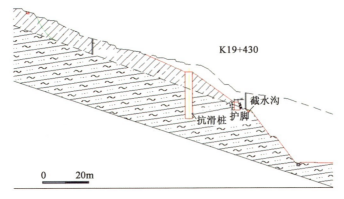

图2　第一次处治设计剖面

(2)经过一个雨季的边坡暴露,坡表泥岩大部分风化为土状,抗滑桩前部的菱形骨架、护脚墙几乎全部破坏,并从坡表滑移。2010年4月,在极端暴雨天气条件下,桩前岩土体受雨水冲刷出现溜坍、滑移,导致桩间土也出现滑移、坡后截水沟拉裂等病害,抗滑桩桩顶1~3m范围内土体已溜滑,露出桩头(图4)。为此,对该边坡进行第二次处治设计,主要措施为:采用格宾石笼对桩间土进行支挡(桩后土体地下水丰富,石笼透水性好),设置支撑渗沟,其下侧采用清方并放缓边坡后设置框架锚杆+植草防护,路基左侧边沟外侧设置路堑挡墙等。

图3　第一次处治时边坡情况(2008年5月)　　　图4　桩前边坡失稳及抗滑桩外露(2010年11月)

(3)2011年5月,雅安至荥经段已通车试运营,此时未封闭的坡面岩体风化更加严重,在强降雨天气下形成坡面泥流堆积于路面左侧,坡体稳定性进一步降低,危及行车安全。经过现场踏勘病害情况,对该边坡进行了第三次处治设计。处治主要措施为:①于原抗滑桩悬臂端增设现浇混凝土挡土板,以防止桩间土进一步滑移;②对桩外侧边坡坡面进行必要的清理后,采用实体护坡封闭坡面;③抗滑桩止点后46m范围内顺接设置钢管桩,以稳固坡上部覆盖土体;④对钢管桩上、下边坡坡面进行必要的清理,采用4m×3m锚杆框架梁进行防护;⑤坡顶外及边坡平台设置截水沟,以减轻坡面水对边坡的冲刷。本次病害处治虽然对发生险情的最危险坡面进行了加固,但经过近一年的施工,病害仍未根治,特别在抗滑桩的加固处理和桩后排水设施完善方面,效果不够明显。

4 灾害性质与机理

4.1 变形破坏特征

2012年6月由于连降暴雨,抗滑桩桩前土体再次溜滑,抗滑桩外露长度进一步增加,导致锚固深度不足而出现桩身偏位,桩后坡体蠕滑变形,出现坡表后缘拉裂、浅表溜滑、框架架空变形及截水沟破坏等病害。滑坡区工程地质平面图如图5所示,边坡变形破坏可分为三个区,分区特征如下:

Ⅰ区为K19+350~K19+400段左侧边坡。该段未设置抗滑桩支挡,在抗滑桩近平行位置下边坡采用框架锚杆防护。此段坡表以浅表溜滑为主,造成局部框架破坏,局部框架出现架空,截水沟错断(图6、图7)。靠近坡口线有少量裂缝,长度约10m,裂缝张开1~5cm。主要形成原因为在降雨作用下的表土物理力学性质恶化,以及土体的抗冲刷能力弱、排水能力差,当土体在降雨入渗作用下局部饱水,含水率增加达到流塑状,产生坡面泥流,造成坡体局部失稳,范围逐渐扩大,形成较大范围的浅表溜滑。

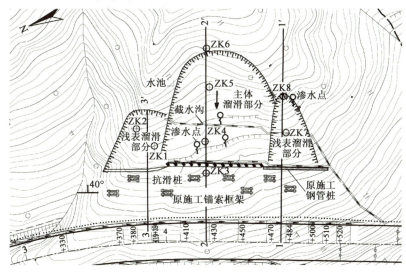

图5 滑坡工程地质平面图

图6 K19+350~K19+400段坡表泥流

图7 K19+350~K19+400段截水沟破坏

Ⅱ区为K19+400~K19+470段左侧边坡,为原有抗滑桩段防护的滑坡范围。此段抗滑桩下边坡框架主体较完好,仅一级平台处有较明显变形,但范围较小。抗滑桩上边坡表凌乱,坡面裂缝发育,最远裂缝距抗滑桩约70m,可见延伸长约5m,与临空面近平行,裂缝宽约5cm,深大于50cm。在靠近抗滑桩附近表土变形较大,拉裂缝较多(图8),造成截水沟开裂。此段的地表上层滞水较丰富,喜水植物较发育,坡表浸润点较多,坡表居民用水的部分引水管错断,其渗水也构成斜坡地表水和地下水的一部分。同时,2012年6月18日—2012年8月抗滑桩的变形监测表明,桩顶已有轻微变形,变形量2~10cm。

Ⅲ区为K19+470~K19+510段左侧边坡。在抗滑桩靠大里程方向近平行位置处已施工钢管桩,钢管桩下部坡表框架未变形破坏,钢管桩上边坡主要以浅表土体溜滑为主,导致框架产生破坏且局部架空。局部陡立边坡在降雨作用下自稳性降低,产生垮塌(图9),前缘土体在失去支撑后,对后部坡体产生牵引,造成贯穿此段的截水沟破坏。

图8　K19+400~K19+470段抗滑桩后土体拉裂　　　　图9　K19+470~K19+510段钢管桩后边坡垮塌

4.2　滑坡变形机理与发展趋势

该路堑边坡位置靠近雅安向斜的轴部,岩性主要为侏罗系沙溪庙组的泥岩夹泥质粉砂岩,在构造作用下岩体节理裂隙发育,岩体较破碎,同时泥岩自身的水理性质差,极易风化破碎。区域构造地质作用及软岩工程特性是导致该滑坡形成的"元凶",其孕育和形成了滑坡的雏形。滑坡区丰富的降雨使得表土含水率增加至近饱和,岩土强度降低,在动、静水压力的联合作用下,边坡产生失稳破坏。连续降雨是使边坡失稳的主要驱动力,是导致该滑坡形成的"主凶"。高速公路的工程扰动,改变了边坡的原始自然应力环境,是导致该滑坡形成的"帮凶"。三者共同导致了该边坡岩土体沿基覆界面整体滑移失稳。

路堑边坡开挖诱发边坡失稳后,采用堑顶埋置式抗滑桩进行处治,但考虑襟边宽度影响,实际有效嵌固段长度不足。由于滑坡区桩前坡表土体在连续降雨作用下呈软—流塑状,因此,不断产生坡表局部溜塌。同时桩前边坡泥岩岩体强度低,且抗滑桩横向加载改变其应力状态使得更易风化破碎,降雨作用导致桩前斜坡岩土体多次失稳破坏,抗滑桩外露地面长度逐渐增加,锚固段不断失效,抗滑桩的加固有效性大打折扣,桩后土体存在整体滑移风险。

5 分析计算与稳定性评价

通过钻孔揭示,岩土界面附近的滑带土局部呈软塑状,钻探过程中有明显的缩孔现象,所取土样含水率大。通过对边坡土体和全风化泥岩的物理力学试验,可以得到滑坡体的物理力学性质指标,见表1。

岩土物理力学参数   表1

样品	天然密度 (g/cm^3)	孔隙比	含水率 (%)	饱和度 (%)	液性指数 I_L	压缩模量 (MPa)	天然状态(饱和) 黏聚力 (kPa)	天然状态(饱和) 内摩擦角 (°)	残剪强度 黏聚力 (kPa)	残剪强度 内摩擦角 (°)	自由膨胀率 (%)
含砾黏土	1.92~2.05 (1.97)	0.60~0.83 (0.69)	21.7~29.2 (23.2)	94~99 (97)	0.26~0.39 (0.37)	5.90~6.65 (6.43)	22.3~31.8 (28.75)	10.2~17.3 (15.60)	11.1~16.7 (16.58)	9.1~14 (14.0)	16~34
全风化泥岩	2.02~2.04 (2.03)	0.61~0.63 (0.62)	21.1~23.2 (22.5)	94~99 (98)	0.27~0.34 (0.32)	6.08~6.80 (6.68)	22.0~29.4 (26.07)	13.3~16.6 (15.93)	15.1~22.8 (19.93)	12.6~15.5 (13.91)	19.5~36

注:表中括号内数值为推荐值。

由表1可见,天然状态下边坡土体含水率大,饱和度均大于94%,处于近饱和状态。同时,全风化泥岩泥化夹层的物理力学性质已经与黏土力学性质相近,泥岩风化后强度劣化明显。由于靠近抗滑桩段的边坡已经产生较大的滑移变形,其滑面力学参数接近残剪强度($c=15.6$kPa、$\varphi=14.0°$),而滑坡中后缘虽出现开裂,但还未出现滑移,滑面参数可选择天然状态参数($c=28.8$kPa、$\varphi=15.6°$)。

经稳定性计算分析,滑坡Ⅰ、Ⅲ区总体稳定,破坏模式为降雨入渗导致坡面土体饱水,形成浅表溜滑。滑坡Ⅱ区抗滑桩偏位,出现整体变形,以2—2′剖面作为Ⅱ区的计算剖面进行分析(图10)。

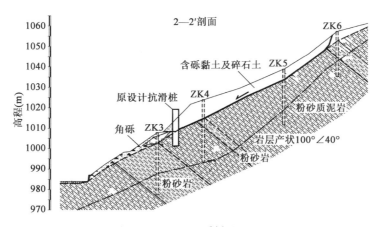

图10 2—2′工程地质剖面(Ⅱ区)

采用传递系数法对2—2′剖面进行下滑推力计算,可得到暴雨工况时,不同安全系数下抗滑桩位置处剩余下滑推力,见表2。设计采用安全系数 $K=1.15$,经计算抗滑桩后剩余滑坡推力为826kN/m。由于抗滑桩锚固段不足,且桩顶已发生偏移,加固有效性降低,滑坡处于欠稳定状态,需对该边坡支挡工程加固补强。

剩余下滑推力　　　表2

安全系数	$K=1.00$	$K=1.10$	$K=1.15$	$K=1.20$
滑坡推力(kN/m)	210	621	826	1031

6　处治工程措施及效果

第一段为K19+350~K19+400段(Ⅰ区)。主要处治措施:中部设置钢管桩,钢管桩上部清方减载后采用挂组合网植草防护,钢管桩下部适当清坡,采用格宾挡墙进行坡面防护。

第二段为K19+400~K19+470段(Ⅱ区)。经计算抗滑桩剩余滑坡推力为826kN/m,由于原抗滑桩存在偏位及锚固深度不足的情况,已不能抵抗剩余滑坡推力,因此,需增设支挡结构,并对抗滑桩进行补强加固,使其能承担部分下滑推力。处治措施:桩后边坡设置锚索钢管桩,钢管桩后设置渗水井及相应的仰斜排水孔等地下排水设施;抗滑桩采用锚索框架梁及锚索钢筋混凝土板加固,抗滑桩下侧边坡采用浆砌片石进行坡面封闭,坡体表面加强截排水等,如图11a)所示。

第三段为K19+470~K19+510段(Ⅲ区)。主要处治措施:在原已施工的钢管桩桩顶处设置格宾矮护脚防止冒顶,上边坡进行适当清方并在滑坡体中部增设钢管桩,坡面采用挂组合网植草防护,加强坡面截排水设施。另外对抗滑桩以下原已施工的框架梁内和边坡平台采用浆砌片石进行坡面封闭,如图11b)所示。

该滑坡处治新增工程费用约490万元,处治工程于2012年完成施工,至今10余年,边坡处于稳定状态,未发生明显变形破坏,表明处治措施有效,总体处治效果较好。

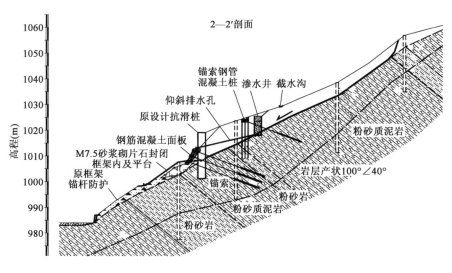

a) Ⅱ区

图　11

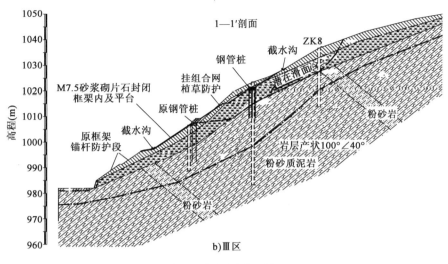

图 11 处治设计典型剖面

7 工程体会及建议

（1）该边坡开挖后反复失稳破坏，进行过多次变更处治设计。从滑坡形成机制来看，区域构造地质作用及软岩工程特性是导致该滑坡形成的"元凶"，其孕育和形成了滑坡的雏形。连续降雨提供了边坡失稳的主要驱动力，是导致该滑坡形成的"主凶"。高速公路的工程扰动，改变了边坡的原始自然应力环境，是导致该滑坡形成的"帮凶"。尤其是该边坡位于"雨城"雅安境内，滑坡多次发生与独特的自然气候条件密切相关。因此，在边坡勘察设计阶段，须重视区域气候条件、区域构造及岩体特征。

（2）在路基开挖过程中，覆盖层沿岩土界面整体滑移，第一次变更处治设计采用堑顶埋置式抗滑桩支挡，但考虑襟边宽度影响实际有效嵌固段长度不足。一方面抗滑桩支挡使得桩前泥岩受荷后应力状态改变，更易发生风化破碎，另一方面泥岩水理性质差，桩前坡面长时间暴露，二者共同导致桩前泥岩边坡风化严重，充沛的降雨触发桩前边坡多次失稳。抗滑桩外露地面长度逐渐增加，锚固段不断减小，抗滑桩支挡的有效性大打折扣，导致桩后边坡再次沿岩土界面整体滑移变形。因此，堑顶抗滑桩支挡的有效性受桩前斜坡土体稳定性的影响，设计堑顶抗滑桩时须慎重，有必要对桩前边坡及时封闭以减少风化及地表水冲蚀。

（3）当斜坡上部的松散滑坡体采用抗滑桩加固处治时，上部滑坡推力对桩前土体稳定性会产生影响，桩前斜坡土体失稳后又会牵引上方边坡发生破坏。根据相关研究，抗滑桩嵌固段土体在上部滑体推力作用下可能产生新的破坏面，在不同桩长条件下破坏面有越过桩底和穿过桩身两种变形破坏模式。因此，勘察设计阶段对抗滑桩下边坡稳定性的评估也不容忽视。抗滑桩长度设计十分关键，尤其陡坡抗滑桩设计时应考虑足够的襟边宽度，以保证有效嵌固端长度，必要时可在抗滑桩顶设置锚索。

参 考 文 献

[1] 许强,唐然.红层及其地质灾害研究[J].岩石力学与工程学报,2023,42(1):28-50.

[2] 杨宗才,张俊云,周德培.红层泥岩边坡快速风化特性研究[J].岩石力学与工程学报,2006,25(2):275-283.

[3] 吴火珍,冯美果,焦玉勇,等.降雨条件下堆积层滑坡体滑动机制分析[J].岩土力学,2010,(S1):324-329.

[4] 汪丁建,唐辉明,李长冬,等.强降雨作用下堆积层滑坡稳定性分析[J].岩土力学,2016,(2):439-445.

[5] 叶鹏.半坡桩锚固深度的研究[D].成都:西南交通大学,2009.

[6] 上官力,马显春,肖洋.高陡堆积体滑坡半坡桩无效锚固深度分析[J].中国地质灾害与防治学报,2019,(4):69-75.

[7] 丛璐.侏罗系砂泥岩互层岩体流变特性及其对抗滑桩嵌固效果影响研究[D].武汉:中国地质大学 2018.

[8] JIANG J,ZHAO Q,JIANG H,et al. Stability evaluation of finite soil slope in front of piles in landslide with displacement-based method[J]. Landslides,2022,19(11):2653-2669.

雅康高速公路 K26 左侧红线外岩质滑坡抢险处治设计

李立根　李　勇　李海亮

(四川省公路规划勘察设计研究院有限公司,610000,成都)

摘　要:针对四川雅康高速公路 K26 工点岩质滑坡抢险处治工程,本文对滑坡的形成和发展过程、特征、机理等进行详细分析,采用清方减载+钢管桩+桩板墙+锚喷+框架锚杆等措施对该滑坡进行抢险处治,滑坡处治施工周期短,处治效果较好,为公路工程中高位岩质滑坡的抢险处治提供了经验和借鉴。

关键词:岩质滑坡;抢险处治;桩板式挡墙;结构设计

1　工程概况

雅康高速公路于 2017 年底完工试运营。2018 年 7 月,因持续多日暴雨,导致 K26 左侧红线外发生岩质滑坡,该滑坡多次发展、加剧,对工程建设和运营构成严重威胁,具有重大安全风险,给公路抢险工作带来巨大挑战。

1.1　地形地貌及环境概况

研究区位于四川盆地西部边缘山区,属中切侵蚀构造单斜中山地貌,区域内海拔650~750m。滑坡处于雅康高速公路 K26 段左侧,场区地势南高北低,斜坡坡向为 0°。

1.2　地层岩性

谷地内堆积有第四系全新统崩坡积层,含角砾粉质黏土和块石,场地周围出露白垩系上统灌口组泥岩、粉砂质泥岩地层,岩层产状 303°∠29°。工点位于向斜东翼。

2　原设计方案及工点情况

2.1　施工图设计情况

高速公路主要以桥梁和挖方边坡形式通过,左右幅皆为预应力混凝土简支 T 形梁桥,桥墩为柱式墩,桥台为柱式台,采用桩基础。局部段左侧为挖方边坡,边坡平均高度 9m,原设计采用矮护面墙+菱形网格进行护坡防护,原总体设计图及滑坡位置如图 1 所示。

2.2　工点情况

本滑坡工点在滑坡发生后,垮塌范围不断发展,前后共发生三次垮塌。

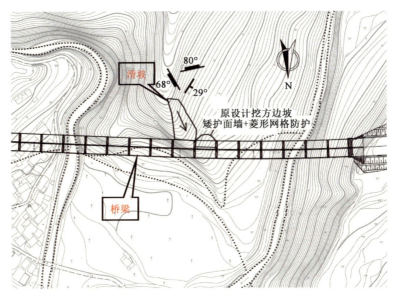

图 1　原总体设计图

滑坡发生之初,其剪出口位置高于桥面约 12m,滑面长度约 18m,滑坡后缘近于直立,高度 5～8m,滑坡方量约 1000m³,如图 2 和图 3 所示。滑坡导致左幅临山侧桥梁两个桥墩的支座和挡块受损。

图 2　滑坡全貌(第一次垮塌约 1000m³)

图 3　滑坡局部(第一次垮塌约 1000m³)

滑坡发生后的次日,区内出现强降雨;第三天下午,滑坡发展加剧,发生第二次垮塌。在距离坡顶 3m、15m、25m 的位置新增 3 条裂缝,属于后缘和右侧节理切割后形成的块体沿层面向临空面滑动生成的裂缝,裂缝出现后不断发展,最后在距离坡顶 3m 处的裂缝位置,再次垮塌约 100m³,堆积于平台上,滑坡后缘仍近于直立,如图 4 所示。

第二次垮塌发生后,现场出于施工安全考虑,调整了施工顺序,暂停了施工平台清方,堆积体暂不清除,作为临时反压的荷载,要求施工方尽快将钢管桩材料、设备进场进行施工。

滑坡发生后第四天晚上,区内暴雨,降雨量在两个小时内达到 120mm,第三次垮塌发生,距离坡顶 25m 处裂缝以下的山体再次垮塌,方量约 2000m³,后缘仍为直立边坡,如图 5 所示。

— 374 —

垮塌直接造成左幅桥梁4片梁板出现多处裂缝,基本达到承载能力极限状态。

图4 滑坡全貌(第二次垮塌约100m³)

图5 滑坡全貌(第三次垮塌约2000m³)

2.3 滑坡特征与成因分析

1) 变形破坏特征

该滑坡属于牵引式岩质滑坡,滑坡发生之初,主要为坡脚临空面的垮塌,垮塌方量为1000m³。随着后续变形加剧,滑坡范围后缘不断向临空面扩展,在强降雨作用下,又接连发生两次垮塌。第二次垮塌方量为100m³,山体出现多条裂缝,第三次垮塌时方量达到了2000m³,垮塌岩土体对桥梁结构造成极大破坏。滑坡后缘高出路面高度约30m,滑坡后缘形成了近10m宽的平台,上部边坡直立,形成临空面。

2) 成因分析

根据现场调查,该滑坡发生的主要控制因素如下:

(1) 地貌条件。

滑坡位置边坡高差近50m,边坡中下部坡度为30°~50°,上部坡度为20°~30°,边坡整体呈下陡上缓。

(2) 地质条件。

本段左侧山体(距桥梁外侧2~3m)地层为灌口组泥岩、粉砂质泥岩互层,斜坡坡向为0°,岩层产状及视倾角303°∠29°(16.8°),边坡与岩层倾向夹角57°。发育的两组节理产状,J1:168°∠80°,张开1.5~2.0cm,泥质充填,间距0.8~1.0m,延伸长度5.0~6.0m;J2:产状60°∠68°,张开1.0~1.8cm,泥质充填,间距0.5~0.8m,延伸长度3.0~4.0m,岩体被层面和节理面切割成块状,赤平投影分析如图6所示,该滑坡主要受层面和J2节理面控制。

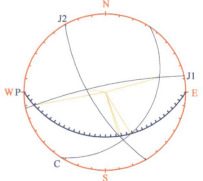

图6 赤平投影分析图

(3) 强降雨。

滑坡发生前,区内已持续多日暴雨,持续暴雨导致裂缝饱水,裂隙夹层软化,强度降低,在裂隙水压力作用下,沿层面和竖向节理面切割后形成楔形体滑动,导致滑坡发生。滑坡发生后,其上部形成临空面,次日出现强降雨,导致第三天滑坡出现第二次垮塌,并形成多级裂缝;第四天降雨量在两个小时内达到120mm,大量降雨入渗,导致第三次垮塌发生。

3 工程结构设计计算

抗滑桩自20世纪70年代首次使用以来,在工程建设中不断应用和发展,目前已成为高陡边坡防护、复杂滑坡处治等工程设计中的重要方法之一。其中,圆形抗滑桩以机械成孔方式进行施工,成孔速度快,微型钢管桩施工便捷,在抢险工程中得到了广泛应用。

3.1 滑坡参数反演计算

选取第三次垮塌后滑坡典型设计断面,自然工况和地震工况斜坡土体重度取$22kN/m^3$,暴雨工况取$23kN/m^3$,取稳定性系数$K=0.95$反算潜在滑面参数,根据反算结果并结合经验参数取值,岩土参数取值如下:在自然工况和地震工况条件下取$c=15kPa$、$\varphi=14°$,暴雨工况取$c=12kPa$、$\varphi=12°$;考虑Ⅶ度地震,地震动峰值加速度取$0.15g$。

3.2 设计支挡处剩余下滑力计算

依据《公路路基设计规范》(JTG D30—2015),采用传递系数法,分别计算在自然工况、暴雨工况、地震工况下(分别取安全系数$K=1.25$、1.15、1.1)的滑坡剩余下滑力,计算结果见表1。

剩余下滑力计算　　　　　　　　表1

安全系数及工况	$K=1.25$(自然工况)	$K=1.15$(暴雨工况)	$K=1.1$(地震工况)
设计支挡处剩余下滑力(kN/m)	402	632	621

根据计算结果,设计支挡处剩余下滑力为632kN/m,需采用抗滑桩进行支挡。抗滑桩锚固段位于灌口组泥岩、粉砂质泥岩互层中。采用弹性地基梁法计算抗滑桩的内力及变位,采用极限状态法进行抗滑桩结构设计计算。

考虑抢险工程需要,人工成孔风险高,同时为最大可能地缩短施工周期,故设计桩型为圆形抗滑桩,采用旋挖钻机成孔,桩径为2.5m,桩长为29m,桩间距为5m,桩外侧设外挂挡板。

4 工程措施及加固效果

根据滑坡的发展情况和分析计算结果,在滑坡发生后,立即采用应急处治措施进行滑坡临时防护,控制滑坡进一步发展;在滑坡体垮塌基本稳定后,在保证施工安全的前提下,实施滑坡永久处治工程。

4.1 应急处治措施

滑坡发生后,为确保桥梁结构安全以及滑坡堆积体的稳定,采取如图7所示的应急处治措施。

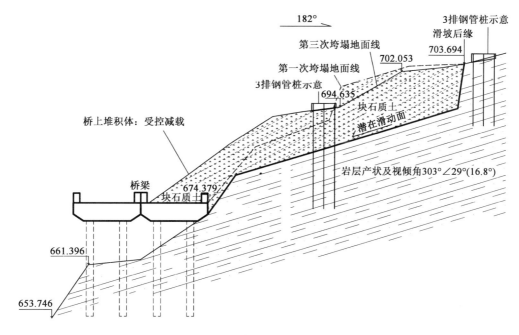

图 7 滑坡应急处治横断面设计

（1）为预防滑体继续滑移，再次发生垮塌，影响桥梁安全，在滑坡堆积体的二级平台设置 3 排钢管桩。

（2）为防止滑坡体向后缘继续牵引，滑坡规模进一步加大，在适当清缓现有滑坡后缘坡体后，立即在目前滑坡堆积体后缘外侧 2m 处设置 3 排钢管桩进行锁口。

（3）为减少堆积体对桥梁的荷载，对桥上堆积体进行适当清除减载。

4.2 永久处治措施

待滑坡体基本稳定后，立即实施永久处治措施。采用旋挖圆形抗滑桩+坡面挂网喷混凝土+垫墩锚杆+压力注浆锚杆框架+仰斜式排水孔的综合处治方案，如图 8 所示，主要措施简述如下：

（1）根据剩余下滑力计算结果，在滑坡体下部设置旋挖圆形抗滑桩，抗滑桩外侧外挂现浇挡板，施工过程中要求桩前尽量少开挖。

（2）滑坡前缘岩土体较破碎，需进行封闭处治，在抗滑桩桩前区域采用挂网喷混凝土+普通锚杆防护，在桥下边坡区域采用挂网喷混凝土+垫墩锚杆和压力注浆锚杆框架进行防护。

（3）该段边坡岩体节理裂隙较发育，地下水丰富，设 3 排仰斜式排水孔，分别位于边坡坡脚、桥面高程处以及土石界面处。

（4）恢复桥梁功能，施工桥梁恢复重建工程和桥面铺装、路面施工等。

（5）为掌握滑坡处治后的效果，在边坡上设地表位移监测点，开展边坡长期变形监测。

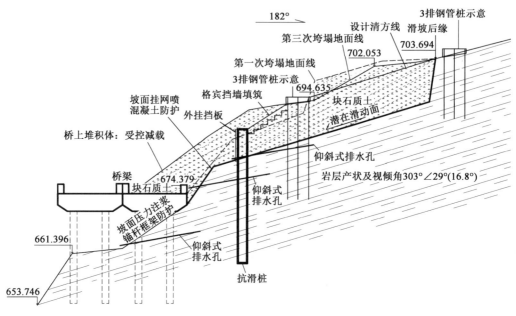

图8 滑坡永久处治横断面设计

4.3 工程加固效果

滑坡发生后,在保证安全的前提下,第一时间采用了钢管桩和清方减载的方案进行应急处治,有效地控制了滑坡体向后缘进一步发展,防止了更大规模的垮塌发生,最大限度地保障了下方桥梁等构筑物的安全。

在滑坡体垮塌基本稳定后,立即采用圆形旋挖抗滑桩和坡面锚喷相结合的处治措施,施工速度快,符合抢险工程的需要,同时结合排水和滑坡监测等工程。截至目前,该工点处治效果较好,边坡没有再出现变形。

5 结语

(1)在山区公路工程建设过程中,应重视桥梁范围内对自然边坡的施工扰动,尤其在桥梁桩基、桥下便道等施工过程中,应尽量避免开挖自然边坡。如出现挖方边坡,需及时核查,并增设有效的防护措施。

(2)在山区公路建设和运营期间,应提前做好应对各类突发性地质灾害的应急预案,如针对突发滑坡等地质灾害,可结合项目区临近的工程案例,提前制定相应的应急处治预案,在工程抢险和灾害处治中积极响应,减少突发性地质灾害造成的经济损失和社会影响。

(3)钢管桩施工快捷,在滑坡应急处治中可灵活使用;圆形抗滑桩采用机械成孔,施工周期短,在符合支挡需要的情况下,可作为山区滑坡抢险处治永久工程的优选方案之一。

参 考 文 献

[1] 李海光.新型支挡结构设计与工程实例[M].2版.北京:人民交通出版社,2004.

[2] 李勇,李海亮,马洪生.某高速公路典型缓倾顺层滑坡分析与治理研究[J].路基工程,2020(5):195-201.

[3] 胡峰,杨灵平.桩板式挡墙在第比利斯绕城铁路建设中的应用[J].路基工程,2016(3):152-156.

[4] 李耀华,叶琼瑶,邓胜强,等.圆形抗滑桩在山区高速公路滑坡处治中的应用[J].西部交通科技,2018(4):49-52,106.

[5] 袁丁,刘文德.微型钢管桩在某公路应急抢险工程中的应用[J].路基工程,2021(3):219-223.

[6] 中华人民共和国交通运输部.公路路基设计规范:JTG D30—2015[S].北京:人民交通出版社股份有限公司,2015.

[7] 国家铁路局.铁路路基支挡结构设计规范:TB 10025—2019[S].北京:中国铁道出版社有限公司,2019.

[8] 中华人民共和国住房和城乡建设部.混凝土结构设计规范:GB 50010—2010[S].北京:中国建筑工业出版社,2011.

成雅高速公路金鸡关深挖路堑高边坡开挖长期稳定性分析及支护设计案例分析

刘天翔 雷 航 杜兆萌 程 强 杨雪莲 伍运霖

(四川省公路规划勘察设计研究院有限公司,610000,成都)

摘 要:在四川盆地红层地区的公路建设中,常遇到大量软岩路堑边坡开挖的情况,而多处该类型边坡在开挖阶段及后期运营过程中出现了不同程度的变形失稳破坏,对公路的正常运营和行车安全造成严重威胁。受红层特殊工程地质性质的影响,红层软岩边坡在其整个寿命期内是一个逐渐"衰老"的过程,开挖边坡在运营5~10年以后常出现各种严重地质病害和安全风险。本文结合典型红层地区工程案例成雅高速公路金鸡关互通及服务区,采用调查研究、模拟分析等方法,研究深路堑边坡开挖诱发边坡变形失稳的机理,分析影响边坡长期安全与稳定的关键影响因子,并对该软岩高边坡的长期稳定性进行研究,提出了该红层软岩高边坡变形特征和保持长期稳定的有效支护措施,以期对今后红层地区此类高达百米量级的软岩高边坡变形机理分析和开挖支护措施制定提供一定的参考和借鉴。

关键词:软岩;路堑边坡;变形机理;长期稳定性;时效变形

1 工程概况

1.1 场地位置及概况

成都至雅安高速公路是一条全长141.2km的高速公路。成雅高速公路金鸡关互通及服务区项目路线全长约5.846km,其中新建里程约3.946km,改建里程约0.535km。该工程区位于四川盆地西部,线路穿越金鸡关山岭,原建有G108线金鸡关隧道,隧道最大埋深105m,左右线为平行的直线隧道,轴线间距40m,单洞净宽9.5m,净高5.0m。路线于现有金鸡关隧道段采用明挖方式通过,深挖段沿路线长度约520m,开挖后路线两侧将形成人工高边坡,左侧边坡最高达95.7m,右侧边坡最高达76.7m,如图1所示。

1.2 地形地质条件

场地处于四川盆地盆西平原西部边缘,属构造剥蚀作用形成的低缓丘陵间低山。挖方地层以泥岩夹少量砂岩为主,岩性较软弱,裂隙发育,抗风化力弱。线路处以挖方形式穿越金鸡关,斜坡一般坡度15°~30°,坡表冲沟较发育,地表起伏较大,植被较发育,以灌木、乔木为主。场区内最高点海拔约855m,最低点海拔约655m,高差约200m。据地面调查及钻探揭露,场地内地层上部主要为新生界第四系全新统残坡积层,该层分布于山岭中上部缓坡一带,由黄褐色—灰褐色(含砾)粉质黏土构成;下伏基岩主要为中生界白垩系上统灌口组地层,该层主要以紫红色、灰绿色泥岩为主,局部含少量砂岩夹层,含芒硝和石膏。泥岩矿物成分以高岭土、蒙脱石为主,泥质胶结,具遇水膨胀、崩解等特征,岩质极软,岩石具饱水软化脱水开裂特征,工程性质较差。

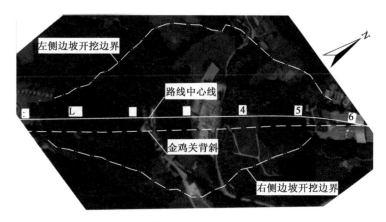

图1 研究区域的开挖边坡全貌

1.3 地质构造

该挖方段位于川滇南北构造带的东北缘,区内构造主要发育金鸡关背斜(图2)。该背斜属南北向构造,轴线走向为北东10°～15°,向南偏转南北向,扭向北倾伏,倾角8°～10°;核部地层为白垩系灌口组泥岩,两翼出露地层为名山组砂泥岩;两翼对称,岩层倾角17°～30°。本挖方段线路处于背斜核部位置,位于背斜向北东方向的倾伏端位置,故呈现出两翼分别倾向北西和北东方向的特征。路线与背斜枢纽小角度相交或近平行,受构造影响,岩体裂隙发育、岩体较破碎。场区发育两组主控剪切裂隙,J1:产状为267°∠68°,发育密度1～3条/m,延伸长度大于2m,面平直,微张—开张,为主控剪切裂隙;J2:产状为188°∠80°,发育密度3～5条/m,延伸长度大于0.5m,面平直,微张。工程区地震动峰值加速度为$0.1g$,地震动反应谱特征周期为0.45s,属地震设防烈度Ⅶ度区。

1.4 水文地质条件

该挖方段位于四川盆地西南边缘,气候类型为亚热带季风性湿润气候,年均降雨量1800mm左右,是四川降雨量最多的区域。场地内地表水系主要为斜坡冲沟及国道边沟等,无大的地表水体,总体地表水不发育。场地内地下水类型主要为第四系松散堆积层孔隙水和基岩裂隙孔隙水,总体富水性不强。

1.5 不良地质条件

场地位于金鸡关背斜核部,区内斜坡一般坡度15°～35°,多由坡残积堆积的粉质黏土构成,主要的不良地质为滑坡、芒硝、石膏夹层。其中滑坡规模较小,且大部分位于挖方段内,对开挖边坡基本无影响。钙芒硝、石膏等晶体影响边坡处治结构体耐久性,尤其是锚索工程,应加强处治结构防腐蚀措施,建议按弱腐蚀防护并严格控制施工工艺。

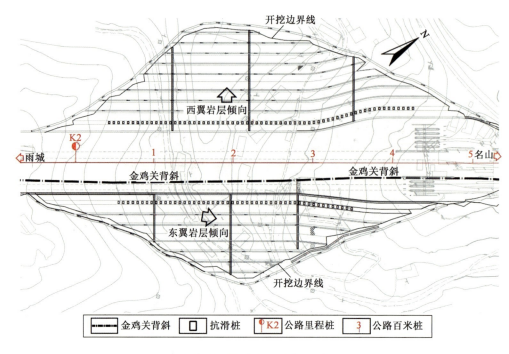

图 2　研究区域的深挖段平面图

2　开挖路堑高边坡工程地质评价

2.1　开挖边坡结构特征

该段线路左侧挖方边坡长约 520m,最大开挖高度 95.7m,位于金鸡关背斜西翼,岩层倾向与开挖坡向相反,为逆向坡,一般倾角 5°~15°,平均倾角 10°。右侧挖方边坡长约 510m,最大开挖高度 76.7m,位于金鸡关背斜东翼,岩层倾向与开挖坡向逆向斜交,局部岩层近水平,边坡整体为近于正交结构边坡,一般倾角 3°~10°,平均倾角 8°。两侧边坡虽无顺层问题,但由于边坡岩性以泥岩为主,岩质极软—软,裂隙发育,岩体完整性较差,且泥岩具饱水软化与脱水开裂风化特征,边坡长期运营后,在暴雨或地震等外营力作用下,易诱发泥岩强风化层的滑塌失稳破坏,将对下方公路的安全造成严重威胁。

2.2　开挖后边坡稳定性分析

左侧挖方边坡位于背斜核部北西翼,岩层倾向与开挖坡向相反,为逆向坡,一般倾角 5°~15°,平均倾角 10°(图 3),挖方后该侧边坡整体稳定,但由于边坡岩性以泥岩为主,岩质极软—软,裂隙发育,岩体完整性较差,强风化层厚度为 4~6m,在裂隙切割下易发生楔形体破坏,且泥岩具饱水软化与脱水开裂风化特征,边坡长期运营后,在暴雨或地震等外营力作用下,易诱发泥岩强风化层的滑塌失稳破坏。

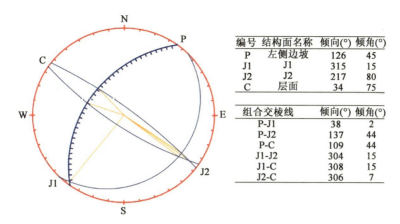

图3 左侧挖方边坡赤平投影分析图

右侧挖方边坡位于背斜南东翼,岩层倾向50°~80°∠5°~12°,平均岩层倾角8°,边坡整体为近于正交结构边坡,尤其是J1与堑坡小角度相交,对堑坡稳定性不利(图4)。边坡岩性以泥岩为主,存在与左侧挖方边坡一样的情况。

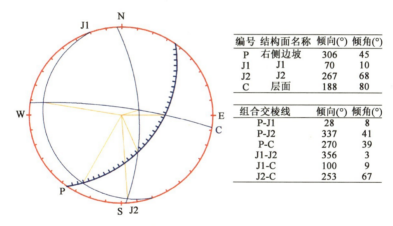

图4 右侧挖方边坡赤平投影分析图

因此,对于100m量级的红层软质泥岩边坡,开挖后由于泥岩具有遇水软化及风化崩解的特性,坡表泥岩多呈全风化—强风化状,节理裂隙极为发育,多呈碎裂状结构,雨水顺泥岩裂隙下渗后,裂隙充水,使下部软弱夹层进一步泥化、软化,易形成贯通的失稳破坏面,导致边坡长期运营后形成泥岩全强风化层的滑移失稳。另外,由于软质泥岩存在长期时效变形问题,岩体强度参数随时间的推移而逐渐衰减,致使边坡稳定程度降低。

3 数值计算分析

前人对红层边坡时效性变形特性的研究大多采用模型试验,但模型试验很难严格控制相似比,无法模拟实际工况,且成本过大、可重复性低。同时,传统的稳定性计算方法对于潜在滑移变形范围、潜在滑面深度、位置尚不明确的边坡稳定性计算和长期时效变形分析还有较大的难度。因此,对于这类复杂的红层软岩高边坡的时效变形问题,仅靠试验和传统的计算方法是不够的,采用基于应力-变形控制理论的数值分析方法来计算和分析更为准确和合理,既能有效解决边坡潜在变形范围、潜在滑面位置、深度等问题,又可以通过蠕变模型分析计算得到边坡开挖完成时和经历多年运营后的长期稳定状态、位移及应力变化等时效变形特性。因此,数值计算方法是研究红层软岩高边坡时效变形的有效手段。

数值分析采用三维有限差分分析软件,计算的几何模型为金鸡关互通及服务区项目深挖路堑形成的两侧高边坡,如图5所示。计算模型中包括4种材料,分别为第四系坡残积粉质黏土层、开挖区、泥岩、泥岩节理。模型中的节理裂隙单元是为在计算中表现岩层产状与坡向组合对计算结果的影响,以及对边坡长期稳定性和时效变形特性的影响而设置的。左侧为岩层倾角10°的反倾岩质边坡,右侧为岩层倾角为4°的近水平略倾坡内岩质边坡。计算分析中材料选择理想弹塑性本构模型,屈服条件为经典的摩尔-库仑模型,各区域所采用的物理力学参数见表1。

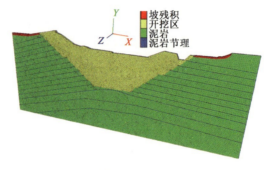

图5 计算模型

岩土体的物理力学参数 表1

区域	弹性模量(MPa)	泊松比	黏聚力(kPa)	内摩擦角(°)	重度(kN/m³)
开挖区	840	0.25	79	35	25
坡残积	390	0.3	36	20	20
中风化泥岩	980	0.24	96	38	25
中风化泥岩节理	760	0.26	58	22.8	25

图6、图7为主剖面在边坡开挖后,天然工况下边坡坡体变形等值云图。从图6可以看出:两侧开挖边坡水平位移方向是相反的,均表现为往临空方向变形的趋势。两侧开挖边坡较大的水平位移均主要集中在坡体开挖的中下部,尤其是坡脚位置,且右侧边坡更大,最大达43.19cm。水平位移变化趋势为从开挖坡面向坡体内部逐渐减小,到达一定深度后开挖对水平位移的影响已可忽略不计。从图7可以看出,开挖后的竖直方向即y方向位移部分为正值,这说明位于边坡坡脚的公路路基顶面岩体在开挖后产生了卸荷回弹变形,最大回弹变形量达到31.4cm。同时,两侧开挖边坡均有往竖直方向的下滑变形趋势,体现在y方向位移值为负值,最大向下竖向位移量达15.99cm。综合水平方向和竖直方向的位移计算结果来看,两侧边坡开挖后均表现为往临空方向变形的趋势,尤其是坡脚的变形较为明显,但总体来说施工开挖后立即产生的变形量不大。

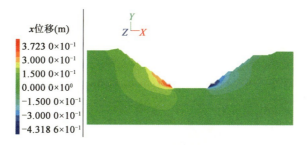

图6　开挖后水平位移

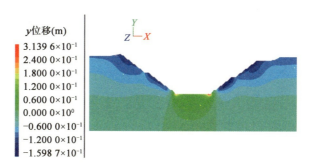

图7　开挖后竖直位移

利用数值模拟进行边坡稳定性分析是近年来岩土工程界研究的热点问题之一,达到极限状态判据公认的方法有三种:计算不收敛判据、塑性区贯通判据和特征点位移突变判据,本案例采用计算不收敛判据计算得到折减至极限状态的开挖后边坡剪应变增量及其稳定系数图,如图8所示。由图可见,边坡的稳定系数为1.07,整体属于基本稳定状态,潜在滑面最大深度15m。

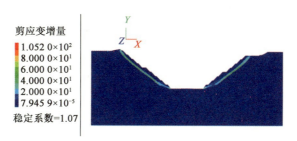

图8　折减至极限状态开挖后边坡的剪应变增量及稳定系数

研究发现,无论是软岩还是硬岩,都具有典型的长期强度。硬岩的长期强度约为瞬时强度的83.7%~90%。对于软岩,其强度的时效特征更加明显。本案例中计算采用蠕变参数,并结合了该地区红层软岩的长期蠕变试验结果进行选取。本案例计算采用广义开尔文蠕变本构模型,红层边坡岩体长期强度按短期强度的80%考虑,开尔文剪切模量取2GPa,开尔文黏滞系数为40GPa·h。

按20年的蠕变期考虑,预测该边坡在天然状态下蠕变20年后的变形情况。图9和图10为天然状态下开挖20年后的水平和竖直方向位移图。从图中可以看出,20年后左侧坡体最大水平位移达到13.616m,右侧边坡水平方向位移达到13.209m,与开挖后相比呈现出数量级的增长。同样,20年后左侧边坡最大竖向位移达到8.153m,右侧边坡最大竖向位移也达到了约6.5m。总体来看,在蠕变条件即黏弹塑性状态下,开挖20年后两侧边坡的变形量大幅增长,两侧边坡均由基本稳定转为失稳状态。

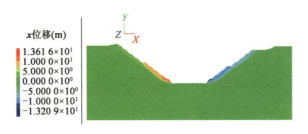

图9　20年后水平方向位移

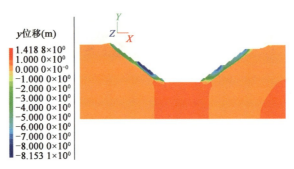

图10　20年后竖直方向位移

图11和图12为天然状态下开挖20年后的剪应变增量云图和塑性区分布图。对比开挖完成时与20年后的塑性区和潜在破裂面(即剪应变增量云图)可以发现,边坡刚开挖完成时潜在滑裂面只是初步形成,剪应变增量带和塑性区未大面积贯通,而20年后的剪切塑性区逐渐扩展并贯通,后缘张拉区域明显,剪应变增量带从坡脚扩展到了坡体中上部,形成整体贯通性滑面,与非黏性即弹塑性状态下断续发育的潜在滑动面位置基本吻合,并符合整体滑移失稳的特征,同时,右侧近水平岩层边坡塑性区和潜在滑移面的发育深度明显大于左侧反倾岩层边坡。分析结果表明开挖20年后,在无工程支护状态下,两侧边坡早已发生整体滑移失稳。

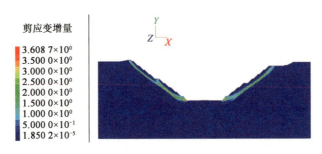

图11　20年后剪应变增量等值云图

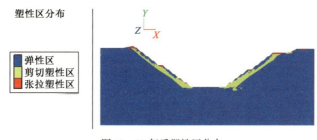

图 12　20 年后塑性区分布

通过时效变形特征的分析计算,解决了传统极限平衡法计算无法解决的坡体潜在变形范围、深度、潜在滑面位置、坡体位移及应力变化等问题。而且该段深挖路堑高边坡在经历长期运营之后,两侧边坡往开挖临空面方向均发生了较大的位移和变形,剪应变增量带和塑性区从坡脚扩展到了坡体中上部,形成了整体贯通性滑移面,蠕变特征明显,总体来说右侧近水平岩层边坡变形规模和变形深度等明显大于左侧反倾岩层边坡。这也验证了前文边坡开挖稳定性分析中边坡泥岩力学性质较差,且具饱水软化与脱水开裂风化特征,长期运营后在暴雨或地震等外营力作用下,易诱发泥岩强风化层滑塌失稳破坏的定性分析。

4　防护设计计算

拟采用框架锚杆(索) + 坡脚一级平台上设抗滑桩对该段两侧边坡进行加固。

参照《成雅高速金鸡关互通及服务区项目(雨名快速通道)K1 + 920 ~ K2 + 380 高边坡工程地质勘察报告》的建议值,取坡体泥岩天然重度 26.1kN/m³,饱和重度 26.6kN/m³,按数值分析得到的边坡稳定性系数 1.07 进行反算,再针对三种工况,根据数值模拟计算结果确定的潜在滑移面,采用极限平衡法对开挖边坡高度最高的 K2 + 225 断面进行推力计算,计算结果见表 2、表 3。

两侧边坡剩余下滑力计算结果　　　　　　表 2

边坡位置	设计工况	安全系数	抗滑桩处剩余下滑力(kN)	下滑力角度(°)
左侧	天然工况	1.3	3311.719	21.301
	暴雨工况	1.2	3887.724	21.301
	地震工况	1.15	2372.020	21.301
右侧	天然工况	1.3	2677.694	15.332
	暴雨工况	1.2	3232.811	15.332
	地震工况	1.15	1921.256	15.332

两侧边坡支挡结构物设计推力(水平方向)计算结果　　　　　　表 3

边坡位置	拟设抗滑桩处水平方向剩余下滑力(kN)	锚杆(索)总共承担的水平方向下滑推力(kN)	抗滑桩承担的水平方向下滑推力(kN)
左侧	3662.134	2668.727	953.407
右侧	3117.755	2230.204	887.551

注:拟设锚杆设计锚固力取 160kN,锚索设计锚固力取 760kN。K2 + 225 断面左侧边坡总共 7 根锚索,20 根锚杆;右侧边坡总共 6 根锚索,16 根锚杆。

5　处治工程措施及防护效果

根据该开挖高边坡基于有限差分法的数值模拟稳定性分析和基于极限平衡法的设计计算,采取"固脚"+"强腰"+排水+长期监测的综合治理方案对该红层软岩高边坡进行预加固,以限制高边坡的长期时效变形。

(1)抗滑桩设计。

根据数值分析结果可知,边坡坡脚出现了较大的水平位移。为限制边坡坡脚的长期时效变形,并充分考虑设置抗滑桩后边坡整体稳定性、桩顶以上岩土体稳定性、桩间岩土体稳定性,防止滑体从桩顶滑出或从桩底产生新的深层滑动,拟在两侧边坡一级平台位置各设置一排矩形抗滑桩对边坡予以支挡,由于两侧边坡在拟设抗滑桩处设计推力较为接近,因此,两侧边坡采取同一种桩型(A型抗滑桩),桩截面尺寸为 $2.0m \times 3.0m$,间距 $6.0m$,桩长 $20m$,采用 C30 混凝土,以对边坡起到"固脚"的作用。

(2)框架锚杆(锚索)设计。

数值分析结果表明该高边坡浅表层是位移量变化较大的区域,易产生蠕滑变形,且高边坡表面岩土体易风化、剥落,金鸡关互通项目追求项目美观性,需要对坡面进行绿化,因此,在综合分析该高边坡的地质条件、规模、破坏模式及稳定状况等后,采用了框架梁+压力注浆锚杆(锚索)加固+挂网植草进行综合防护。框架间距为 $3.0m \times 3.0m$,锚杆加固区域框架横、竖梁截面尺寸为 $30cm \times 25cm$,锚索加固区域框架横、竖梁截面尺寸为 $60cm \times 40cm$,框架梁采用 C25 钢筋混凝土浇筑。锚杆与锚索分级间隔布置,其中在宽平台一级边坡采用预应力锚索进行加固,对边坡起到"强腰"的作用。锚杆长度为 $9 \sim 24m$,锚索长度为 $15 \sim 30m$,其施工采用二次注浆工艺。

(3)排水设计。

由于该边坡处于四川盆地降雨量最大的区域,而泥岩又具有饱水软化与脱水开裂风化的特征,且雨水顺泥岩裂隙下渗后,裂隙充水,使下部软弱夹层进一步泥化、软化,边坡的稳定性进一步降低,因此,该高边坡处治极为重视边坡截排水系统的设计。具体的截排水措施为:在两侧边坡开挖坡口及每级边坡平台设截水沟,在边坡中下部设置两排仰斜式排水孔,以有效排导坡表及坡体内积水。

(4)长期监测设计。

边坡开挖后进行长期监测,以获取后续开挖诱发变形量数据,验证设计可靠性。监测的方式以深部位移监测及地表位移监测为主,均采用自动化监测方式实施。

由于这类红层软岩高边坡开挖后一般都需要经历长时间的运营期,其长期安全运营风险较大,时效变形分析结果也表明不能仅靠开挖后计算得到的变形范围、变形量、稳定性等作为永久防护设计的依据,必须考虑其长期稳定性和时效变形问题。该段红层高边坡最终预加固设计方案以上述分析结果为基础,按照"固脚""强腰"的设计理念,采用中下部框架锚索+中上部框架锚杆+坡脚抗滑桩为主的联合支护措施对两侧边坡进行加固,以确保该段红层软岩高边坡的长期安全和稳定。

图 13 为施加支护结构后的边坡计算模型,两侧边坡一级平台上各设一排抗滑桩,桩截面

尺寸为 2.0m×3.0m,间距 6.0m,桩长 20m;坡面中下部框架锚索和中上部框架锚杆间距均为 3.0m×3.0m,锚杆长度 9~24m,锚索长度 15~30m。

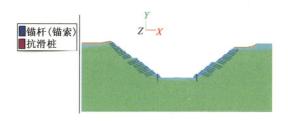

图 13 增加支护工程的计算模型

图 14 为天然状态下增加上述支护工程 20 年后开挖边坡的水平方向位移图。由图可以看出,20 年后左侧坡体最大水平位移仅 1.240cm,右侧边坡水平方向位移仅 1.033cm,与开挖后未支护相比大大减小,坡体的时效变形得到有效控制。总体来看,在蠕变条件即黏弹塑性状态下,增加支护工程 20 年后的开挖边坡仍能保持稳定,坡体的长期变形得到了有效控制。

图 14 增加支护结构 20 年后水平方向位移

图 15 为天然状态下增加支护工程 20 年后开挖边坡的剪应变增量云图。由图可知,20 年后剪应变增量带位置比未加支护工程的结果明显偏浅,但剪应变增量的数值最大仅 2.55%,说明施加支护后,剪切变形极小,支护方案能有效控制坡体剪切变形,坡体整体处于稳定和安全的范围。

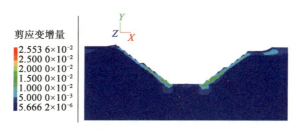

图 15 增加支护结构 20 年后剪应变增量云图

对边坡刚开挖完成时、未加支护工程蠕变 20 年和增加支护工程蠕变 20 年这 3 种工况进行了边坡坡体时效变形分析计算,对计算结果进行了汇总和对比分析,见表 4,相较于开挖瞬时完成时,红层地区高边坡在长期服役环境下会发生蠕变、应力松弛、软化破坏等复杂变形行为,其普遍存在于实际工程中,后期针对性的支护方案应高度重视红层软岩高边坡的时效变形问题。

各工况计算结果汇总					表4
计算工况	左侧边坡最大水平位移(cm)	右侧边坡最大水平位移(cm)	最大竖向位移(cm)	潜在滑面最大深度(m)	剪应变增量最大值
开挖后	37.23	43.19	15.99	15	0.138
未支护20年后	1361.6	1320.9	815.3	15	36.087
支护20年后	1.24	1.03	1.22	8	0.026

6 高边坡支护后长期监测分析

金鸡关互通及服务区项目完工后,为了确保运营安全,获取支护后开挖边坡变形量数据,针对开挖高边坡进行了安全监测,监测内容包括边坡地表位移监测和深部位移监测。本文监测选取断面一致为K2+225断面。地表位移选取在左侧边坡一级、三级、五级和七级平台上,编号分别为L1-1、L1-2、L1-3和L1-4;右侧边坡一级、四级、六级平台上,编号分别为R1-1、R1-2和R1-3。具体传感器布设位置与编号如图16和图17所示。

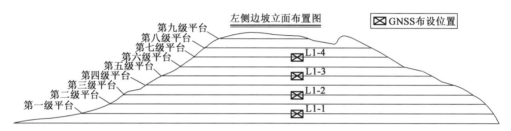

图16 左侧高边坡传感器布设示意图

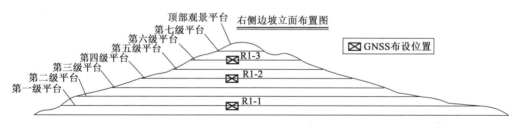

图17 右侧高边坡传感器布设示意图

从2020年12月1日起,分别在金鸡关互通及服务区项目两侧边坡的平台上布设GNSS地表位移测点监测边坡地表累计位移情况。水平位移更能反映边坡坡体的位置迁移,对判断边坡的稳定性更有价值,因而选取现场监测的累计水平位移,现场监测所得的水平位移以向边坡临空面方向为正,向坡体内部方向为负。根据现场监测数据的时程曲线,得到监测点从2021年3月1日至2023年2月28日每个月的累计位移,左侧边坡监测结果如图18所示,右侧边坡监测结果如图19所示。

由现场GNSS监测数据可知,从2021年3月1日至2023年2月28日,左侧边坡上测点位移的累计总变化量,一级平台为15.82mm、三级平台为9.38mm、五级平台为8.08mm、七级平台为8.82mm;右侧边坡上测点位移的累计总变化量,一级平台为16.31mm、四级平台为10.41mm、六级平台为7.02mm。在高边坡开挖支护完成后监测的这2年中,各个监测点均处于局部区间轻微波动,整体变形趋势平缓的状态,说明两侧边坡整体均处于稳定状态。监测数据表明两侧边坡各级平台的总位移变化量呈阶梯状增长,增长速度越来越慢,说明刚施工完成时受到施工期的外界扰动较大,导致前期位移量增长相对较快,然而防护措施有效地控制住了高边坡的变形,尤其是时效变形,因此,后期总位移增长量趋于平缓。

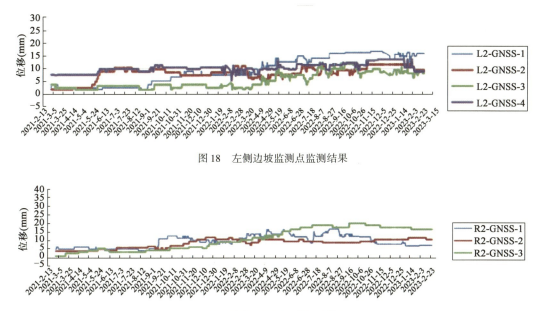

图 18　左侧边坡监测点监测结果

图 19　右侧边坡监测点监测结果

图 20 为边坡开挖支护完成 2 年后考虑蠕变的水平位移图,左侧高边坡累计最大位移量控制在 10.75mm 以内,右侧高边坡累计最大位移量控制在 7.02mm 以内,位移量均很小,与现场 GNSS 监测结果的 2 年后数据基本吻合。数值计算由于是在理想条件下施加边界力的模型计算,因此,结果更加理想化,而现场实际监测会受到一定的外界扰动,且在实际边坡防护措施施工时存在未完全达到设计要求的情况,特别是锚索预应力锁定值,因此,监测数据相较于数值模拟值会偏大,但总体是基本一致的。考虑 GNSS 系统水平面内测量精度为 2.5mm,且监测数据在最新一个月变化区间内未有持续性变化趋势,表明测点无明显变形,进一步验证边坡目前处于十分稳定的状态,防护措施有效。

图 20　边坡开挖并支护完成 24 个月后水平位移图

总而言之,通过支护完成后的 2 年监测与模拟数据,证实了金鸡关互通及服务区项目开挖高边坡支护措施的有效性,它既兼顾了边坡的整体稳定性和局部稳定性,又防止软质泥岩全强风化层的整体滑移失稳破坏和每级边坡的次级滑移,增大了坡脚及坡体中下部强度,限制了开挖高边坡长期时效变形,使得变形可控。

7　工程体会及建议

金鸡关互通及服务区项目边坡开挖诱发滑移变形案例分析表明,红层地区开挖高边坡的安全和长期稳定性值得特别关注,可为今后类似工程提供一定的借鉴。

(1)勘察阶段:对于线路穿越大型地质构造的情况,应加强对于地质构造的调绘,特别是与线路开挖相关的区域,应尽可能多地对地质构造、岩层产状、节理裂隙、软弱夹层等进行调查统计,以精细掌握大型构造、岩层产状、外倾裂隙对于开挖边坡坡体结构的影响,避免对顺层结构边坡长期稳定性的评估评价产生错判、漏判,为后续支护设计提供准确的地质资料。

(2)设计阶段:①对于红层软岩地区的高边坡开挖及支护设计,应兼顾边坡的整体稳定性和局部稳定性,整体防范非顺层结构中浅层泥岩全强风化层的滑移失稳破坏,局部防范每级边坡发生次级滑移破坏,并充分考虑边坡的长期时效变形,采用数值模拟方法计算坡体潜在变形范围、深度,潜在滑面位置,坡体位移及应力变化等时效变形问题,是可行且必要的;将数值计算结果应用于支护设计中,可以保证边坡的长期安全。②边坡开挖后易在坡脚形成应力集中带,应适当加强坡脚位置的防护强度,避免因应力集中造成变形失稳,进而诱发边坡中上部岩土体多次逐级松动和向上牵引滑动变形。③应加强开挖高边坡的排水系统设计,通过排水沟、截水沟、急流槽、仰斜式排水孔等多种措施形成综合排水系统,有效排出坡表汇水及坡体中的积水,避免边坡岩土体力学参数进一步弱化影响坡体整体稳定性。

(3)施工阶段:①应严格执行边开挖边支护,每开挖一级后及时防护的工序,杜绝开挖多级后再支护的野蛮开挖方式。②应严格控制清方的坡比,保证清方后坡面平顺美观,达到品质工程的要求。③边坡锚固工程是边坡支护工程成败的关键,各项锚固措施应严格按照设计要求施工,严格把控注浆、锚索张拉等工艺,对锚杆、锚索严格按规范进行抽检,保证锚固工程的施工质量。④提高施工安全风险意识,加强施工期监测措施,加强施工风险的管控及对安全风险源识别,制订有针对性的安全预案,确保施工安全和开挖边坡的长期稳定和安全。

(4)后期监测运维阶段:对于高陡人工开挖边坡,应加强运营期的监测,通过布置边坡GNSS地表位移监测、深部位移监测及工程构筑物应力监测等手段,对边坡应力应变状态进行全方位全周期的监控量测,保证边坡运营的安全。同时,可通过各项监测的结果验证设计的合理性,为今后同类型边坡的开挖与支护提供有益的借鉴。